Internet Para Dummies
10ª edición

W9-AOE-396

rápida

Firefox, el mejor explorador web del mundo

Descargue de forma gratuita el último explorador del proyecto Mozilla desde `www.mozilla.org`.

- **Ir directamente a un sitio web:** digite su dirección dentro del cuadro Dirección (Address) y presione Enter. (Puede omitir el `http://`.)
- **Volver a cargar la página actual:** presione Ctrl+R o haga clic en Actualizar (Reload).
- **Abrir una pestaña nueva en su ventana de Firefox:** presione Ctrl+T.
- **Agregar la página actual a sus marcadores:** presione Ctrl+D.
- **Editar sus marcadores:** presione Ctrl+B.
- **Configurar sus preferencias para explorar:** elija Herramientas (Tools)⇨Preferencias (Options).
- **Configurar su página actual para que sea su página de inicio:** elija Herramientas (Tools)⇨Preferencias (Options), haga clic en General y clic en Usar página actual (Use Current Page) en la sección Página de inicio (Home Page).
- **Salir del modo Pantalla completa:** si la parte superior de la ventana se ha ido, presione F11 para volver a lo normal.
- **Borrar el historial de los sitios web que ha visto:** elija Herramientas (Tools)⇨Preferencias (Options), haga clic en Privacidad (Privacy) y clic en Historial (History).
- **Controlar cookies en su PC:** elija Herramientas (Tools)⇨Preferencias (Options), haga clic en la categoría Privacidad (Privacy) y clic en Cookies.
- **Bloquear ventanas emergentes:** elija Herramientas (Tools)⇨Preferencias (Options), haga clic en la categoría Características web (Web Features) y asegúrese de que Bloquear ventanas emergentes (Block Popup Windows) esté seleccionado. Haga clic en Sitios permitidos (Allowed Sites) para especificar los sitios que pueden o que no pueden abrir los mensajes emergentes.

Internet Explorer (IE), el explorador web de Microsoft

- Viene con Windows. Descargue e instale versiones nuevas desde `www.microsoft.com/windows/ie`. Tenga cuidado con los hoyos de seguridad de Internet Explorer, para los cuales Microsoft lanza frecuentes actualizaciones para usarlas como parches. Revise las actualizaciones en `windowsupdate.com`.
- **Ir directamente a un sitio web:** digite su dirección dentro del cuadro Dirección (Address) y presione Enter. (Puede omitir el `http://`.)
- **Refrescar la página actual:** Presione Ctrl+R o haga clic en Actualizar (Refresh).
- **Agregar la página actual a sus favoritos:** elija Favoritos (Favorites)⇨Agregar a Favoritos (Add to Favorites).
- **Editar sus favoritos:** eija Favoritos (Favorites)⇨Organizar Favoritos (Organize Favorites).
- **Configurar sus preferencias para explorar:** elija Herramientas (Tools) o Ver (View)⇨Opciones de Internet (Internet Options).
- **Configure la página actual para que sea su página de inicio:** elija Herramientas (Tools) o Ver (View)⇨Opciones de Internet (Internet Options), haga clic en la pestaña General y clic en Usar actual (Use Current) en la sección Página de inicio (Home Page).
- **Salir del modo Pantalla completa:** si toda la parte superior de la ventana se ha ido, presione F11 para volver a normal.
- **Borrar el historial de los sitios web que ha visto:** elija Herramientas (Tools) o Ver (View)⇨Opciones de Internet (Internet Options), haga clic en la pestaña General y clic en Limpiar Historial (Clear History).
- **Controlar cookies en su PC (sólo en IE 6):** elija Herramientas (Tools) de Internet⇨Opciones de Internet (Internet Options), haga clic en la pestaña Privacidad (Privacy) y haga clic en Opciones avanzadas (Advanced). Configure las Cookies de origen en Aceptar y las Cookies de terceros en Bloquear (Third-party Cookies to Block).
- **Bloquear ventanas emergentes (sólo en IE 6):** elija Herramientas (Tools)⇨Opciones (Options), haga clic en la pestaña Privacidad (Privacy) y vea la sección Bloquear elementos emergentes (Pop-Up Blocker section).

Para Dummies: La serie de libros más vendida para principiantes

Internet Para Dummies, 10ª edición

Referencia rápida

LA SERIE DE LIBROS MÁS VENDIDOS

Thunderbird, un excelente programa de correo

- El último programa de correo electrónico del proyecto de fuente abierta Mozilla. Descárguelo de manera gratuita desde www.mozilla.org.
- **Conectarse a una cuenta de correo electrónico:** elija Herramientas (Tools)⇨Configuración de cuentas (Account Settings).
- **Configurar sus preferencias de correo electrónico:** elija Herramientas (Tools)⇨Preferencias (Options).
- **Redactar un mensaje nuevo:** presione Ctrl+M o haga clic en el botón Redacción (Write).
- **Adjunte un archivo:** haga clic en el botón Adjuntar o elija Archivo (File)⇨Adjuntar (Attach).
- **Enviar y recibir mensajes:** presione Ctrl+Shift+T o elija Archivo (File)⇨Recibir nuevos mensajes de (Get New Message For)⇨Recibir todos los mensajes nuevos (Get All New Messages).
- **Bloquear JavaScript e imágenes:** elija Herramientas (Tools)⇨Preferencias (Options), haga clic en la categoría Avanzadas (Advanced), elimine la selección de Habilitar JavaScript en mensajes de correo (Enable JavaScript in Mail Messages) y seleccione Bloquear la carga de imágenes remotas en mensajes de correo (Block Loading Of Remote Images In Mail Messages).
- **Eliminar el mensaje actual:** presione Suprimir o haga clic en el botón Borrar (Delete).
- **Responder el mensaje actual:** presione Ctrl+R o haga clic en el botón Responder (Reply).
- **Reenviar el mensaje actual:** presione Ctrl+L o haga clic en el botón Reenviar (Forward).
- **Mostrar su libreta de direcciones:** presione Ctrl+2 o haga clic en el botón Libreta de direcciones (Address Book).
- **Crear una carpeta de correo nueva:** elija Archivo (File)⇨Nuevo (New)⇨Carpeta (Folder), digite un nombre y configure el cuadro Crear como una subcarpeta de (Create As A Subfolder Of), en el nombre de la carpeta donde quiere que habite la nueva.
- **Configurar el filtro de correo basura:** elija Herramientas (Tools)⇨Controles de correo basura (Junk Mail Controls).
- **Crear filtros de correo:** Elija Herramientas (Tools)⇨Filtros de mensajes (Message Filters) del menú para mostrar la ventana Filtros de mensajes, donde usted puede ver, crear, editar y borrar filtros.

Outlook Express, el programa de correo que viene con Windows

- Tenga cuidado con los hoyos de seguridad, para los cuales Microsoft lanza actualizaciones frecuentes. Descargue versiones nuevas desde www.microsoft.com/windows/ie. Busque actualizaciones en windowsupdate.com.
- **Conectarse a una cuenta de correo electrónico:** elija Herramientas (Tools)⇨Cuentas (Accounts), haga clic en la pestaña Correo (Mail) y haga clic en Agregar (Add).
- **Configurar sus preferencias del correo:** eija Herramientas (Tools)⇨Opciones (Options).
- **Redactar un mensaje nuevo:** presione Ctrl+N o haga clic en el botón Crear (Create) correo.
- **Enviar y recibir mensajes:** presione Ctrl+M o haga clic en el botón Enviar (Send) y Recibir (Recv).
- **Bloquear imágenes (OE 6):** elija Herramientas (Tools)⇨Opciones (Options), haga clic en la pestaña Seguridad (Security) y seleccione Bloquear imágenes y otro contenido externo en correo electrónico HTML (Block Images And Other External Content In HTML E-mail).
- **Borrar el mensaje actual:** presione Ctrl+D o haga clic en el botón Eliminar (Delete).
- **Responder el mensaje actual:** presione Ctrl+R o haga clic en el botón Responder (Reply).
- **Reenviar el mensaje actual:** presione Ctrl+F o haga clic en el botón Reenviar (Forward).
- **Mostrar su Libreta de direcciones:** haga clic en el botón Direcciones (Addresses).
- **Crear una carpeta de correo nueva:** elija Archivo (File)⇨Carpeta (Folder)⇨Nuevo (New) o Archivo (File)⇨Nuevo (New)⇨Carpeta (Folder) del menú, digite un nombre de carpeta y elija en cuál carpeta colocar esta carpeta nueva.
- **Adjuntar un archivo:** haga clic en Insertar (Insert)⇨Archivo adjunto (File Attachment) del menú o con un clic en el botón Adjuntar (Attach).
- **Crear filtros de correo:** elija Herramientas (Tools)⇨Reglas de mensaje (Message Rules)⇨Correo (Mail).

Internet
PARA
DUMMIES®
10ª EDICIÓN

por John Levine
Margaret Levine Young
Carol Baroudi

WILEY

Wiley Publishing, Inc.

Internet Para Dummies®, 10ª edición

Publicado por
Wiley Publishing, Inc.
111 River Street
Hoboken, NJ 07030
www.wiley.com

Para información general de nuestros productos y servicios o para obtener soporte técnico, contacte nuestro Departamento de Servicio al Cliente en los Estados Unidos al teléfono 800-762-2974, fuera de los Estados Unidos al teléfono 317-572-3993 o al fax 317-572-4002.

For general information on our products and services or to obtain technical support, please contact our Customer Care Department within the U.S. at 317-572-3993l, or fax 317-572-4002.

Library of Congress Control Number: 2005937032

ISBN: 978-0-471-79946-7

Acerca de los autores

Por favor visite a los tres autores en línea en net.gurus.com.

John R. Levine fue miembro de un club de informática en la secundaria, antes de que los estudiantes de secundaria o incluso las escuelas tuvieran equipo de cómputo. Fue ahí donde conoció a Theodor H. Nelson, el autor de *Computer Lib/Dream Machines* e inventor del hipertexto, quien nos recordó que las PC no deberían tomarse en serio y que todas las personas pueden y deben comprenderlas y usarlas.

John escribió su primer programa en 1967 en un IBM 1130 (un equipo de cómputo un poco menos poderoso que su moderno reloj de pulsera digital, sólo que más difícil de usar). Se convirtió en el administrador de sistemas oficial de un equipo en red en Yale en 1975. Comenzó a trabajar medio tiempo para una compañía de cómputo en 1977, y ha entrado y salido del negocio de PC y redes desde entonces. Tuvo su compañía en Usenet (el sistema de tablero de boletines a nivel mundial de Internet) tan temprano que aparece en un artículo de la revista Byte de 1982 en un mapa de Usenet, el cual en ese momento era tan pequeño que cabía en media página.

A pesar de que John solía emplear la mayor cantidad de su tiempo en escribir software, ahora más que todo escribe libros (como *UNIX Para Dummies* y *Secretos de Internet,* ambos publicados por Wiley Publishing, Inc.) porque es más divertido y puede hacerlo en casa en la pequeña villa de Trumansburg, Nueva York, donde en su tiempo libre él es el alcalde (de verdad, vea www.Trumansburg.ny.us). Además, puede jugar con su pequeña hija cuando debería estar escribiendo. John también imparte una gran cantidad de charlas. (Vaya a www.johnlevine.com, para ver dónde estará.) Cuenta con un Bachillerato y un Doctorado en Computación de la Universidad de Yale, pero, por favor, no use eso en su contra.

Carol Baroudi comenzó a jugar con PC en 1971 en la Universidad de Colgate, donde había dos novedades: el PDP-10 y las mujeres. Tuvo suerte de tener acceso ilimitado a lo último en PDP-10, donde aprendió a programar, operar la máquina y a hablar con Eliza (una psiquiatra en la computadora). Enseñó ALGOL y ayudó a diseñar el currículo de computación y de estudios de la mujer. Se graduó en español y estudió francés, el cual, gracias a Internet, ahora puede usar todos los días.

Carol ha trabajado en la industria de la computación desde 1975. Ahora es una analista industrial y le da consultorías a compañías de tecnología emergentes. (Revise lo que está haciendo en www.baroudi.com.)

Considera que estamos viviendo en un momento muy interesante en el que la tecnología está cambiando más rápido de lo que se puede imaginar la gente. Carol espera que, conforme aprendemos a usar las nuevas tecnologías, no perdamos de vista nuestra humanidad. Siente que las PC pueden ser útiles y divertidas, pero no sustituyen la vida real.

En la secundaria, **Margaret Levine Young** estuvo en el mismo club de informática que su hermano mayor, John. Permaneció en el campo durante su tiempo en la universidad en contra de su mejor juicio y a pesar de la presencia de John como estudiante de postgrado en el departamento de Computación. Margy se graduó de Yale y siguió adelante hasta convertirse en una de las primeras administradoras de PC a principios de 1980 en Columbia Pictures, donde compartió el elevador con grandes estrellas cuyos nombres ni siquiera soñaría con mencionar aquí.

Desde entonces, Margy ha sido coautora de más de 25 libros de Informática entre los que se incluyen Internet, UNIX, WordPerfect, Microsoft Access y (olvidado en el pasado) PC-File y Javelin; entre ellos están *Internet Para Dummies Referencia Rápida*, *Dummies 101: Internet Para Windows 98* y *UNIX Para Dummies* (todos publicados por Wiley Publishing, Inc.), *Poor Richard's Building Online Communities* (publicado por Top Floor Publishing) y *Windows XP Home Edition: The Complete Reference* e *Internet: The Complete Reference* (publicados por Osborne/McGraw-Hill). Conoció a su futuro esposo, Jordan, en el R.E.S.I.S.T.O.R.S. (el club de informática que mencionamos). Su otra pasión son sus hijos, junto con la música, el Universalismo Unitario (www.uua.org), leer y todo lo que tenga relación con la comida. Vive en Vermont (visite www.gurus.com/margy para que vea parte del paisaje) y trabaja como ingeniera de software para la Asociación Universalista Unitaria (www.uua.org).

Dedicatorias

John le dedica su parte del libro (en particular los chistes poco convincentes) a Sarah Willow, quien lo sorprende y lo llena de alegría todos los días, y a Tonia, hoy y siempre.

Carol le dedica su parte del libro a Joshua, con todo su amor, y a sus amigos, quienes le recuerdan que existe más en la vida que escribir libros, o que los negocios, en ese caso.

Margy le dedica este libro a Jordan, Meg y Zac, quienes hacen que valga la pena vivir, y a Susan, la mejor prima del mundo.

Reconocimientos de los autores

Mark Enochs nos dinamizó a lo largo del proceso editorial a pesar de nuestros intentos por retrasarlo (sin duda a un gran costo personal) y nos hizo parecer mejores escritores de lo que en realidad somos. Un agradecimiento también para el resto de la pandilla de Wiley Publishing, Inc., en especial a los que se mencionan en la página de los reconocimientos de la editorial.

Por el cuidado de los niños, Margy le agradece a Jordan (en realidad, también le da las gracias por todo lo demás). De la misma forma, John le agradece a Tonia y a la Escuela de Trumansburg, donde los niños abrazan al director y al superintendente cuando caminan por los pasillos, cuyo cuerpo docente y personal le proporcionaron una educación vital y de alta calidad, así como cuidado. Carol le agradece a Patrick, Arnold, Suzanne y a Laura, los maravillosos amigos de Kesher, y a su familia y amigos por su interminable ayuda y apoyo. Todos le agradecemos a Matt Wagner y a Bill Gladstone de Waterside Productions por animarnos. Todos los contenidos de este libro se editaron y se le enviaron a la editorial por medio de la web, para practicar lo que predicamos. Le agradecemos a nuestros proveedores de Internet: Finger Lakes Technologies Group (Trumansburg, N.Y. ¡Hola, Paul!), Lightlink (Ithaca, N.Y. ¡Hola, Homer!) y a Shoreham.net (Shoreham, Vermont. ¡Hola, Don y Jim!).

Por último, gracias a todos los chicos inteligentes (no podríamos decirles sabelotodos) que nos enviaron comentarios de las ediciones anteriores y nos ayudaron a mejorar ésta. Si tiene ideas, comentarios o quejas acerca de este libro, por favor escríbanos a `internet10@gurus.com`.

Visite nuestro sitio web en `net.gurus.com` para conseguir actualizaciones y más información acerca de los temas de este libro.

Agradecimientos del autor

Estamos orgullosos de este libro. Por favor envíenos sus comentarios a través del formulario de registro que se encuentra en `www.dummies.com/register/`.

Entre las personas que ayudaron a llevar este libro al mercado se incluyen:

Adquisiciones, Editorial y Desarrollo de medios

Editor del proyecto: Mark Enochs

Editor de adquisiciones: Steven Hayes

Editores de copy: Barry Childs-Helton, Andy Hollandbeck, Virginia Sanders, Heidi Unger

Editor técnico: Tom Riegsecker

Gerente de la editorial: Leah Cameron

Gerente del desarrollo de medios: Laura VanWinkle

Editor técnico: Tom Riegsecker

Asistente de la editorial: Amanda Foxworth

Caricaturas: Rich Tennant (`www.the5thwave.com`)

Servicios de composición

Coordinador del proyecto: Adrienne Martinez, Nancee Reeves

Diseño y gráficos: Lauren Goddard, Joyce Haughey, Melanee Prendergast Heather Ryan

Correctores: Leeann Harney, Joe Niesen, Carl William Pierce, TECHBOOKS Production Services

Índices: TECHBOOKS Production Services

Publicación y editorial para Dummies de Tecnología

Richard Swadley, Vicepresidente y editor del grupo ejecutivo

Andy Cummings, Vicepresidente y editor

Mary Bednarek, Director ejecutivo de adquisiciones

Mary C. Corder, Directora de la editorial

Publicación para Dummies de consumo:

Diane Graves Steele, Vicepresidente y editor

Joyce Pepple, Directora de adquisiciones

Servicios de composición

Gerry Fahey, Vicepresidente de servicios de producción

Debbie Stailey, Directora de servicios de composición

Contenido en un vistazo

Tabla de contenido

Parte IV: Correo electrónico, chat y otras formas de comunicarse en línea *203*

Introducción

. . . .

*B*ienvenidos a *Internet Para Dummies,* 10ª edición. Aunque existen muchos libros de Internet disponibles, tradicionalmente la mayoría de ellos asumen que usted posee un grado académico en Informática, que le encantaría conocer toda la información extraña e inútil y que disfruta memorizar comandos y opciones imposibles de pronunciar. Queremos que este libro sea diferente.

Este libro describe lo que debe hacer para convertirse en un *Internauta* (alguien que navega por Internet con destreza), cómo iniciarse, lo que realmente necesita conocer y dónde buscar ayuda. Además, lo describimos todo en un lenguage sencillo.

Para esta décima edición hemos hecho una revisión exhaustiva y hemos actualizado todo el libro. Cuando terminamos de escribir *Internet Para Dummies* hace doce años (¡vaya!), un usuario típico de Internet era un estudiante que se conectaba en la universidad o un trabajador técnico que tenía acceso en el trabajo. La World Wide Web era tan nueva que apenas tenía unas centenas de páginas. Ahora, más de una década después, la web ha tenido un crecimiento gigantesco e incluye a millones de personas normales, que se conectan desde PC en sus casas o trabajos, además de estudiantes desde el nivel de primaria hasta la educación superior. Nos enfocamos en las partes de la web más interesantes para los usuarios típicos como es el caso de cómo encontrar cosas, cómo usar Firefox e Internet Explorer (los programas web más populares y útiles), cómo enviar y recibir correo electrónico, cómo hacer cosas en línea, como comprar, invertir, chatear y descargar materiales interesantes.

Acerca de este libro

No pretendemos que usted esté tan interesado en Internet como para sentarse y leer todo el libro (aunque podría ser un buen libro para el baño). Cuando tenga un problema al usar Internet ("Hmm, *creí* que sabía cómo encontrar a alguien en la web, pero parece que lo olvidé…"), sumérjase en el libro lo suficiente como para resolver el problema.

Las secciones pertinentes incluyen:

✔ Comprender lo que es Internet

✔ Saber cómo conectarse a la web

✔ Avanzar por la World Wide Web

✔ Encontrar personas, lugares y cosas

✔ Comunicarse por correo electrónico

✔ Reunirse con los amigos con la mensajería instantánea y el chat

✔ Obtener diferentes materiales de la web

¿Cómo usar este libro?

Para comenzar, por favor lea los primeros tres capítulos para obtener una perspectiva general de Internet y algunos consejos importantes, así como terminología. (Además, creemos que son interesantes.) Cuando está listo para ingresar a Internet, vaya a la Parte II y tome la opción que se adapte mejor a usted y a sus circunstancias. Las partes de la III a la VI lo animan y le proporcionan ayuda adicional, describen la web, el correo electrónico y otras actividades que puede llevar a cabo en Internet.

Aunque hacemos un gran esfuerzo para no incluir un término técnico sin definirlo, a veces alguno se nos escapa. Además, en algunas ocasiones, quizá lea una sección en desorden y se encuentre un término que definimos unos cuantos capítulos antes. Para llenar esos vacíos, incluimos un glosario al final del libro.

Debido a que Internet está en constante cambio, hemos ampliado nuestro libro para incluir un área en línea para que usted se pueda mantener actualizado. Cada vez que vea nuestro icono especial Lo último, significa que tenemos más información de último minuto disponible en nuestro sitio web, en

net.gurus.com

Cuando tenga que seguir un procedimiento complicado, lo explicamos paso a paso siempre que sea posible. Luego le decimos lo que sucede como resultado y cuáles son sus opciones. Cuando tiene que digitar algo, aparece en el libro en **negrita**. Digítelo de la misma forma como aparece. Use las mismas mayúsculas que nosotros, unos cuantos sistemas hacen mucha diferencia entre las letras MAYÚSCULAS y las minúsculas. Luego presione la tecla Enter. El libro le dice lo que debería suceder cuando ejecuta cada comando y las opciones que tiene.

Cuando tiene que elegir comandos desde los menús, escribimos Archivo (File)⇨Salir(Exit) cuando queremos que elija el comando Archivo(File) de la barra de menú y luego elija el comando Salir(Exit) del menú que aparece.

¿Quién es usted?

Al escribir el libro, asumimos algunas de sus características:

- ✔ Tiene o quisiera tener acceso a Internet.
- ✔ Quiere realizar algún trabajo con Internet. (Consideramos que el término "trabajo" incluye el concepto "jugar".)
- ✔ No tiene interés en convertirse en el siguiente experto mundial en Internet, al menos no por esta semana.

¿Cómo está organizado este libro?

Este libro tiene seis partes. Las partes son independientes. Aunque puede comenzar a leer cualquiera, por lo menos debería leer las partes I y II primero para familiarizarse con algo de la jerga de Internet y averiguar cómo ingresar a la web con su PC.

Éstas son las partes del libro y lo que contienen:

En la Parte I, "Bienvenido a Internet", averiguará lo que es Internet y la razón por la que es interesante (al menos la razón por la que nos parece interesante). Además, esta parte tiene información acerca de la terminología vital de Internet y de los conceptos que le ayudan mientras lee los capítulos posteriores del libro. La Parte I habla de los asuntos de seguridad y privacidad y comparte algunos pensamientos sobre el uso de la web por parte de los niños.

Para conocer los elementos básicos para ingresar en la web, lea la Parte II, "Internet, ¡aquí voy!". Para la mayoría de los usuarios, la parte más difícil es lograr la primera conexión, con el software cargado, la configuración preparada, el módem listo o la banda ancha. Después de eso, navegar es (relativamente) fácil.

La Parte III, "Obsesión por la web", se sumerge dentro de la World Wide Web, la parte de Internet que ha impulsado la red de la oscuridad a la fama. Mencionamos cómo avanzar, cómo encontrar materiales (lo cual no es tan sencillo como debería) y cómo comprar en línea.

La Parte IV, "Correo electrónico, chat y otras formas de comunicarse en línea", se concentra en los servicios de comunicación importantes de la red:

enviar y recibir correos electrónicos, mensajes instantáneos y chat. Aquí descubre cómo intercambiar correo electrónico con personas que están cerca o en otros continentes, cómo usar listas de correo en el correo electrónico para mantenerse en contacto con personas con intereses similares y cómo usar programas de mensajería instantánea para chatear con sus amigos por correspondencia. También recibe un resumen para evitar y bloquear peligros en línea como los virus y el spam.

La Parte V, "Actividades avanzadas en Internet", cubre dos temas importantes que no caben en las partes desde la I hasta la IV: hacer su propia página web y usar weblogs, los cuales le permiten a cualquier persona ser un periodista en línea.

La Parte VI, "La Parte de los diez más," tiene un compendio de referencias y datos útiles (que, suponemos, sugieren que el resto del libro está lleno de datos poco útiles).

Íconos usados en este libro

Le indica que algún tipo de información técnica se aproxima, de manera que puede omitirla si lo desea. (Por otro lado, quizá quiera leerla.)

Informa que se explica algo de forma rápida.

¡Oh no! ¡Aprendimos esto de la forma difícil! ¡No permita que le suceda lo mismo!

Le señala algo que debe archivar en su memoria.

Menciona un recurso en la World Wide Web que usted puede usar con Netscape, Internet Explorer u otro software web.

Lo dirige hacia información de último minuto en nuestro propio sitio web. ¿Lo ve?, este libro está *vivo*.

¿Ahora qué?

Eso es todo lo que necesita saber para comenzar. Cuando se enfrente con un problema al usar Internet, sólo búsquelo en la tabla de contenido o en el índice. Tal vez resuelva el problema de inmediato o averigüe a dónde necesita dirigirse para encontrar ayuda de expertos.

Como Internet se ha estado desarrollando por más de 30 años, con gran influencia de gente muy sabelotodo, no se diseñó para que fuera particularmente fácil para que la gente normal la usara. No se sienta mal si tiene que buscar una gran cantidad de temas antes de sentirse cómodo con Internet. Hasta hace poco, la mayoría de los usuarios de PC nunca tuvieron que enfrentarse a algo tan complejo.

Sus reacciones, por favor

Nos encanta escuchar a nuestros lectores. Si quiere contactarnos, siéntase con libertad para hacerlo a

Dummies Press
10475 Crosspoint Blvd.
Indianapolis, IN 46256

Mejor aún, envíenos un correo electrónico a `internet10@gurus.com` (nuestro amigable robot le responderá de inmediato; los autores humanos leen todo el correo electrónico y responden todo lo que pueden) o visite la página principal de este libro, en `net.gurus.com`. Estas direcciones de correo electrónico lo ponen en contacto con los autores; para contactar a la editorial o a los autores de otros libros *Para Dummies*, visite el sitio web de la editorial en `www.dummies.com` o envíe un correo de papel a la dirección que se mencionó antes. También, visite `www.st-editorial.com` o escríbanos a `info@st-editorial.com`.

Parte I
Bienvenido a Internet

En esta parte. . .

nternet es un lugar maravilloso. Pero, debido a que
está lleno de PC, todo es más complicado de lo que
debería ser. Comenzamos con un vistazo a lo que es
Internet y cómo llegó ahí. Le decimos lo que está sucediendo, lo que están haciendo las personas y por qué
debería interesarle. Le ponemos atención especial a los
problemas de seguridad, los asuntos de privacidad y las
preocupaciones familiares. En este tema en particular,
nos concentramos en buscar la mejor forma para que los
niños trabajen con Internet.

Capítulo 1

¿Qué es Internet y por qué le puede interesar?

En este capítulo

▶ ¿Qué es en realidad Internet?

▶ En ese caso, ¿qué es una red?

▶ ¿Para qué sirve Internet?

▶ ¿Es Internet un espacio seguro?

Es enorme, es asombroso, está por todo el mundo, se ha convertido en parte de nuestras vidas, debe ser... Internet. Todos sabemos algo acerca de Internet y muchos hemos tratado de usarlo, con mayor o menor éxito. (Si usted ha tenido menos éxito, ha llegado al lugar correcto.) En este capítulo vemos qué es Internet y qué puede hacer antes de entrar en los detalles.

Si es nuevo en Internet y, en especial, si no tiene mucha experiencia informática, *tenga paciencia consigo mismo*. Muchas de las ideas que se presentan aquí son completamente nuevas. Tómese su tiempo para leer y volver a leer. Internet es un mundo diferente, con su propio idioma, y toma algo de tiempo acostumbrarse a él.

Incluso los usuarios de equipo de cómputo experimentados pueden considerar Internet más difícil que otras cosas que hayan enfrentado. Internet no es un único paquete de software y no cuenta con instrucciones paso a paso como las que se proporcionan para un programa fijo. En la medida de lo posible, este libro se presenta paso a paso, pero Internet es como un organismo viviente que muta a un ritmo asombroso, más que Microsoft Word o Excel, que permanecen inmóviles en su PC. Después de que se acomoda y practica un poco, usar Internet parece como un acto reflejo; al principio, sin embargo, puede ser desalentador.

Muy bien, entonces, ¿qué es Internet?

Internet, también conocido como la *red*, es la red informática más grande del mundo. "¿Qué es una red?", se preguntará quizá. Incluso si ya lo sabe, sería bueno que leyera los siguientes dos párrafos para asegurarnos de que estamos hablando el mismo idioma.

Una *red* informática es un grupo de PC conectadas para comunicarse en alguna medida. El concepto es como una red de TV o radio que conecta un grupo de estaciones, de tal manera que pueda compartir el último episodio de su telenovela preferida.

Pero esta analogía no llega muy lejos. Las redes de TV envían la misma información a todas las estaciones al mismo tiempo (esto se llama red de difusión). Por lo general, en las redes informáticas cada mensaje en particular se dirige a una PC en particular, de manera que diferentes PC pueden mostrar cosas diferentes. Contrariamente a las redes de televisión, las redes informáticas son de dos vías: cuando una PC A le envía un mensaje a la PC B, B le puede enviar una respuesta a A.

Algunas redes informáticas se componen de una PC central y un grupo de estaciones remotas que se reportan a esa PC (por ejemplo, una central de reservaciones de una aerolínea con miles de pantallas y teclados en aeropuertos y agencias de viajes). Otras redes, incluido Internet, son más igualitarias y permiten que cualquier PC en la red se comunique con cualquier otra PC. Muchos dispositivos inalámbricos nuevos (teléfonos móviles, Palm Pilots, Blackberries y otros de su tipo) están unidos a la red, y llevan Internet hasta nuestras manos.

Internet no es en realidad una red; es una red de redes donde todas intercambian información con libertad. Las redes van desde las grandes y formales (como las redes corporativas de AT&T, General Motors y Hewlett-Packard) hasta las pequeñas e informales (como la del cuarto trasero de John, que se compone de dos PC viejas compradas en la tienda de piezas electrónicas) y todo lo que se encuentra en el medio. Las redes universitarias han sido parte de Internet durante mucho tiempo y ahora las escuelas primarias se están uniendo. Últimamente, las PC e Internet se han vuelto tan populares que cada vez más hogares tienen más de uno y están creando sus propias redes desde las que se conectan a Internet.

¿Qué es todo este alboroto?

Hacia cualquier lugar que mire, puede encontrar rastros de Internet. Los productos para el hogar, las tarjetas de presentación, los programas de radio y los créditos de las películas hacen mención de sus direcciones del sitio web (que, por lo general, comienza con "www" y termina con "punto com") así como de sus direcciones de correo electrónico. La gente que conoce prefiere darle una dirección de correo electrónico en lugar de un número telefónico. Pareciera que todo el mundo se está poniendo "en línea" y trabajando con "Google". ¿Están todos ellos hablando de la misma "red de redes"? Así es, *y* aún hay más.

Internet afecta nuestras vidas en una escala tan importante como el teléfono y la televisión. Cuando se trata de diseminar información, Internet es el invento más significativo desde la prensa escrita. Si usa un teléfono, escribe cartas, lee un periódico o una revista, tiene negocios o realiza algún tipo de investigación, Internet puede cambiar de manera radical su forma de ver el mundo.

Con las redes, el tamaño desempeña un papel muy importante: cuanto más grande sea la red, más cosas puede ofrecer. Debido a que Internet es el grupo de redes de PC interconectadas más grande del mundo, tiene una asombrosa selección de información que ofrecer.

Cuando las personas se refieren a Internet, por lo general hablan acerca de lo que pueden hacer, de lo que han encontrado y de las personas que han conocido. Millones de PC conectadas a Internet intercambian información de muchas formas distintas. La cantidad y el tipo de servicios disponibles son tan extensos que no tenemos espacio para proporcionar una lista completa en este capítulo, pero le ofrecemos este resumen:

✔ **Correo electrónico (e-mail):** este servicio es el más utilizado; puede intercambiar correos electrónicos con millones de personas alrededor del mundo. Las personas usan el correo electrónico para cualquier cosa en la que podrían usar el papel (correo, faxes y envío especial de documentos) o el teléfono (chismes, recetas, cartas de amor) para comunicarse; piense en todas las posibilidades. (Hemos escuchado que algunas personas incluso lo usan para cosas relacionadas con el trabajo.) Las *listas de correo electrónico* le permiten unirse a discusiones de grupos con personas que tienen intereses similares y conocer personas por medio de la red. Los capítulos del 13 al 16 describen todos los detalles.

✔ **La World Wide Web:** cuando las personas hablan en estos tiempos de navegar por la red, con frecuencia se refieren a la revisión de sitios en esta base de datos con hipervínculos multimedia que abarcan todo el globo. De hecho, las personas están hablando más acerca de la red y menos acerca de la Net. ¿Son la misma cosa? Técnicamente, la respuesta es "no". En términos prácticos, la respuesta para muchas personas es que son "bastante cercanos". Le diremos la verdad, sólo la verdad y nada más que la verdad en el Capítulo 6.

La red, a diferencia de los primeros servicios de Internet, combina texto, imágenes, sonido, videoclips, animación e incluso programas de noticias en vivo, conciertos y vida salvaje. Puede desplazarse por distintos sitios con sólo un clic en el ⌐ᵗ. Los sitios web nuevos (conjuntos de páginas web) están creciendo más rápido de lo que tarda en pronunciar "Big Mac con queso", con nuevos sitios que aparecen a cada minuto. En 1993, cuando escribimos la primera edición de este libro, Internet contaba con 130 sitios web. En este momento tiene muchos millones y las estadísticas indican que la cantidad se duplica en cuestión de pocos meses.

El software que se utiliza para navegar por la web se conoce como *buscador*. Los buscadores más populares hoy en día son Firefox e Internet Explorer. Le diremos todo con respecto a ellos en el Capítulo 6.

✔ **Servicios de chat:** las personas hablan con otras personas alrededor del mundo acerca de cualquier tema. Ingresan a salas de chat con varias personas o con una en especial. Usan los servicios del chat de America Online, Microsoft, Yahoo, Internet Relay Chat (IRC), o chats basados en web. Le diremos cómo chatear en el Capítulo 16.

✔ **Mensajería instantánea (IMing):** con la ayuda de programas especiales en su PC y en el de su amigo, puede iniciar una conversación en un instante. Programas como Windows Messenger, Yahoo! Messenger, ICQ y AOL Instant Messenger le permiten enviar mensajes que aparecen en la pantalla del receptor. Escuchamos historias de jóvenes hábiles que mantienen más de 13 sesiones IM al mismo tiempo. Le hablamos acerca de los programas IM en el Capítulo 16.

Algunas historias de la vida real

Los estudiantes de sétimo año en San Diego usan Internet para intercambiar cartas e historias con chicos en Israel. A pesar de que lo hacen más que todo por diversión y para hacer amigos en otro país, un estudio académico formal informó que cuando los niños tienen una audiencia real para sus asuntos, escriben mejor. (Una gran sorpresa.)

Para muchos propósitos Internet es la forma más rápida y confiable de trasladar información. En septiembre de 1998, cuando el fiscal especial Kenneth Starr entregó su informe del escándalo que implicaba al presidente Clinton y a Mónica Lewinsky a la Cámara de Representantes de Estados Unidos, ésta se apresuró a colocar el informe en línea, lo cual le permitió a millones de personas leerlo el mismo día que salió. (Todavía podemos discutir si fue una buena idea hacerlo, pero Internet es lo que lo hizo posible.) Y la página de chismes en línea *Drudge Report* de Matt Drudge fue la primera en divulgar gran parte del escándalo.

En las horas y los días después de los ataques terroristas del 11 de septiembre de 2001, las personas se dieron por vencidas con el sistema telefónico sobrecargado (en especial los teléfonos celulares no servían de nada) y se pasaron al correo electrónico para averiguar si sus seres queridos y compañeros de trabajo habían sobrevivido. La web les proporcionó a los estadounidenses acceso a la cobertura de noticias de todo el mundo, lo cual les permitió tener una visión de la forma en que el resto del mundo percibía la situación.

Durante la guerra en Iraq, los soldados y los civiles se han mantenido en contacto con amigos y parientes por medio del correo electrónico. Un joven en Bagdad mantenía un weblog muy leído (o *blog*, vea el Capítulo 18) que le daba una idea a las personas alrededor del mundo de los acontecimientos de la guerra.

Los investigadores médicos alrededor del mundo usan Internet para mantener las bases de datos actualizadas. Las personas con ciertas condiciones médicas especiales usan Internet para comunicarse entre ellas por medio de grupos de apoyo y para compartir experiencias. Los médicos con un pensamiento de avanzada se ponen a disposición de sus pacientes por medio del correo electrónico; además, los motivan para que lo usen en lugar del teléfono para preguntas que no sean de emergencia.

Internet también tiene usos más prosaicos. Estos son algunos que nosotros le damos:

✔ Cuando comenzamos a escribir nuestro megalibro, *Secretos de Internet*, colocamos avisos en Internet para solicitar contribuciones. Obtuvimos respuestas de todo el mundo. Muchos de estos contribuyentes se convirtieron en nuestros amigos. Ahora tenemos personas a quienes visitar alrededor de todo el mundo. Eso le podría pasar a *usted*.

✔ Recibimos correos todos los días, de todo el mundo, de lectores de nuestros libros *Para Dummies*, y a menudo somos los felices receptores de los primeros mensajes de correo electrónico de los lectores.

✔ Internet es la mejor fuente de software. Cada vez que escuchamos sobre un servicio nuevo, por lo general sólo toma unos pocos minutos encontrar software para nuestras PC (varias PC que trabajan con diversas versiones de Windows, así como Macintosh), descargarlo e iniciarlo. Mucho del software disponible en Internet es gratuito; existe también el shareware barato.

✔ Cuando Margy quería comprar un Subarú usado, ella y su esposo encontraron listados de las agencias de todo el estado con los modelos que querían. Incluso podían obtener información con respecto al seguro y al registro de los coches antes de ir a la agencia, dónde y cuándo se habían conducido y si habían tenido accidentes de consideración.

Internet tiene también partes locales y regionales. Cuando John quería vender una camioneta fiel pero cansada, un aviso en Internet en un área de ventas locales encontró un comprador en sólo dos días. El esposo de Margy vendió su PC usada media hora después de haber colocado el mensaje en el grupo de noticias de Usenet. Carol revisa las listas de los cines locales y de las actividades culturales más rápido que en el periódico.

¿Por qué este medio es distinto a cualquier otro?

Internet es diferente a todos los otros medios de comunicación con los que nos hayamos encontrado. Personas de todas las edades, colores, credos y países comparten con libertad ideas, historias, datos, opiniones y productos.

Cualquier persona puede acceder

Algo maravilloso con respecto a Internet es que quizá sea la red más abierta del mundo. Miles de PC proporcionan servicios que están disponibles para cualquier persona que tenga acceso a Internet. Las redes antiguas limitaban lo que los usuarios podían hacer y pedían acuerdos específicos para cada servicio, pero Internet conecta a todas las personas con todas las cosas. A pesar de que los servicios pagados existen (y aumentan más cada día), la mayoría de los servicios de Internet son gratuitos una vez que está en línea. Si todavía no cuenta con acceso a Internet por medio de su compañía, escuela, biblioteca o el ático de un amigo, quizá tiene que pagar para obtener acceso por medio de un Proveedor de Servicios de Internet (PSI). Mencionamos algunos de estos proveedores en el Capítulo 4.

Es política, social y religiosamente correcto

Otra gran cosa con respecto a Internet es que es lo que uno llamaría "sin estratificación social". Es decir, ninguna PC es mejor que otra, al igual que ninguna persona es mejor que otra. Quien sea usted en Internet sólo depende de la forma en que se presente por medio de su teclado. Si lo que dice hace que suene como una persona inteligente e interesante, pues eso será. No importa su edad o su apariencia o si es un estudiante, un ejecutivo o un trabajador de la construcción. Los problemas físicos no importan; nosotros mantenemos correspondencia con personas con problemas de escucha y de visión. Si no nos lo hubieran dicho, nunca nos hubiéramos enterado. Las personas se hacen famosas (y de triste fama) en la comunidad de Internet por medio de sus esfuerzos.

¿En realidad llega Internet a todos los continentes?

Algunos lectores escépticos, después de leer la afirmación de que Internet abarca todos los continentes, podrían mencionar que la Antártica es un continente, a pesar de que su población son básicamente pingüinos, quienes (según mis conocimientos) no están interesados en las redes informáticas. ¿Llega Internet hasta ahí? Sí lo hace. Unas cuantas máquinas en la Base Scott en McMurdo Sound en la Antártica están en Internet, conectadas por medio de un vínculo de radio a Nueva Zelanda. Se reporta que la base en el Polo Sur tiene un vínculo con Estados Unidos de América, pero no publica su dirección electrónica.

En el momento de escribir este libro, la masa de tierra más grande sin acceso a Internet en el mundo es quizás una de las islas inhabitadas en el ártico canadiense, quizá la isla Melville (puede buscarla en Internet). Solíamos decir que era Nueva Guinea, una gran selva al norte de Australia, hasta que un lector nos envió un correo electrónico en 1997 contándonos acerca de su nuevo proveedor de Internet. Nota: Si usted vive en la isla Melville y se encuentra en línea ahí, ¡por favor, envíenos un correo electrónico de inmediato!

Las ventajas de la red

Internet se ha convertido en una corriente dominante y usted se está quedando atrás, y a un ritmo cada vez más acelerado, si todavía no ha comenzado. Cada día que pasa, las noticias aparecen primero en Internet antes de estar disponibles en cualquier otra forma, y los privados del ciberespacio están perdiendo terreno.

Estas son algunas de las formas en que las personas utilizan Internet:

✔ **Obtener información:** muchos sitios web cuentan con información gratuita de la cual pueden hacer uso. La información va desde formularios de impuestos que puede imprimir y usar hasta avisos para solicitar ayuda, listados de propiedades a la venta y recetas. Desde decisiones de la Corte Suprema de Estados Unidos y catálogos de fichas bibliográficas hasta el texto de libros antiguos, fotografías digitales (muchas adecuadas para la familia) y una enorme variedad de software, desde juegos hasta sistemas operativos; puede encontrar prácticamente de todo en la red. Puede averiguar el tiempo, ver listas de películas e incluso ver los cierres de las escuelas en cualquier lugar del mundo y desde cualquier lugar del mundo.

Algunas herramientas especiales como *motores de búsqueda, directorios* e *índices* le ayudan a encontrar información en la web. Mucha gente está tratando de crear el motor de búsqueda más rápido y más inteligente así como el índice web más completo. Le podemos decir que Google es el más completo en este momento, de manera que se puede dar una idea. Tal como se mencionó en la Introducción, cuando vea un icono de web en el margen de este libro, describimos recursos que puede obtener de Internet (por lo general la web), como se describe en los capítulos del 8 al 12.

✔ **Localizar personas:** si le perdió el rastro al amor de su infancia, llegó el momento de encontrar a esa persona en cualquier lugar del país. Por ejemplo, puede utilizar uno de los servicios de directorio para buscar los directorios telefónicos de Estados Unidos. Le contamos más al respecto en el Capítulo 8.

✔ **Buscar negocios, productos y servicios:** los nuevos servicios de directorios con páginas amarillas le permiten buscar por el tipo de compañía. Puede indicar el código de área o el código postal para especificar la ubicación. Además, muchas personas compran ese regalo especial tan difícil de conseguir. Una amiga nos comentó acerca de su búsqueda de un pendiente de oso que la llevó hasta una compañía en Alaska que tenía justo lo que ella buscaba. El padre de John y Margy encontró justo el cristal que quería, en Australia.

✔ **Investigar:** las firmas de abogados han descubierto que aquello por lo que antes pagaban $600 a los servicios comerciales para encontrar alguna información, ahora lo pueden encontrar de manera gratuita cuando buscan directamente en Internet. Los encargados de tasar propiedades usan datos demográficos disponibles en la red, como estadísticas de desempleo, para ayudar a evaluar los valores de las propiedades. Los investigadores de genética y otros científicos descargan resultados actualizados de investigaciones de todo el mundo. Los negocios y los potenciales negocios investigan su competencia en la red.

✔ **Educación:** los docentes de las escuelas coordinan proyectos con aulas alrededor del mundo. Los estudiantes universitarios y sus familias intercambian correos electrónicos para facilitar la escritura de cartas y mantener bajo el costo por llamadas telefónicas. Los estudiantes realizan investigaciones desde las PC de sus casas. Las últimas enciclopedias están en línea.

✔ **Vender y comprar cosas:** en Internet, puede comprar cualquier cosa desde libros para hacer cerveza hasta almacenarla en pequeñas cervecerías. También hemos escuchado que puede hacer mucho dinero al limpiar sus armarios y vender las cosas viejas en eBay. Hablamos acerca de los asuntos relevantes más adelante en este capítulo y en el Capítulo 10.

✔ **Viajar:** las ciudades, los pueblos, los estados y los países utilizan la web para mostrar (o *colocar*) información turística y de actividades. Los viajeros encuentran en línea información del tiempo, mapas, horarios y tiquetes de aviones, trenes y buses, así como los horarios de los museos.

✔ **Intranets:** los negocios se han dado cuenta que este asunto de Internet es muy útil y han creado sus propias redes privadas, como pequeños Internets. En estas *intranets*, las compañías utilizan el correo electrónico para comunicarse con los empleados, los clientes y los vendedores. Muchas compañías usan páginas web para información de la compañía, como los beneficios corporativos, para llenar los informes de gastos y las planillas de control de horas y ordenar mercaderías. Una intranet es una forma para que la organización proporcione información que usted puede ver desde la parte interna de la compañía que las personas de afuera no pueden ver, como manuales, formularios, videos de aburridas reuniones y, por supuesto, memos interminables. En algunas organizaciones, los correos electrónicos y las intranets reducen la cantidad de papel que se gasta en estos asuntos.

✔ **Mercadeo y ventas:** las compañías de software venden software y proporcionan actualizaciones por medio de la red. (Sin contar la gran pila de CD AOL que usamos ahora, la mayoría de distribuidores de software está migrando a Internet, donde los clientes pueden descargar e instalar programas sin tener que esperar a que llegue un CD.) Las compañías venden productos por medio de la red. Las librerías en línea y las tiendas de música permiten a las personas buscar en línea, elegir títulos y pagar los productos por medio de Internet.

✔ **Juegos:** los juegos para usuarios múltiples basados en Internet pueden absorber todo su tiempo con facilidad, incluso sus posibles horas de sueño. Puede desafiar a otros jugadores de cualquier lugar del mundo. Muchos tipos de juegos están disponibles en la web, como los juegos tradicionales adictivos: juegos de cartas, ajedrez, damas y otros. En el Capítulo 21 le decimos dónde encontrarlos.

✔ **Amor:** las personas encuentran romances en la red. Los anuncios de solteros y los sitios para encontrar pareja compiten para obtener usuarios. Internet hace mucho dejó de ser un imán para un grupo de chicos sabelotodo de 22 años que eran un reto para la sociedad y ahora se ha convertido en una celestina para personas de todas las edades, géneros, preferencias y situaciones de vida.

✔ **Alivio:** los pacientes y los profesionales de la salud se mantienen actualizados con los últimos descubrimientos médicos, comparten experiencias con respecto a los tratamientos y se apoyan unos a otros en sus problemas de salud. Incluso sabemos de algunos médicos que intercambian correos electrónicos directamente con sus pacientes.

✔ **Invertir:** las personas realizan investigaciones financieras, compran acciones e invierten dinero en línea. Algunas compañías en línea comercian sus propias acciones. Los inversionistas encuentran empresas nuevas y las empresas nuevas encuentran capital.

✔ **Organizar actividades:** los organizadores de conferencias y ferias comerciales han descubierto que la mejor forma de diseminar la información, solicitar las ponencias e inscribir a los participantes es hacerlo por medio de la web. La información se puede actualizar de manera regular y los costos de papel y de envío se reducen en gran cantidad. Inscribirse en línea ahorra el costo de personal para inscripciones y el lío de las filas.

✔ **Organizaciones sin fines de lucro:** las iglesias, sinagogas, mezquitas y otras comunidades colocan páginas en las que informan a los usuarios de la web quiénes son e invitan personas nuevas. El boletín en línea de la iglesia *siempre* está listo antes del domingo.

LO ÚLTIMO

¿De dónde vino Internet?

El antecesor de Internet fue ARPANET, un proyecto que fundó el Departamento de Defensa (DOD, por sus siglas en inglés) en 1969, tanto como un experimento en redes confiables como para unir ese departamento con los contratistas en investigaciones militares, al igual que una gran cantidad de universidades que realizaban investigaciones con fondos militares. (ARPA quiere decir Administración de Proyectos de Investigación Avanzados, la rama de DOD encargada de distribuir el dinero para subsidios. Para aumentar la confusión, la agencia ahora se conoce como DARPA, la D se agregó por Defensa, en caso de que alguien tuviera dudas sobre la procedencia del dinero.) A pesar de que ARPANET comenzó como algo pequeño al conectar tres PC en California con una en Utah, pronto creció hasta cubrir el continente.

A principios de la década de 1980, ARPANET creció hasta convertirse en el primer Internet, un grupo de redes interconectadas que conectaban muchos sitios educativos y de investigación financiados por la Fundación Nacional de la Ciencia (NSF, por sus siglas en inglés), junto con los sitios militares originales. Cerca de 1990 estaba claro que Internet había llegado para quedarse, y tanto DARPA como NSF se retiraron en favor de las redes administradas en forma comercial que conforman hoy Internet. (Además, a pesar de que Al Gore no inventó Internet, jugó un papel decisivo al mantener los fondos para que Internet se convirtiera en lo que es hoy.) Compañías conocidas como AT&T, Sprint, Verizon y Quest administran algunas de las redes; otras pertenecen a compañías especializadas como Level3 y Verio. Sin importar a cuál pertenezca usted, todas están interconectadas, de manera que es un solo Internet gigante. Para mayor información, puede leer nuestra página web que se encuentra en `net.gurus.com/history`

Algunas reflexiones sobre la seguridad y la privacidad

Internet es un lugar divertido. A pesar de que parece totalmente anónimo, no lo es. Las personas solían tener nombres de usuarios que guardaban una semejanza con sus identidades verdaderas, como sus nombres o iniciales o alguna combinación junto con los nombres de sus universidades o corporaciones. Esto hacía que fuera muy fácil seguir el rastro hasta la persona real. En la actualidad, con el fenómeno de los nombres de pantalla (cortesía de America Online) y diversas direcciones de correos electrónicos (cortesía de muchos proveedores de Internet), revelar su identidad es algo opcional.

Según quién sea y lo que quiera hacer en la red, de hecho, podría querer nombres y cuentas diferentes. Éstas son algunas razones legítimas para quererlos:

✔ Es un trabajador profesional (un médico, por ejemplo) y quiere participar en una lista de correo o en un grupo de noticias sin que le pidan su opinión profesional.

✔ Quiere ayuda en un área que considera privada y no quiere que personas cercanas conozcan su problema, lo que podría suceder si su nombre aparece.

✔ Hace negocios en Internet y socializa en la red. Es posible que quiera mantener esas actividades separadas.

Una advertencia para aquellos que consideren abusar de la naturaleza anónima de Internet: la mayoría de las actividades en la red se pueden rastrear. Si comienza a abusar de la red, se dará cuenta de que no es tan anónimo como creía.

Primero la seguridad

La naturaleza anónima y sin rostro de Internet también tiene su desventaja. Para protegerse y proteger a su familia, tome las siguientes precauciones:

✔ En reuniones de chat y otras situaciones para conocer personas, no use su nombre completo.

✔ Nunca proporcione su nombre, dirección o número de teléfono a alguien que no conoce.

✔ Nunca le crea a nadie que diga ser de "Soporte técnico de AOL", de "Prevención de fraudes de eBay", o cualquier tipo de autoridad similar que le pida su clave de acceso. Ninguna entidad real le preguntará nunca su clave de acceso.

✔ Tenga mucho cuidado al revelar información de niños. No llene perfiles en los chats que piden el nombre de un niño, la ciudad donde vive, la escuela, la edad, la dirección o el número de teléfono; esa información se usa para "mercadeo dirigido" (también conocido como correo basura).

Aunque en menor cuantía, a algunas personas les han ocurrido cosas horribles cuando han llevado sus encuentros en Internet a la vida real. También han sucedido muchas cosas maravillosas. Hemos conocido a algunos de nuestros mejores amigos por medio de la red y algunas personas se han conocido y luego se han casado. Tan sólo queremos animarlo para que use el sentido común cuando defina una reunión con un amigo de la red. Una persona con la que ha intercambiado correos electrónicos y mensajes instantáneos es todavía alguien extraño, y, si quieren conocerse en persona, tome las mismas precauciones que tomaría en una primera cita con alguien que no conoce: reúnase en un lugar público, quizás junto a otro amigo y asegúrese de que su familia sepa dónde va a estar y cuándo piensa regresar.

La red es un lugar maravilloso. Conocer personas nuevas, así como también hacer nuevos amigos, es una de las grandes atracciones. Sólo queremos asegurarnos de que sea tan precavido como en el resto de sus actividades.

Proteja su privacidad

En Estados Unidos hemos crecido en cuanto a ciertas actitudes con respecto a la libertad y la privacidad, muchas de las cuales damos por un hecho. Tendemos a creer que quiénes somos, hacia dónde vamos y lo que hacemos es sólo de nuestra incumbencia siempre que no molestemos a nadie. Sin embargo, muchísimas personas están interesadas en lo que hacemos, hacia dónde vamos (al menos en la red) y, en especial, qué compramos.

Algunas personas se preocupan de que esos fisgones en la red intercepten su correo electrónico o sus páginas web. Eso no sucede con facilidad, pero si eso le preocupa, puede bloquearlos con una clave de acceso secreta. El problema más serio son los publicistas que construyen perfiles de los sitios que visita y de las cosas que compra. La mayoría de los anuncios de la web son proporcionados por un grupo de compañías como DoubleClick.com y Advertising.com, que pueden usar sus anuncios para indicar que la misma persona (usted) está visitando muchos sitios web distintos y crear un perfil. Dicen que no lo hacen, pero no dicen que no lo harán.

A lo largo de este libro señalamos cuándo su privacidad o seguridad pueden estar en peligro y sugerimos formas de protegerse. Asegúrese de leer el siguiente capítulo con nuestra perspectiva general sobre preocupaciones y consejos de seguridad.

Capítulo 2

Virus, programas espías, correo no deseado (spam) y otros asuntos molestos

....

En este capítulo

▶ Una perspectiva general de los peligros que merodean en la red

▶ Proteger su privacidad en línea

▶ Comprender la forma en que los virus pueden infectar su PC

▶ Evitar que los diseñadores de programas espías instalen software no deseado en su PC

▶ Controlar la cantidad de correo basura que tiene que ver

▶ Mantenerse usted y su familia a salvo cuando están en línea

....

*N*os gusta Internet. Ha sido parte de nuestras vidas (y de nuestro sustento) durante años. Nos encantaría decirle que todo lo que quizá haya leído acerca de los peligros de conectar su PC a Internet es sólo exageración. Pero no podemos. El éxito de Internet ha atraído a personas desagradables que lo perciben a usted como una fuente de dinero. En unos cuantos países, los fraudes perpetuados en Internet son ahora una parte importante de la economía nacional.

Incluso si nadie roba su dinero, la información acerca de sus actividades en línea se puede recuperar, lo cual es una verdadera pérdida de su privacidad. También existen personas que están intentando controlar su PC para usarla con propósitos nefastos. Cuando una PC nueva se conecta a Internet, la pregunta no es si recibirá un ataque cibernético, sino cuándo. Y la respuesta no se calcula en meses o días, sino en horas o minutos.

Relájese: Internet no tiene que ser un lugar peligroso. Utilizar Internet es como caminar por una gran ciudad. Sí, necesita ser cuidadoso, usar algo de protección y mantenerse alejado de las áreas peligrosas, pero puede tomar ventaja de las maravillas que la red ofrece.

Este capítulo describe los tipos de privacidad, seguridad y asuntos molestos que abundan en Internet.

- ✔ Los **asuntos de privacidad** incluyen la cantidad de personas que pueden averiguar algo sobre usted en Internet.
- ✔ Los **asuntos de seguridad** tienen que ver con mantener el control de los programas que funcionan en su PC.
- ✔ Algunos **asuntos molestos** sencillos incluyen terminar con un buzón de correo lleno de información no deseada (correo basura) o ventanas de búsqueda en la web que muestran anuncios.

A lo largo del resto de este libro incluimos instrucciones para mantenerse a salvo con una barrera de protección, un antivirus, un localizador de programas espías y algo de sentido común. El Capítulo 3 habla de las reglas para dejar que los niños usen Internet, y la mayoría de las sugerencias también funcionan para los adultos.

Lo que pueden averiguar las personas sobre usted

Los avances en la tecnología están socavando la privacidad que la mayoría de nosotros damos por un hecho. Las innovaciones que usamos todos los días, como tarjetas de crédito, teléfonos celulares, llaves electrónicas y los aparatos para el cobro de cuotas en carreteras permiten que se le pueda dar seguimiento a todas las compras y movimientos que hacemos. Internet es una extensión de esta tendencia. La mayoría de lo que hace en línea se puede ver y grabar, en algunas ocasiones por razones inocentes y en otras no.

Todo esto se agrava aún más con la cantidad de información pública disponible para una audiencia mucho mayor por medio de Internet. Cuando los oficiales de gobierno mantenían los registros en papel y las personas tenían que visitar la oficina y buscar entre los archivos la información específica que querían, el abuso de la información era menos posible. La posibilidad está ahí para cualquiera; se puede acceder a información acerca de personas hasta ahora desconocidas y obtener información de diversas fuentes, como directorios en línea. Ya ni la geografía ni el tiempo son lo bastante disuasivos.

En las siguientes secciones se describen diversas técnicas para obtener información suya mientras usa Internet o trucos para que revele información.

Pesca de datos

Los *mensajes anzuelo* o *pesca de datos (phishing)* son el nuevo crimen en Internet y usted es el objetivo. La buena noticia es que es fácil protegerse cuando usted y su familia conocen el anzuelo.

¿Cómo se ven los mensajes anzuelo?

Una vez que comienza a usar Internet y a recibir correo electrónico (como se describe en el Capítulo 13), hay una gran probabilidad de recibir este tipo de mensaje:

Asunto: Advertencia importante de Ebay

De: ¡Departamento de cobro de eBay! <Service@eBay.com>

Solicitud de mediación por fraude de eBay

Usted ha recibido este correo electrónico porque usted o alguien más ha usado su cuenta para realizar pujas falsas en eBay. Por motivos de seguridad, se nos ha solicitado abrir una investigación en este caso.

EL CÓDIGO DE IDENTIFICACIÓN DEL AVISO DE FRAUDE QUE SE ENCUENTRA EN ESTE MENSAJE SE ADJUNTARÁ EN NUESTRO FORMULARIO DE SOLICITUD DE MEDIACIÓN POR FRAUDE PARA VERIFICAR LA INFORMACIÓN DE REGISTRO DE SU CUENTA EBAY.

CÓDIGO DE IDENTIFICACIÓN por Aviso de fraude: 00937614

(Por favor guarde este Código de Identificación por Aviso de fraude para su referencia.)

Para ayudar a agilizar este proceso, por favor acceda al siguiente formulario para completar la verificación de la información de registro de su cuenta eBay:

http://www.eBay.com/cgi_bin/secure/Fraud Alert ID CODE: 00937614

Por favor tenga en cuenta:

Si no recibimos la verificación de cuenta eBay apropiada dentro de 48 horas, entonces asumiremos que esta cuenta eBay es fraudulenta y será suspendida.

Saludos, Departamento de Seguridad (Departamento de Confianza y Seguridad), eBay Inc.

Copyright © 2004 eBay Inc. Todos los derechos reservados. Las marcas registradas designadas son la propiedad de sus dueños respectivos.

Suena auténtico y asusta. ¿Cree que mejor sale de esto de inmediato? Es mejor que lo piense de nuevo. Usted es el pez y este mensaje es la carnada. Ese texto subrayado en el centro es el gancho. Haga clic en él y pronto aparecerá una página que parece oficial y que se ve justo como una página de inscripción de eBay. Después de que ingresa su nombre de usuario y la clave de acceso, otra página que parece oficial le pide el número de tarjeta de crédito, el PIN, la dirección de cobro, detalles de su cuenta corriente (junto con un útil gráfico de manera que pueda encontrar los números correctos en sus cheques personales), el número de seguro social, la fecha de nacimiento y el número de licencia de conducir. La página es lo bastante inteligente como para rechazar un número de tarjeta de crédito inválido. Si incluye toda la información y presiona Continuar, observa una página eBay válida que dice que se ha desconectado. Luego, ¿quién sabe? Está expuesto a cualquier cosa desde una pequeña compra pagada con su tarjeta de crédito hasta el robo de identidad a gran escala que puede tomar meses o años para resolverse.

Este mensaje no venía de eBay. Millones de mensajes como éste se envían por medio de Internet todos los días.

Algunas claves lo pueden alertar. La mala escritura de algunas palabras le puede sugerir que el autor no es muy diestro con el idioma. Además, si se toma la molestia de guardar el correo electrónico en un archivo y luego lo imprime, el vínculo subrayado en el centro de los mensajes se ve de la siguiente forma:

```
<http://192.168.45.67/cgi_bin>http://www.eBay.com/cgi_bin/
            secure/Fraud Alert ID CODE: 00937614
```

El texto que se encuentra entre los signos de mayor y menor que ("<" y ">") es donde va el vínculo hacia un sitio web con una dirección numérica. (Cuando intentamos hacer clic en el vínculo dos días después de haber recibido el correo, el sitio web ya se ha cerrado. Los chicos de seguridad de eBay tienen los ojos bien abiertos.)

No muerda el anzuelo

Tarde o temprano los "pescadores" encontrarán buenos editores o aprenderán a utilizar un corrector de escritura, de manera que no podrá creer sólo en errores de escritura o gramaticales, aunque contituyen un aviso cuando encuentra alguno. Estos son algunos consejos adicionales:

✔ Asuma que cualquier correo electrónico que lo dirija hacia una página que solicite claves de acceso o números de tarjetas de crédito, así como cualquier otra información personal es una expedición de "pesca".

✔ Si el correo electrónico afirma ser de una compañía que nunca ha escuchado mencionar, ignórelo.

✔ Si dice que es de una compañía con la cual tiene una cuenta, vaya al sitio web de la compañía al digitar su dirección URL en el buscador (vea el Capítulo 6), *no* al hacer clic en el vínculo del correo electrónico. Cuando se encuentre en el sitio web de la compañía, busque un vínculo que diga "Mi cuenta". Al conectarse, si existe un problema, debería ver un anuncio. Si no existe forma de conectarse y todavía está preocupado, reenvíe una copia del correo electrónico al departamento de servicio al cliente.

Un truco que usan los "pescadores" para engañar a los usuarios de Internet es el *Sitio web de Engaño* (engañan al buscador para que muestre una dirección cuando usted en realidad está en otra.) Algunos buscadores le permiten a los sitios web mostrar sólo su dirección principal, de manera que no se vea tan técnica. Los "pescadores" le sacan ventaja a esta habilidad. Los mejores buscadores, como Firefox (vea el Capítulo 6), ofrecen protección contra el *Sitio web de Engaño*: siempre muestran la dirección web real de la página en la que usted se encuentra.

Si quiere saber con certeza hacia dónde lo está llevando un vínculo, puede descargar SpoofStick, un software gratuito disponible en `www.spoofstick.com`, que le muestra el nombre del nivel máximo del sitio web que usted está visitando en realidad. (Vea el Capítulo 12 para descargar e instalar programas.)

Para resumir: asegúrese de que su familia sepa bien esta regla: nunca, *nunca*, **nunca** ingrese claves de acceso, números de tarjeta de crédito u otra información personal en una página web a la cual llegó haciendo clic en un vínculo de un correo electrónico.

Los interceptores y las pulgas de la web que le dan seguimiento donde usted busca

Desde que World Wide Web se convirtió en una frase de uso doméstico, para las compañías ha aumentado la visión de que su presencia en Internet es una forma vital de anunciar sus bienes y servicios y de conducir sus negocios. Gastan millones de dólares en sus sitios web, y gastarían lo mismo para saber cómo los usan las personas. Puede imaginarse que cuando visita un sitio, las compañías le pueden dar seguimiento a sus acciones conforme pasa de un vínculo a otro dentro del sitio. Pero ellos *en realidad* quieren saber lo que usted estaba haciendo antes de ingresar a su sitio, y lo que hace cuando sale. Para recolectar esta información insertan piezas de código especiales llamadas interceptores de red que todos los demás llaman *pulgas de la web;* éstas le informan sus acciones a un sitio central, que a menudo es puesto a funcionar por una compañía separada que coloca anuncios en sitios web. Al juntar la información de muchos sitios web, estas compañías de seguimiento obtienen un panorama bastante claro de los lugares que usted visita en línea, y de lo que busca cuando está ahí. Muchos tienen el cuidado de ofrecer a sus clientes sólo estadísticas, pero el potencial de abuso se encuentra ahí. Vale la pena anotar que las cortes de Estados Unidos establecen un estándar de protección menor para los "registros de negocios" recolectados de esta forma.

Las cookies no son tan malas

Cuando realiza una búsqueda en la web (como se describe en el Capítulo 6), el servidor necesita saber quién es usted y si desea hacer cosas que requieren registrarse o poner artículos en un carrito de compras virtual o cualquier otro proceso que requiera que el sitio web recuerde información suya conforme pasa de una página a otra. El truco más frecuente que le permite a los sitios web darle seguimiento a lo que está haciendo se llama *configurar cookies.* Una *cookie* es un pequeño archivo

Búsquese usted mismo en Google

Una de las grandes atracciones de Internet es toda esa información que ahora es tan fácil de acceder. Parte de esa información es acerca de usted. Si tiene un sitio web personal, ha participado en grupos de noticias o en listas de correo o tiene su propio blog (vea los capítulos 17, 16 y 18 respectivamente), entonces espera que toda la información que coloca en ese lugar esté disponible para que todas las personas la vean, por lo general, para siempre. (Todavía nos encontramos con información acerca de nosotros de hace 20 años.) Pero otras personas también colocan información: boletines informati-

vos, listas de actividades, fotografías de actividades, otras fotografías y así sucesivamente. Su rastro de datos electrónicos en Internet debe ser más largo de lo que se imagina. Si no lo ha hecho antes, intente buscarse a sí mismo en Google. Ingrese su nombre entre comillas en el cuadro de búsqueda de Google y haga clic en Go (Buscar.) Si tiene un nombre común puede ser necesario que incluya la inicial de su segundo nombre o que agregue el nombre de su pueblo o escuela. (Hacer esto todo el tiempo se conoce como ego búsqueda.)

que se almacena en su PC. Contiene la dirección del sitio web y códigos de identificación de algún tipo. Las *cookies*, por lo general, no contienen información personal ni ninguna otra cosa peligrosa: suelen ser inocuas y útiles.

Si planea hacer compras en la web, las *cookies* hacen posible usar las tablas de discusión basadas en la web (que se explican en el Capítulo 16), o muchos otros servicios. Cuando utliza un sitio de reservaciones de una aerolínea, por ejemplo, el sitio usa *cookies* para mantener los vuelos que usted reserva separados de los que otros usuarios están reservando al mismo tiempo. Por otro lado, supongamos que usa su tarjeta de crédito para adquirir algo en un sitio web y el sitio aplica una *cookie* para recordar la cuenta con su número de tarjeta de crédito. Supongamos que proporciona esta información desde una PC en su trabajo y la siguiente persona que visita ese sitio usa la misma PC. Esa persona podría, eventualmente, realizar compras con su tarjeta de crédito. ¡Vaya!

Los usuarios de Internet tienen diversos sentimientos con respecto a las *cookies*. Para algunos de nosotros no tienen ninguna importancia y algunos las consideramos como una invasión desmesurada a nuestra privacidad. Decida por sí mismo. Contrariamente a los rumores, los archivos *cookie* no pueden obtener otra información de su disco duro, darle un mal momento o arruinar su vida. Sólo recopilan la información que pide el buscador. Internet Explorer y Firefox le permiten controlar cuando hay *cookies* almacenadas en su PC. Vea el Capítulo 7 para averiguar cómo decirle al buscador web cuándo permitir que un sitio web configure una *cookie*.

¿Cómo pueden otras personas tomar el control de su PC?

Puede descargar e instalar software en Internet, lo cual es una característica maravillosa. Es fantástico cuando necesita que un programa visualizador muestre e imprima un formulario de impuestos o cuando quiere instalarle una actualización gratuita a un programa que compró antes. ¡Qué conveniente! Le diremos todo al respecto en el Capítulo 12.

Sin embargo, también es posible que otras personas instalen programas en su PC sin su consentimiento. ¿Cómo? Espere un momento, ¿de quién es la PC? Estos programas pueden venir en una gran variedad de formas, principalmente por correo electrónico y por medio de su buscador web.

Los virus llegan por medio del correo electrónico

Los virus de las PC son programas que van de una PC a otra, así como los verdaderos virus saltan de una persona a otra. Los virus de las PC se pueden propagar por medio de cualquier mecanismo que usen para comunicarse entre sí, como las redes, los disquetes, incluso las luces infrarrojas. Los virus han estado en Internet durante mucho tiempo. Originalmente vivían en archivos de programas que las personas descargaban con un programa de transferencia de archivos o su buscador web. Ahora, la mayoría de los virus se propagan por medio de archivos que se envían por correo electrónico, como documentos adjuntos, a pesar de que los mensajes instantáneos (vea el Capítulo 16) son una alternativa en crecimiento.

Hubo un momento en el que los conocedores (cómo creíamos ser) se reían de los nuevos visitantes de Internet que se preocupaban de obtener un virus por medio del correo electrónico. Los mensajes de correos electrónicos en ese momento eran tan sólo archivos de texto y no podían contener programas. Luego se incorporaron los documentos adjuntos. Entonces se pudo enviar software, incluso esos desagradables virus, por medio del correo electrónico. ¿No es maravilloso el progreso?

¿Qué hacen los virus?

Cuando un virus se instala en su PC tiene que buscar la forma de ejecutarse. *Ejecutarse,* en la jerga informática, quiere decir tomar vida. Un virus es un programa, y los programas tienen que ponerse a funcionar (se deben "encender", "descargar" o "iniciar".) Una vez que está funcionando, el virus hace dos cosas. Primero, observa alrededor y trata de encontrar su libreta de direcciones, la cual usa para enviar cortésmente copias de sí mismo a todos sus amigos y parientes, a menudo junto a mensajes muy convincentes ("Hola, disfruté la otra noche, ¡pero este archivo te sorprenderá!".) Segundo, ejecuta su *payload* (efectos secundarios de cualquier virus cuando ha pasado el tiempo de la infección), la razón por la que la persona que escribió el virus pasó por tanto trabajo y tantos riesgos (en ocasiones terminan en la cárcel.)

El *payload* es la actividad ilegal que el virus pone a funcionar desde su máquina. Podría estar grabando todos los movimientos de sus teclas (incluyendo sus claves de acceso.) Podría estar descargando un ataque para objetivos al azar o específicos por medio de Internet. Podría estar enviando correo no deseado o spam desde su PC. Cualquier cosa que esté haciendo, usted no quiere que la haga. Confíe en nosotros. Si su PC empieza a comportarse de manera extraña o se pone muy lenta, es probable que se haya contagiado con un virus o con unos veinte.

En los viejos tiempos, quienes escribían virus se conformaban sólo con ver cómo se diseminaban, pero al igual que todas las cosas en Internet, la escritura de virus es ahora un gran negocio, en muchos casos controlado por sindicatos del crimen organizado.

¿Qué puede hacer con respecto a los virus?

No se preocupe *mucho* por los virus; hay excelentes programas para detectarlos que revisan todo el correo entrante antes de que los virus puedan atacar. En el Capítulo 4, que describe cómo conectarse a Internet, recomendamos la instalación de un antivirus.

Los gusanos vienen justo de la red

Un *gusano* es como un virus, con la excepción de que no necesita un vector como el correo electrónico. Salta directamente de una PC a otra por medio de la red e ingresa a su PC a través de las fallas en la seguridad del software de su red. Por desgracia, el tipo de software de red más popular (el tipo que se encuentra en Microsoft Windows) está perforado con hoyos de seguridad. Son tantos que si usted conecta una máquina de Windows nueva a una conexión de red de banda ancha, se llenará de gusanos en cuestión de segundos.

Si aplica con rigurosidad todas las actualizaciones de seguridad de Microsoft, éstas arreglarán la mayoría de las fallas de seguridad conocidas, pero toma más de un minuto aplicarlas. Por consiguiente, motivamos a todas las personas que usan una conexión de banda ancha para que usen un hardware del *tipo barrera de protección* o "*firewall*", una caja que se ubica entre la red y su PC para mantener a los gusanos afuera. Si tiene una conexión de banda ancha, quizá quiera usar un dispositivo barato llamado *enrutador* para conectar sus PC. Estos enrutadores incluyen una barrera de protección como característica estándar. Vea el Capítulo 4 para obtener más información.

Los programas espías llegan por medio de sitios web

Los *programas espías* o "*spyware*" son como un virus, excepto que su PC los contrae de manera distinta. En lugar de llegar por medio del correo electrónico, estos programas se descargan por medio de su buscador. En general, necesita hacer clic sobre algo en una página web para descargar e instalar un programa espía, pero muchas personas han sido engañadas para que instalen un programa espía que pretende ser un visualizador de gráficos o algún programa que usted piensa que debería tener.

¿Qué hace el programa espía?

El programa espía se llama así debido a que a menudo se usa para propósitos funestos, como espiar lo que usted está digitando. Algunos de estos programas recolectan información suya y la envían a otro sitio sin su conocimiento o consentimiento. Un tipo común de programa espía llamado adware averigua los sitios que usted visita de manera que los anunciantes puedan mostrar publicidad dinámica (que se describe en la sección "Ventanas de búsqueda dinámicas" más adelante en este capítulo), dirigida a sus intereses.

Nota: La publicidad dirigida no es algo diabólico en sí mismo. El programa *Adsense* de Google coloca anuncios de páginas web participantes según los contenidos de esas páginas. La publicidad dirigida es más valiosa para los publicistas, porque es más probable que usted responda a un anuncio acerca de algo que ya está buscando.

Los programas espías también pueden enviar correo no deseado desde su PC, capturar todo lo que digita y enviarlo a un malhechor por medio de la red y otras actitudes malévolas.

No instale un programa espía de forma voluntaria

Existen muchos programas llamativos disponibles para descargar, pero no los instale a menos de que esté convencido de que son seguros y útiles. Muchas barras de herramientas, protectores de pantalla, noticias teletipos y otras utilidades son programas espías disfrazados. Además, cuanto más programas use en su PC, más lentamente funcionarán todos los demás programas. Averigüe con sus amigos antes de descargar el último programa, o busque en la web el nombre del programa (vea el Capítulo 8 para averiguar cómo hacerlo), con el fin de encontrar informes positivos o negativos.

Proteger su PC de los programas espías

Los programas espías con frecuencia están diseñados para que sea difícil eliminarlos, lo cual puede dañar su sistema operativo. En lugar de esperar a contraer uno de estos programas y después tratar de desinstalarlo, es una mejor idea

Adware, otro nombre para los programas espías

El adware es un tipo controversial de software que muchas personas consideran un programa espía. Se instala como parte de algunos programas que se distribuyen de manera gratuita. Éste observa lo que usted hace en su PC y muestra anuncios publicitarios dirigidos, incluso cuando usa otros programas. Los oponentes del adware manifiestan que ningún usuario en sus cinco sentidos instalaría un programa a sabiendas que éste lo acribillará con anuncios publicitarios, y quieren leyes que lo prohíban. Además, afirman que con frecuencia se comporta como un parásito que oscurece y reemplaza anuncios de sitios web rivales. Los simpatizantes reclaman que es una forma para que el software de compañías pequeñas obtenga rápida aceptación y no quieren que el gobierno elimine estas opciones de mercadeo.

Antes de descargar un programa gratuito, asegúrese de comprender el trato. Si no está del todo seguro, no lo descargue. Asegúrese de que sus niños aprendan que no deben descargar juegos gratuitos, letras de canciones y cosas parecidas; la mayoría están infectadas con programas adware; antes de que se dé cuenta, recibirá tanta publicidad dinámica que tendrá que desconectar su PC para apagarlo.

inocular su PC contra ellos. Tenga cuidado cuando hace clic para bloquearlos. Además, instale un programa contra estos espías que pueda escanear su sistema de forma periódica. Vea el Capítulo 4 para obtener más detalles.

Despliegue de ventanas emergentes

Una de las peores innovaciones en las últimas décadas han sido las ventanas dinámicas que aparecen en su pantalla de forma espontánea cuando visita algunos sitios web. Algunas aparecen de inmediato, mientras que otras son *mensajes emergentes* que están ocultos debajo de su ventana principal hasta que usted la cierra. Las más comunes que acostumbra ver son de anuncios para hipotecas y tiquetes aéreos. (No, no vamos a dar sus nombres aquí; ya tienen suficiente publicidad.)

Diversos mecanismos pueden hacer que aparezcan estas ventanas dinámicas en su PC:

✔ Un sitio web puede abrir una ventana de búsqueda nueva. En algunas ocasiones esta ventana nueva muestra un anuncio u otra información molesta. Pero en otras, la ventana nueva tiene información útil; algunos sitios web usan ventanas dinámicas como un tipo de sistema de ayuda para usar el sitio.

✔ Los programas espías y otros pueden mostrar ventanas dinámicas.

Por suerte, los buscadores de la web ahora incluyen características para evitar que los sitios web abran ventanas de búsqueda. Vea el Capítulo 7 para que aprenda a indicarle a su buscador que no muestre ninguna ventana de ese tipo.

Spam, tocino, spam, huevos y spam

Tierno y rosa,
Brilla con gel salado.
¿Qué cosa será?

Haiku del SPAM encontrado en Internet.

Cada vez más a menudo recibimos un correo electrónico que no hemos solicitado (spam) de alguna organización o persona que no conocemos. El correo no deseado es el equivalente en línea al correo basura. Fuera de línea, quienes envían correo basura deben pagar las estampillas. Por desgracia, en línea, el costo de enviar millones de correos basura es virtualmente nulo.

El correo electrónico spam (que no se debe confundir con SPAM, un producto relacionado con la carne procedente de Minnesota) quiere decir que miles de copias del mismo mensaje no deseado se envían a cuentas de correo electrónico individuales, grupos de noticias en *Usenet*, el tablero de anuncios compartido de la red e incluso a programas de mensajes instantáneos. También se le conoce como correo electrónico basura o correo electrónico en masa no solicitado. El mensaje, por lo general, consiste en publicidad desagradable de temas para hacerse rico con rapidez o de ofertas pornográficas, algo que quizá no quiere ver y que definitivamente no quiere que vean sus hijos. El mensaje es spam, la práctica se conoce como *spamming* y la persona que lo envía es un *spammer*.

Por desgracia, este correo no deseado es un gran problema en Internet. Las empresas de negocios sórdidos han decidido que ésta es la forma ideal de hacer publicidad. Recibimos grandes cantidades de correo no deseado todos los días (sí, de verdad) y la cantidad sigue aumentando. El correo no deseado no tiene que ser comercial (hemos recibido correo no deseado religioso y de política) pero tiene que ser no solicitado; si lo pide, ya no es correo no deseado.

¿Por qué llamarle "spam"?

¿A la carne? Nadie lo sabe. Ah, ¿se refiere al correo no deseado? Vino de la sátira Monty Python donde un grupo de Vikingos cantan la palabra spam de forma repetitiva a un ritmo de marcha, ahogando todo el otro discurso. (Puede buscar en Google "Monty Python spam" y hallará muchos sitios donde lo puede escuchar.) De la misma manera, el correo no deseado puede dejar por fuera todos los otros mensajes, ya que algunas personas reciben tanto correo no deseado que dejan de usarlo por completo. Otro problema es que los filtros para el correo no deseado, que se supone que lo atrapan y botan, pueden tirar mensajes buenos por error.

¿Por qué esto es tan malo?

Quizá piensa que el correo no deseado, al igual que el correo basura postal, es una molestia con la que tenemos que vivir. Pero esto es peor que el correo basura en varios aspectos. El correo no deseado le cuesta dinero. Los receptores del correo electrónico pagan mucho más de lo que pagan los emisores para enviar un mensaje. Enviar un correo electrónico es barato: la persona que lo envía puede enviar miles de mensajes en una hora desde una PC y una conexión telefónica. Después, a usted le cuesta tiempo descargarlo, leerlo (al menos la línea del asunto) y eliminarlo. La cantidad de correo no deseado ha sobrepasado la cantidad de correo electrónico real. Si sigue creciendo a ese paso alarmante, el correo electrónico dejará de ser útil porque el verdadero estará enterrado debajo de toda la basura.

No sólo el receptor del correo no deseado tiene que lidiar con un costo, ya que todo ese volumen también ejerce demasiada presión en los recursos de los servidores del correo electrónico y en todo Internet. Los proveedores del servicio de Internet tienen que pasarle los costos agregados a sus usuarios. Se ha informado que America Online estima que más de la mitad de su correo entrante es no deseado y muchos proveedores de servicios de Internet nos han comentado que cerca de $2 de las cuotas mensuales de $20 se destinan a la manipulación y limpieza del correo no deseado. Asimismo, conforme los proveedores de servicios de Internet y las compañías hacen un mayor esfuerzo por filtrarlo, más y más correo legítimo se está confundiendo con el no deseado y se está devolviendo.

Muchos correos no deseados incluyen una oración que le indica cómo salirse de sus listas, algo como "Envíenos un mensaje con la palabra ELIMINAR". ¿Por qué debería usted perder su tiempo para salirse de la lista? Pero no se preocupe, la eliminación de esas listas de correos no deseados por lo general no funciona. De hecho, puede ser un método para verificar que su dirección sea real y quizá reciba aún más correo no deseado.

¿Qué puede hacer al respecto?

No tiene por qué soportar el correo no deseado. Los filtros pueden eliminar la mayoría de correo no deseado que recibe. Vea el Capítulo 14 para aprender a usar el filtro que quizás esté incluido en su programa de correo electrónico, o a instalarlo por separado.

¿Cuál es la palabra secreta, señor Potter?

A cualquier lugar que vaya en estos días, alguien quiere que ingrese una clave o un código de acceso. Incluso Harry Potter tiene que decirle su clave de acceso a un retrato mágico sólo para ingresar al dormitorio de Gryffindor (a pesar de que no parece existir seguridad entre los aposentos de chicos y chicas.) Los expertos en seguridad, de manera unánime, nos indican cómo proteger todas nuestras claves de acceso:

Tenga cuidado con las pistas de las claves de acceso

Los sitios web están cansados de tratar con clientes que olvidan su clave de acceso, de manera que una nueva herramienta informática ha surgido durante los últimos años: la pista de la clave de acceso. Cuando crea una cuenta nueva, el amistoso software de administración de identidad le pide su nombre de usuario y una clave de acceso nueva. Luego, lo pone a seleccionar y a responder un par de preguntas de seguridad, como "¿Cuál es su color favorito?" o "¿Cuál es el nombre de su mascota?"

Algún tiempo después, usted trata de conectarse a esa cuenta, y se encuentra con que ha olvidado esa molesta clave de acceso. ¡Ningún problema! Se le harán las preguntas de seguridad que eligió; si digita la respuesta correcta, estará conectado. El problema es que un ladrón que se haga pasar por usted tendrá la misma oportunidad. En lugar de tener que adivinar su clave de acceso, todo lo que tiene que adivinar es su color favorito (¿quizás azul?) y averiguar el nombre de su mascota (¿y su hijo colocó fotos de Rover en el sitio web de la escuela como parte del proyecto de Informática en tercer grado?)

Si se encuentra con estas pistas de clave de acceso cuando se registra en una cuenta importante, elija preguntas cuyas respuestas no sean fáciles de conseguir por parte del atacante. Además, no existe ninguna regla que diga que tiene que responder las preguntas de seguridad con la verdad. Podría elegir la mascota de un amigo, por ejemplo, o un color que usted detesta, o podría decir que su color favorito es Rover y que el nombre de su mascota es Púrpura.

✔ Elija claves de acceso que sean largas y complejas, de manera que nadie las pueda imaginar. Nunca use una palabra que aparece en el diccionario como clave de acceso. Piense en incluir uno o dos números dentro de su clave de acceso.

✔ Nunca use la misma clave de acceso para cuentas distintas.

✔ Memorice sus claves de acceso y nunca las anote.

✔ Cambie sus claves de acceso con frecuencia.

Estos son consejos saludables para todas las personas, excepto para los seres humanos comunes. La mayoría de nosotros tenemos muchas claves de acceso y muy poca memoria como para recordarlas.

Un enfoque de sentido común es usar una sola clave de acceso para cuentas que son de poco riesgo, como la que usa para leer el periódico en línea. Use claves de acceso separadas y más complejas para las cuentas que tienen verdadera importancia (como su cuenta bancaria en línea). Si le parece que no las puede recordar todas, anótelas, pero manténgalas en un lugar seguro, no en una nota pegada en su monitor.

Manténgase usted y su familia a salvo

Virus, programas espías, anzuelos, mensajes dinámicos, correo no deseado… ¿Vale la pena tanto problema por Internet? No, no tiene que renunciar a Internet por desesperación o indignación. Sólo debe hacer un esfuerzo adicional para utilizarlo con seguridad. Además de los arreglos tecnológicos que sugerimos (antivirus, escaneadores de programas espías y bloqueadores de mensajes dinámicos), necesita desarrollar algunas técnicas inteligentes con respecto a la seguridad en línea. Ésta es una lista de revisión rápida:

✔ **Desarrolle un escepticismo saludable:** si suena demasiado bueno para ser verdad, quizá no sea cierto. Nadie en África tiene $25 millones para compartir con usted si le ayuda a salir del país. P.T. Barnum dijo que cada minuto nace un tonto. El tonto de hoy no tiene que ser usted.

✔ **Mantenga el software de su PC actualizado**: tanto Microsoft como Apple cuentan con características que hacen que esto sea un poco menos aburrido. Úselas. Las últimas versiones de software a menudo arreglan las fallas de seguridad que de otra forma se explotarían.

✔ **Use una barrera de protección y manténgala actualizada:** quizá su PC tenga un software de barrera de protección incorporado. Asegúrese de que su barrera de protección se encuentre encendida. Algunos programas "malware" saben apagar el software de protección, por lo tanto, es importante que lo revise todas las semanas. Le recomendamos usar un enrutador, un dispositivo que le permita compartir las conexiones a Internet entre varias PC (con cable o sin cable), porque incluyen programas de protección incorporados que son más difíciles de deshabilitar o traspasar. Estas unidades son tan baratas que debería conseguir una incluso si sólo tiene una PC. (Vea el Capítulo 5 para obtener más detalles.)

✔ **Instale un software antivirus y uno de protección contra programas espías y manténgalo al día:** le costará cerca de US$25 por año. Páguelo. El Capítulo 4 le dice cómo instalar esos programas.

Es esencial mantener actualizados los archivos de descripción del virus en su software de antivirus, de manera automática de ser posible y de seguro todas las semanas. (Se lanzan virus nuevos cada semana.) El diseñador de su antivirus debería tener un sitio web desde el que usted pueda descargar las actualizaciones; revise su documentación.

✔ **No abra un documento adjunto al correo electrónico, a menos que sea de alguien conocido y de que lo esté esperando:** contacte al emisor si no está seguro.

✔ **No haga clic en ningún vínculo que se encuentre en los mensajes de correo electrónico a menos que esté seguro de hacia dónde lo dirigen:** y si lo hace, y el sitio en el que termina quiere su clave de acceso, el número de su tarjeta de crédito o el nombre de su perro, cierre la ventana de su buscador. Ni siquiera piense en dar ninguna información.

✔ **Elija claves de acceso difíciles de adivinar y nunca se las dé a nadie más:** ni siquiera a la agradable dama que dice estar en la recepción, ni al falso agente especial del FBI que dice necesitarlo para localizar a un niño raptado. A nadie.

✔ **Sea consistente:** si comparte su PC con varios miembros de la familia o compañeros de casa, asegúrese de que todos comprendan estas reglas y que estén de acuerdo en seguirlas.

¿Son las Mac la solución?

Escuchamos como los usuarios de Apple Macintosh se deleitan al leer este capítulo: "Nosotros no tenemos estos problemas. ¿Por qué la gente no usa Macs y listo?" Los usuarios de Mac también tienen que lidiar con los anzuelos y otras formas de correo basura. Pero hasta la fecha, casi ninguno de los virus, gusanos o programas espías afectan a las Macs. Sin embargo, eso podría cambiar. Creemos que los usuarios de Mac siempre la pasarán mejor en la red. Primero, las Macs son tan escasas (en comparación con las máquinas para Windows) que no vale la pena invertir el tiempo en escribir un virus para atacarlas, en parte porque esta escasez también hace que sea difícil propagar los virus para Mac. La mayoría de las direcciones de correo electrónico en la libreta de direcciones del usuario de Mac pertenecen a usuarios de Windows en todo caso, de manera que si un virus de Mac se copia a sí mismo, las copias que envíe no encontrarán hogares vulnerables atractivos. (Diseñar un virus que funcione tanto en Windows como en Mac es difícil, incluso hoy.) Por último, el Mac OS X de Apple está diseñado para ser más seguro que Windows y es más difícil de infectar.

La nueva Mini Mac de bajo costo puede usar su teclado existente, el ⌘, los altoparlantes y el monitor; además, puede incluso compartirlos con su PC si adquiere una herramienta llamada un dispositivo KVM. Si todavía necesita usar programas que funcionan sólo con Windows, agregar una Mac como su máquina de correo electrónico y de navegación por Internet puede ser un acuerdo inteligente. También puede adquirir el paquete Virtual PC de Microsoft, que le permite poner a funcionar programas de Windows en una Mac.

Sabemos de compañías cuyo personal de soporte usa todo en una Mac, porque no se infecta. Cuando necesitan trabajar con algo en un PC, lo hacen en una ventana en la pantalla de Mac. ¡Excelente!

Capítulo 3

Los niños y la red

Con millones de niños en línea, un debate acerca del uso familiar de Internet es crítico. (Obviamente, si no tiene niños y usted tampoco es uno, sáltese este capítulo y vaya al siguiente.)

¿Podemos hablar?

En ediciones anteriores de este libro le llamábamos a este capítulo "Internet, sus hijos y usted", pero nuestra sabiduría ha aumentado y ahora nos hemos dado cuenta de quién está a cargo de la conexión familiar a Internet: los niños. Afróntelo, la mayoría de los niños se sienten más a gusto con Internet que sus padres. Las escuelas asignan investigaciones en la web y los niños envían correos electrónicos a otros estudiantes o a los maestros. Los juegos en línea están diseñados para los niños de todas las edades. Prohibirle a sus hijos que usen la red por completo no tiene sentido (a menos que sean menores de 8 años), pero usted quiere mantenerlos fuera de peligro (y leer este capítulo juntos ayudará a lograr ese objetivo.) Este capítulo habla acerca de las cosas maravillosas y espantosas cuando los niños y los jóvenes usan Internet. Todavía consideramos que sería mejor si ustedes, los padres, supieran algo de lo que hacen sus hijos en línea; pero seamos realistas, muchos padres no tienen la menor idea. De tal manera, en este capítulo hablaremos con ustedes, los niños, y haremos algunos comentarios para sus padres, por si acaso leen esto. Trataremos de no decir nada que sea muy vergonzoso.

Encabezando la lista de preocupaciones de los padres con respecto a Internet está la inquietud de que los hijos ingresen a material inapropiado, como los negocios que tratan de mercadear con ellos y venderles directamente. Esta preocupación es real: con el paso del tiempo, tanto lo bueno como lo malo de la red ha aumentado de manera exagerada. No contamos con respuestas sencillas, pero hay algo que está claro como el agua: los padres *se tienen* que involucrar. Tomando en cuenta la dirección de la educación, *los chicos se involucrarán* con Internet, y cada vez más escuelas se conectarán.

¿Qué hay aquí para ti?

Los niños, a menudo, son los primeros en descubrir las miles de formas en que Internet puede ser divertido. Éstas son algunas formas en que creemos que Internet es atractivo:

- ✔ Proporciona información acerca de cualquier tema imaginable.
- ✔ Es una excelente forma de estar en contacto con los amigos y estar en casa al mismo tiempo.
- ✔ Es una excelente fuente de música y videos nuevos.
- ✔ Proporciona contacto personal con gente y culturas nuevas.
- ✔ Ayuda a desarrollar y mejorar las habilidades de lectura, escritura, investigación y las destrezas gramaticales.
- ✔ Proporciona ayuda para los niños con necesidades especiales y para sus padres.
- ✔ Es un lugar emocionante para la expresión artística.

Pero no todo lo nuevo es maravilloso y no todo lo maravilloso es nuevo. Muchos de ustedes pasarán su vida laboral frente a una PC más de lo que quisieran. Existen otras cosas que hacer sin una PC (¡vaya concepto!) como practicar deportes, leer un libro impreso, escuchar música, cocinar, pintar, patinar, nadar, andar en bicicleta, esquiar o esculpir, sólo por mencionar algunas.

Muy bien, si todavía sigues pegado a la pantalla, éstas son algunas de las cosas que puedes hacer en línea, divididas en cuatro secciones: muy divertidas, regulares, no tan buenas y verdaderamente descabelladas. No somos los únicos que pensamos así. Para obtener créditos adicionales puedes mirar lo que los compañeros en el Reino Unido están diciendo en `www.kidsmart.org.uk/`.

Formas muy divertidas de usar la red

Las capacidades de la red son impresionantes, te pueden ayudar con lo que tienes que hacer y con lo que quieres hacer. Por ejemplo, puedes impresionar a tus padres al usar Internet de estas formas:

✔ **Investigar deberes escolares:** Internet es una increíble forma de expandir las paredes de una escuela. La red puede conectarte a otras escuelas, bibliotecas, recursos de investigación, museos y otras personas. Puedes visitar el Museo Americano de Historia Natural (en `www.amnh.org`) para obtener información con respecto a los dinosaurios (como se muestra en la Figura 3-1), el Louvre (en `www.louvre.fr`), la Capilla Sixtina (`www.vatican.va`), selecciona tu idioma, haz clic en los Museos del Vaticano y luego clic en Recorridos en Línea.) También puedes visitar teatros en España `www.mcu.es` o en México `www.museosdemexico.org` y ver los tritones manchados en su hábitat natural; puedes escuchar música nueva y hacer nuevos amigos.

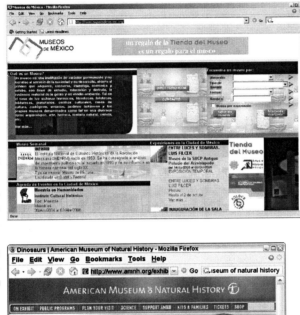

Figura 3-1
Muchos museos tienen excelente información en línea.

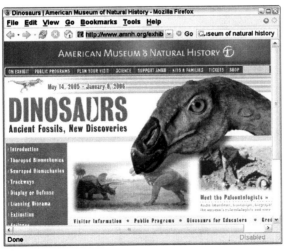

✔ **Averiguar cómo evaluar el material:** cuando investigas algo, puedes conseguir muchas páginas escritas por la máxima autoridad del tema en el mundo, a algún chiflado que apoya una teoría descabellada, el ensayo final de algún estudiante universitario o a alguien en el tablón de anuncios que se cree un experto. Algunos sitios web reciben mantenimiento de grupos de odio y realmente tienen mucho veneno. Lograr discernir entre todos esos tipos de información es una de las destrezas más valiosas que puedes adquirir.

✔ **Hacer amigos electrónicos en otros países:** algunos proyectos educativos como el Global Schoolhouse conecta a chicos alrededor del mundo que de esta manera trabajan juntos en todo tipo de proyectos. El primer proyecto de aprendizaje global anual atrajo a más de 10.000 estudiantes de 360 escuelas en 30 países diferentes. Desde entonces, ¡las ciberferias anuales han reunido a cerca de 500.000 estudiantes de muchas escuelas en al menos 37 países! Puedes averiguar más en el sitio web de Global Schoolhouse, `www.globalschoolnet.org/GSH`, donde te puedes suscribir a muchas listas de correos. (Explicamos cómo llegar a estas ubicaciones en el Capítulo 6, de manera que puedas regresar aquí después y darles seguimiento.)

✔ **Practicar otros idiomas extranjeros:** puedes visitar salones de Chat (`www.latinchat.com`) en línea, donde puedes practicar francés, inglés, portugués, ruso, japonés o incluso esperanto.

✔ **Pagar por la música que descargas:** ahora puedes comprar música por medio de Internet de diversas formas. La tienda de música iTunes de Apple, `www.apple.com/itunes/`, vende canciones a 99 centavos de dólar. Otros sitios, como `www.napster.com`, permiten descargar todas las canciones que quieras por una cuota mensual (pero ten cuidado, todas las canciones se evaporan si dejas de pagar la cuota.) Ve el Capítulo 9 para obtener los detalles.

✔ **Escribir el artículo de una enciclopedia:** wikipedia (`wikipedia.org`), es una enciclopedia gratuita en línea con la que toda persona puede contribuir. Es una gran herramienta de investigación; aún mejor, puedes agregar el material que encontraste mientras investigabas ese ensayo final para mejorar Wikipedia. Un equipo mundial de escritores y editores actualiza el material constantemente y tú puedes ser uno de ellos.

✔ **Descubrir cómo hacer tu propia página web:** una página web puede ser tan inteligente o tan estúpida como quieras. Coloca tus historias o trabajos de arte para que tu familia y tus amigos los admiren. Incluso puedes iniciar un negocio en línea. Puedes hacer una página principal para una causa local que apoyes. Te decimos cómo hacer estas cosas en el Capítulo 17.

Formas regulares de utilizar la red

Éstas son algunas ideas que los padres considerarían una pérdida de tiempo, pero ojo, no podemos ser serios todo el tiempo. Si ellos te hacen pasar un mal rato, pregúntales si puedes inspeccionar su tiempo de conexión en la web. (No existe tal cosa, pero ellos no lo saben.)

✔ **Jugar:** muchos juegos populares (tradicionales como el ajedrez y los juegos de cartas, y de video) tienen opciones que te permiten competir contra otros jugadores en Internet.

✔ **Intercambiar mensajes instantáneos con tus amigos (IM):** los mensajes instantáneos (IM) se han convertido en la forma divertida de mantenerse en contacto, *de manera instantánea.* Las opciones sin conexión ya están siendo una realidad en muchas partes del mundo. Lo revelamos todo en el Capítulo 16.

✔ **Conversar con un videoteléfono:** gracias a software como Yahoo Messenger puedes ver a tus amigos mientras les hablas (no se recomienda para los días que estés despeinado.) El Capítulo 16 habla acerca de programas de video gratuitos que podrías necesitar cuando tus padres adquieran esa cámara web.

✔ **Comprar:** ¿Qué podemos decir? Comprar en Internet es como hacerlo en un centro comercial, pero siempre está abierto y no tienes que esperar por un espacio en el parqueo. También puedes vender cosas. El Capítulo 10 te inicia en este tema.

✔ **Participar en juegos interactivos:** una gran cantidad de sitios en Internet permiten aparentar ser un personaje de tu libro de ciencia ficción o de fantasía favorito.

Formas no tan buenas de usar la red

Aléjate de las siguientes ideas, sólo te meterán en problemas, en algunos casos muy serios:

✔ **Plagiar:** esa es la palabra elegante para pasar por propio el trabajo de otras personas. El plagio en Internet es tan malo como el plagio de un libro, y (en ese caso), mucho más sencillo de atrapar para los profesores porque ellos pueden buscar cosas en Google al igual que tú.

✔ **Hacer trampa:** usar un software de traducción para hacer tu tarea de otro idioma tampoco es bueno. (Te atraparán, así que mejor ahórrate la vergüenza.)

✔ **Revelar mucho sobre ti:** cuando conversas por el chat en la red con personas que no conoces, es una tentación darles datos de identificación tuyos y de tu familia, pero eso es algo peligroso; te pueden acechar, estafar, o cosas peores. Incluso revelar tu dirección de correo electrónico te puede traer correo basura. Algunas preguntas que parecen inocentes hechas por los extraños en línea no son tan inocentes, por lo que entramos en más detalles más adelante en este capítulo acerca de aquello a lo que hay que estar atento.

✔ **Compartir música y videos con derechos reservados:** ahora que es fácil comprar música en línea, no hay muchas excusas para usar software para compartir archivos y comerciar música o videos con derechos reservados sin permiso. Las industrias de la música y de las películas están mejorando para encontrar a las personas que lo hacen y están tomando acciones legales contra ellas. Podría costarle mucho dinero a tus padres. Si tomas ventaja de las descargas gratuitas, piensa en enviar dinero a los artistas. Un sitio web (www.musiclink.com), se ha creado justo para ese propósito.

- ✔ **Visitar sitios de porno y de odio:** esto es entre tú y tus padres, pero averigua las reglas que tus padres han definido para tu comportamiento en línea y ajústate a ellas.

- ✔ **Fingir ser otra persona en línea:** inventa un seudónimo de manera que no tengas que usar tu nombre verdadero (esa puede ser una forma de limitar lo que un extraño pude saber sobre ti.) Pero, no finjas ser un agente de talentos para *Ídolo americano* o el del último *reality show*.

- ✔ **Entrar en salas de charla para adultos:** esto te puede poner a ti y a los anfitriones de la sala en grandes problemas, así que no lo hagas.

- ✔ **Permitir que Internet domine tu vida:** Si lo único que quieres hacer después de la escuela es conectarte en línea, quizá deberías hablar con alguien al respecto.

Ideas verdaderamente descabelladas

Éstas son algunas ideas que nunca deberías considerar porque te pueden llevar a verdaderos problemas:

- ✔ **Conocer en persona a amistades de Internet sin decirle a tus padres:** si conoces a alguien maravilloso en línea y lo quieres conocer en persona, está bien, bueno, quizá. ¡Pero toma algunas precauciones! Primero, coméntalo a tus padres para que juntos decidan cómo proceder. Segundo, nunca te encuentres con alguien que conociste en línea en un lugar privado: siempre reúnete en un lugar público, como un restaurante. Por último, asiste con otra persona (de preferencia tus padres.) (Aunque algunos adultos son tan tontos como para conocer a un extraño sin decírselo a nadie, ya estás preparado, ¿verdad?)

- ✔ **Llevar a cabo cualquier actividad ilegal, en línea o fuera de línea:** Internet parece ser algo totalmente anónimo, pero no lo es. Si cometes un crimen, la policía puede obtener los registros de conexiones a Internet de tu proveedor de Internet (PSI) y averiguar quién estuvo conectado por medio de cuál módem, qué día, a qué hora, con cuál dirección numérica de Internet (IP,) y dará contigo.

- ✔ **Ingresar a otras PC o crear virus:** esta pequeña aventura se hubiera considerado como una travesura durante la década de 1980, pero ya las autoridades han perdido el sentido del humor. Hoy los niños van a la cárcel por esa razón.

Internet y los niños pequeños

Somos fuertes defensores de permitirle a los niños ser niños y pensamos que los seres humanos son mejores maestros que las PC. (Ninguno de nuestros niños ve programas de televisión comerciales.) Ahora que conoces nuestra predisposición, quizá te imagines lo siguiente que vamos a decir: no estamos de acuerdo en colocar a un niño pequeño frente a una pantalla. ¿Qué tan pequeño es muy pequeño? Consideramos que los niños menores de siete años son muy pequeños. Recomendamos que tus hermanos pequeños obtengan toda la atención humana posible. En edades tempranas, los niños se benefician más al jugar con árboles, bolas, crayones, pintura, barro, bicicletas, con otros niños y, en especial, con los hermanos mayores. Sí, eso quiere decir, contigo. Sabemos que los niños pequeños en ocasiones pueden ser un estorbo, pero las PC son pésimas niñeras.

Consideramos que el acceso a Internet es más apropiado para chicos un poco mayores (de cuarto o quinto grado para arriba), pero la cantidad de tiempo puede variar. Incluso, creemos que es una buena idea limitar la cantidad de tiempo que cualquier persona, en especial los niños, permanece en línea. Nosotros hemos usado las PC por 35 años (¡vaya!) y sabemos lo que le sucede a los chicos que pasan pegados a sus PC por una cantidad ilimitada de tiempo; créenos, _no es una buena idea_. ¿Recuerdas el viejo dicho, "Eres lo que comes"? Lo que tu mente devora hace una gran diferencia.

Como humanos (vaya concepto), los niños deben ser capaces de comunicarse con otros humanos. Muy a menudo, los niños que tienen dificultades en ese sentido prefieren pasar absortos en sus PC, lo que no ayuda a desarrollar sus destrezas sociales. Los problemas en ese sentido empeoran, lo cual lleva a un mayor aislamiento. Si empiezas a sentirte poco comunicado y quieres poner a la máquina en su lugar (incluso hasta retomar tu vida), estos son algunos consejos rápidos de autodefensa:

- ✔ Mantén un registro privado del tiempo que pasas frente a la pantalla durante una semana. Luego pregúntate si ésta es en realidad la forma en que quieres usar tu vida.

- ✔ Busca un pasatiempo que no involucre a la pantalla. Únete a un equipo. Forma un conjunto musical. Crea arte.

- ✔ Deja un día libre de PC a la semana.

- ✔ Trata de comer y de conversar con verdaderos seres humanos, cara a cara, en tiempo real.

Tus abuelos y la red

Cada vez más adultos mayores cuentan con acceso a Internet. Hacerle saber a tus abuelos y a otros familiares de mayor edad lo que estás haciendo por medio del correo electrónico o de mensajes instantáneos requiere de poco esfuerzo y puede significar mucho para ellos. Enviarles fotografías tuyas y de tus hermanos es aún mejor. La próxima vez que los visites, configúrales el protector de pantalla para que aparezca el álbum de fotos familiares.

Navega seguro

Asegúrate de conocer las reglas de seguridad para el uso de la red. La regla número uno es nunca revelar exactamente quién eres. Usa sólo tu nombre (o quizá ni siquiera eso) y no proporciones tu apellido, tu dirección, tu número de teléfono o el nombre de tu escuela. Y nunca le digas a nadie tu contraseña. Ninguna persona honrada te la pedirá jamás.

Muchos niños no tienen la menor idea de lo importante que es esto. Revelan su identidad sin siquiera darse cuenta de ello. Puede que mencionen el nombre del equipo de fútbol de su ciudad natal. Pueden hablar de un maestro al que odien en la escuela. Pueden decir a lo que se dedican sus padres. Pueden decir el nombre de la iglesia o de la sinagoga a la que asisten. Esa información se puede revelar a lo largo de muchos mensajes durante varias semanas o meses. Estos pedacitos de información aparentemente inofensivos pueden ayudarle a una determinada persona a ubicar a un niño. De manera que ten mucho cuidado con lo que dices en línea, en un cuarto de charla, en mensajes instantáneos o en el correo electrónico. Sospecha de las personas desconocidas que parecen saber mucho sobre ti. Tal vez se hagan pasar por amistades de tus padres y dicen que tienen su autorización para recogerte después de clases o para recoger un paquete en tu casa. Nunca te vayas con un desconocido ni le permitas entrar en la casa sin primero preguntarle (fuera de Internet) a un adulto de confianza.

Aquí hay otras pautas para mantenerte alejado de los problemas en línea:

✔ **Piensa antes de darle tu dirección de correo electrónico a cualquier persona.** Muchos sitios web te solicitan registrarte y muchos te piden una dirección de correo electrónico habilitada que verifican al enviarte un mensaje. Antes de registrarte en un sitio web, asegúrate de que sea administrado por una compañía de reputación de la cual no te importará recibir correo basura.

✔ **Nunca decidas hablar con alguien por teléfono o en persona sin el previo consentimiento de tus padres.** La mayoría de las personas que se conocen en línea son normales, pero existen unos cuantos tipos repulsivos que han hecho de Internet su terreno de caza.

✔ **No supongas que la gente te dice la verdad.** Ese "chico" de tu edad y de tu mismo género que comparte tus intereses y tus pasatiempos podría ser en realidad alguien solitario y misterioso de 40 años. Además, ten cuidado con la seguridad de tus hermanos menores. Quizá no comprendan lo que es un desconocido y crean que todo lo que la gente dice en línea siempre es verdad.

✔ **Si alguien te asusta o te hace sentir incómodo (en especial, si la persona te pide no contar nada a tus padres), cuéntaselo.** Pídeles hablar con el proveedor se servicios de Internet. Recuerda también que siempre puedes apagar la PC.

La universidad y la red

A pesar de que Internet ha estado presente en las universidades durante mucho tiempo, la web ha hecho que los recursos en línea, así como las destrezas, conformen una parte básica de la educación superior. Mucha de la inspiración y del esfuerzo de los voluntarios que hacen disponible la información para todos viene de las universidades, tanto de los estudiantes como de los profesores que perciben en la web un potencial increíble para:

- ✔ Prepararse para los exámenes de ingreso.
- ✔ Encontrar una universidad y realizar la solicitud de ingreso.
- ✔ Aprender y hacer investigaciones.
- ✔ Mantener en contacto a profesores y estudiantes.
- ✔ Trabajar en red con posibles empleadores y con organizaciones profesionales.

La mayoría de las universidades le proporcionan a sus estudiantes y a su personal acceso gratuito o barato a Internet. Las que permiten matricularse con anterioridad a veces te dan acceso a Internet cuando te matriculas, incluso con varios meses de antelación. Si de todos modos lo vas a usar, pueded comenzar con tu educación en Internet antes de ingresar en el campus universitario.

Las universidades han encontrado muchas formas de hacer útil la red, tanto dentro como fuera de sus edificios. Nos encanta la decisión que tomó el personal de Thunderbird, la Escuela de Estudios Superiores en Negocios Internacionales (`www.thunderbird.edu`), al crear My Thunderbird, un sitio protegido con contraseña que permite tanto a los profesores como a los estudiantes compartir y actualizar los perfiles. A los profesores les encanta la oportunidad de conocer a sus estudiantes con las fotos y los perfiles que aparecen en My Thunderbird. Las listas de nombres de clases se mantienen actualizadas y el campus permanece conectado.

Las tecnologías de Internet como el correo electrónico, el chat y los mensajes instantáneos son formas estupendas para que los padres y los estudiantes universitarios se mantengan en contacto. Son mucho más económicas que llamar a casa y más fáciles que coordinar horarios. Reenviar el correo a otros

Buscar universidades en la red

La mayoría de academias y universidades tienen sitios en la web. Puedes encontrar un directorio de excursiones por los campus en línea en `www.campustours.com`, con vínculos a mucha más información acerca de academias y universidades en Estados Unidos.

Cuando tengas un poco más de experiencia con el uso de la red, puedes indagar sobre las clases y los profesores para que tengas una mejor idea de lo que más te atrae. En `www.rau.edu.uy/universidad/univ.htm` puedes encontrar información sobre América Latina.

miembros de la familia permite una comunicación más amplia. Hemos notado otros beneficios sorprendentes: según nuestra experiencia, las familias tienden a pelear mucho menos cuando se comunican por correo electrónico. De algún modo, cuando las personas tienen tiempo para pensar lo que van a decir antes de decirlo, todo sale mejor.

De vuelta a la escuela

Tu educación no concluye cuando termina la secundaria o la universidad (para aquellos de nosotros seriamente dedicados a evadir la vida real) o al graduarte de la escuela. Siempre hay algo más que aprender. No hay nada mejor que aprender directamente de un profesor de primera categoría en un salón de clases, pero aprender por medio de la red puede ser la siguiente mejor opción, en especial para los estudiantes que viven lejos del centro de estudios o que tienen horarios irregulares. Ahora puedes tomar de todo en línea, desde los exámenes de equivalencia de la secundaria, educación continua profesional, hasta cursos para obtener un título. Algunos cursos son estrictamente en línea, otros usan una combinación de aula, laboratorio e instrucciones en línea.

Algunas universidades, como la Universidad de Phoenix (`www.phoenix.edu`), se especializan en educación en línea, pero las universidades alrededor del mundo ofrecen ahora educación en línea y algunas, como el MIT en `web.mit.edu`, colocan todo el material de sus cursos en línea de manera gratuita. Si el curso está en la red, no importa si el recinto se encuentra al cruzar la calle o al cruzar el océano. Puedes encontrar miles de universidades y cursos en directorios como `www.petersons.com/distancelearning` y `www.cursosuniversia.net`.

¡Vender, vender y vender!

Si pasas mucho tiempo en línea, pronto te darás cuenta de que todo el mundo trata de venderte algo. Los niños, en especial los de familias de clase media y alta, son un mercado meta lucrativo y la red se considera otra forma de capturarlo.

Considerar a los niños como objetivos de las ventas no es algo nuevo. Quizá tengas la edad suficiente para recordar a Joe Camel, de la campaña de cigarrillos Camel, que para muchas personas estaba dirigida a los niños. Quizá tu escuela te permita ver el Canal Uno, un sistema que trae publicidad hasta la clase. Si ves televisión, sabes que los programas para niños lanzan sus propias líneas de juguetes y muñecos de plástico.

Deberías saber que los departamentos de mercadeo de las grandes compañías han diseñado un software amigable con los niños, fascinante y cautivador, para mejorar el mercadeo. Los personajes de caricaturas conocidos y encantadores brindan información de mercadeo estratégica desde el teclado de tu casa. Deberías estar consciente de esta situación y saber qué hacer cuando alguien en la web te solicita información. Padres de familia: tengan en cuenta que si sus niños tienen acceso a sus tarjetas de crédito, pueden gastar grandes cantidades en Internet. Tengan cuidado con las tiendas en línea para las que han configurado el buscador de manera que recuerde sus contraseñas, porque sus hijos podrían ingresar directamente y comenzar a comprar. Niños, si gastan el dinero de sus padres en línea sin permiso previo, nos cuesta creer que no se meterán en grandes problemas por eso.

La Comisión Federal de Negocios también ha estudiado algo sobre este tema. Están en la web en `www.ftc.gov`; cuando visites este sitio, haz clic en Privacy Initiatives⇨Children's Privacy.

La Ley de Protección de la Privacidad en Línea de los Niños (COPPA, por sus siglas en inglés) limita la información que las compañías pueden recolectar de los niños menores de 13 años (o, al menos quienes *admiten* ser menores de 13 años) sin el consentimiento explícito de los padres, el cual, por cierto, creemos que los padres rara vez deberían dar. Escuchamos de un vendedor que dijo que quería usar la red para crear una relación personalizada con todos los niños que usaban su producto. Tenemos nombres para los tipos que quieren relacionarse con los niños y no son nombres bonitos.

El Kidz Privacy de FTC (`www.ftc.gov/bcp/conline/edcams/kidzprivacy`) cuenta con más información útil tanto para los niños como para los padres sobre la ley COPPA y la privacidad en línea. Visita también `www.privacyrights.org/spanish/pi21.htm`, para información en español.

¿Quién está en línea?

Cientos de niños y personas grandes están colocando sitios web sobre ellos y sus familias. Creemos que esto es algo muy bonito, pero les recomendamos a las familias que utilizan la red para fines personales (diferente a las personas de negocios que usan la red para cosas de negocios) que no den a conocer sus nombres completos o verdaderos. También les aconsejamos que no revelen su dirección, número telefónico, número de seguro social o contraseñas de cuentas a nadie que solicite este tipo de información en línea, o fuera de ella. Este consejo aplica en especial cuando recibes solicitudes de información de personas que dicen tener puestos de autoridad, por ejemplo, mensajes instantáneos de personas que dicen ser del soporte técnico de America Online (AOL). En realidad no lo son.

Las personas con verdadera autoridad *nunca* hacen ese tipo de preguntas. AOL no maneja las cuentas de sus miembros por medio de mensajes instantáneos y nunca solicita información de la tarjeta de crédito por medio del correo electrónico. Todo esto es una buena referencia para averiguar la forma de trabajar de tu proveedor del servicio de Internet.

A los padres: todas las manos en la red

Los padres, los educadores y los defensores de la libertad de expresión coinciden en que no hay sustituto para la guía de los padres cuando se trata del tema del acceso a Internet. Así como quiere que sus niños lean buenos libros y vean películas de calidad, también quiere que encuentren información adecuada en la red. (Después de todo, algún día tendrán que hacerlo si quieren seguir adelante.) Si toma el tiempo para descubrir información adecuada junto con sus niños, tendrá la oportunidad de compartir la experiencia y de inculcarles valores críticos y un sentido de discriminación que necesitan en todas las áreas de su vida.

La buena información en la red supera en grandes proporciones a la mala. Hay mucho software disponible para ayudar a los padres y a los maestros a conectarse con los recursos invaluables de la red sin abrir una caja de Pandora. Recuerde que todos los niños son diferentes y que lo que puede ser apropiado para sus hijos podría no serlo para otros niños. Tiene que averiguar qué es bueno para usted.

Establezca reglas para el uso familiar de la red, mencione las consecuencias específicas de romperlas y, refuércelas de manera consistente. Defina las áreas que se encuentran fuera del límite. Defina el tiempo de permanencia en línea y sea explícito acerca del tipo de información que pueden ver los niños en la red. Margy hizo un cartel con las reglas de su familia y lo colocó junto al PC que usan los niños.

Es necesario hacer un esfuerzo adicional para establecer límites y, al mismo tiempo, darle a sus hijos la libertad necesaria para explorar. Algunas familias prefieren mantener sus PC en un espacio familiar y no en los cuartos de los niños. En cualquier lugar que se encuentren, revíselos a menudo; no permita que la pantalla sea su niñera. No crea en las ideas de que todo lo que está en un PC es educativo. Nos acordamos de una caricatura en donde unos padres leen la sección "Se busca ayuda" y encuentran que los jugadores de Nintendo están ganando $70,000 al año probando juegos. En pocas palabras: esa no es la gran mayoría de nosotros. Todos conocemos niños cuyas vidas parecen haberse perdido en una pantalla. No deje que esto le suceda a su hijo. Algunos enrutadores de Internet tienen una característica que les permite establecer límites en el acceso a Internet. Considere pagarle a alguien para que le configure uno y use una contraseña que sus hijos no puedan adivinar.

Los niños también necesitan reglas explícitas para hablar y conocer en persona a quienes se encuentran en la red. Aunque tenga razones para creer que alguien a quien sus niños han conocido en línea es de fiar, nunca permita que se encuentren con esa persona sin compañía. Revise su cuenta telefónica (incluso las de los teléfonos celulares) y busque llamadas inusuales.

Los niños necesitan, más que nunca, desarrollar habilidades de pensamiento crítico. Tienen que ser capaces de evaluar lo que leen y lo que ven, en especial en la web.

Lamentablemente, la cantidad de correo electrónico basura (spam) sigue en aumento. Esta situación seguirá empeorando hasta que tengamos leyes efectivas, así como tecnología en contra del correo electrónico no solicitado. Mientras tanto, ésta es una regla importante de recordar: si lo que te ofrece un correo electrónico suena muy bueno para ser real, asume que no es verdad, y si un anuncio apareció de alguien desconocido, también es una buena evidencia de que no es verdad. Ve el Capítulo 14, donde encontrarás armas para la guerra contra el correo no deseado.

Elección del consumidor

Los padres pagan por los servicios en línea, por eso los servicios que quieren ser competitivos buscan atraer el dinero de los padres al proporcionar características que ayuden a las familias a controlar el acceso a Internet. America Online, por ejemplo, permite a los padres bloquear el acceso a las salas de charlas inapropiadas y restringir el acceso a los grupos de discusión y de noticias por medio de palabras clave que eligen. El bloqueo de los padres está disponible sin costo adicional. AOL y MSN TV (antes WebTV) le permiten a la persona que posee la cuenta maestra restringir el material que los poseedores de subcuentas pueden ver. Incluso los iPods y los teléfonos celulares de sus hijos pueden mostrar material de Internet.

Software centinela

Proteger a los niños en línea es un asunto de mucha importancia que cada día se hace más serio y difícil cuando tenemos que competir no sólo con los sitios inapropiados y el spam, sino también con los programas espías y "adware" dirigidos a nuestros niños y la mensajería instantánea y el chat con gente totalmente extraña. Para averiguar lo que funciona en su casa debe tomar en cuenta a su proveedor de servicios de Internet para saber lo que ofrece y lo que no, así como su propio hardware y software. El buscador Google ha dividido el tema en estas categorías:

- *Software* para filtrar
- Seguridad de Internet para niños
- Monitoreo de *software*
- *Shareware Key Logger* de Windows
- *Shareware* para control de padres

Lo motivamos para que busque estos programas, pero más importante aún, lo motivamos para que se *involucre* en lo que están haciendo sus niños en línea. El software puede ser de ayuda pero no sustituye su presencia. El software para filtrar usa palabras clave y listas fijas de sistemas que los autores de los programas consideran material que se puede objetar. Ninguno de ellos le dice con exactitud lo que bloquea y su idea de lo que es apropiado o no puede diferir de la de ellos. Mucho software centinela parece tener agendas políticas, ya que bloquean sitios cuyo contenido no concuerda con la tendencia política de los autores de los programas. Los niños tienen la mejor opción de aprender a decidir por sí mismos cuando sus padres modelan ese comportamiento.

Si no revisa el software de monitoreo o key-logger, es muy probable que se levante una mañana y encuentre su disco atascado con fotos de pantalla o interminables anotaciones de teclado. Eliminar el uso de la PC es una forma de restringirlo, pero quizá no sea lo ideal.

Antes de comprar puede intentar descargar copias de evaluación de paquetes para bloquear software. (Cubrimos cómo hacer eso cuando hablamos de navegar en la web en los capítulos 6 y 7.)

Recursos en Internet para niños

Ya lo ha adivinado: Internet está lleno de recursos para niños y también para los padres. Al escribir este libro diez veces en doce años, hemos aprendido que no hay nada tan efímero como una dirección de la red. Para ayudarle a mantener esta información lo más precisa posible, estamos colocando nuestras listas de recursos en nuestro sitio web, para mantenerlas actualizadas y porque son muy largas para mencionarlas aquí completas. Desde ahí puede llegar directo a la fuente. Hacemos lo mejor posible para mantener las fuentes actualizadas.

Visite `net.gurus.com/kids`. En esta dirección usted estará a un clic de distancia de las páginas descritas en esta sección.

Listas de correo para padres e hijos

El Capítulo 16 le dice cómo suscribirse a las listas de correo. Muchas listas de correo para y sobre niños se encuentran en nuestra página web `net.gurus.com/kids`. Como las listas de correo le permiten intercambiar preguntas y consejos con otros padres de familia, pueden ser una excelente fuente de información, en especial si su hijo enfrenta un problema específico.

Sitios web para niños

Muy bien, lo admitimos. Los sitios web pueden ser el invento más genial desde las rebanadas de pan. Nuestro sitio web tiene vínculos con sitios de todo el mundo, en especial para niños. Para ir a esos sitios debe saber usar un explorador como Firefox o Internet Explorer. Le decimos cómo usarlo en el Capítulo 6. Pero, ¡tenga cuidado! Cuando su hija de 9 años encuentre un sitio web con mil chistes malos, usted los pasará escuchando durante muchas semanas.

Ayuda para padres de niños con problemas

Quizá su hijo tenga un problema físico o un problema de aprendizaje del que usted quiere saber más; la red es una excelente fuente. Una de las experiencias más enternecedoras en la red, cuando funciona bien y todos saben qué esperar, es la ayuda que completos extraños, de manera gratuita, se ofrecen entre sí. Los lazos que se forman entre personas que comparten experiencias, luchas, fuerzas y esperanzas redefinen el significado de tenderle la mano a alguien y tocarlo. Animamos a todos los que tengan una preocupación a buscar personas para compartirla. Nuestra experiencia al participar en listas de correo y grupos de noticias relacionados con nuestros problemas nos obliga a alentarlo con entusiasmo a revisar información en línea. Lo puede hacer en total anonimato, si así lo desea. Puede observar y aprender durante mucho tiempo, o puede lanzarse al combate y pedir ayuda.

No todas las personas que dan un consejo son expertas. Debe involucrar a sus propios profesionales en cualquier proceso en el que busque ayuda. Además, no revele mucha información acerca de sí mismo (en especial los nombres de sus hijos o el lugar exacto donde viven), en caso de que gente inescrupulosa ande cerca. Muchas personas han encontrado una gran ayuda; no obstante, ha venido de personas que han tenido experiencias similares antes. Para muchos de nosotros ha hecho toda la diferencia del mundo.

Nuestro sitio web en `net.gurus.com/lists` menciona algunas de las listas de correo en línea disponibles y de los grupos de discusión. De seguro que existe una lista de correo o grupo específico para sus necesidades, aunque no lo mencionemos en nuestra lista; además, se crean grupos nuevos todos los días. Los servicios comerciales en línea como America Online cuentan con foros especiales que quizá puedan ser de su interés. O bien, visite Google Groups en `groups.google.com` para leer y participar en grupos de noticias Usenet, un antiguo sistema de grupos de discusión (bueno, de 20 años.)

Note que algunas de las listas son de conversación, incluyen discusiones de libre flujo, tienen discusiones focalizadas y otras son de índole académico. El tipo de discusión no siempre es obvio a partir del nombre. Si parece interesante, suscríbase y entérese de qué tipo de discusión se lleva a cabo ahí. Es muy fácil cancelar la suscripción si no le gusta o si no es apropiado.

Internet en las escuelas

A medida que más escuelas se conectan a la red, más fuerte se vuelve el debate sobre el acceso a Internet para sus estudiantes. Investigue todo lo necesario sobre el asunto. Cuanto más conozca, mejor podrá discernir sobre el acceso apropiado.

Hablar en términos contractuales

Algunas escuelas y bibliotecas usan software para filtrar el acceso a Internet de los niños. Existe una variedad de sistemas de filtros disponible, en una gran gama de precios y facilidades de instalación, que le prometen filtrar sitios web inapropiados o dañinos. Suena bien, pero muchos niños son bastante inteligentes como para hallar formas de romper las reglas. Los niños muy inteligentes pueden encontrar formas de desactivar los sistemas de software diseñados para "protegerlos".

Para obtener más información sobre el Decreto de Protección Infantil en Línea (CIPA, por sus siglas en inglés), una ley promulgada por la Corte Suprema que manda filtrar el software en las escuelas y bibliotecas de Estados Unidos, vea la página de la Asociación Norteamericana de Bibliotecas en www.ala.org/cipa.

Creemos que los filtros de Internet en escuelas no son una buena idea. Los niños son más rápidos, tienen mayor motivación y más tiempo para entrar y salir de los sistemas que la mayoría de adultos que conocemos y este método no los motiva a realizar algo más productivo que violar cerrojos electrónicos.

Muchas instituciones confían con gran éxito en los contratos firmados por los estudiantes que detallan de manera explícita lo que es apropiado y lo que no. Los estudiantes que violan estos contratos pierden sus privilegios en Internet y con las PC. Recomendamos el enfoque de los contratos y las consecuencias, de los cuales los niños pueden aprender en realidad.

Educación real

Con un buen uso, Internet es un recurso educativo extraordinario. De lo contrario, es una excelente pérdida de tiempo y dinero. La diferencia está en la investigación y el planeamiento. Hace poco estuvimos chateando con el director de la primaria local que acababa de destinar cuatro horas de una tarde de fin de semana buscando en la red algo para ayudarle a su hijo, que da clases a tercer grado en un distrito cercano, a desarrollar una unidad acerca de Canadá. Para muchos de nosotros esto suena como un excelente uso de Internet. Gran cantidad de material educativo se encuentra en la red. Cuando se familiarice un poco con la web y con las formas de encontrar información en línea, ofrezca ayuda a sus maestros para buscar material que estimule la enseñanza. Para maestros, recomendamos particularmente el área educativa de www.dmoz.org y la lista de recursos de www.kn.pacbell.com/wired/spanish.

Parte II
Internet, ¡aquí voy!

La 5ᵗᵃ Ola   **Por Rich Tennant**

Desde que nos conectamos, no se ha movido de ese lugar durante once días seguidos. Me parece extraño que a eso le llamen "levantarse y navegar" en Internet.

En esta parte . . .

Cuando está listo para comenzar, ¿dónde comienza? Quizás la parte más difícil de usar Internet sea conectarse. Le ayudamos a definir el tipo de servicio de Internet adecuado para usted y le ayudamos a conectarse, con suficientes consejos para los usuarios de banda ancha (rápida) y de WiFi (inalámbrica).

Capítulo 4

Entrar a la red:
¿qué necesita para estar en línea?

. . . .

En este capítulo

▶ Elegir una PC para acceder a Internet

▶ Utilizar una cuenta de Internet con conexión telefónica lenta y pasada de moda

▶ Elegir cuentas de banda ancha nuevas y de mayor rapidez

▶ Mantenerse a salvo con las barreras de protección, los detectores de virus y de programas espías

▶ Nuestra configuración favorita de Internet: banda ancha con enrutador

▶ Lo que puede hacer después de conectarse

. . . .

*G*enial", dice usted, "*¿Cómo me conecto a Internet?*" La respuesta es *depende*. (Quizás escuchará esta respuesta con más frecuencia de lo que le gustaría.) Internet no es una red, sino 100,000 redes separadas conectadas entre sí, cada una con sus propias reglas y procedimientos, y usted puede acceder a la red desde cualesquiera de ellas. Los lectores de las ediciones anteriores de este libro nos suplicaron (bueno, pidieron también otras cosas, pero éste es un libro enfocado a la familia) que les diéramos instrucciones paso a paso para acceder a Internet, de modo que diseñamos nuestras instrucciones de manera que funcionaran para la mayoría, en la medida de lo posible.

Aquí están (redoble de tambor, por favor) esos pasos básicos:

1. **Determine qué tipo de PC tiene o puede usar.**

2. **Averigüe qué tipos de conexiones a Internet están disponibles donde usted se encuentra.**

3. **Contrate su conexión.**

4. **Configure su PC para usar su nueva conexión y decida si le gusta.**

5. **Instale el software que necesita para proteger su PC de virus y programas espías. (Vea el Capítulo 2, donde encontrará descripciones espeluznantes de los tipos de peligros en Internet de los que se tiene que proteger.)**

Necesita cuatro elementos para conectarse a Internet:

- ✔ Una PC, al menos una bien pequeña como una Palm u otro dispositivo manual.
- ✔ Un módem (es una pieza del equipo de la PC) para conectar su PC a la línea telefónica o al sistema de cable.
- ✔ Una cuenta con un proveedor de servicios de Internet o de servicios en línea, para darle a su módem un lugar dónde llamar.
- ✔ Software para ejecutar en su PC.

Revisaremos cada uno de estos elementos en su momento.

Si tiene más de una PC para conectar a Internet o si tiene una PC portátil, vea el Capítulo 5.

Las cuentas de Internet son fáciles de utilizar, pero su configuración puede ser un poco difícil. De hecho, conectarse por primera vez puede ser la parte más difícil de su experiencia con Internet. Instalar y configurar un software de conexión a Internet antes requería que se digitaran muchas direcciones numéricas que asustaban, nombres de huéspedes, números de comunicaciones de puerto y otras cosas más. En estos días, hacer la conexión es mucho más sencillo, en parte porque el software de Internet ahora puede descifrar la mayoría de los números por sí solo, pero en gran medida porque Windows XP trae el Asistente para Nueva Conexión (New Connection Wizard), el cual lo puede guiar por el proceso.

¿Qué tipo de PC necesita?

Debido a que Internet es una red informática, la única forma de conectarse es con una PC. Pero las PC están comenzando a aparecer en todo tipo de disfraces y puede ser que ya se encuentren en su casa, aunque usted no lo sepa.

¡Espere! No tengo una PC

Si no tiene una PC y no está listo para adquirir una, todavía tiene algunas opciones.

Un buen lugar para obtener acceso a Internet es una biblioteca pública. La mayoría de las bibliotecas han agregado centros de acceso a Internet, con grupos de PC conectadas a Internet entre los estantes de libros. Esas PC por lo general son bastantes populares, de manera que es importante llamar con anticipación y reservar su espacio o averiguar a qué hora hay menos gente.

Otra opción es el cibercafé de su localidad. Puede navegar en la red mientras disfruta de su bebida preferida y comparte su experiencia cibernética. Si quiere revisar el funcionamiento de Internet, los cibercafés son un excelente

WiFi más Starbucks y otros lugares llamativos

Si tiene equipo portátil, puede usar conexiones a Internet inalámbricas públicas (WiFi), las cuales se encuentran disponibles en muchas cafeterías, bibliotecas, aeropuertos y hoteles. Su PC portátil necesita un adaptador WiFi para conectarse.

Algunas de estas conexiones tienen un costo que va desde $6/hora hasta $10/día; otros son gratuitos (si no incluye el costo del café latte). Algunos dispositivos manuales también cuentan con WiFi. Vea el Capítulo 5 para obtener detalles.

lugar para probar antes de comprar. Algunos tienen PC para que usted los use, mientras que otros le solicitan que traiga su propio equipo portátil. (Vea el recuadro "WiFi más Starbucks y otros lugares llamativos.")

Si quiere usar Internet desde su propia casa, está obligado a adquirir alguna PC. Por suerte, casi todas las PC nuevas se pueden conectar a Internet y puede adquirir algunos equipos decentes por menos de $500.

¡Espere! Tengo una vieja caja color crema en el armario

Casi cualquier PC fabricada a partir de 1980 es adecuada, para *algún* tipo de conexión a Internet. A menos que tenga un muy buen amigo que sea un genio de la Informática y quiera pasar horas tratando de ayudarle a conectarse con ese viejo aparato, no vale la pena hacer el esfuerzo con algo tan antiguo, a menos, claro, que ande buscando una razón para que ese genio pase mucho tiempo en su casa, pero eso es asunto suyo.

Si pudiera sufragar el gasto, lo motivamos a que compre una PC nueva o que no tenga más de dos años. Las PC nuevas vienen con software para Internet instalado y están configuradas según lo último en tecnología web. Si ya cuenta con una PC más antigua, necesitará más tiempo y energía y quizá hasta más dinero para poner a funcionar ese equipo de la forma deseada. Creemos que la mejor opción es que compre una nueva.

Uno de los problemas de las PC viejas es que tienden a usar versiones de Windows antiguas. La versión más antigua que le sugerimos usar es la de Windows 98; cualquier cosa más vieja será difícil de configurar y conseguirle el software apropiado. Las Macintosh tienen el equipo básico TCP/IP, llamado MacTCP, incorporado como System 7, pero las mejoras en System 10 (el último) son muy útiles para el acceso a la red. Su vida en línea será más sencilla si se pasa a System 10 y es una muy buena idea con la que todos sus amigos usuarios de Mac ya cuentan.

¡Espere! Tengo un nuevo Thunderstick 2006

Ah, entonces usted sí tiene una PC (o quizás está pensando en comprar una). La mayoría de los usuarios de Internet, para conectarse, permiten que su equipo marque al proveedor. Cuando enciende su PC nueva o cuando ejecuta uno de los programas de Internet que vienen instalados, su PC le pedirá llamar al proveedor de Internet y configurar una cuenta en ese mismo momento y lugar. No marque (ni deje que su PC lo haga) hasta que haya leído el resto de este capítulo. Tenemos algunas advertencias y algunas opciones que debe tener en cuenta primero.

¡Espere! Tengo esta pequeña Palm o teléfono

Los teléfonos móviles modernos tienen pequeñas pantallas y teclados, de manera que un grupo industrial llamado WAP (Wireless Access Protocol) diseñó una forma de mostrar páginas web miniatura en esas pantallas y de navegar en ellas. WAP es algo muy popular en Japón, donde las jóvenes adolescentes lo usan para obtener actualizaciones de Hello Kitty, pero no está avanzando muy rápido en el resto del mundo.

En este sentido, no recomendamos el pago adicional por un teléfono con WAP, a menos que tenga un uso específico en mente y lo haya probado en el teléfono de otra persona para asegurarse de que puede usar su diminuta pantalla.

Por otro lado, existen muchos otros dispositivos compatibles con WAP que funcionan bien con Internet. Los Palm Pilots, los Blackberries y muchos otros equipos manuales están diseñados para mostrar mensajes de texto, correos electrónicos y páginas web bastante sencillas en sus pantallas pequeñas. Vaya a una tienda que venda teléfonos y componentes electrónicos y pida una demostración.

Aparatos para Internet

Si no está preparado para comprar un PC, podría considerar un Internet appliance, una caja que sólo se conecta a Internet y hace cosas como explorar la web y usar el correo electrónico. En realidad, estos son pequeños PC con el software incorporado. Por lo general son bastante baratos, como $100, pero tiene que usar un proveedor que lo soporte.

Nota: No consideramos que los Internet appliances sean una buena inversión. Por un lado, si el servicio que soporta su aparato se va, quedará con un prensapapeles bastante caro. Por otro lado, si invierte un poco más para obtener un verdadero buen PC, puede hacer todo lo relacionado con Internet que hace el aparato, pero también puede instalar nuevas aplicaciones de Internet desde la red. También puede usar programas informáticos para escribir cartas, hacer sus cuentas, calcular los impuestos y todas las otras cosas que la gente hace con sus PC. El aparato para Internet más antiguo y mejor conocido es el WebTV, que ahora se llama MSN TV. Puede conseguir más información en la web en www.webtv.com.

Tipos de conexiones a Internet

Si usa una PC en una biblioteca, en el trabajo, en un cibercafé o en la casa de otra persona, no necesita preocuparse de la forma de conectarse a Internet porque otra persona ya hizo el trabajo. Pero si tiene su propia PC, tiene varias opciones:

✔ Ingresar a Internet por medio de una conexión telefónica que requiere una línea telefónica normal y una cuenta de Internet.

✔ Conectarse por medio de una línea telefónica más rápida (línea DSL) y una cuenta de Internet.

✔ Conectarse por medio de una compañía de televisión que proporcione una cuenta de Internet.

✔ Conectarse por medio de AOL (American Online): AOL no es Internet, pero sí lo conecta.

Aquí están los detalles de cada método.

Discar, la forma antigua

Internet realmente comenzó a despegar cuando los *proveedores del servicio de Internet (PSI)* comenzaron a ofrecer cuentas a las que podía ingresar discando. Cerca de 1992, este tipo de cuentas le permitieron a cualquier persona con una PC ser parte de Internet al usar un *módem*, una caja que le permite conectarse a una línea telefónica o a otra línea de comunicaciones. Un *módem de discado* se conecta a una línea telefónica normal usando el mismo conector pequeño (un enchufe hembra RJ-11) y cable telefónico. Puede desconectar un teléfono y conectar un módem de discado en su lugar.

Los módems de discado se encuentran en todas las formas y tamaños. Algunos son cajas separadas, que se conocen como *módems externos,* con cables que se conectan dentro de la PC, el enchufe hembra del teléfono y una toma de poder. Otros se encuentran dentro de la PC, con sólo un cable para el teléfono; algunos son pequeños, como del tamaño de una tarjeta de crédito, y se insertan en un extremo de su equipo portátil. (También tienen un cable para el teléfono; algunas cosas nunca cambian.)

Así como existe una gran variedad de tamaños para los módems de discado, también hay una amplia variedad de características internas. La velocidad a la que opera un módem de discado (o la velocidad a la que puede colocar la información de una PC dentro de una línea telefónica) es de 56.000 bits por segundo (*bps,* de manera errónea pero bastante común se les llama *baudios*), que a menudo se abrevia a 56K. La mayoría de los módems de discado puede funcionar como máquinas de fax y algunos, incluso, tienen características más llamativas, como máquinas contestadoras incorporadas.

La mayoría de las PC que se han vendido en los últimos años vienen con módems de discado incorporados. Si usted ya cuenta con un módem, úselo.

Sólo debe revisar su PC con cuidado para buscar una conexión telefónica y, si la encuentra, conéctele un cable telefónico. En el caso de los módems externos, asegúrese de obtener un cable para conectar el módem a su PC y también asegúrese de que sus conectores coincidan con los de su PC, ya sea seriales o Universal Serial Bus (USB).

Nota para dueños de equipo portátil: Si su PC tiene ranuras del tamaño de una tarjeta de crédito para PC Card, pero no tiene un módem incorporado, obtenga un módem de PC Card que calce en la ranura para que no tenga que cargar un módem por separado cuando viaje. Vea el Capítulo 5 para obtener más información.

Cargos telefónicos

Si no tiene cuidado, puede terminar pagando más por la llamada telefónica que por el servicio de Internet. Una de las cosas que debe hacer cuando contrata un PSI es determinar el número de teléfono al que debe llamar. *De ser posible, use un PSI cuyo número sea una llamada local gratuita o sin límite de tiempo* (es decir, que no paga por minuto). Si usa un proveedor local o regional, el servicio tiene una pequeña lista de números telefónicos que puede utilizar. Algunos PSI (AT&T) tienen sus propias redes nacionales de números para discar; el resto toma los números de otras redes. Si un PSI nacional tiene un número local en su área, quizá todos los demás también.

Si no puede encontrar un PSI para una llamada local, sus opciones son limitadas. Si compara precios en Estados Unidos, quizás encuentre servicios de llamadas de larga distancia por 4 centavos el minuto, o menos. (Claro que, aun así son $2.40 por hora.) Asegúrese de comparar tarifas para llamadas dentro del estado y fuera de él, porque por lo general una llamada fuera del estado es más barata aunque sea más lejos. Tenga cuidado con los números gratuitos, pues casi siempre cobran un recargo por hora.

Algunos proveedores le dan un software que de manera automática selecciona un número de teléfono local para marcar. Por lo general hacen elecciones correctas, pero hemos escuchado bastantes historias de terror, por lo que le advertimos que siempre verifique que el número al que está llamando su PC sea una llamada local. Verifique la portada de su directorio telefónico o llame a la oficina de su compañía local de teléfonos.

Nombres, contraseñas y precios

El siguiente paso es suscribirse con un PSI para obtener una cuenta de Internet. Necesita una cuenta de Internet porque cuando el módem de su PC llame al PSI, le pedirán un nombre de usuario y una contraseña.

Las características y servicios que ofrece un PSI son muy similares a los de cualquier otro, con diferencias importantes como el precio, servicio y la confianza. Es como la diferencia entre un Ford y un Buick, sólo que las diferencias entre sus vendedores locales son de menor importancia en la decisión de compra que en el caso de los carros. La mayoría de cuentas de los PSI vienen con:

- El nombre de usuario y la contraseña, muy importantes, para que se pueda conectar.

- Una o más direcciones de correo electrónico, cada una con su propio buzón de correo. La mayoría de las cuentas vienen con direcciones de correo electrónico que van desde una hasta cinco. Si tiene familia, cada miembro puede tener una dirección por separado.

- El correo web, es decir, un sitio web donde puede leer su correo. El correo web es maravilloso cuando quiere revisar su correo y no se encuentra en su propia PC con su propio programa. Puede usar un buscador web para mostrar sus mensajes desde cualquier PC.

Los precios pueden variar mucho. La mayoría de los PSI cobran cerca de $20 por mes y le proporcionan ya sea una cantidad ilimitada de horas o una adjudicación mensual de 80 a 100 horas. A menudo puede obtener una tarifa más barata de $5 que sólo incluye tres o cuatro horas y el tiempo adicional se cobra como a $2 por hora. La mayoría de la gente prefiere una tarifa fija o, por lo menos, un paquete lo suficientemente grande difícil de usar en su totalidad. Según algunos estudios, el uso promedio de Internet varía entre 47 a 54 horas por mes. Más específicamente, el Informe del Proyecto Pew Internet & American Life, en www.pewinternet.org, reportó en 2004 que los usuarios estadounidenses experimentados de conexiones telefónicas usan en promedio 94 minutos en línea por día o 47 horas por mes. Las personas con conexiones de banda ancha más rápida usan en promedio 107 minutos por día o 54 horas por mes. (Nosotros, los autores de *Internet Para Dummies*, usamos aproximadamente unos cuantos millones de minutos en línea por mes, aunque tratamos de no sobrepasar las 24 horas al día.)

Aquí están las mejores formas que conocemos para encontrar un proveedor de servicios de Internet cerca de su casa:

- Revise la sección comercial de su periódico local para ver si hay anuncios de PSI locales.

- Pregúntele al encargado de su biblioteca pública o al equipo de servicios en línea.

- Revise las páginas amarillas locales en el apartado Servicios de Internet.

- Pregúntele a alguna persona conocida en su área que ya cuente con acceso qué está usando, y si le gusta.

Si usted o sus niños se convierten en usuarios regulares, se dará cuenta de que el tiempo se detiene mientras está en línea y de que pasa más tiempo en línea de lo que cree. Incluso aunque crea que pasará en línea sólo unos minutos por día, si no cuenta con un plan sin límite de tiempo, quizá se sorprenda cuando llegue el recibo al final del mes.

Suscribirse

Los PSI incluyen dos números: un número de voz y un número de módem. Nos parece que es útil, si es nuevo en estos temas (algunos hemos sido nuevos durante *años,* no lo tome en forma personal), llamar y hablar con

Algunas palabras con respecto a los nombres de usuario y las contraseñas

Millones de personas se encuentran en Internet. Como sólo una de ellas es usted, sería muy lindo si el resto de ellos no pudieran husmear en sus archivos y mensajes de correo electrónico. Por esta razón, sin importar el tipo de cuenta de Internet que tenga, su cuenta tiene un nombre de usuario y una contraseña secreta asociada a la cuenta.

Su nombre de usuario (o identificación del usuario, nombre login, nombre logon o nombre de pantalla) es único entre todos los nombres asignados a los usuarios de su proveedor. Por lo general, también es su dirección de correo electrónico, de manera que no elija un nombre como tontoneco a menos que sea lo que le quiere decir a sus amigos y poner en sus tarjetas de presentación.

Su contraseña es secreta y es el elemento principal para evitar que los chicos malos tomen prestada su cuenta. No use una palabra o un nombre real. Una buena forma de crear una contraseña es inventar una frase memorable y convertir cada palabra de la frase en una sola letra o dígito. "Comprar dos equipos es mucho dinero" se convierte en C2eem$, por ejemplo. Nunca le diga a nadie su contraseña. En particular, no se la diga a las personas que lo contactan y dicen ser de su PSI, porque no lo son.

algún ser humano al otro lado de la línea para obtener su guía útil. Si no consigue respuestas comprensibles o si la persona con la que está hablando suena como si tuviera cosas mejores que hacer en lugar de responder las preguntas de los clientes, busque otro PSI.

La mayoría de PSI ahora tienen programas de suscripción que vienen en un CD-ROM o están preinstalados en su PC. Windows XP viene con un Asistente para Nueva Conexión que le puede mostrar una lista de proveedores de servicios de Internet. Windows 98 y Me venían con el software de suscripción para AOL y unos cuantos PSI nacionales (elija Inicio (Start)⇨Programas (Programs)⇨Servicios en línea (Online Services) de la barra de tareas). Algunos PSI locales proporcionan un CD con todo el software para suscribirse, pero si usted tiene Windows XP, incluso sin un CD, el Asistente hace que la configuración sea bastante sencilla.

Suscribirse para obtener una cuenta con un PSI, involucra por lo general dar su nombre, dirección y número de teléfono, así como información de cobros, que casi siempre incluye un número de tarjeta de crédito. Por lo general, el acceso se otorga de inmediato o puede ser que el servicio lo llame por teléfono para verificar sus datos. Si no usa tarjetas de crédito, llame al proveedor y consúltele si puede pagar por medio de cheque.

Si puede sobornar o coaccionar a un amigo o familiar para que le ayude a configurar su cuenta, hágalo. (**Clave:** busque a una persona que tenga entre 12 y 16 años con muchos conocimientos, después de que se recupere de la humillación. Las galletas de chocolate siempre son de ayuda.)

Como las diferencias entre un PSI y otro son tan pequeñas, no podemos incluir explicaciones paso a paso para cada uno. Creemos que si le damos los pasos comunes, le ayudamos a comprender los términos y lo convencemos durante todo el proceso de configuración de su cuenta de Internet y del programa de conexión, estará ubicado.

Asegúrese de que su línea telefónica no tenga llamada en espera. Si usted o su programa de conexión a Internet tiene esta opción, digite ***70** o **1170** al principio del número telefónico de su proveedor para decirle a su compañía telefónica que apague la opción de llamada en espera para esta llamada telefónica, de lo contrario, una llamada entrante afectará su conexión a Internet. La mayoría del software de conexión tiene esta habilidad incorporada. Sólo busque una opción Llamada en espera (Call Waiting) o una que use el número de desactivación para el sistema de su teléfono.

Conectarse a cuentas de discado para usuarios de Windows XP

Windows XP es la última y mejor versión de Windows y reemplaza a todas las versiones anteriores. Viene con un programa de conexión de discado a Internet, junto con un Asistente para nueva conexión para que su PC use su cuenta de Internet. También viene con Outlook Express para el correo electrónico e Internet Explorer para explorar la web.

Informarle a Windows XP acerca de su cuenta

Para configurar Windows XP para acceder a una cuenta de Internet, siga estos pasos:

1. **Haga doble clic en el icono Conectar a Internet (Connect to the Internet) en su escritorio.**

   Si no lo ve, haga clic en el botón Inicio (Start) y elija Todos los Programas (All Programas)⇨Accesorios (Accesories)⇨Comunicaciones (Communications)⇨Asistente para conexión nueva (New Connection Wizard).

2. **Haga clic en Siguiente (Next) en la ventana que se abre del Asistente para conexión nueva (New Connection Wizard).**

   Verá una ventana como la de la Figura 4-1.

3. **Haga clic en Conectarse a Internet y luego en Siguiente.**

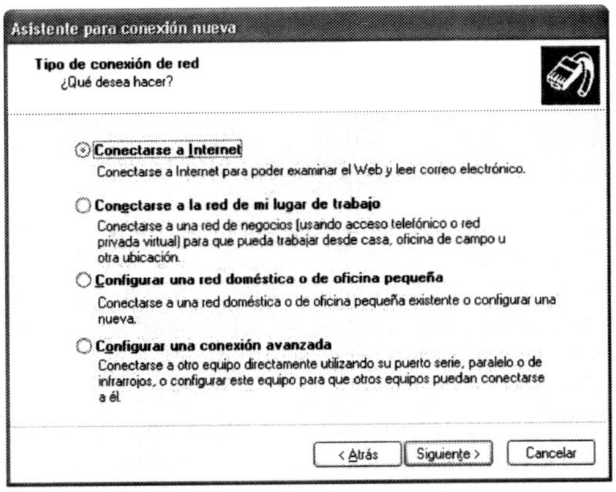

Figura 4-1
El Asistente para nueva conexión le ayuda a conectarse.

> **New Connection Wizard**
>
> **Network Connection Type**
> What do you want to do?
>
> ⦿ **Connect to the Internet**
>   Connect to the Internet so you can browse the Web and read email.
>
> ○ **Connect to the network at my workplace**
>   Connect to a business network (using dial-up or VPN) so you can work from home, a field
>   office, or another location.
>
> ○ **Set up a home or small office network**
>   Connect to an existing home or small office network or set up a new one.
>
> ○ **Set up an advanced connection**
>   Connect directly to another computer using your serial, parallel, or infrared port, or set up
>   this computer so that other computers can connect to it.
>
>   [< Back] [Next >] [Cancel]

4. **Si todavía no tiene una cuenta, haga clic en el botón que aparece en la parte superior de la pantalla. Haga su elección en Elegir de una lista de proveedores de servicios de Internet (PSI) (Choose From a List of Internet Service Providers) y luego haga clic en Siguiente (Next).**

El asistente le da dos opciones: suscribirse con MSN, el PSI de Microsoft, o llamar a Microsoft Internet Referral Service (una llamada gratuita dentro de Estados Unidos) para mostrarle una lista de los PSI cercanos. La lista suele ser muy pequeña porque sólo incluye a los grandes PSI que le han pagado a Microsort lo suficiente para incluirlos en ese servicio. Puede ser que existan PSI locales excelentes (que no aparecen en la lista) que usted puede usar en su lugar.

Otro problema es que los PSI mencionados podrían no ser una llamada local (en especial si vive muy lejos), lo que podría significar recibos telefónicos muy altos. Si elige un PSI de la lista de Microsoft, puede suscribirse de inmediato; sólo cerciórese con su compañía telefónica de que el número telefónico que le dan sea una llamada local.

Sáltese el servicio de referencias de Microsoft y haga sus propias compras.

5. **Si ya cuenta con una cuenta de Internet, haga clic en el botón del medio, Establecer mi conexión manualmente (Set Up My Connection Manually) y luego haga clic en Siguiente (Next).**

Configurar su cuenta de forma manual no es tan tenebroso como suena; por lo general lo que quiere decir es que tiene que digitar el nombre del PSI y el número de teléfono así como su nombre de usuario y contraseña. Bueno, ¡hasta que nos duelen los dedos de sólo pensar en eso!

El asistente le pregunta cómo se conecta a Internet (¿Por medio de una línea de teléfono de discado regular? ¿Por medio de un DSL de banda ancha o una conexión por cable que necesita una contraseña? ¿Una banda ancha DSL o conexión a Internet por cable que no necesita contraseña?), el nombre de su PSI, el número de teléfono que tiene que marcar, su nombre de usuario y su contraseña. Vea la sección "Obtener conexiones más rápidas: DSL e Internet por cable" más adelante en este capítulo para obtener información acerca de las conexiones de banda ancha.

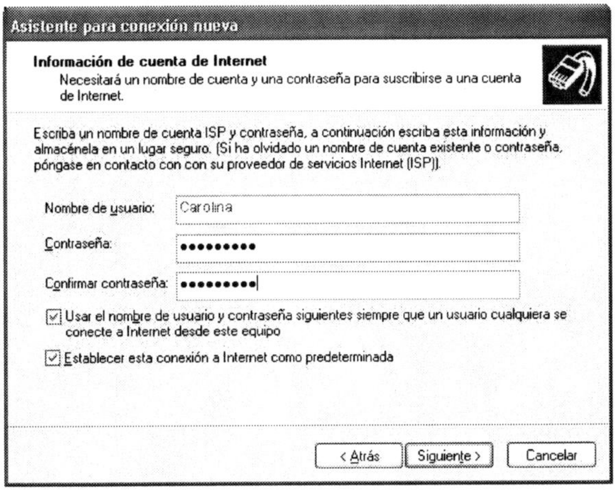

Asistente para conexión nueva

Información de cuenta de Internet
Necesitará un nombre de cuenta y una contraseña para suscribirse a una cuenta de Internet.

Escriba un nombre de cuenta ISP y contraseña, a continuación escriba esta información y almacénela en un lugar seguro. (Si ha olvidado un nombre de cuenta existente o contraseña, póngase en contacto con con su proveedor de servicios Internet (ISP)).

Nombre de usuario: Carolina

Contraseña: ••••••••

Confirmar contraseña: ••••••••|

☑ Usar el nombre de usuario y contraseña siguientes siempre que un usuario cualquiera se conecte a Internet desde este equipo

☑ Establecer esta conexión a Internet como predeterminada

< Atrás   Siguiente >   Cancelar

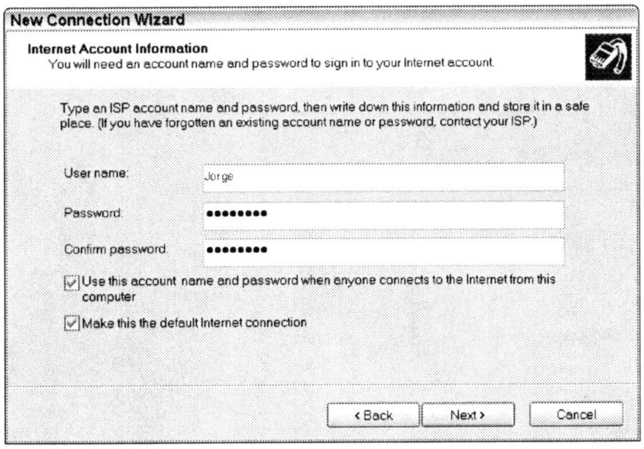

New Connection Wizard

Internet Account Information
You will need an account name and password to sign in to your Internet account.

Type an ISP account name and password, then write down this information and store it in a safe place. (If you have forgotten an existing account name or password, contact your ISP.)

User name: Jorge

Password: ••••••••

Confirm password: ••••••••

☑ Use this account name and password when anyone connects to the Internet from this computer

☑ Make this the default Internet connection

< Back   Next >   Cancel

Figura 4-2
Informarle al Asistente para nueva conexión de Windows XP acerca de su cuenta de Internet.

El asistente también ofrece dos o más cuadros que puede seleccionar, según la versión de Windows XP que tenga (vea la Figura 4-2). (A menudo están ya seleccionadas, pero puede hacerles clic para quitar las marcas.)

- **Use el nombre de cuenta y la contraseña siempre que un usuario cualquiera se conecte a Internet desde este equipo:** si su PC de Windows está configurada para diversos usuarios, elegir esta opción le permite a todos conectarse con esta cuenta. A menos de que haya algunos usuarios en su PC en los que no confía, deje esta opción seleccionada.

- **Establecer esta conexión a Internet como predeterminada:** si tiene varias cuentas de Internet, una es la *predeterminada* (es decir, la conexión que Windows usa a menos que usted especifique otra cosa). Si sólo tiene una cuenta de Internet (como la mayoría de las personas que no son sabelotodos informáticos), también deje esta opción seleccionada.

6. **Cuando hace clic en Siguiente (Next) y luego en Finalizar (Finish), el Asistente para nueva conexión (New Connection Wizard) crea una conexión de discado para su cuenta.**

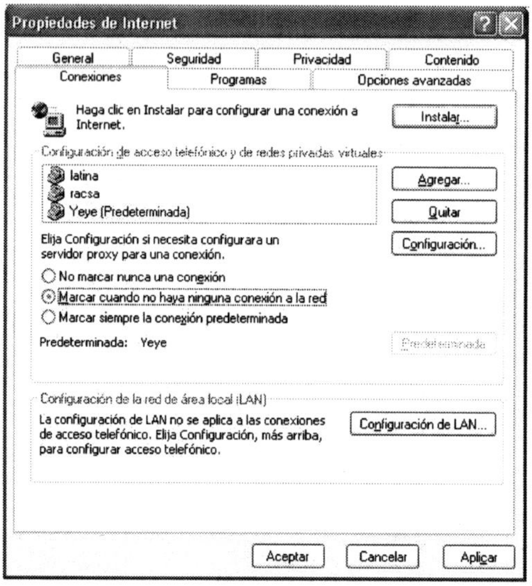

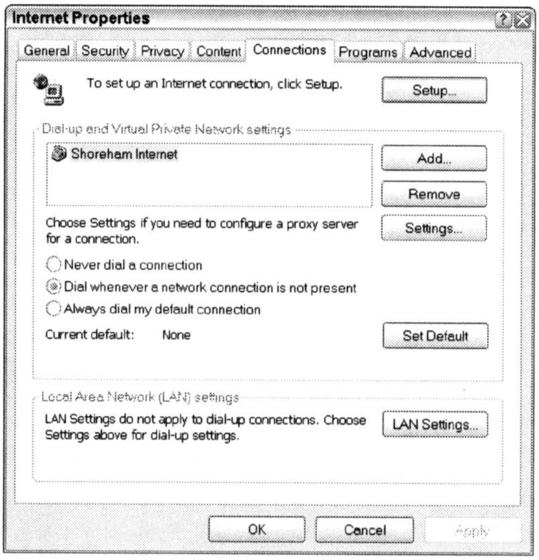

Figura 4-3
Puede usar
el cuadro
de diálogo
Propiedades
de Internet
(Internet
Properties)
para crear o
cambiar las
conexiones
de discado.

El asistente también configura Windows para que marque ese número de manera automática cuando usted intenta buscar en la web o enviar o recibir correo electrónico.

Organizar la información de su cuenta con Windows XP

Para observar sus configuraciones, elija Inicio (Start)➪Panel de control (Control Panel)➪Conexiones de red e Internet (Network and Internet Settings) y luego haga clic en Configurar o cambiar su Conexión a Internet (Set Up or Change Your Internet Connection). Observará la pestaña Conexiones (Connections) del cuadro de diálogo Propiedades de Internet (Internet Properties) (que se muestra en la Figura 4-3) con su cuenta de

Internet y otras configuraciones. Para ver las propiedades de esta cuenta, haga clic en Configuraciones (Settings).

Puede ver todas sus conexiones de red (de Internet y de red de área local) al elegir Inicio (Star)⇨Panel de control (Control Panel)⇨Conexiones (Network and Internet Connections)⇨Conecciones de red (Network Connections). (si usa el Panel de control "Clásico", elija Inicio (Start)⇨Panel de control (Control Panel)⇨Conecciones de red (Network Connections). La conexión de discado que el Asistente para conexión nueva creó para usted aparece en la sección de discado. Si necesita cambiar las configuraciones de su cuenta (por ejemplo, si su PSI le dice que el número de acceso telefónico ha cambiado), haga clic derecho en el icono de su cuenta de Internet, elija Propiedades (Properties) del menú que aparece y haga sus cambios.

Entrar y salir con Windows XP

Conéctese a Internet para usar su buscador y solicitar una página web, o usar su programa de correo electrónico y pedirle que revise su correo. Cuando Windows ve que usted solicita información de Internet, disca el número por usted. Si ve un cuadro de diálogo que le pide su nombre de usuario y contraseña, digítelos y luego haga clic en Conectar (Connect).

Puede saber cuándo está conectado porque aparece un icono de dos PC en la esquina inferior derecha de la pantalla (al lado izquierdo del reloj digital). Haga doble clic en este icono para revisar la velocidad de su conexión a Internet o, si desea colgar, haga clic en el botón Desconectar (Disconnect) en el cuadro de diálogo que aparece.

Conectarse a cuentas de discado para usuarios de Windows Me, 2000 y 98

Windows 98 venía en dos sabores: Original y Segunda Edición. Windows Me se debió haber llamado Windows 98 Tercera Edición porque no es tan diferente. Windows 2000 es la versión dirigida a negocios (basada en Windows NT). Estas versiones venían con un programa de conexión a Internet llamado Conexión de red. También venían con programas de suscripción automatizados para diversos PSI (por lo general AT&T WorldNet y Microsoft Network en Estados Unidos, en otros países aparecían otros servicios, y AOL).

Microsoft ya casi no soporta a Windows 98 y Me, de manera que si quiere una versión de Windows que tenga respaldo y esté actualizada, piense en pasarse a Windows XP. Tendemos a quejarnos de Windows, ya lo sabemos, pero Windows XP realmente es mejor.

Informarle a versiones más antiguas de Windows acerca de su cuenta

Para suscribirse y obtener una cuenta o para usar una cuenta existente con uno de los siguientes servicios, haga clic en el botón Inicio (Start) en la barra de tareas, elija Programas (Programs)⇨Servicios en línea (Online Services) y luego elija el servicio. Un icono de suscripción a MSN también puede aparecer en su escritorio.

Si quiere utilizar una cuenta distinta a las que tienen programas de suscripción automatizados y el servicio no le envió un CD para eso, puede usar el Asistente para nueva conexión para configurar la Conexión de red (Dial-Up Networking) para trabajar con su cuenta. Active el asistente al hacer clic en el botón Conectarse a Internet en su escritorio de Windows, si hay uno o al elegir Inicio (Start)⇨Programas (Programs)⇨Accesorios (Accesories)⇨Comunicaciones(Communications)⇨Asistente para configuración de red (Internet Connection Wizard) o Inicio (Start)⇨Programas (Programs)⇨Internet Explorer⇨Asistente de conexión (Connection Wizard), lo cual es parecido a la versión que viene con Windows XP pero sólo con tres botones.

Si no tiene una cuenta configurada y quiere que Windows busque un PSI en su área, haga clic en el botón superior Cuenta nueva. Si ya consiguió una cuenta, haga clic en el botón del medio Transferir mi cuenta de Internet (Transfer My Existing Internet Account) existente, incluso si no lo ha configurado en otra PC antes. Si ya usó el botón del medio "transferir" y su PSI no se encuentra en la lista que sugiere Microsoft (que puede suceder si usa un PSI local), haga clic en el botón Configurar manualmente (Set Up Manually) o en el botón No haga nada (Do Nothing).

Recomendamos usar el botón Configurar manualmente en la parte inferior y luego digitar la información del PSI usted mismo, lo cual no es difícil. Todo lo que tiene que saber es el número de acceso de su PSI (el número de teléfono al que llama su PC para conectarse, que debería proporcionarle su PSI), su nombre de usuario y su contraseña. Creemos que es mejor que elija su PSI por sí mismo en lugar de dejarle la elección a Microsoft.

Cuando haya terminado, tiene un icono para su PSI en su carpeta Conexión de red. Para verla en Windows 98, abra la carpeta Mi PC en el escritorio y abra la carpeta Conexión de red. En Windows Me, elija Inicio (Start)⇨Configuración (Settings)⇨Conexión de red (Network Connection). En Windows 2000, elija Inicio (Start)⇨Configuración (Settings)⇨Red (Network)⇨Marcador de conexiones (Dial-Up Connections).

Colocar la información de su cuenta en versiones más antiguas de Windows

Para cambiar las configuraciones de su PSI haga clic derecho en su icono en la ventana Conexión de red (Dial-Up Networking) y elija Propiedades (Properties) del menú que aparece.

Puede pedirle a Windows que marque su cuenta de Internet de forma automática cuando su buscador web o programa de correo electrónico necesita conectarse a Internet. Esta configuración se encuentra en el cuadro de diálogo Propiedades de Internet (el cual puede aparecer como el cuadro de diálogo Opciones de Internet, ¡no nos pregunte por qué!). Siga estos pasos:

1. **Elija Inicio (Start)⇨Configuración (Settings)⇨Panel de control (Control Panel).**

2. **Haga doble clic en el icono Opciones de Internet (Internet Options).**

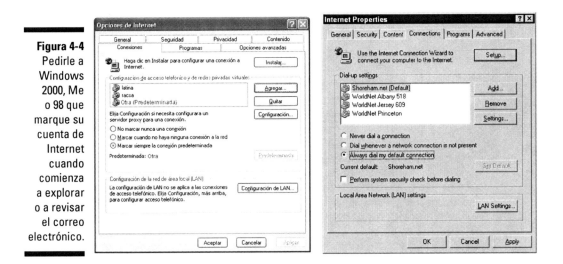

Figura 4-4
Pedirle a Windows 2000, Me o 98 que marque su cuenta de Internet cuando comienza a explorar o a revisar el correo electrónico.

3. **Haga clic en la pestaña Conexiones (Connections) en la parte superior.**

4. **Elija la cuenta de Internet que va a usar (si tiene más de una en la lista).**

5. **Haga clic en Marcar siempre la conexión predeterminada (Always Click My Default Connection) (como se muestra en la Figura 4-4).**

Si llama a su PSI usted mismo (en lugar de dejar que Windows lo haga cuando usted usa su explorador o su programa de correo electrónico), quizá quiera hacer el icono de conexión más práctico. Si arrastra el icono del PSI de la carpeta Conexión de red al escritorio, Windows crea un acceso directo en su escritorio de Windows. También puede agregar su programa de conexión a Internet en el menú Inicio: haga clic derecho en el botón Inicio (Start) y elija Abrir (Open) para mostrar los elementos del Menú Inicio Start Menu) en una ventana. Arrastre el icono de su PSI de la ventana Marcador de conexión (Dial-Up Connection) hacia la ventana Menú de Inicio. ¡Qué maravilla!

Entrar y salir de su PSI en versiones más antiguas de Windows

Para llamar a su cuenta, haga doble clic en el icono de su PSI, digite su nombre de usuario y contraseña si no aparecen y haga clic en el botón Conectar (Connection). Cuando está conectado, el icono con dos cuadros Conexión de red (Dial-Up Networking) aparece en la barra de tareas a la izquierda del reloj digital. Para colgar, haga doble clic en el icono y luego haga clic en Desconectar (Disconnect).

Conectarse a cuentas de discado para usuarios de Mac

Las Macs más nuevas ya cuentan con todo el software para conectarse a Internet. (Las que son muy viejas, pre-System 8, necesitan un programa de módem Mac TCP/IP, como FreePPP, el cual debería proporcionarle su PSI.) Las cosas que por lo general necesita para configurar son el número de teléfono del PSI, el nombre de su cuenta y su contraseña.

Obtener conexiones más rápidas: DSL e Internet por cable

Una forma divertida de conectarse, aunque no está disponible en todas partes, es una conexión de *banda ancha* (alta velocidad). Las conexiones de banda ancha pueden proporcionar mejor *ancho de banda*, es decir, más información se transfiere por segundo que en una conexión por medio de una línea telefónica regular. Esas conexiones pueden ser muy rápidas, más de 20 millones de bits por segundo, con descargas (en la práctica) que a menudo exceden los 140,000 bytes por segundo.

La buena noticia es que las conexiones de alta velocidad ahora se encuentran disponibles y son accesibles para casi cualquier mortal en cualquier lugar, excepto en las zonas muy rurales de Estados Unidos y Canadá.

Cuando se acostumbre a tener una conexión de alta velocidad, nunca más podrá tolerar una conexión de discado ordinaria. Es así de bueno.

Entonces, ¿qué es banda ancha?

Existen dos tipos de conexiones a Internet de banda ancha, DSL y cable, las cuales mencionamos a continuación:

- ✔ Una *Digital Subscriber Line* (*DSL*) es un tipo de línea telefónica especial que usted o su PSI le pide a la compañía telefónica local.
- ✔ Una cuenta de Internet por cable puede conseguirla con la compañía de televisión por cable local, con la misma conexión que le proporciona 250 canales de televisión.

Las cuentas DSL y de Internet por cable tienen mucho en común: son rápidas, no usan una línea de teléfono regular, no usan un módem de discado y no usan el programa Conexión de red que usan las cuentas de discado. Algunas cuentas de banda ancha tienen una conexión permanente que funciona de manera bastante parecida a una conexión a una red local en una oficina. Otros requieren que se registre, de la misma forma que lo haría con una conexión de discado. Las buenas noticias acerca de las cuentas DSL y cable es que el PSI, por lo general, proporciona la mayoría del equipo; por ejemplo, el módem, y puede enviar a un instalador para que lo configure con su PC. Con la banda ancha, su compañía local de cable o de teléfono puede traer algún equipo sofisticado a su casa y conectar su PC a una conexión de alta velocidad mientras usted se sienta y observa. Pregúntele a su compañía de cable si ofrece acceso a Internet por cable módem o pregúntele a su compañía telefónica si ofrece DSL. Si alguna de estas respuestas es afirmativa, piense en obtener banda ancha.

Las conexiones de alta velocidad por cable y DSL parecen tener un costo mayor, por general de $30 a $50 por mes, más la instalación y el costo del módem especial que necesita, menos cualquier descuento que le proporcionen por comprar un paquete de banda ancha y los otros servicios que obtiene de ellos. Sin embargo, ni el cable ni el DSL ocupan su teléfono mientras está en línea. Muchas personas que usan módems ordinarios terminan pagando por la instalación y el uso de una segunda línea telefónica. Cuando suma el costo de una segunda línea telefónica al costo de su PSI, puede encontrar que el DSL o el cable no resultan más caros. Las conexiones por cable y DSL siempre están disponibles, no existe proceso de llamada y son mucho más rápidas y, en nuestra opinión, más divertidas.

Un costo oculto al obtener acceso a Internet por cable o DSL es tener que tomar un día libre para esperar a los instaladores, a menos que se sienta bastante seguro para instalarlo usted mismo. Algunas veces se necesitan dos visitas para lograr poner a funcionar las cosas. Trate de conseguir la primera cita en la mañana. Además, la compañía de cable o de teléfono por lo general también es su PSI, a menos que pague extra, de manera que no tiene elección en cuanto al PSI. En teoría, la compañía telefónica proporciona acceso DSL bajo los mismos términos a todos los PSI, pero en la práctica, su propio PSI de alguna manera parece tener más ventajas que los otros.

Módems de cable y de DSL

Para conectarse a una cuenta DSL o de cable se usa un DSL o un cable módem, de manera que tenga en cuenta lo siguiente:

- ✔ **Si tiene una cuenta de Internet por cable, necesita un cable módem:** su compañía de cable por lo general proporciona el módem como parte del servicio.

- ✔ **Los módems DSL son para conectarse a líneas telefónicas DSL de alta velocidad:** no compre uno hasta que esté seguro de que el módem que usa sea compatible con su línea DSL, por esta razón los internautas inteligentes obtienen sus módems DSL; del PSI que proporciona su servicio.

  La moraleja de la historia: no se encargue de adquirir un módem de DSL o cable. Pídaselo a la compañía de cable o de teléfono y pídales la instalación.

Quizá necesite un adaptador de red

Los módems DSL y de cable lo conectan a su PC en una de estas dos formas:

- ✔ **Adaptador de red:** un *adaptador de red* (también llamado un adaptador *LAN, adaptador Ethernet* o *tarjeta de interfaz de red [NIC]*) originalmente se diseñó para conectar varias PC dentro de redes. Si tiene más de una PC en su casa u oficina, puede usar adaptadores de red para conectarlos en una *red de área local (LAN)*, como se describe en el Capítulo 5. Los adaptadores de red usan un enchufe *RJ-45*, el cual se parece a un enchufe normal de teléfonos sólo que un poco más grande, en el cual usted conecta su módem o cable de red. Revise la parte trasera y los lados de su PC para verificar si hay hoyos que parezcan conectores de teléfono. La mayoría de PC (y todas las Mac) tienen un adaptador de red incorporado.

✔ **USB:** las PC más nuevas vienen con uno o más conectores *USB* (Universal Serial Bus, por si le interesa) que se usan para conectar todo tipo de dispositivos a su PC, desde 🖑 hasta cámaras e impresoras. Un puerto USB es como un hoyo pequeño, angosto y rectangular. Las PC más antiguas (anteriores a 1998) no cuentan con conectores USB.

La mayoría de los módems de DSL y cable se conectan a su adaptador de red con un cable que se enchufa dentro un conector RJ-45. Puede conseguir un módem DSL o cable con un conector USB.

Si su instalador de módem de cable o de DSL le informa que su PC no tiene el adaptador de red o puerto USB necesario para conectar su módem de alta velocidad, no entre en pánico. Si el instalador no le puede proporcionar el adaptador necesario, vaya a una tienda de informática local para agregar una tarjeta de red o adaptador de USB; ninguno de los dos debería costar más de $20. Las PC de escritorio necesitan tarjetas PCI de adaptadores de red. Para su instalación necesita apagar la PC, abrir la caja, buscar una ranura vacía, deslizar una tarjeta, atornillarla y cerrar la PC. Las PC portátiles usan adaptadores de red PC Card, que parecen tarjetas de crédito gruesas y sólo se deslizan en la ranura del extremo.

Conectar su DSL

Se supone que el servicio DSL utiliza su línea telefónica existente y el cableado que está dentro de la casa. Pero el DSL a menudo funciona mejor si la compañía telefónica coloca un cableado nuevo desde la parte de afuera de su edificio hasta el lugar donde usa su PC. (Las compañías telefónicas le llaman a esto un *home run.*) Para que la mayoría de los DSL funcionen, usted debe vivir a un par de millas de la oficina de su central telefónica, de manera que el DSL no se encuentra disponible en muchas áreas rurales.

El DSL está disponible a distintas velocidades. La máxima velocidad tiene un costo superior (¡vaya sorpresa!). La velocidad mínima, de por lo general 640 Kbps, es lo suficientemente rápida para la mayoría de los usuarios. (Compare 640 Kbps con la línea de discado más rápida, que es de 56 Kbps.)

Si el servicio de DSL está disponible en su área, puede llamar a su compañía telefónica o a un PSI que tramitará el servicio. Puede ser que le envíen el equipo para que usted mismo lo instale o que llegue un instalador de teléfonos con una caja de conexión a red, un magnífico módem, que usted o el instalador conectan a su PC. Los módems DSL se conectan a una tarjeta de red (que quizá tenga que agregar a su PC) o a un puerto USB (que la mayoría de PC nuevas ya tienen).

Conectar su cable de Internet

Para suscribirse a una cuenta por cable, llame a su compañía de cable local para abrir una cuenta. A menos que decida encargarse usted mismo de la instalación, lo cual no es nada difícil, un técnico llega e instala un *doozus* (término técnico) de conexión de red en el lugar donde ingresa su cable de televisión, instala una tarjeta de red si su PC no cuenta con una, trae un módem especial (que parece una PC portátil con un extraño peinado) y los conecta. ¡El truco mágico!

Si tiene televisión por cable, el cable se divide y un segmento va a su PC. Si no tiene televisión por cable, quizá la compañía tenga que instalarlo antes de poder colocar el cable a la PC. Cuando el técnico termina, usted tiene una conexión permanente de alta velocidad a Internet (siempre y cuando pague su recibo de $40 o $50 al mes). Puede ser más barato si también les contrata sus canales de televisión. Además de la alta velocidad y el acceso constante a un precio fijo, no tiene que usar una línea telefónica.

El acceso por cable viene en dos formas: el antiguo de una vía y el nuevo de dos vías. Con el cable de una vía, la información de entrada que proviene de la red a su PC viene a una alta velocidad por medio del cable, pero la información de salida sigue usando un módem y una línea telefónica. Con el cable de dos vías, todo se transmite por medio del cable. El sistema de una vía ya casi ha desaparecido, pero cerciórese con su compañía para averiguar el tipo que ofrece.

DSL, hágalo usted mismo

Conectar su módem DSL no debería ser tan difícil. Un lado se conecta en su línea telefónica y el otro en su PC. ¿Qué dificultad puede presentar eso? Bueno, hay algunos pequeños detalles.

Asumiremos que usted tiene un módem DSL que se conecta a una LAN o a un conector USB. Si tiene un conector de LAN, necesita un cable *crossover LAN* que debería venir con el módem DSL. (Los cables regulares que no son crossover se conectan a un enrutador o un concentrador de red, no directamente de un módem a una PC.) Si usa un USB, debería tener un cable USB con un conector plano en un extremo y un conector cuadrado en el otro. Apague y desconecte

Evitar el zumbido del DSL

Una de las cosas molestas del DSL es que su conexión comparte los mismos cables de su teléfono. Se puede dar cuenta de esto porque en todos los teléfonos en la línea con DSL escuchará un fuerte zumbido de trompetas en su línea telefónica. (Bueno, no tanto, pero suena parecido.)

Para eliminar este zumbido, necesita instalar un filtro DSL (que filtra ese ruido) entre la línea del teléfono y todos sus teléfonos, pero por supuesto no entre la línea telefónica y su módem DSL. Puede conseguir los filtros con su proveedor de DSL, pero quizá los encuentre a un mejor precio en tiendas como RadioShack. La forma ideal de instalar un filtro es usar un cable separado, desde la caja donde entra la línea telefónica a su casa hasta el módem DSL, e instalar un filtro DSL en la caja donde usted enchufa el cable que lleva a todos los teléfonos. Pero las cosas no son ideales en la vida, así que la mayoría de nosotros instalamos un filtro para cada teléfono.

Para el enchufe telefónico donde se conecta su módem DSL, va a necesitar un filtro divisor con un conector filtrado en el cual usted conecta un teléfono (el que usa para llamar al soporte técnico cuando su PC no funciona) y un conector filtrado para el módem DSL. Para todos los demás teléfonos, el filtro tan sólo se conecta en el conector del teléfono y el código del teléfono se conecta dentro del filtro. Para una mejor apariencia, puede obtener filtros de teléfonos de pared (que calzan entre el teléfono y la placa de la pared en la que se monta el teléfono) y la base del teléfono se conecta con filtros incorporados.

tanto la PC como el módem del conector de pared, conecte la LAN o el cable USB y luego vuelva a conectarlo todo. El módem también se conecta a una línea telefónica con un cordón de teléfono normal. Los enchufes del teléfono y la LAN en el módem son similares, pero el conector de la LAN es el más grande.

Ahora avance a la sección "Después del instalador de DSL o Internet por cable" y asegúrese de leer el recuadro "Evitar el zumbido del DSL".

Cable módem, hágalo usted mismo

Conectar un cable módem no difiere mucho de conectar un módem DSL, con la excepción de que se conecta al cable de su televisor en lugar de conectarlo a su línea telefónica. Si un televisor ya está conectado al cable, desatornille el cable del televisor y bótelo; ya se divertirá mucho más con la conexión a Internet como para perder tiempo viendo televisión. (Si todavía no está listo para tirar el televisor, páselo a otra salida de cable u obtenga un divisor de cable en cualquier tienda que venda accesorios para cable.) Atornille el cable dentro del cable módem y conecte la LAN o el cable USB desde el módem hasta la PC, de la misma forma que lo describimos para el módem DSL en la sección anterior.

Después del instalador de DSL o de Internet por cable

El instalador (que es usted, si ya instaló usted mismo el módem), configura su PC para que se comunique con Internet. La mayoría de módems DSL y de cable vienen con un CD de software. Si usa una Mac o una versión de Windows más antigua que XP, use el software en el CD para instalar lo necesario para configurar su conexión.

Si usa Windows XP, puede usar el CD o configurar la conexión con el Asistente para nueva conexión de Windows XP incorporado. Recomendamos el asistente porque el CD por lo general tiene un montón de software que no es de mucha utilidad. Para configurar su conexión con el asistente, siga estos pasos:

1. **Elija Inicio (Start)⇨Todos los programas (All Programs)⇨Accesorios (Accesories)⇨Comunicaciones (Commucations)⇨Asistente para nueva conexión (New Connection Wizard).**

   (En realidad no es fácil de encontrar.)

2. **En Tipo de conexión de red, elija Conectarse a Internet (Connect to the Internet) y haga clic en Siguiente (Next).**

3. **Seleccione Establecer mi conexión manualmente (Set Up My Connection Manually).**

   Aquí puede elegir entre conectarse mediante una conexión de banda ancha que necesita un nombre de usuario y una contraseña (si su PSI le dio un nombre de usuario y una contraseña), o conectarse con una conexión de banda ancha que está siempre activa. Una conexión que siempre está encendida quiere decir que su PC es más vulnerable a los piratas porque nunca está desconectada, pero es divertido poder sentarse en su PC en cualquier momento sin tener que esperar para que se conecte. Si le preocupa que su PC esté conectada a Internet todo el tiempo, puede apagarla; cuando está apagada definitivamente está a prueba de piratas. Vea la sección "Software esencial para mantener su sistema seguro" más adelante en este capítulo.

4. **Elija un tipo de conexión, ingrese la información solicitada en los cuadros y acepte los cuadros de selección sugeridos, en particular la barrera de protección de Internet.**

Después de que su conexión está instalada, debería poder iniciar el uso de un explorador web como Internet Explorer y digitar el nombre de un sitio web dentro del cuadro de la dirección en la parte superior (pruebe con el nuestro:net.gurus. com). La página web debería aparecer momentáneamente. Si tiene una conexión con un nombre de usuario, le preguntará si se conecta. Claro, esa es la idea.

Cuando está conectado, puede verificar el estado de su conexión:

✔ **Windows XP:** muestre el cuadro Conecciones al elegir Inicio (Start)➪Panel de control (Control Panel)➪Conexiones de red a Internet (Network and Internet Connections)➪Conexión de red (Network

---

Del otro lado del charco

La situación de los PSI en el Reino Unido es un poco distinta de la de Estados Unidos. Tradicionalmente, todas las llamadas telefónicas en el Reino Unido se han cobrado por minuto, incluso llamadas locales, lo cual puede hacer las sesiones largas en línea muy onerosas. Por lo tanto, ahora existen cuatro tipos diferentes de PSI en el Reino Unido:

✔ **Tradicional:** Estos PSI cobran una modesta cuota mensual y dan acceso vía números locales o de uso nacional. A menos de que esté seguro de que no utilizará mucho tiempo en línea o, que su PSI le dará algún servicio como, por ejemplo, un Servidor de red, probablemente esto no sea lo que usted desea.

✔ **Gratuito:** Estos PSI no cobran una cuota mensual; para mantenerse comparten los gastos por minuto con BT (British Telecom). (BT preferiría no hacerlo, pero la agencia reguladora de la industria de telecomunicaciones en Gran Bretaña, OFTEL, insistió). Si desea probar la red, los PSI gratuitos son una buena forma de comenzar. No los recomendamos para un uso a largo plazo porque los gastos compartidos por minuto son menos lucrativos que los PSI tradicionales. Por eso, los PSI gratuitos tienen el mal hábito de cerrar operaciones sin previo aviso. El soporte técnico también tiende a ser

muy deficiente (es gratis, ¿qué quería? ¿la devolución de su dinero?)

✔ **Tarifa fija:** Estos PSI tienen un cargo mensual de aproximadamente 20 libras esterlinas, pero ofrecen un 0800 u otro número al que usted puede llamar sin cargos por minuto. Muchos usuarios creen que ésta es la mejor opción porque pueden predecir la factura. Los PSI líderes en tarifa fija son AOL (sí, ese AOL) y BT. Tenga cuidado porque aunque el acceso es normalmente ilimitado, si usted "acampa" en el teléfono 20 horas al día, el PSI puede invocar la letra pequeña que nunca notó en su contrato para cerrarle la cuenta.

✔ **Banda ancha:** BT ofrece un servicio DSL decente en la mayoría de los lugares en el Reino Unido a precios más bajos que los DSL de Estados Unidos siempre que esté de acuerdo en mantener su servicio por al menos un año. (Increíble, pero cierto.) Si usa la red bastante para pensar en un PSI de tarifa fija, podría ir directamente al DSL.

Según el lugar en que se encuentre usted y su PSI, su conexión telefónica puede ser desde maravillosa hasta espantosa. Si prueba un PSI y sigue obteniendo conexiones no fiables y lentas, pruebe otro.

Connections), las conexiones de banda ancha aparecen en la sección LAN o Internet de Alta Velocidad.

✔ **Windows 98/Me/2000:** muestre el cuadro de diálogo al elegir Inicio (Start)⇨Configuración (Settings)⇨Panel de control(Control Panel) y hacer doble clic en el icono Red (Network). Para cambiar la configuración de la conexión, hágale clic derecho y elija Propiedades (Properties) del menú que aparece.

✔ **Macs:** use el Panel de Control TCP/IP en OS 8 y 9. Para OS X, elija Preferencias de Sistema (System Preferences) bajo el menú Apple y haga clic en el icono Red (Network). Luego seleccione la pestaña TCP/IP.

Su PC se comunica con Internet con el uso del protocolo TCP/IP y debería verlo en la lista del cuadro de diálogo Propiedades de la conexión (Properties) (en Windows XP) o en el cuadro de diálogo Red (Network) (en las versiones anteriores de Windows). ¡No travesee estas configuraciones, a menos que esté seguro de que sabe lo que está haciendo!

AOL no es exactamente Internet, pero se parece bastante

America Online (AOL), el servicio en línea más grande del mundo, proporciona acceso tanto a Internet como a sus propios servicios propietarios. AOL tiene más de 20 millones de suscriptores alrededor del mundo. Para usar AOL debe usar el software que ellos proporcionan. (Existen versiones para Windows y Mac.) También puede usar otro software con su cuenta de AOL, como Firefox y Microsoft Internet Explorer. Como con la mayoría de PSI, AOL empezó como un servicio de marcado telefónico y, desde entonces, ha agregado conexiones de DSL y de cable. Puede también usar su versión "traiga su propio acceso" con otra cuenta de discado o de banda ancha de Internet.

Nota: America Online, a pesar de su nombre, también está disponible fuera de Estados Unidos. AOL tiene números de acceso en Canadá y a lo largo del Reino Unido, sin cargos adicionales, además de versiones para otros países. Si viaja con su PC, AOL cuenta con la mayor cantidad de números internacionales, aunque algunos incluyen un pago adicional por minuto.

Si está listo para firmar en una cuenta de AOL, vaya a la oficina postal y tome uno de los montones de CD de suscripciones de AOL. (De hecho, primero revise en su casa o apartamento. Quizás encuentre algunos debajo de los muebles.) O, en Estados Unidos, llame al 1-800-827-3338 y solicite una membresía de prueba. El paquete introductorio tiene instrucciones y (¡sorpresa!) un disco con el programa de acceso a AOL. Siga las instrucciones en su cubierta para instalar el programa y firme para obtener una cuenta. Necesita una tarjeta de crédito para esto.

Para obtener más información con respecto al uso de AOL, consiga *AOL Para Dummies*, 2ª Edición, por John Kaufeld y Ted Leonsis (de Wiley Publishing, Inc.).

Software esencial para mantener su sistema seguro

Muy bien, está conectado. Pero antes de empezar a navegar por la red, enviar correos electrónicos y mensajes instantáneos, necesita proteger su PC de los Terrores en Internet: virus y programas espía. El Capítulo 2 los describe con amplitud. Éste es el momento de usar protección.

¡Fuego en la pared!

Una barrera de protección o *firewall* es una barrera entre su PC o las PC e Internet. En compañías de gran tamaño, la barrera de protección puede ser una PC que no hace otra cosa que monitorear el tráfico entrante y saliente para buscar información dañina. En su casa u oficina tiene dos opciones:

✔ Puede utilizar software de barrera de protección incorporado en Windows XP. Para revisar sus configuraciones de barrera de protección en Windows XP SP2, elija Inicio (Start)➪Panel de control (Control Panel)➪Centro de Seguridad (Security Center). En Windows XP original, elija Inicio (Start)➪Panel de control (Control Panel)➪Conexiones de red e Internet (Network and Internet Connections)➪Conexiones de red (Network Connections). Si usa el Panel de control "clásico", elija Inicio (Start)➪Panel de control (Control Panel)➪Conexiones de red (Network Connections). Haga clic derecho en el icono de su cuenta de Internet, elija Propiedades (Properties) del menú que aparece, haga clic en la pestaña Opciones avanzadas (Advanced) y busque Internet Connection Firewall o la sección Windows Firewall. Si todavía no se encuentra seleccionado, marque el cuadro de Internet Connection Firewall. Después de hacerlo, sus PC tienen protección básica contra los piratas.

✔ Puede usar un *enrutador*, una caja pequeña que se ubica entre su PC y su módem de banda ancha. Un enrutador tiene un enchufe para un cable hacia su DSL o cable módem y varios enchufes (por lo general cuatro) en los cuales puede conectar PC. El enrutador tiene software de protección que funciona todo el tiempo. Vea el Capítulo 5 para que aprenda cómo usar un enrutador para conectar más de una PC a una cuenta de Internet.

Recomendamos el uso de un enrutador porque sólo cuesta cerca de $40 y estamos seguros de que va a querer conectar una segunda PC a Internet dentro de poco tiempo. Pero el programa de protección incluido en Windows XP también funciona bien.

Un enrutador es una muy buena idea si tiene una conexión de banda ancha que siempre está encendida. El enrutador también está encendido siempre.

Ningún virus necesita solicitud

Los *virus* son programas espantosos que llegan por medio del correo electrónico o en programas que se descargan y de inmediato se posicionan para hacer daño. (Vea el Capítulo 2 para obtener detalles.) Necesita aplicar un programa detector de virus todo el tiempo y necesita actualizar su lista de virus con regularidad para que el programa pueda detectar los últimos que aparecen.

Muchos detectores de virus están disponibles. Los dos más usados son McAfee VirusScan, que puede descargar del sitio web de McAfee en `www.mcafee.com` y Norton AntiVirus, en `www.symantec.com`. Si tiene más de una PC en Internet, piense en F-Prot, en `www.f-prot.com`, porque sólo tiene que pagar por una licencia para usar el programa en todas las PC de su casa.

Tendrá que pagar por estos programas (no conocemos ningún detector de virus gratuito que sea bueno). En la mayoría de los casos tiene que pagar cada año para tener una suscripción para las actualizaciones. Hágalo, ya que sin las actualizaciones a la lista de virus que está buscando, su programa no localizará ni bloqueará los últimos virus. Algunos combinan el detector de virus con otros paquetes de seguridad, de manera que puede obtener toda la protección que necesita en una sola compra.

No crea que ahorra dinero si no se suscribe a un servicio de detector de virus. Todos los días aparecen virus nuevos (bueno, digamos que todas las semanas). Su detector de virus sólo puede buscar los virus que conoce. Necesita un servicio que actualice su lista. Es como el FBI, cuando envía nuevos carteles de "Se busca" a la policía local.

Un buen detector de virus se conecta de forma automática a su base por medio de Internet una vez a la semana y descarga actualizaciones que coloca en su lista de virus. Podrá ver un cuadro de diálogo en su pantalla cuando esto suceda. Por lo general, su suscripción dura un año y verá advertencias para que la actualice (es decir, pague de nuevo) cuando su año está por finalizar.

Si desea ayuda para descargar e instalar un programa antivirus, vea el Capítulo 12.

Deshágase de su software Dell o Gateway

Algunos PC vienen con un software para Internet que han creado los fabricantes del hardware, diseñado para ofrecerle una experiencia en Internet más sencilla. Por desgracia hemos encontrado que estos programas sólo le proporcionan una experiencia más confusa, porque a cada programa se le cambia el nombre para agregarle el del fabricante del hardware. (AOL también hacía eso.) Si su Dell, Gateway u otro PC nuevo viene con programas para Internet Dell, Gatewar o algún otro, le recomendamos que los ignore y use los elementos estándar de Windows que se describen en este capítulo.

Detectar programas espía

Los programas espía o *spyware* son un tipo de programa que husmea en su PC, por lo general, cuando usted está explorando la web. Funciona sin usted saberlo y sólo Dios sabe lo que hace. (Vea el Capítulo 2 para obtener detalles.) Existe una gran cantidad de programas antiespías disponibles de manera gratuita, aunque parece que ninguno puede localizar todos los tipos de espías. Recomendamos que use varios programas antiespías de vez en cuando, ya que limpian su disco duro y buscan información dañina.

Los programas que utilizamos son:

- **Spybot Search & Destroy,** en `www.spybot.info` (shareware; las donaciones son bienvenidas).

    Note que muchos programas inescrupulosos han comenzado a usar la palabra "spybot" como parte de sus nombres, así que no use sólo Google para buscar el programa. Vaya al sitio web oficial en `www.spybot.info` para descargar el programa.

- **Ad-aware Personal Edition,** en `www.lavasoftusa.com` (gratuito).

Estos programas, así como muchos otros, también están disponibles para descargarlos de manera gratuita desde `www.download.com`. Para obtener ayuda para descargar e instalar un detector de programas espía, vea el Capítulo 12.

Además, siga estas reglas básicas, que tendrán más sentido una vez que haya leído los últimos capítulos de este libro (No se preocupe, también las mencionaremos de nuevo en esos últimos capítulos.) Aquí están:

- **No use Internet Explorer como su explorador.** La mayoría del software espía está diseñado para usar características de Internet Explorer para lograr su ingreso dentro de su PC. En su lugar, use Firefox, tal como se describe en el Capítulo 6.

- **No use Internet Explorer dentro de otras aplicaciones.** Por ejemplo, algunos programas de correo electrónico tienen una opción para usar Internet Explorer para mostrar mensajes que contienen HTML (formato web). Deshabilite estas opciones.

- **Si usted usa Windows, encienda Actualizaciones automáticas (Automatic Updates) y descargue e instale las actualizaciones que sugiere.** Microsoft expide arreglos de seguridad para Windows al menos una vez al mes. Para encender Actualizaciones automáticas en Windows XP SP2, elija Inicio (Start)⇨Panel de control (Control Panel)⇨Centro de Seguridad (Security Center). En el Windows XP original, elija Inicio (Start)⇨Panel de control (Control Panel)⇨Rendimiento y mantenimiento (Performance and Maintenance)⇨Sistema (System). En el cuadro de diálogo Propiedades del Sistema (System Properties) que aparece, haga clic en la pestaña Actualizaciones automáticas. Elija la primera o segunda opción de manera que Windows le permita saber cuándo las actualizaciones están disponibles.

Nuestra configuración de Internet preferida

Quizá se está preguntando, "Los autores de este libro siempre han utilizado Internet. ¿Qué recomiendan como la mejor forma de conectarse a Internet?" Muy bien, quizá no se lo está preguntando, pero quisiéramos que lo estuviera haciendo. Y tenemos la respuesta.

La mejor configuración para Internet, en nuestras humildes opiniones, es:

- ✔ Una PC (Windows, Mac o Linux, todos son buenos).
- ✔ Una cuenta de DSL o de cable para Internet, ¡caminos de banda ancha!
- ✔ Un *enrutador*, que sirva de barrera entre su PC e Internet.

Está conectado, ¿ahora qué?

Cuando se conecta a su PSI (ya sea por medio de una cuenta de discado, de línea DSL o de cable por Internet) su PC se convierte en parte de Internet. Usted digita o hace clic en los programas que están trabajando en su PC y esos programas se comunican por medio de la red para hacer cualquier cosa por usted.

Utilizar muchos programas de Internet

Puede usar varias aplicaciones de Internet a la vez, algo que resulta muy útil. Puede estar leyendo su correo electrónico, por ejemplo, y recibir un mensaje que describe un sitio nuevo en la World Wide Web. Puede pasar de inmediato a su programa explorador web (por lo general Internet Explorer o, tal como lo recomendamos, Firefox), ver la página web y luego volver al programa de correo y retomar lo que dejó de lado. La mayoría de los programas de correo electrónico subrayan las *URL* (direcciones web) y le permiten ir directamente a su explorador al hacer clic en la URL en su mensaje de correo electrónico.

No está limitado a usar los programas que le da su proveedor de Internet. Puede descargar una aplicación de Internet nueva desde la red y comenzar a usarla de inmediato, su PSI sólo funciona como un conductor de datos entre su PC y el resto de la red.

Para averiguar más con respecto al uso de la web, vea el Capítulo 6. Si quiere comenzar con el correo electrónico, lea el Capítulo 13. ¡O tan sólo revise el resto del libro para ver que hay interesante!

Salir de Internet

Si usa el teléfono para ingresar a Internet (o AOL), en algún momento va a querer colgar. En la mayoría de los casos no tiene que salirse, pero sí necesita colgar el teléfono.

Si usa una cuenta de banda ancha, nunca necesita desconectarse. Nos encanta ir a nuestras PC en cualquier momento para revisar las predicciones climáticas, nuestro correo electrónico o las películas en las que apareció Carlos Gardel, sin tener que esperar a que nuestra PC se conecte.

Puede ser que usted use una gran cantidad de programas mientras navega, incluyendo su explorador web y su programa de correo electrónico. Sin embargo, sólo uno de estos programas es el que lo conecta a Internet. Es a ese al que le habla cuando se está desconectando. En Windows, usted se desconecta de una cuenta de discado usando el programa Conexión de red (Dial-Up Networking) o Conexión de marcado (Dial-Up Connection), que por lo general es un icono pequeño en la barra de tareas de Windows en la parte inferior de la pantalla que muestra dos cajas parpadeando. Puede dejar al resto de sus programas (como su explorador web y el programa de correo electrónico) funcionando, incluso cuando no está conectado a la red.

Capítulo 5

Compartir su conexión a Internet

* *

En este capítulo

▶ Configurar una red en casa

▶ Conectar todas sus PC juntas, sin cables

▶ Conectar su equipo portátil en casa o en el camino

* *

*E*n estos tiempos, muchas familias tienen más de una PC, quizás una en la oficina, una en la sala familiar y una en el dormitorio de los adolescentes. Bueno, uno de nosotros tiene una en la cocina para el calendario de la familia y la libreta de direcciones. Eso sin mencionar el equipo portátil.

Por suerte no necesita una conexión separada a Internet para cada una. Por el contrario, puede conectar sus PC en una red, ya sea con cables o a través del aire con conexiones inalámbricas, y luego configurarlas para que compartan una conexión a Internet. Este capítulo le muestra cómo usar ambos tipos de redes.

Para aquellos que ya cuentan con una PC portátil o que acaban de adquirir una, este capítulo habla acerca de las formas en que puede conectarla en casa o en el camino.

No limite su acceso a Internet sólo a una PC

Hace muchos años, cuando las PC eran enormes y estaban en cuartos con paredes de vidrio, un visionario amigo nuestro clamó (para el escepticismo de todos) que las PC estarían en todas partes y que serían tan baratas que podrían aparecer como premios en las cajas de cereales. No estamos seguros con respecto a lo de las cajas de cereales, pero realmente es verdad que la última vez que intentamos poner una PC vieja en el armario, no había espacio debido a todas las otras que ya estaban ahí. En lugar de dejar que se oxiden en el armario, podría aprovecharlas y conectarlas a Internet.

Con una conexión de banda ancha, esto se hace muy sencillo. ¡No más peleas por ser el siguiente en usar la línea telefónica! ¡No más quejas de los usuarios que no consiguieron el cable o el DSL para conectarse! Todos pueden enviar correos electrónicos, chatear y explorar la web. Todos al mismo tiempo.

Para compartir una conexión a Internet debe conectar sus PC, juntas, en un tipo de red llamada *red de área local (LAN)* y luego conecta la LAN (en lugar de una sola PC) a Internet. Una red de área local es (¡redoble de tambores, por favor!) una red que se encuentra por completo en un área local, como un edificio, y está conectada, por medio de cables o de conexiones inalámbricas, sin líneas telefónicas, a la LAN. Con el tiempo, la herramienta exclusiva de los negocios, la LAN, se ha hecho tan accesible que hasta aparece en los hogares. Siempre que su casa esté en un edificio, si tiene algunas PC conectadas juntas, es una LAN.

La Figura 5-1 le muestra una típica red de casa: un cable o módem DSL se conecta a un *enrutador de hardware,* un dispositivo que conecta su LAN a su conexión de Internet. Normalmente, usted conectaría su PC a un concentrador de red (para una red con cables) o a un punto de acceso (para inalámbricas), pero un enrutador de hardware tiene un concentrador o punto de acceso incorporado. Luego, usted conecta la LAN al resto de PC de la casa.

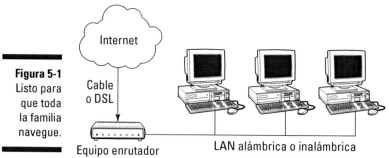

Figura 5-1
Listo para
que toda
la familia
navegue.

Equipo enrutador — LAN alámbrica o inalámbrica

Las PC en su LAN no tienen que usar la misma versión de Windows, ni siquiera tienen que usar Windows. Puede conectar PC de Windows, Macs y Linux en la misma LAN; todos hablan el mismo protocolo de red, el mismo protocolo en sí que usa Internet.

Primero, haga una LAN

Las LAN vienen en dos variedades básicas: con cables e inalámbricas. En una red con cables, un cable va desde cada PC hasta una caja central, mientras que una conexión inalámbrica usa señales de radio en lugar de cables. Si todas sus PC se encuentran en un aposento (o si usted es bueno jugando al electricista doméstico), una conexión con cables es para usted; de lo contrario, la conexión inalámbrica es mucho más fácil de configurar, aunque las piezas pueden ser más caras y la red resultante funciona más lento. Los combos también son posibles; la mayoría de equipos inalámbricos tienen unos pocos conectores para cables que conecten a las PC cercanas.

La caja en el centro, un concentrador o un enrutador

Para cualquier variedad de LAN actual necesita una caja especial que conecta todo junto. Estos son los principales tipos de cajas entre los que tiene que elegir:

- ✔ Un *concentrador* es una caja del tamaño de una guía telefónica con un grupo de conectores para cables de red que funciona como un punto de conexión con cables para unir todas sus PC en una LAN.

- ✔ Un *switch* es lo mismo que un concentrador, pero tiene un poco más de circuitos para aumentar la velocidad.

- ✔ Un *punto de acceso* es el equivalente inalámbrico de un concentrador, con una antena de radio o dos en lugar de conectores.

- ✔ Un *enrutador* es como un concentrador con aditamentos inteligentes de conexión a Internet, como una barrera de protección (se describe en el Capítulo 4).

Nuestro consejo es que consiga un enrutador; son baratos y le ahorrarán enojos, ya que mantienen a la mayoría de los gusanos de Windows fuera de su red. Los enrutadores vienen tanto en versiones para cables como en versiones inalámbricas. Las versiones con cables tienen una cantidad variada de conectores, según el número de PC que planea tener en su LAN con cables. Los inalámbricos tienen un conector del cable al módem, una antena para la red inalámbrica y, por lo general, unos cuantos conectores para cables que van a las PC en el mismo aposento.

Configurar un enrutador

Los enrutadores siempre vienen con un cable corto de Ethernet para conectar el enrutador al cable o al módem DSL, así que conecte su enrutador a su módem, conéctelo y luego enciéndalo. Un cable Ethernet (también conocido como *Categoría-5* o *Cat-5*) se parece a un cable telefónico grueso, con conectores plásticos pequeños que se parecen a los del teléfono, pero un poco más grandes. (Incluso sus nombres técnicos son un poco más largos; un conector telefónico se llama un conector RJ-11, mientras que un conector Ethernet es un conector RJ-45.)

Configurar enrutadores para conexiones DSL que requieren un nombre de usuario y una contraseña

En términos generales, los enrutadores se ocupan de sí mismos, pero si usted tiene el tipo de conexión DSL, que requiere un nombre de usuario y una contraseña, necesita poner esa información dentro del enrutador. Si su conexión DSL no requiere un nombre de usuario y de una contraseña, puede saltarse esta sección, aunque puede regresar después si un programa que está instalando requiere un cambio en la configuración del enrutador. Las instrucciones de configuración siempre utilizan el mismo concepto, pero difieren en los detalles de un enrutador a otro, de manera que quizá tenga que darle una mirada a las instrucciones que acompañaban al suyo.

Para configurar el enrutador se usa el explorador web de su PC, por lo que primero tiene que poner a ambos en contacto. Como el enrutador no tiene una pantalla o teclado que le permita configurarlo, más bien debe usar una PC conectada al enrutador. Aunque planee tener una LAN totalmente inalámbrica, la configuración inicial es mucho más fácil si conecta una PC (o Mac) al enrutador por medio de un cable Ethernet (al menos por ahora) de manera que el enrutador pueda averiguar a cuál PC se supone que le debe hablar ("Vea, ahí está, al otro extremo del alambre.") Siga estos pasos:

1. **Apague el enrutador y la PC (o Mac).**

   Las máquinas, por lo general, estarán más felices si usted conecta y desconecta equipo mientras están apagadas.

2. **Conecte un cable Ethernet dentro del adaptador de red en su PC y conecte el otro extremo dentro de uno de los conectores en el enrutador.**

3. **Encienda el enrutador y luego encienda la PC.**

4. **Abra su explorador web y digite la dirección de la página de control del enrutador, su página principal con las definiciones de configuración.**

   Por lo general, esta página se encuentra en 192.168.0.1 (una dirección especial reservada por Internet para las redes privadas como la suya). Si esa dirección web no funciona, revise las instrucciones del enrutador.

5. **Si la página de configuración de su enrutador requiere una contraseña, revise el manual para averiguarla y luego digítela.**

   Observará la página de configuración de su enrutador.

6. **Si tiene una conexión de banda ancha que usa un nombre de usuario y una contraseña, busque el cuadro de texto o el campo para ingresar su nombre de usuario y contraseña para su conexión de banda ancha.**

   Puede seguir las instrucciones en el manual de su enrutador, o intentar hacer clic en las pestañas o vínculos en la página hasta que encuentre cuadros con nombres como "Nombre del usuario" y "Contraseña". Digítelos dentro del cuadro. (Con la página de configuración del enrutador D-Link que se muestra en la Figura 5-2, hacer clic en Herramientas (Tools) despliega la página adecuada.)

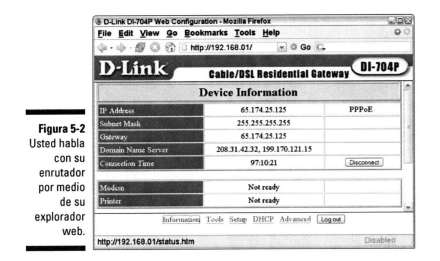

Figura 5-2
Usted habla
con su
enrutador
por medio
de su
explorador
web.

7. **Si existe un botón o vínculo Salvar (Save), Hecho (Done) u OK, haga clic en él para asegurarse de que el enrutador guarde sus cambios.**

Si ese botón o vínculo no existe, no se preocupe.

Ahora su enrutador sabe conectarse a su cuenta DSL.

Conectar su LAN al módem

Conecte el enrutador en su DSL o cable módem, encienda el módem (si todavía no está encendido), reinicie el enrutador y compruebe que pueda conectarse al Internet externo. (Pruebe visitar nuestra página principal en net.gurus.com.) Si eso no funciona, revise el cable módem y revise que la configuración del nombre del usuario y la contraseña sean las correctas si su conexión a Internet las necesita.

Conectar sus PC a la LAN

Después de que el enrutador está configurado, si quiere crear una LAN conectada, necesita los cables. Específicamente, las LAN utilizan el cable Ethernet llamado cable *Categoría-5* (o *Cat-5*), el cual está disponible en cualquier tienda de equipo para oficina, de suplementos eléctricos o tienda de cómputo, e incluso, a veces, en el supermercado. A cada extremo de un cable Cat-5 se encuentra un conector RJ-45, que se parece a un conector de teléfono un poco más grande. Necesita un cable para cada PC, además de uno adicional para el módem (si el módem no venía con su propio cable).

Para cada equipo PC, Mac o cualquier otro, conecte un extremo de un cable Cat-5 dentro del adaptador de red de la PC, el mismo conector en el que se conectan los módems DSL y el cable de Internet. (Vea el Capítulo 4 para obtener información acerca de los adaptadores de red y para averiguar si necesita uno.) Conecte el otro extremo del cable dentro del enrutador.

Cuando tiene sus equipos conectados entre sí, infórmele a cada uno acerca de la LAN. Siga estas instrucciones con cada PC con Windows en la red:

1. **Elija Inicio (Start)⇨Todos los programas (All Programs)⇨Accesorios (Accesories)⇨Comunicaciones (Communications)⇨Asistente para configuración de red (Network Connection Wizard).**

   Otra forma de usar el asistente es elegir Inicio (Start)⇨Panel de control (Control Panel)⇨Conexiones de red e Internet (Network and Internet Connection) y hacer clic en el vínculo Asistente para configuración de red (Network Connection Wizard).

2. **Siga las instrucciones del asistente. Cuando le pregunta lo que quiere hacer, elija la opción que dice "Este equipo se conecta directamente a Internet a través de una puerta de enlace residencial o de otro equipo de mi red" (This Computer Connects Through a Residential Gateway or Through Another Computer on My Network).**

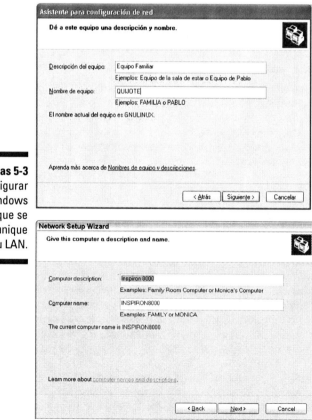

Figuras 5-3
Configurar
Windows
para que se
comunique
en su LAN.

La puerta de enlace residencial es su enrutador. El asistente le pregunta el nombre de su PC, como se muestra en la Figura 5-3.

3. **Cuando el asistente lo pide, déle a la PC un nombre de red (como "CUARTO DE JUEGOS", "OFICINA", "JORDAN", "SANCHO" o "EL CHAVO").**

4. **Cuando el asistente le pide el nombre del *grupo de trabajo*, use el *mismo* nombre para todos los equipos en su LAN.**

Nosotros usamos "GRUPODETRABAJO." Es posible que Windows sugiera "MSHOME" que también está bien; sólo sea constante.

Si conecta una Mac a su LAN, es probable que ésta vea la LAN y trabaje sin que usted mueva un dedo. Si quiere o necesita configurar su conexión de red y usa Mac OS 9 o una versión anterior, elija Apple⇨Panel de control (Control Panel)⇨TCP/IP para ingresar al panel de control TCP/IP. O ponga a funcionar el Asistente de Configuración a Internet al elegir su disco duro, luego la carpeta Internet y luego Asistente de configuración a Internet (Internet Setup Assistant). En Mac OS X, su software de red se llama Transporte abierto.) Para configurarlo, abra la carpeta Sistema, luego la carpeta Paneles de control (Control Panels) y luego el panel de control TCP/IP.

Para obtener más detalles con respecto a la configuración de su LAN, vea *Redes Caseras Para Dummies*, 3era Edición, de Kathy Ivens (publicado por Wiley Publishing, Inc.).

¡Olvídese de los cables! Use WiFi

Si tiene PC en más de un aposento dentro de su casa, es más fácil (aunque el hardware es más costoso) usar WiFi que tirar cables por las paredes o por el sótano.

Lo que puede comunicar WiFi, y la razón por la que A, B y G no son del todo tan diferentes

Los ingenieros que diseñan equipo de redes realmente disfrutan al hacer mejoras. Por tal causa, no debe asombrarse de que exista más de una variedad de redes inalámbricas. Los estándares de redes los establece una organización profesional llamada Instituto de Ingenieros Eléctricos y Electrónicos (IEEE, por sus siglas en inglés) en su grupo de estándares 802 (en ieee.org.)(Así es, había 801 grupos antes.) El grupo 802 se ha dividido en aproximadamente dos docenas de subgrupos, de los cuales los más relevantes son el 802.3, que se dedica a la Ethernet alámbrica y el 802.11, que es Ethernet inalámbrica. El grupo .11 le asigna letras a los proyectos conforme se establecen, de manera que el 802.11b es el original 11 megabits (millones de bits por segundo), el WiFi que se popularizó cerca de 2000; el 802.11g es una versión más rápida de 54 megabit que ahora es más común. Por suerte, .11b y .11g pueden comunicarse entre sí a la velocidad más lenta del .11b, que tiene la velocidad suficiente para la gente común. Evite el .11a, que salió *después* del .11b (comenzó primero pero le tomó más terminar) y es más rápido que el .11b pero no es compatible con él. Todas las versiones de .11 se pueden llamar *WiFi*, de manera que cuando adquiere equipo WiFi, asegúrese de que diga *802.11b* o *802.11g* en la caja, para asegurarse de que trabajará con todo el otro equipo WiFi que se puede encontrar.

Muchas PC portátiles cuentan con WiFi incorporado. Para las PC que no lo tienen, puede adquirir tarjetas WiFi PC, doozits WiFi con cables USB y (no con tanta facilidad) tarjetas agregadas WiFi. Los fabricantes de WiFi hacen un excelente trabajo en ajustarse a los estándares de la industria, por lo que es de esperar que cualquier equipo WiFi .11b o .11g funcione con cualquier otro. La principal diferencia práctica entre ellos es el rango; los componentes WiFi tienen una característica estándar en común: el estimado optimista de qué tan lejos puede estar de otro equipo WiFi y todavía funcionar. Las antenas más grandes le proporcionan un rango mayor, al igual que lo hace (tristemente) el equipo más costoso. Las ondas de radio del WiFi se encuentran en la misma banda que los teléfonos inalámbricos de 2.4 GHz, de manera que puede esperar casi el mismo rango. Al igual que un teléfono inalámbrico, su conexión WiFi quizá funcionará en la mayoría de lugares de su casa, pero no al final de su entrada. Si tiene una casa de tamaño normal, un WiFi normal funcionará bien. Si vive en una mansión de $900.000, quizá necesite una tarjeta WiFi de $100 en lugar de la de $50.

Defina una contraseña, ¡por favor!

Sería raro que un extraño entrara a su casa y se conectara en su red alámbrica. Sin embargo, si tiene una red WiFi y un extraño está en la calle con una PC portátil escaneando el área para buscar puntos de acceso inalámbricos, una práctica

---

Para usar el Internet Connection Sharing de Windows, obtenga un enrutador

No sólo Windows XP, sino varias ediciones anteriores (Windows 98 Segunda Edición, Me y 2000), vienen con Internet Connection Sharing (ICS), un software para enrutar incorporado pero que no vale mucho la pena usar: necesitará un hub o enrutador para conectar sus PC a la LAN.

Si insiste en usarlo, asegúrese de que el PC que piensa usar esté conectado tanto a su cable o al módem DSL como a la LAN y de dejar el PC siempre encendido (no puede funcionar como enrutador cuando está apagado). Lo que haga después depende de la versión de Windows que usa:

✔ Windows XP. Elija Inicio (Start)➪Todos los programas (All Programs)➪Accesorios (Accesories)➪Comunicaciones (Communications)➪Asistente para conexión nueva (New Connection Wizard) (el mismo asistente que se usa para configurar su conexión a Internet) y elija Configurar una red doméstica o de pequeña oficina (Set Up a Home or Small

Office Network). El Asistente lo guía por la configuración del *servidor ICS* (el PC que se conecta a Internet) y de los *clientes ICS* (el resto de los PC).

✔ Windows Me. Elija Inicio (Start)➪Programas (Programs)➪Accesorios (Accesories)➪Comunicaciones (Communications)➪Asistente para la creación de redes domésticas (Home Networking Wizard). Quizá tenga que hacer clic en las flechas pequeñas en la parte inferior del menú Comunicaciones para revelar todos los comandos.

De cualquier manera, si usted tiene una conexión a Internet que solicita registrarse, luego (con suerte) su servidor ICS lo conectará de manera automática cuando alguien en la LAN se quiera conectar a Internet. De lo contrario, tendrá que usar el programa de clientes ICS para despertar el enrutador antes de conectarse. Si tiene una banda ancha siempre encendida, Internet estará ahí cuando lo necesite.

conocida como "wardriving", él se puede conectar a su red WiFi y usted no lo puede averiguar con facilidad. A algunas personas esto no les importa, al menos hasta que se dan cuenta de que esta gente puede ver *todos* sus archivos e impresoras compartidos en la LAN. Usted podría ingresar a las redes WiFi de sus vecinos y ellos a las suyas, lo cual puede ser bueno o no, según la relación que tengan.

Por suerte, todos los sistemas WiFi tienen contraseñas opcionales. Los criptógrafos se burlan de la precaria seguridad de las contraseñas WiFi, pero son adecuadas para lograr que los *wardrivers* (piratas que se aprovechan del WI-FI) y los vecinos desagradables vayan a molestar a otras personas. Si guarda verdaderos secretos en su red, no dependa de las contraseñas WiFi. Un chico malo con una PC portátil y uno de los programas para averiguar contraseñas WiFi puede conseguir suficiente información de su red como para descifrar cualquier contraseña en cuestión de una semana. Si necesita una mejor protección criptográfica, está disponible, pero en realidad no es el tipo de proyecto que pueda configurar por sí mismo.

Esos creativos ingenieros de WiFi también diseñaron varios tipos de contraseñas. Las más usadas se llaman *WEP*, un término que quiere decir *Privacidad Equivalente a Alámbrico* (que en realidad no lo es). Las contraseñas WEP vienen en dos tamaños: 64 y 128 bits. Use 128 a menos que tenga un equipo antiguo que sólo puede usar 64, en tal caso, 64 funcionará. (Toda su red tiene que usar el mismo tamaño) La contraseña se puede representar como una cadena de texto o un número hexadecimal (base-16), lo dejamos que adivine cuál le resultaría más fácil digitar y recordar. Si usa una WEP de 64 bit, su contraseña (en formato de texto) debe ser justo de 7 caracteres. Para la WEP de 128 bit, necesita una contraseña de 13 caracteres. Si quiere usar una contraseña más corta, rellénela con dígitos o puntuación.

El equipo WiFi más nuevo usa un esquema de contraseña más seguro llamado WPA, (Acceso Protegido WiFi). Si todo su equipo WiFi lo puede usar, use WPA en lugar de WEP. Las contraseñas WPA pueden ser casi de cualquier longitud, no está limitado a exactamente 7 o 13 caracteres.

La forma más sencilla de definir una contraseña es configurarla al mismo tiempo que configura su red, tal como se describe en la siguiente sección.

Hacer la conexión WiFi

Para crear un sistema WiFi, siga estos pasos:

1. **Configure su enrutador y luego configure sus PC para conectarlas en él.**

   Vea la sección "Configurar un enrutador", más atrás en este capítulo.

2. **Use su explorador web para mostrar la página de control del enrutador (por lo general en** `192.168.0.1`**) de manera que pueda configurarlo.**

3. **Déle un nombre a su red. Toda red WiFi tiene un nombre.**

   Con la imaginación típica de las máquinas, su enrutador sugiere algo como `linksys` (un fabricante de enrutadores) o `predefinido`.

Sugerimos algo como `Casa de Fer` para que cualquier vecino que ingrese sepa que es usted.

4. **Encienda las contraseñas WiFi y defina una, como se describe en la sección anterior.**

   Quizá su enrutador tiene muchas otras opciones, como clonado de MAC (que no tiene nada que ver con los equipos Macintosh), que puede ignorar por completo.

   Cuando su enrutador está preparado y funcionando y su PC (o Mac) puede ver Internet (es decir, puede abrir páginas web), ha terminado de configurar su enrutador para su red WiFi.

   Ahora, por fin, puede cortar el cordón y trabajar de manera inalámbrica. En cada PC necesita indicar la red que tiene que usar y la contraseña. Si usa Windows XP, en particular XP SP2, este proceso es bastante sencillo:

5. **Elija Inicio (Start)⇨Conectar a (Connecto To)⇨Conexión inalámbrica de red (Wireless Network Connection).**

6. **Luego de que su PC percibe las ondas de aire por un momento, Windows le muestra una lista de redes disponibles, las cuales deberían incluir la que usted configuró.**

   Si tiene vecinos con redes WiFi, es posible que también aparezcan, pero no use las redes de sus vecinos, a menos que le hayan dado el permiso correspondiente.

7. **Seleccione el nombre de su red y luego haga clic en el botón Conectar (Connect) en la parte inferior.**

8. **Windows le pide que digite su contraseña dos veces. Ingrese la contraseña, ya sea de texto o hexadecimal, de la misma forma como lo hizo en el enrutador.**

9. **Haga clic en OK y debería estar en línea.**

Windows recuerda la configuración inalámbrica; en el futuro se conectará de forma automática.

Usar su equipo portátil en casa y fuera

La idea principal de tener una PC portátil es llevarla cuando usted tiene que viajar y, ¿qué tiene de divertido llevarla si no la puede usar para revisar su correo electrónico 17 veces al día? Después de configurar su equipo portátil en una red casera WiFi siguiendo las instrucciones que aparecen más atrás en este capítulo, ya ha aprendido la mayoría de las cosas que tiene que saber para usarla en otras redes cuando está de viaje.

Configuración de la casa y la oficina

Mucha gente tiene equipos portátiles que trasportan entre la casa y la oficina. Muchas variables están involucradas para que esto tenga éxito, dependiendo no sólo de su PC en particular, sino también de las redes que usa en casa y en la oficina. En general, sin embargo, ésta es la forma en que las diversas configuraciones deberían funcionar:

- ✔ Si tanto el hogar como la oficina tienen redes alámbricas, su PC debería funcionar cuando está conectada en cualquier red. Si su PC no se conecta en el trabajo, hable con su administrador de red.

- ✔ Si su oficina tiene archivos e impresoras locales compartidos y su casa no, o viceversa, Windows se queja y se enfurruña si no los puede encontrar. Siempre y cuando no trate de imprimir en una impresora que está en el otro lugar, puede conectarse en línea sin dificultad.

- ✔ Si tanto las redes de la casa como de la oficina son inalámbricas o una es inalámbrica y la otra es alámbrica, configure cada una como se describe antes en este capítulo y su PC debería reconocer de forma automática la que esté disponible, ya sea inalámbrica o alámbrica.

Obtener WiFi junto con su café

En tiempos antiguos, la gente iba a la cafetería, ordenaba tazas de café (del cual no había más de dos tipos: regular y descafeinado) y luego charlaba con la gente *sentada al lado*. Ahora, por supuesto, eso está totalmente fuera de lugar. Vamos a la cafetería con nuestros equipos portátiles, ordenamos un café mitad descafeinado o un capuchino grande con dos por ciento de leche y un poco de chocolate, nos colocamos los audífonos y charlamos o intercambiamos mensajes con

Fisgones en la cafetería

Aunque creemos que la mayoría de preocupaciones acerca de la seguridad de redes por Internet son exageradas, un lugar de cuidado son las redes públicas WiFi como las que se encuentran en hoteles y cafeterías. Esas redes por lo general no tienen contraseñas, lo cual quiere decir que *cualquier persona en esa red puede fisgonear en su conexión*. Incluso si todas las personas en la cafetería parecen agradables, un fisgón podría estar sentado en un auto en las afueras. Por otro lado, en un hotel, por supuesto usted no tiene idea de quién está en las habitaciones aledañas.

Por suerte, unas precauciones sencillas lo mantendrán a salvo. Cuando visita sitios web, asegúrese de que cualquier sitio donde digita una contraseña u otra información privada use encriptación SSL, de manera que la dirección debería comenzar con `https://` y la pequeña cerradura en la esquina debería estar asegurada. Si el sitio no tiene encriptación SSL, espere hasta que llegue a casa. Para obtener consejos para asegurar su programa de correo, vea "El problema del correo" al final de este capítulo.

personas que se encuentran a muchos kilómetros de distancia, mientras ignoramos a los perdedores de la mesa de al lado. La magia de WiFi lo hace posible, ya que las cafeterías instalan *hotspots (puntos calientes)* de WiFi, áreas públicas con acceso WiFi a Internet al cual se pueden conectar los clientes.

La cantidad de esfuerzo necesario para estar en línea en su cafetería varía de ninguno a mucho. En algunos lugares, el administrador tiene suficiente confianza en su producto para determinar que si logra que usted llegue, seguirá comprando café, de manera que el WiFi es gratuito para los clientes. (La cafetería en que se puede localizar a John se encuentra en esta categoría.) Usted enciende su PC, elige Inicio (Start)➪Conectar a (Connect To), si su PC no busca sólo una red WiFi, haga clic en el nombre de la red de la cafetería cuando aparezca; dígale que sí, que usted sí se quiere conectar a esa red insegura; y estará conectado. La próxima vez que regrese, su PC se acordará de la red y se conectará de forma automática.

Otros lugares son menos confiables. Una cadena grande típica, llamémosle *Ahabs,* hizo del WiFi un centro lucrativo de manera que tiene que pagar por la hora. Esto le añade un paso aburrido adicional al proceso de la conexión. Después de que su PC está encendida, abra su explorador web. Sin importar cuál sea su página principal, la red se configura de manera que su explorador muestre la página principal de ellos, lo cual le permite hacer los arreglos de pago.

Hay casi tantas formas de pagar por el acceso WiFi como sabores de café. Quizás usted compra o le dan un tiquete en el mostrador con un número de código para ingresar. Es común que la cafetería haga un arreglo con uno de los grandes proveedores de telefonía móvil (T-Mobile o Cingular) que hacen una línea suplementaria de WiFi. En este caso, usted paga con una tarjeta de crédito, ya sea por hora (alrededor de $6 por hora) o al comprar un paquete de horas, registrándose por medio de su explorador web. La red WiFi le permite conectarse a la página de registro de forma

Figura 5-4
Conectarse
en el
camino.

gratuita (vea la Figura 5-4), pero debe registrarse y pagar para hacer cualquier otra cosa. Si planea tomar bastante café, puede registrarse en un plan de tarifa fija mensual. No es difícil entrar en la onda del café WiFi, de manera que también encontrará muchos proveedores pequeños. Muchos de los proveedores tienen acuerdos y alianzas recíprocas; por ejemplo, si usted se registra con alguien que pertenece al grupo llamado Ipass, puede usar otro miembro Ipass del hotspot WiFi.

Aeropuertos, hoteles y más allá

Las cafeterías no son los únicos lugares que ofrecen WiFi. Si pasa mucho tiempo en aeropuertos (John lo hace porque pertenece a muchas juntas consultivas), encontrará muchos WiFi, casi con las mismas opciones que en las cafeterías. Los mismos dos proveedores dominan (la Figura 5-4 muestra a T-Mobile en un club aéreo en Chicago), también con otros proveedores locales pequeños. Después de un tiempo, los viajeros frecuentes aprenden el folklore WiFi. (Por ejemplo, que hay WiFi gratuita en el aeroclub del tercer nivel del aeropuerto de Pittsburgh; incluso si usted no es miembro, puede usarla si se sienta en una de las sillas cerca de la puerta.)

Los hoteles, al igual que las cafeterías, tratan el WiFi como un servicio, como la máquina de hielo en cada piso, o como un centro de ganancias, como el minibar de su habitación lleno de cervezas a precios excesivos. Algunos hoteles todavía ofrecen Ethernet alámbrica (en cuyo caso hay un cable sobre el escritorio en su dormitorio que se conecta a su PC), otros ofrecen WiFi. Si se encuentra en un hotel como los que tienen máquinas de hielo en los pasillos, puede tan sólo encender el PC y estar en línea sin ningún problema o quizá tenga que registrarse por medio del explorador, a pesar de que no tendrá que pagar. Algunos hoteles con WiFi le proporcionan un papel con un código de acceso cuando usted se registra, para esquivar a los visitantes que sólo se sientan en el vestíbulo y usan la conexión de forma gratuita. En los hoteles como los que tienen el minibar, tiene que registrarse por medio del explorador. La mayoría de los hoteles incluyen el cobro en la factura del dormitorio; algunos le solicitan el número de su tarjeta de crédito para cobrarle por separado. El monto usual es de $10 por día, de mediodía a mediodía, pero hemos visto tarifas por horas, tarifas más bajas y otras más altas.

Si enfrenta algún problema con el servicio de Internet en un hotel, casi nunca hay alguien ahí que sepa algo al respecto, pero deberían poder darle un número 800 al que pueda llamar para conversar con alguien de la compañía que proporciona el servicio.

El problema del correo

Las conexiones WiFi en cafeterías, aeropuertos y hoteles son muy útiles, pero recuerde: *no son privadas*. Esto es un problema importante cuando usted envía y recibe correo electrónico, tanto porque quiere que su correo sea privado como porque su PC necesita enviar su conexión a la red y su contraseña por medio de Internet hasta su servidor de correo para recogerlo. Con el planeamiento adecuado, no debería ser difícil hacer que su correo funcione de forma segura en el camino.

El enfoque más sencillo es el correo web, un sitio web seguro que lo conecta para leer y enviar correo. Vale la pena ver si su sistema de correo ofrece correo web opcional. De ser así, incluso si no lo usa en casa, quizá lo quiera usar de camino, en particular si el correo web ofrece un servidor seguro. Revise el Capítulo 13 para que descubra cómo funciona el correo basado en la web y cómo lo puede hacer funcionar para usted.

Si quiere utilizar su programa de correo, hay un proceso único no muy complejo que debe seguir para configurar un correo seguro. Debido a que incluye ajustar la configuración de su programa de correo, lo cubrimos en el Capítulo 14, así que adelántese y revíselo.

Parte III
Obsesión por la web

"Desde que comenzamos a comprar en línea, no sé para dónde se va el dinero".

En esta parte . . .

Sin lugar a dudas, la web es el lugar donde suceden las cosas. Para muchas personas, la World Wide Web es Internet. Aquí le explicamos lo que es la web y cómo pasear en ella, junto con excelentes consejos para encontrar información entre millones de páginas que claman por su atención. También le decimos cómo ir de compras y cómo usar los bancos para que pueda gastar y ahorrar dinero en línea con seguridad. Luego, relájese y escuche música en línea.

Capítulo 6

Bienvenido al mundo salvaje y maravilloso de la web

En este capítulo

▶ Comprender las páginas web y URL

▶ Apuntar, hacer clic, explorar y otras habilidades básicas

▶ Descubrir Internet Explorer y Firefox

▶ Instalar un buscador que no sea Internet Explorer

Las personas hablan hoy de la *web* más que de la *red*. La World Wide Web e Internet no son lo mismo. La World Wide Web (a la cual llamamos web porque somos digitadores perezosos) vive en la "parte superior" de Internet. La red de Internet está en el corazón de la web y la web es como un parásito benigno que requiere de la red para su supervivencia.

Este capítulo explica lo que es la web, de dónde vino, cómo instalar y usar el explorador Firefox y cómo usar su explorador web para mostrar páginas. Si ya se encuentra a gusto usando la web y se ha cambiado al explorador Firefox, vaya al Capítulo 7.

¿Qué es la web?

Entonces, ¿qué es la web? La web es un conjunto de páginas de información conectadas entre sí alrededor del mundo. Cada página tiene que ser una combinación de textos, cuadros, clips de video y audio, animaciones y otras cosas. (No estamos seguros de ponerle nombre a las otras cosas porque los administradores de páginas agregan tipos nuevos de otras cosas todos los días.) Lo que hace a las páginas web interesantes es que contienen *hipervínculos,* que por lo general se llaman tan sólo *vínculos o enlaces,* porque la red ya tiene muchos nombres con hiper. Cada vínculo apunta hacia otra página web y cuando usted hace clic en un vínculo, su *explorador* trae la página a la que se conecta el vínculo. (Mantenga la calma, hablaremos de los exploradores un par de páginas más adelante. Su explorador es el programa que le muestra la web.)

El otro aspecto importante con respecto a la web es que la información que contiene sirve para investigar. Por ejemplo, en casi diez segundos, puede obtener una lista de páginas web con la frase *aves domésticas* o, con su propio nombre o el nombre de un libro del que quiere averiguar. Puede seguir los enlaces para ver cada página de la lista y encontrar la información deseada. Vea el siguiente capítulo para aprender a usar un *motor de búsqueda* para buscar en la web.

Enlazar las páginas web

Cada página que consigue su explorador puede tener más enlaces para llevarlo a otros lugares. Las páginas pueden estar conectadas a otras páginas en cualquier lugar del mundo; por eso, cuando usted se encuentre en la web, puede terminar viendo páginas desde Singapur hasta Calgary, desde Sydney hasta Buenos Aires, desde México hasta España, y todo más rápido de lo que tarda en decir "Bob es tu tío". En realidad, sólo está a unos cuantos segundos de cualquier sitio, en cualquier lugar del mundo.

Este sistema de documentos interconectados se conoce como *hipertexto*. La Figura 6-1 muestra una página web (de hecho, nuestra página web). Cada frase subrayada es un enlace hacia otra página web.

Figura 6-1
Las frases subrayadas en las páginas web son enlaces hacia otras páginas. (Esta página web aparece en el explorador Firefox.)

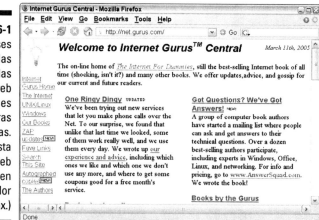

El hipertexto, la palabra de moda que hace funcionar a la web, es una de esas ideas simples que terminan teniendo un efecto mucho mayor de lo imaginado. Con un sistema de hipertexto, la gente puede crear conexiones entre piezas de información que le permiten ir directamente hacia información relacionada. Mientras usted hace conexiones entre las piezas de información, puede empezar a visualizar la red, creada por uniones entre piezas. Lo más extraordinario con respecto a la web es que conecta piezas de información de todo el planeta, en distintas PC y bases de datos, como si todo fuera una sola pieza (una hazaña difícil de igualar con una ficha de biblioteca común y corriente). A veces pensamos en la web como un amistoso ciempiés extraterrestre hecho de información.

¿De dónde vino la web?

La World Wide Web fue inventada en 1989 en el Laboratorio Europeo de Física de Partículas en Ginebra, Suiza, un lugar improbable para una revolución informática. El inventor es un investigador británico llamado Sir Tim Berners-Lee, quien es ahora el director del World Wide Web Consortium (W3C) en Cambridge, Massachussets, la organización encargada de establecer estándares y supervisar el desarrollo de la web. Tim es demasiado inteligente y es muy trabajador; además, es el tipo más agradable que pueda conocer. (Margy lo conoció por medio de la escuela dominical, ¿es así de sano o qué?)

Tim inventó el protocolo de transmisión de hipertexto *HTTP* (por sus siglas en inglés), la forma en que los exploradores de Internet se comunican con los servidores web; el lenguaje de marca de hipertexto (*HTML*, por sus siglas en inglés), el lenguaje en que se escriben las páginas web y los Localizadores Uniformes de Recursos (URL, por sus siglas en inglés), los códigos usados para identificar páginas web y casi toda la demás información en la red. Él visualizó la web como un medio para que todas las personas publicaran y leyeran información en la red. Los primeros exploradores de Internet tenían editores para crear páginas web tan fácilmente como se leían.

Para mayor información sobre el desarrollo de la web y el trabajo del World Wide Web Consortium, visite su sitio web, en www.w3.org. También puede leer el libro de Tim, *Tejer la web* (Harper San Francisco, 1999.) A Tim se le nombró caballero en 2004, por lo que ahora es Sir Tim.

Póngale nombre a esa página

Antes de sumergirse y golpear la web (bueno, esta metáfora necesita un poco de reelaboración), usted necesita conocer otro concepto básico. Cada página web tiene un nombre adjunto de modo que los exploradores y usted la puedan encontrar. Las grandes figuras en el mundo de la ingeniería de software (pues sí, fue Tim) le llamaron a esto *URL*, por *Uniform Resource Locator* (Localizador Uniforme de Recursos.) Toda página web tiene un URL, una serie de caracteres que por lo general empieza con http://. (¿Cómo diría "URL"? Todos los que conocemos pronuncian cada letra, *U-R-L*, nadie dice *url*.) Ahora sabe suficiente para empezar a explorar. Para mayores detalles con respecto a URL, lea el recuadro, "Duque de URL".

Explorar por lugares desconocidos

Ha llegado el momento de revisar la web por sí mismo. Para hacer esto, necesita un *explorador (browser),* el software que encuentra páginas web y las muestra en su pantalla. Por suerte, si tiene Windows 95 o posterior (98, 2000, NT, Me o XP), cualquier Mac reciente o cualquier PC con acceso a Internet, quizá ya tiene uno. Además, puede que el Proveedor de Servicios de Internet (ISP, por sus siglas en inglés) le proporcione uno si usted instaló el software de Internet de la compañía.

Estos son los dos exploradores más populares:

✔ **Internet Explorer (IE)** es el explorador que Microsoft incluye en cada versión de Windows desde Windows 98. De hecho, Microsoft insiste en que es una parte integral de Windows. (Si es así, ¿cómo puede haber una versión autónoma para Mac? Hmm.) Microsoft ahora tiene versiones para Windows y para Mac. IE viene con Outlook Express, el programa de correo electrónico y de grupos de noticias de Microsoft, el cual cubrimos en el Capítulo 13. La última versión es la 6.0, que viene con Windows XP y está disponible como descarga gratuita para Windows 98, Me y 2000. IE 5.5, que venía con Windows Me y 2000, se ve un poco diferente pero trabaja casi igual. IE 7.0 se espera en cualquier momento y se dice que trabaja igual a la 6.0.

✔ **Firefox** es el último explorador del proyecto Moxilla en `www.mozilla.org`. Está relacionado con los exploradores Mozilla y Netscape, pero Firefox es el último y el mejor. Puede descargarlo de manera gratuita para equipos de Windows, Mac y Linux. Firefox trabaja más rápido que Internet Explorer y es menos susceptible a los programas espías. Vea el recuadro "¿Por qué debería cambiarse de Internet Explorer a Firefox?" para que conozca nuestra opinión acerca de cuál usar en su equipo.

Describimos Internet Explorer y Firefox con bastante detalle en este libro. Si no tiene un explorador o quiere probar uno distinto, vea la sección "Obtener e instalar un explorador" más adelante en este capítulo.

¿Por qué debería cambiar de Internet Explorer a Firefox?

Ambos programas son gratuitos y se pueden descargar desde Internet, pero además de eso, hay algunas diferencias importantes.

Las ventajas de Firefox

✔ Firefox trabaja más rápido. Es más pequeño y más rápido.

✔ Firefox no usa controles ActiveX, una característica de Internet Explorer que usan los programas espías para infectar su equipo.

✔ Firefox tiene un bloqueador incorporado dinámico.

✔ Firefox tiene algunas características sensacionales, como ventanas exploradoras con pestañas que no tiene Internet Explorer.

Las ventajas de Internet Explorer

✔ Algunos sitios web (principalmente sitios que trabajan con Microsoft) requieren de Internet Explorer, porque usan controles ActiveX.

✔ Si usa Windows, ya tiene Internet Explorer, porque viene incorporado. (Hay quienes afir-man que esta incorporación es ilegal porque Microsoft prometió en las década de 1990 no unir programas con Windows, pero Microsoft ganó ese caso en la corte.)

✔ Unas cuantas cosas agregadas (como la barra de herramientas de Google) sólo funcionan con Internet Explorer.

Tanto IE como Firefox trabajan bien para mostrar e imprimir páginas web, no se confunda con lo que decimos. Sin embargo, creemos que el tema de la seguridad, es decir, evitar programas espías, está por encima de cualquier otra consideración. Por esta razón, le recomendamos que instale Firefox y que lo use excepto con los sitios web que requieren de Internet Explorer. Puede tener ambos exploradores instalados, incluso puede trabajar con los dos al mismo tiempo, de manera que cambiarse a Firefox no quiere decir que no pueda volver a usar Internet Explorer de nuevo.

Cuando se decida a probar Firefox, puede elegir Ayuda (Help)➪Para usuarios de Internet Explorer (For Internet Explorer Users) para ver una página llena de información útil.

Navegar con su explorador

Cuando inicia Firefox, ve una pantalla similar a la que aparece en la Figura 6-1 anterior. La ventana de Internet Explorer 6 se ve como la que aparece en la Figura 6-2. Internet Explorer 5.0 y 5.5 se ven un poco diferente, pero tienen opciones de menú y botones de barras de herramientas casi idénticos. La página que muestre su explorador depende de cómo se configura. Muchos PSI configuran su explorador para que muestre sus páginas principales; de lo contrario, hasta que usted elija su propia página principal, Internet Explorer tiende a mostrar una página de Microsoft y Firefox por lo general muestra la página Mozilla.

En la parte superior de la ventana aparecen un grupo de botones y el cuadro Dirección, el cual contiene la URL de la página actual. Recuerde que las URL son una

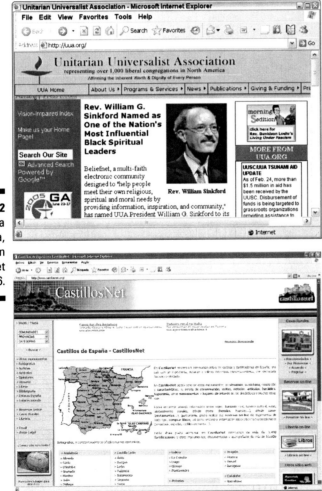

Figura 6-2
Una página web típica, vista con Internet Explorer 6.

Duque de URL

Parte del plan de la World Wide Web es vincular toda la información del universo conocido, empezando con todo lo que hay en Internet. (Esta afirmación puede ser un poco exagerada, pero no del todo.)

Una clave para la dominación mundial es darle a todo un nombre (al menos a todo lo que pudiera ser un recurso web), de modo que, sin importar a qué se refiere un vínculo de hipertexto, un explorador web podrá encontrarlo y saber qué hacer con él.

Observe este típico URL, el de la página web que aparece en la Figura 6-1:

```
http://net.gurus.com/index.phtml
```

El primer objeto en un URL, las letras que aparecen antes de los dos puntos, es el *esquema*, el cual describe la forma en que un explorador puede llegar al recurso. A pesar de que diez esquemas se encuentran definidos, el más común hasta ahora es HTTP, el cual es el Protocolo de Transferencia de Hipertexto, que es la técnica original de transferencia de la web. (No confunda HTTP, que es la forma en que las páginas se envían por Internet, con HTML, que es el sistema de formato de códigos en las páginas web.)

Aunque los detalles del resto del URL dependen del esquema, la mayoría de esquemas son parecidos. Después de los dos puntos hay dos barras inclinadas (hacia adelante, nunca inclinadas hacia atrás) y el nombre del PC anfitrión donde se ubica el recurso; en este caso, `net.gurus.com` (uno de los muchos nombres del PC anfitrión de John.) Luego viene otra barra y un camino, el cual da el nombre del recurso de ese anfitrión; en este caso, un archivo llamado `index.phtml`.

El URL de una página web permite otras partes opcionales. Pueden incluir un *número de puerto*, el cual especifica, hablando someramente, cuál de los diversos programas que operan en el anfitrión debería manejar la búsqueda. El número de puerto va después de los dos puntos que se encuentran después del nombre del anfitrión, como en este caso:

```
http://net.gurus.com:80/index.
      phtml
```

El número de puerto estándar `http` es 80, por eso, si ese es el puerto que usted quiere (por lo general lo es), puede dejarlo por fuera. Por último, el URL de web puede tener *una parte de búsqueda* al final, después de un signo de pregunta, de la siguiente forma:

```
http://net.gurus.com:80/index.
      phtml?chickens
```

Cuando un URL tiene una parte de búsqueda, le dice al PC anfitrión lo que deber buscar. (En pocas ocasiones usted digita una parte de búsqueda por sí mismo, a menudo las construyen por usted los campos de texto en las páginas web.)

Cuando digita un URL dentro de su explorador web, puede dejar fuera la parte `http://`, ya que el explorador lo agregará por usted. ¡Únanse los digitadores vagabundos!

Otros tres esquemas URL útiles son `mailto`, `ftp`, y `file`. Un URL `mailto` se ve así:

```
mailto:internet10@gurus.com
```

Esto es, un vínculo `mailto` es una dirección de correo electrónico. Hacer clic en un URL `mailto` ejecuta su programa de correo y crea un mensaje nuevo dirigido a la dirección en el vínculo. Los URL `Mailto` por lo general se usan para enviarle comentarios al propietario de una página web.

Un URL que comienza con `ftp` le permite descargar archivos desde el servidor Protocolo de Transferencia de Archivos (FTP, por sus siglas en inglés) en Internet (vea el Capítulo 12.) Un URL `ftp` luce así:

```
ftp://ftp.netscape.com/pub/
      netscape7/english/7.02/
      windows/win32/NSSetup.exe
```

La parte después de las dos barras es el nombre del servidor FTP (`ftp.netscape.com`, en este caso.) El resto del URL es el nombre de la dirección del archivo por descargar.

El URL de un `archivo` especifica un archivo de su PC. Se vería así:

```
file:///C|/www/index.htm
```

En un PC con Windows o DOS, esta línea indica una página web almacenada en el archivo `C:\www\index.htm` de su propio PC. Los dos puntos se convierten en una barra vertical (porque los dos puntos en las URL tienen otro significado) y las barras hacia atrás se transforman en barras hacia adelante. Las URL de Archivo son útiles sobre todo para buscar gráficos con extensiones de nombre de archivo `.gif`, `.png` y `.jpg` y para buscar en una página web que acaba de escribir y de guardar en su disco duro.

parte importante de la web porque son los códigos secretos que le ponen nombre a todas las páginas en la web. (Para obtener detalles, vea el recuadro "Duque de URL.")

La sección principal de la ventana del explorador está ocupada por la página web en la que usted está mirando. Después de todo, para eso es el explorador, ¡para mostrar una página web! Los botones, las barras y los menús de los bordes le ayudan a encontrar el camino por la web y a realizar operaciones como imprimir y guardar páginas.

Viajar por todos lados

Necesita dos habilidades simples (si podemos llamarle a algo tan básico como hacer clic con el 🖱) para empezar a viajar por la web. Una es moverse de página en página por la web y la otra es saltar directamente a una página cuando conozca su URL. (Para esta última, vea la sección "Visitar lugares" más adelante en este capítulo.)

Moverse de una página a otra es sencillo: haga clic en cualquier vínculo que le parezca interesante. Eso es todo. El texto subrayado en azul y las imágenes con bordes azules son vínculos. (Aunque los vínculos pueden tener otro color que no sea azul, según la apariencia que le dé el diseñador a la página, por lo general están subrayadas o resaltadas.) Todo lo que parezca un botón quizá sea un vínculo. Puede saber cuándo apunta hacia un vínculo porque el puntero del 🖱 cambia a una pequeña mano. Si no está seguro de que algo es un vínculo, haga clic en él; de todas formas, si no lo es, hacerle clic no tendrá ningún efecto. Hacer clic fuera de un vínculo selecciona el texto al que le hace clic, como en la mayoría de los otros programas. En algunas ocasiones hacer clic en un vínculo lo lleva a un lugar diferente dentro de la misma página, en lugar de conducirlo a una página nueva.

¡Hacia atrás, vamos!

Los exploradores de la web recuerdan las últimas páginas visitadas; de manera que, si hace clic en un vínculo y decide que no está tan loco como para ver una página así, puede devolverse a la anterior. Para devolverse, haga clic en el botón Atrás (Back) o Previo (Previous) en la barra de herramientas (su icono es una flecha que apunta hacia la izquierda y es el botón situado más a la izquierda en la barra de herramientas) o presione Alt+←.

En algunas ocasiones, hacer clic en un vínculo abre la página nueva en una nueva ventana del explorador. Su explorador (IE o Firefox) puede mostrar más de una página web al mismo tiempo, cada una en su propia ventana. Si un vínculo abre una ventana nueva, el botón Atrás (Back) no hace nada en esa ventana.

Visitar lugares

En estos días, todo el mundo, hasta su mascota, tiene una página principal. Una *página principal* es la página web principal de una persona u organización. En el Capítulo 17 le muestro cómo hacer una para usted y su mascota, sus hijos, su pasatiempo o su negocio. Las compañías hacen publicidad de sus páginas principales y la gente envía correos electrónicos sobre sitios web divertidos. Cuando se encuentre una URL que quiere revisar, esto es lo que debe hacer:

1. **Haga clic en el cuadro Dirección (Address) cerca de la parte superior de la ventana del explorador.**

2. **Digite la URL en el cuadro.**

   La URL es algo como `http://net.gurus.com`; puede tan sólo digitar **net.gurus.com**. Asegúrese de borrar la URL que aparecía antes de comenzar a digitar.

3. **Presione Enter.**

Si recibe URL en el correo electrónico, los mensajes instantáneos, los documentos, los mensajes de grupos de noticias Usenet o en cualquier otro lugar en su PC, puede usar las técnicas estándar de cortar y copiar para evitar volver a digitar:

1. **Resalte la URL en cualquier programa que aparezca.**

   Esto es, use su 🖱 para seleccionarla, de manera que toda se resalte.

2. **Presione Ctrl+C (⌘+C en la Mac) para copiar la información al Portapapeles.**

3. **Haga clic en el cuadro Dirección (Address) para resaltar cualquier cosa que esté ahí.**

4. **Presione Ctrl+V (⌘+V en la Mac) para pegar la URL dentro del cuadro y luego presione Enter.**

La mayoría de los programas de correo electrónico resaltan las URL en los mensajes de correo electrónico, de manera que aparecen en color (por lo general azul) y subrayadas. Todo lo que tiene que hacer es clic en el vínculo; su explorador aparece y abre la página web.

Los chicos malos pueden crear con facilidad mensajes de correo en los que la URL en la que usted hace clic no es la que en realidad visita. Tenga esto en cuenta si recibe correo que pretende ser de su banco; si hace clic en el vínculo e ingresa su número de cuenta y su contraseña en la página web que aparece, quizás esté digitándolas en el sitio web de un embustero y no en el de su banco. Vea la sección "Pesca de datos" en el Capítulo 2.

¿Dónde está el mejor lugar para comenzar a explorar?

Encontrará más sobre cómo encontrar cosas en la web en el Capítulo 8; pero, por ahora, ésta es una buena forma de comenzar: vaya a la página de Yahoo! (Así es: el nombre de la página web incluye un signo de exclamación, es muy expresiva. Pero dejamos de lado el signo de exclamación a lo largo del libro porque nos parece muy molesto.) Para ir a Yahoo digite esta URL en el cuadro Dirección de su explorador y luego presione Enter:

```
mx.yahoo.com
```

En el centro de la página de Yahoo hay vínculos hacia directorios de millones de páginas web por tema. Sólo merodee por ahí, haga clic en los vínculos que parecen interesantes y luego en el botón Atrás (Back) en la barra de herramientas cuando da un mal paso. Le garantizamos que encontrará algo interesante.

Para encontrar actualizaciones del libro que tiene en sus manos visite: `net.gurus.com`. Siga los vínculos hacia la página sobre nuestros libros o sobre Internet y luego seleccione las páginas para los lectores de *Internet Para Dummies,* 10ª Edición. Si tenemos alguna noticia de última hora acerca de Internet o actualizaciones y correcciones de este libro, las podrá encontrar ahí. Si encuentra errores en este libro o tiene otros comentarios, por favor, envíenos un correo electrónico a `internet10@gurus.com`.

Esta página se ve extraña

En algunas ocasiones una página web aparece distorsionada al entrar o al ser interrumpida (cuando hace clic en el botón Detener (Stop) en la barra de herramientas o presiona la tecla Esc). Puede decirle al explorador que coloque la información en la página de nuevo. En Firefox haga clic en el botón Recargar (Reload) o presione Ctrl+R; en Internet Explorer haga clic en el botón Refrescar o presione Ctrl+R o F5.

Sáqueme de aquí

Tarde o temprano, hasta el más dedicado navegador de la web tiene que detenerse para comer o atender otras necesidades físicas. Puede salir de su explorador de la misma forma que sale de cualquier programa, al elegir Archivo (File) ⇨Salir (Exit) (Archivo (File)⇨Cerrar (Close) para Windows Internet Explorer) o presionar Alt+F4. También puede hacer clic en el botón Cerrar (X) en la esquina superior derecha de la ventana. O deje el programa ejecutándose y aléjese de la PC.

Obtener e instalar un explorador

Con suerte, ya hay un explorador instalado en su PC. (El plan de Microsoft es que Internet Explorer venga preinstalado en toda PC del universo y hasta donde lo podemos ver, está funcionando.) Si no tiene suerte, no tiene un explorador o tiene uno muy viejo, debe actualizarse si quiere ver todas las características nuevas usadas en las páginas web. Si usa una versión de Internet Explorer más antigua que 6.0 o más antigua que 1.0.4 de Firefox, se está perdiendo muchas características nuevas. Por suerte, los programas exploradores no son difíciles de obtener y de instalar, y la mayoría son gratuitos.

Incluso si ya tiene un explorador, las versiones nuevas aparecen cada 20 minutos más o menos y vale la pena saber cómo actualizarlas, porque en algunas ocasiones, las versiones nuevas arreglan algunas pulgas, de manera que son mejores que las anteriores. Microsoft regala Internet Explorer y el proyecto Mozilla regala Firefox, de manera que se puede pasar a la versión actual. (Uno se puede quejar de muchos aspectos sobre Internet Explorer, pero no de su precio, a menos que a usted le preocupen los monopolios de software, tal como a nosotros y a muchas otras personas.)

Obtener el programa

Para obtener o mejorar Firefox, vaya a `www.mozilla.org`. Para obtener o mejorar Internet Explorer, vaya a `www.microsoft.com/ie`.

Use su explorador para ir a la página y luego siga las instrucciones para encontrar y descargar el programa. También es posible que quiera consultar el Capítulo 12 para obtener más información sobre descargar archivos desde Internet.

Si se está pasando de una versión antigua de su explorador a una más nueva, puede reemplazar la versión antigua con la nueva. El programa de instalación será lo suficientemente inteligente para recordar algunas de sus configuraciones antiguas y páginas marcadas (favoritos).

Ejecutar un explorador nuevo por primera vez

Para ejecutar su explorador nuevo haga clic en ese atractivo icono de su explorador. Si usa Windows XP, el explorador predeterminado también aparece en la parte superior de la columna izquierda del menú Inicio.

Firefox le pregunta si le gustaría importar sus configuraciones, con sus páginas marcadas y los favoritos, desde otro programa explorador. Si ya ha usado la web durante algún tiempo y ha construido una lista de sus sitios web preferidos, aproveche esta oportunidad de copiar su lista en Firefox, para que no tenga que buscarlos de nuevo.

La primera vez que ejecuta Internet Explorer, éste podría ejecutar el Asistente para conexión nueva, el cual ofrece ayuda para conectarse a Internet. Si quiere el consejo de Microsoft para seleccionar un PSI, que probablemente no sea el caso, siga las instrucciones en pantalla. Si ya cuenta con una conexión a Internet que funciona, tiene la opción de decírselo.

Capítulo 7

Ir de paseo con el explorador

Si leyó el Capítulo 6, ya está listo para explorar la web. Sin embargo, para ser un internauta eficiente querrá saber más acerca de algunas otras características, como imprimir páginas web, mostrar más de una página al mismo tiempo y almacenar las direcciones de las páginas que le gusta visitar con frecuencia. También necesita saber cómo lidiar con los programas espía, una amenaza en Internet que describimos en el Capítulo 2. Este capítulo es su guía para estas características adicionales y para sacarles el máximo provecho.

Guardar información de la web

Con frecuencia verá algo en una página web que vale la pena guardar para más adelante. En algunas ocasiones es información interesante, una imagen o algún otro tipo de archivo o, incluso, toda la página. Por suerte, guardar información es sencillo.

Guardar una página web

Cuando guarda una página web, tiene que decidir entre guardar sólo el texto que aparece o toda la versión HTML de la página, incluyendo los códigos de formato. (Para darle un vistazo al HTML vea el Capítulo 17.)

Si quiere guardar la página web que está viendo, siga estos pasos:

1. **Elija Archivo (File)⇨Salvar como (Save as) (en IE) o Archivo (Save)⇨Salvar página como (Save Page as) (en Firefox) para guardar la página web actual en un archivo.**

   Observará el cuadro de diálogo estándar Salvar como. (IE 6.0 le llama Salvar página web, pero usted comprende la idea.)

2. **Especifique el nombre para guardar el archivo entrante o use el nombre del archivo que sugiere su explorador.**

3. **Haga clic en la lista desplegable Guardar como tipo (Save as Type) para determinar cómo guardar la página.**

   Elija Archivo de texto (Text Files) para guardar sólo el texto de la página con notas pequeñas en los lugares donde hay fotos. Elija HTML, Archivos HTML (HTML Files) o Página web completa (Web Page Complete) (según el explorador y la versión que usa) para guardar todo el archivo HTML.

4. **Haga clic en el botón Salvar (Save).**

Guardar una imagen

Para guardar una imagen que encuentra en una página web siga estos pasos:

1. **Haga clic derecho en la imagen.**

2. **Elija Guardar imagen como (Save Image as) (en Firefox) o Salvar imagen como (Save Picture as) (en IE) del menú que aparece.**

3. **En el cuadro de diálogo Guardar imagen o Salvar imagen pase a la carpeta o directorio en la que quiere guardar el archivo gráfico, digite un nombre de archivo en el cuadro de texto Nombre de archivo (Filename) y haga clic en el botón Salvar (Save).**

Una nota con respecto a los derechos de autor: contrariamente a la creencia popular, casi todas las páginas web, junto con todo lo demás en Internet, tienen derechos de autor. Si guarda una página o una imagen de una página web no tiene permiso para su uso. Antes de que vuelva a usar el texto o las imágenes de cualquier forma, envíele un mensaje de correo electrónico al dueño del sitio. Si una dirección no aparece en la página, escriba para solicitar permiso a webmaster@domain.com, reemplazando domain.com con la parte del nombre del dominio URL de la página web. Para solicitar permiso para usar la información en la página http://net.gurus.com/books.phtml, por ejemplo, escriba a webmaster@gurus.com.

Imprimir páginas de la web

Durante el primer año de existencia de los exploradores web, todos tenían comandos de impresión que no funcionaban. Luego, los programadores se dieron cuenta de que a la gente normal (como usted) le gusta leer cosas de la forma antigua, en papel, de vez en cuando. De tal manera que ahora los exploradores tienen comandos de impresión que sí funcionan.

Para imprimir una página haga clic en el botón Imprimir en la barra de herramientas, presione Ctrl+P o elija Archivo (File) ⇨Imprimir (Print). El explorador tiene que volver a formatear la página que va a imprimir, lo que puede tomar un rato, así que recuerde que la paciencia es una virtud. Por suerte, cada explorador muestra una ventana de progreso para permitirle conocer el avance.

Si la página que quiere imprimir usa marcos (una técnica que divide la ventana del explorador en subáreas que se pueden desplazar y actualizar por separado), haga clic en la parte de la ventana que quiere imprimir antes de comenzar a hacerlo. De lo contrario, quizá lo único que obtenga sea la parte exterior del marco, que por lo general sólo tiene un título y algunos botones.

Llenar formularios

En páginas web, un *formulario* es una página con cuadros en los que puede digitar, cuadros que puede seleccionar y otras cosas a las que se les puede hacer clic para llenar el formulario. Luego hace clic en un botón Enviar (Send) (o un botón con algún otro nombre) para enviar lo que ingresó. La Figura 7-1 muestra un formulario típico.

Los cuadros blancos en un formulario son cuadros de texto para rellenar en los cuales usted digita, en este caso, su nombre y dirección de correo electrónico. Los cuadros pequeños son *cuadros de selección,* en los que usted marca aquellos que apliquen (esperamos que en nuestro formulario de muestra todos ellos apliquen). Los botones redondos y pequeños, son *botones de radio,* similares a los cuadros de selección con la diferencia de que puede elegir sólo uno de ellos en cada conjunto. En la Figura 7-1 también puede ver un *cuadro de lista,* en el cual puede elegir una de las posibilidades. En la mayoría de los casos verá más entradas que pueden calzar en el cuadro, de manera que los desplaza hacia arriba o hacia abajo. A pesar de que, por lo general, sólo puede elegir una entrada, algunos cuadros de lista le permiten elegir más.

Los formularios también incluyen botones que determinan lo que le sucede a la información que usted ingresa. La mayoría de los formularios tienen dos de estos botones: uno que borra los campos para dejarlo en su estado original y que no envía nada y uno, por lo general conocido como el botón *Submit*, que envía el formulario lleno de nuevo al servidor web para procesarlo.

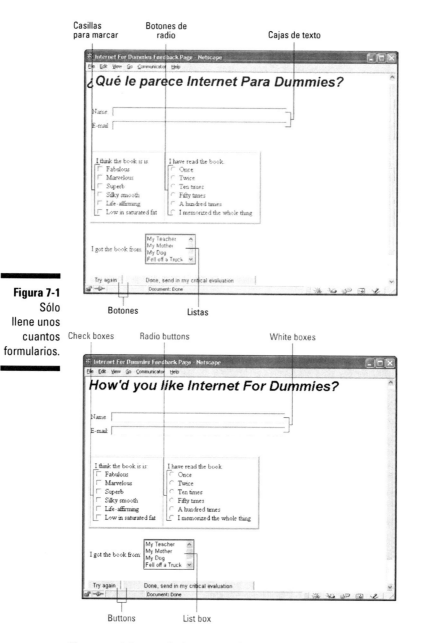

Figura 7-1
Sólo
llene unos
cuantos
formularios.

Algunas páginas web tienen *cuadros de búsqueda,* que son formularios en línea que le permiten digitar algo de texto para realizar una búsqueda. Según el explorador, un botón Submit puede aparecer a la derecha del área de texto, o puede tan sólo presionar Enter para enviar las palabras de búsqueda al servidor. Por ejemplo, la página de búsqueda Google en `www.google.com` tiene un cuadro en el que usted digita una palabra o frase; cuando presiona Enter o hace clic en el botón Búsqueda, la búsqueda comienza. (Vea el siguiente capítulo para averiguar lo que sucede.)

Usar páginas web seguras

Cuando rellena un formulario en una página web, quizá necesite proporcionar información que preferiría que se mantuviera privada, por ejemplo, el número de su tarjeta de crédito. ¡No hay de qué preocuparse! Los exploradores pueden *encriptar* la información que usted envía y recibe para y desde un *servidor web seguro*. Puede darse cuenta cuando recibe una página encriptada del servidor web por medio de un pequeño icono con un candado en el centro o al extremo derecho de la barra de estado en la parte inferior de la ventana del explorador. Si el candado aparece abierto o no aparece del todo, la página no está encriptada. Si el pequeño candado está cerrado, la encriptación está encendida. Para que quede claro, Firefox también muestra el icono del candado al extremo derecho del cuadro Dirección (Address), y todo el cuadro Dirección en amarillo.

Los datos digitados dentro de formularios en páginas seguras casi siempre se envían encriptados, de tal manera que es imposible que alguien husmee en sus secretos mientras atraviesan la red. Las páginas encriptadas son agradables, pero en la práctica es difícil que alguien esté husmeando en su sesión web, encriptada o no. Los verdaderos problemas de seguridad están en otra parte (vea el Capítulo 2).

Firefox e Internet Explorer tienen el hábito de mostrar pequeños cuadros para advertirle de los peligros que conlleva lo que está a punto de hacer. Muestran un cuadro cuando está a punto de cambiar entre transmisiones de una página encriptada a una que no lo está (o al devolverse). La mayoría de estos cuadros de advertencia incluyen un cuadro en el que puede seleccionar pedir al programa que no lo moleste con este tipo de advertencias de nuevo. Cuando haya leído la advertencia, selecciónelo para que su explorador deje de fastidiarlo.

Permitirle a su explorador darle seguimiento a sus contraseñas

Muchos sitios web le piden que ingrese un nombre de usuario y una contraseña. Por ejemplo, si compra algo en una tienda en línea como Amazon.com, usted crea una cuenta con un nombre de usuario y una contraseña que ingresa cada vez que quiere hacer una compra. Si quiere leer *The New York Times* en línea en `http://nytimes.com`, también crea una cuenta con una contraseña. (Las cuentas son gratuitas, por lo menos hasta la primavera de 2005, pero esto podría cambiar.) Después de que haya usado la web durante algún tiempo, es probable que tenga una gran cantidad de nombres de usuario y contraseñas. ¿Quién las puede recordar?

Firefox e Internet Explorer le ofrecen recordar sus nombres de usuario y contraseñas por usted. Usar esta característica puede ser peligroso si otras personas usan

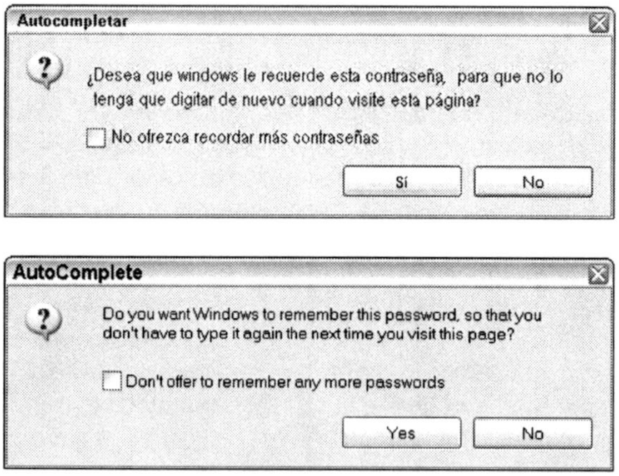

Figura 7-2
Su explo-
rador puede
alma-
cenar las
contraseñas
de sus sitios
web por
usted.

su PC o si usa una en un lugar público, como una biblioteca o un café internet. Pero si usted es la única persona que la usa, quizá prefiera que su explorador se encargue de recordar algunos, si no todos, los nombres de usuario y contraseñas.

Cuando llega a una página web que le pide un nombre de usuario y una contraseña, su explorador quizá le muestre una pequeña ventana que le ofrece recordar el nombre de usuario y la contraseña que ingresa, como se muestra en la Figura 7-2. Si hace clic en Sí, la próxima vez que vaya a la misma página, IE, de manera automática, digita su contraseña en cuanto usted digita su nombre de usuario. Firefox ingresa el nombre de usuario y la contraseña por usted.

Puede controlar si el explorador almacena estas contraseñas y cómo. En Firefox, siga estos pasos:

1. **Elija Herramientas (Tools)⇨Opciones (Options).**

   Observará el cuadro de diálogo Opciones, con una lista de las categorías de opciones hacia abajo en el extremo izquierdo.

2. **Haga clic en la categoría Privacidad (Privacy).**

3. **Haga clic en la opción Contraseñas salvadas (Saved Passwords).**

   Aquí encuentra las siguientes opciones:

   • Seleccione el cuadro Recordar contraseña (Remember Password) si quiere deshabilitar esta categoría (o hágale clic de nuevo para volver a habilitarla).

   • Haga clic en el botón Ver contraseñas salvadas (View Saved Passwords) para revisar o borrar nombres de usuario y contraseñas que Firefox recuerda por usted.

   • Haga clic en el botón Colocar contraseña master (Set Master Pasword) para configurar una contraseña maestra que tendrá que digitar sólo una vez, al principio de cada sesión de Firefox. (Esta opción reduce la cantidad de contraseñas que necesita recordar, mientras mantiene algo de seguridad.)

4. **Haga clic en OK para salir del cuadro de diálogo Opciones (Options).**

Recordar nombres de usuario y contraseñas en IE es el trabajo de la característica Autocompletar, que usted configura siguiendo estos pasos sencillos:

1. **Elija Herramientas (Tools)➪Opciones de Internet (Internet Options).**

 Observará el cuadro de diálogo Opciones de Internet.

2. **Haga clic en la pestaña Contenido (Content).**

 Esta pestaña contiene secciones para el Asesor de contenido (IE Content Advisor), que puede censurar las páginas de Internet para sus hijos, Certificados (Certificates), que se usan para páginas web seguras, e Información personal (Personal Information).

3. **En la sección Información Personal, haga clic en el botón Autocompletar.**

 Observará el cuadro de diálogo Usar Autocompletar para (AutoComplete Settings).

4. **Haga clic en los cuadros de selección para controlar el tipo de entradas que almacena IE: direcciones web, entradas de formularios, nombres de usuario y contraseñas.**

 IE no le mostrará una lista de las contraseñas que ha guardado, pero puede encender y apagar la característica al seleccionar el cuadro Preguntar si se guardan las contraseñas (Prompt Me to Save Password).

5. **Haga clic en OK para salir del cuadro de diálogo AutoCompletar y de nuevo en OK para salir del cuadro de diálogo Opciones de Internet (Internet Options).**

Les permitimos a nuestros exploradores recordar sólo contraseñas de cuentas que no requieren gastar dinero o revelar información personal. Por ejemplo, si tenemos una cuenta en el sitio de seguidores de Harry Potter que nos permite participar en discusiones en línea, el peligro de que alguien ingrese a esta cuenta no es tan intimidante como la idea de que alguien ingrese en una cuenta bancaria en línea. No le permita a su explorador recordar contraseñas que tiene algún poder real.

Ver muchas páginas web al mismo tiempo

Internet Explorer y Firefox pueden mostrar varias páginas a la vez; una característica que me encanta. Cuando apuntamos y hacemos clic de un lugar hacia otro, nos gusta abrir varias ventanas para poder ver dónde hemos estado y regresar a página anterior con sólo cambiar a otra ventana. Mejor aún, Firefox puede mostrar muchas páginas web en una ventana con pestañas (que se explican en

---

Consejos para los periodos de atención cortos

Si cuenta con una conexión a Internet lenta, use al menos dos pestañas exploradoras o ventanas al mismo tiempo. Mientras espera que la otra página aparezca en una pestaña o ventana, puede leer la página que llegó hace un rato en la otra pestaña o ventana.

Si le pide al explorador que empiece a descargar un archivo grande, éste muestra una ventana pequeña en la esquina de su pantalla. En Internet Explorer y Firefox aparece un "termómetro" que muestra el progreso de la descarga; Internet Explorer también muestra pequeñas páginas volando de una carpeta hacia otra. Aunque para algunas personas observar el aumento del termómetro o las páginas volando es bastante entretenido (lo hacemos cuando estamos muy cansados), puede hacer clic para regresar a la ventana principal del explorador y seguir navegando.

Advertencia: Hacer dos o tres cosas a la vez en su explorador cuando tiene una conexión telefónica a Internet no difiere de sacar agua de un pozo con una bomba manual, sólo se puede sacar cierta cantidad de agua. En este caso, el agua es como la cantidad de datos que su PC puede pasar por el módem. Una tarea de descarga sencilla puede mantener su conexión a red 100 por ciento ocupada y cualquier otra cosa que haga comparte la conexión con el proceso de descarga. Cuando hace dos cosas al mismo al tiempo, cada una avanza con mayor lentitud de lo que lo haría si siguiera sólo un proceso.

Si una tarea requiere una gran descarga y la otra es examinar páginas web, por lo general todo funciona bien porque usted invierte una cantidad adecuada de tiempo observando lo que aparece en el explorador; entonces la descarga puede avanzar mientras usted piensa. Por otro lado, a pesar de que los exploradores le permiten iniciar dos tareas de descarga al mismo tiempo (o una docena, si es muy exagerado), no es más rápido hacer más de una al mismo tiempo que una después de la otra, y puede resultar confuso.

Algunas personas casi nunca salen de sus exploradores, lo cual quizá no sea una buena idea para su estabilidad mental. (¡Por supuesto que no nos referimos a nadie que conozcamos! Definitivamente no.) Si usted es ese tipo de persona, sin embargo, recuerde que su explorador coloca en la memoria *caché* sus páginas, es decir, su explorador almacena las páginas de manera temporal en su disco duro para una recuperación rápida. Las páginas en caché por lo general no vuelven a cargar desde la web (se toman del disco duro) hasta que usted las vuelva a descargar. Por ejemplo, si está observando la página para una subasta en eBay en la que ha hecho una puja (vea el Capítulo 10 para saber cómo trabaja eBay), alguien podría ofrecer más que usted porque usted está mirando la versión de la página de la subasta que cargó hace unos minutos, no la página viva. Si quiere asegurarse de que está observando una versión actualizada de la página, vuélvala a cargar. Se supone que su explorador debe revisar si una página guardada ha cambiado, pero debido a que esta revisión en ocasiones no funciona a la perfección, le recomendamos usar un comando esporádico Recargar o Refrescar con las páginas que cambian con frecuencia, como los precios de acciones o el informe del tiempo. Haga clic en el botón Recargar o Refrescar en la barra de herramientas del explorador o presione Ctrl+R.

---

la sección "El bailes de las pestañas" más adelante en este capítulo). También puede organizar las ventanas una al lado de la otra, lo cual es una buena alternativa para, digamos, comparar precios de *Internet Para Dummies,* 10ª Edición, en varias librerías en línea. (La diferencia puede ser muy poca, pero cuando compra 100 copias, una para cada uno en su lista de regalos de Navidad, esos centavos pueden ser de ayuda. ¿Cómo? ¿No tenía eso en mente?)

Ventanamanía de locura

Para mostrar una página en una ventana nueva de Internet Explorer o Firefox, haga clic en un vínculo con el botón derecho del ⌀ y elija Abrir (Open) en una nueva ventana del menú que aparece. Para cerrar una ventana, haga clic en el botón Cerrar (X) en la parte superior derecha del marco de la ventana o presione Alt+F4, la combinación de teclas estándar para cerrar ventanas. Las Mac no tienen un botón derecho en el ⌀, por lo tanto, sostenga el botón que usa para obtener los menús contextuales (el predeterminado es la tecla Control). Las ventanas Mac se cierran de la misma forma, con un clic en el botón de la parte superior izquierda de la ventana. Los usuarios con ⌀ de tres botones pueden abrir un vínculo en una ventana nueva con un clic en el botón del centro.

También puede crear una ventana nueva sin seguir un vínculo. Presione Ctrl+N o elija Archivo⇨Nueva ventana (en Firefox) o Archivo (File)⇨Nuevo (New)⇨Ventana (Window) (en Internet Explorer). Los usuarios de UNIX y Mac deben pensar en "Alt" y "Apple" en lugar de "Ctrl" a lo largo de esta sección.

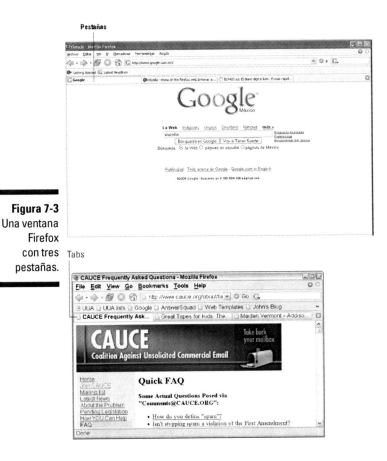

Figura 7-3
Una ventana
Firefox
con tres
pestañas.

El baile de las pestañas

Firefox, al igual que Netscape y Mozilla anteriormente, tiene *pestañas,* las cuales son páginas múltiples entre las cuales usted puede cambiar dentro de una misma ventana. La Figura 7-3 muestra una ventana Firefox con tres pestañas. Sólo haga clic en cualquiera de ellas cerca de la parte superior de la ventana para mostrar las distintas páginas; las pestañas se encuentran justo sobre el borde superior de la página web y debajo del menú del explorador y de las barras de herramientas. Elija Archivo (File) ➪Nueva pestaña (New Tab) o presione Ctrl+T para crear una nueva pestaña vacía. Haga clic en la X en el extremo derecho para deshacerse de la pestaña actual. Al igual que con las ventanas múltiples, usted puede tener un cargador de pestañas en el fondo mientras está leyendo otra pestaña y las pequeñas flechas rotativas en la barra de las pestañas le muestran cuáles se están cargando y cuáles están listas. Para la mayoría de propósitos, nos parece que las pestañas son más cómodas que las ventanas. Puede usar ambas, si abre diversas ventanas en Firefox; cada una puede tener diversas pestañas.

Algunas de sus cosas preferidas

La web realmente tiene lugares atractivos para visitar. Usted querrá visitar algunos una y otra vez. (Nosotros hemos visitado varios sitios web miles de veces.) Los diseñadores de exploradores atractivos, por suerte, nos han proporcionado una forma útil para recordar esos lugares y no tener que escribir los aburridos URL para volver a digitarlos más adelante.

A pesar de que el nombre cambia, la idea es sencilla: su explorador le permite marcar una página web y agrega su URL a una lista. Más adelante, cuando quiera regresar, sólo va a su lista y toma la página que quiere. Firefox le llama a estas páginas web guardadas *marcadores;* Internet Explorer les llama *favoritos.*

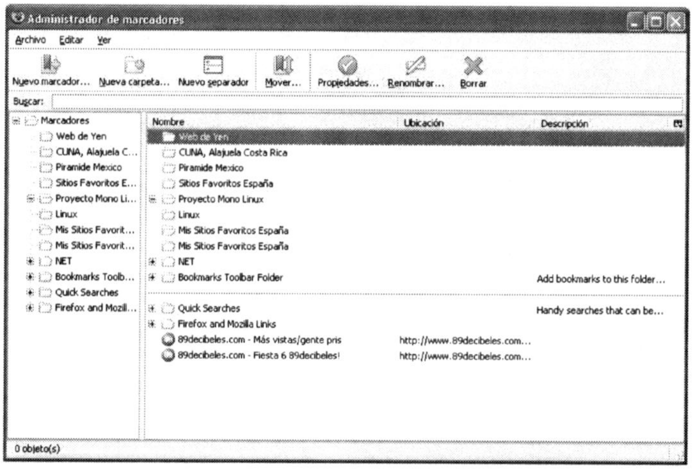

Figura 7-4
La ventana Marcadores (Bookmarks) de Firefox incluye comandos para mover, editar y borrar marcadores.

```
Bookmarks Manager                                          □□□
File  Edit  View
New Bookmark...  New Folder...  New Separator  Move...  Properties...  Rename...  Delete
Search:
⊟ Bookmarks                      Name                 Location
  ⊞ Personal Toolbar Folder      ⊞ Palm Stuff
  ⊞ Spam                         ⊞ Technical
  ⊞ Needlepoint                  ⊞ UU RE
  ⊞ Silly Stuff and Kids         ⊞ Miscellaneous
  ⊞ Access                       ⊞ UUA
  ⊞ Windows XP                   ⊞ AnswerSquad
  ⊞ ChefMoz                      ⊞ IECC
  ⊞ Mailing Lists                ⊞ Homeschooling
  ⊞ Church Software              Google News Alerts   http://www.google.c...
  ⊞ Computer Books               Middlebury Jobs      http://cat.middlebur...
  ⊞ Google Answers               Yahoo! Groups : AddisonRu... http://groups.yahoo....
  ⊞ Php Perl JavaScript          Usability Reports, User Res... http://www.nngroup....
  ⊞ Palm Stuff                   Second Copy backup system http://www.centered...
  ⊞ Technical                    Theme Park World/Sim The... http://www.adamhe...
  ⊞ UU RE                        Welcome to montreal-firewo... http://www.montreal...
  ⊞ Miscellaneous                c44.gif (GIF Image, 1000x70... http://www.stm.info/...
13 object(s)
```

Marcadores con Firefox

Firefox tiene una opción Marcadores (Bookmarks) en su menú que muestra su lista actual de marcadores. Para marcar una página web, es decir, agregar la dirección de la página a sus marcadores, elija Marcadores (Bookmarks)➪Añadir esta página a marcadores (Bookmark This Page)(o presione Ctrl+D) o arrastre el icono pequeño en el extremo izquierdo del cuadro Dirección arriba del objeto del menú Marcadores.

Después de crear un marcador, éste aparece como una entrada en el menú que observa cuando elige Marcador en la barra de menú. Para ir a una de las páginas en su lista de marcadores, sólo elija su entrada del menú.

Si usted es como la mayoría de los usuarios, su menú de marcadores se hace cada vez más grande y desciende por su pantalla hasta terminar en la parte inferior. Esto no es nada atractivo. Por suerte, puede administrar su menú para que sea más manejable. Elija Marcadores (Bookmarks)➪Administrar Marcadores (Manage Bookmarks)o presione Ctrl+B para mostrar su ventana Marcador (como se muestra en la Figura 7-4).

Debido a que todos estos marcadores están "vivos", puede ir hasta cualquiera de ellos al hacerles doble clic. (Puede dejar esta ventana abierta mientras se moviliza por la web en otras ventanas del explorador.) También puede agregar líneas separadoras y submenús para organizar sus marcadores y hacer los menús individuales menos rígidos. Los submenús lucen como carpetas en Marcadores.

Haga clic en el botón Nuevo Separador (New Separator) en la ventana Marcadores para agregar una línea separadora y en el botón Nueva carpeta (New Folder) para agregar un submenú nuevo. Después de crear una carpeta puede arrastrar los marcadores, separadores y carpetas hacia arriba o hacia abajo según el lugar donde los quiere colocar en la ventana. Arrastre un objeto hacia una carpeta para colocarlo en el submenú de esa carpeta y haga doble clic en una carpeta para mostrar u ocultar ese submenú. Debido a que cualquier cambio que haga en la ventana Marcadores se refleja de inmediato en el menú Marcadores, es fácil juguetear con ellos hasta que los ordene de la manera que quiere. Firefox inicia sus marcadores con páginas que los desarrolladores de este programa quisieran que usted mirara, pero puede borrarlas si sus gustos son diferentes a los de ellos.

Cuando termina de juguetear con sus marcadores, elija Archivo (File)⇨Cerrar (Close) o presione Ctrl+W para cerrar la ventana Marcadores.

Marcadores de un solo clic en Firefox

La barra de herramientas Marcadores es una fila de botones que por lo general aparece justo debajo del cuadro Direcciones. (Si no se encuentra ahí, elija Ver (View)⇨Herramientas (Tools)⇨Barra Marcadores (Bookmark Toolbar) para que aparezca.) Esta fila de botones le proporciona el acceso por medio de un botón a un grupo de los sitios web favoritos de los desarrolladores de Firefox. ¿No sería mejor que ahí aparecieran sus sitios web preferidos? ¡No hay problema! Cuando usted organiza sus marcadores en la ventana Marcadores, coloque sus sitios pre-

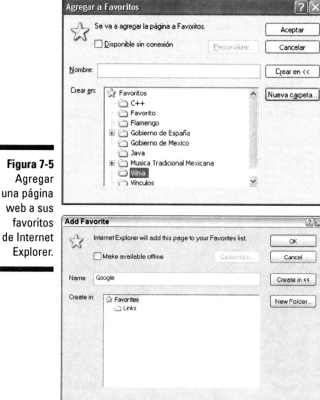

Figura 7-5
Agregar
una página
web a sus
favoritos
de Internet
Explorer.

feridos en la barra de carpeta personal, cualquier sitio que se encuentre en esta carpeta aparece de forma automática en la barra de herramientas Marcadores. Incluso puede agregar carpetas con marcadores. Nos encanta esta característica de Firefox.

Almacenar favoritos con IE

Internet Explorer usa un sistema para guardar URL similar al de Firefox, aunque le llama a los URL guardados *favoritos* en lugar de marcadores. Puede agregar la página actual a su carpeta Favoritos (Favorites) y luego mirarla y organizarla. Si usa Windows, esta carpeta Favoritos se comparte con otros programas en su PC. Otros programas también pueden agregar cosas a su carpeta Favoritos, de manera que es un revoltijo de páginas web, archivos y otras cosas. (Por suerte, la mayoría de la gente usa favoritos sólo para las páginas web.)

Para agregar la dirección de su página actual a la carpeta Favoritos, elija Favoritos (Favorites)➪Agregar a Favoritos (Add To Favorites) del menú. El cuadro de diálogo Agregar a Favoritos, que se muestra en la Figura 7-5, le pregunta si quiere ver la página cuando está trabajando *sin conexión* (esto es, sin estar conectado a Internet). Seleccione este cuadro si quiere guardar la página en el disco duro de su PC. (Por lo general no lo hacemos.) Haga clic en el botón Crear en (Create In) si quiere colocar el favorito nuevo dentro de una carpeta, de manera que aparezca en un submenú de Favoritos.

Internet Explorer tiene un botón Favoritos en la barra de herramientas que despliega su lista de favoritos hacia abajo en el extremo izquierdo de su ventana Internet Explorer, esta lista se llama Barra Favoritos Explorer (¡hay un nombre para todo!). Haga clic en el botón Favoritos de nuevo para que la lista desaparezca. También puede presionar Ctrl+I para que aparezca o desaparezca la Barra Favoritos Explorer. Cuando la lista de favoritos aparece, haga clic en el favorito al que se quiere dirigir. Otra forma de regresar a un sitio web en su lista de favoritos es elegir Favoritos del menú. Sus favoritos se encuentran en la parte inferior del menú que aparece.

Si quiere reorganizar su carpeta Favoritos, elija Favoritos (Favorites)➪Organizar Favoritos (Organize Favorites). La ventana Organizar Favoritos le permite crear carpetas para sus favoritos, moverlos, editarlos y borrarlos. Para ver lo que se encuentra en una carpeta, hága clic en ella. Cuando ha terminado de organizar sus objetos favoritos, haga clic en Cerrar(Close). También puede arrastrar los favoritos y las carpetas directamente en Barra Favoritos Explorer.

Las carpetas que usted crea en la ventana Organizar Favoritos aparecen en su menú Favoritos y los objetos que coloca en las carpetas aparecen en submenús. Para volver a una página web que ha agregado a su carpeta Favoritos sólo elíjala del menú Favoritos.

En Internet Explorer 5.0 y superior puede tener las páginas disponibles cuando no se encuentra conectado a Internet. Haga clic en la página en la ventana Organizar Favoritos y seleccione Disponible sin conexión (Available Offline). Internet Explorer de inmediato lleva la página a su disco duro y la trae en algunas ocasiones cuando usted está conectado para que pueda verla cuando le hace clic mientras se encuentra desconectado.

Si pone muchas páginas a disposición cuando no está conectado, su explorador invertirá mucho tiempo para mantenerlas actualizadas. Cuando no necesita volver a explorar una página sin conexión, vuelva a la ventana Organizar Favoritos y elimine la selección del cuadro Disponible sin conexión o quite la página de los favoritos. Hemos descubierto que el sistema de páginas sin conexión es un poco inestable. Recomendamos el uso de páginas sin conexión sólo si usted está limitado a conectarse muy pocas veces durante el día.

Marcadores de un solo clic en Internet Explorer

¿Ha notado la barra de herramientas Vínculos, que por lo general aparece justo debajo o a la derecha del cuadro Dirección? (Si no se encuentra ahí, elija Ver(View)➪Barra de Herramientas (Toolbars)➪Vínculos (Links) para que aparezca.) Quizá no quiera visitar ninguno de los sitios que aparecen de manera predeterminada en esta barra de herramientas, pero puede colocar sus sitios web favoritos ahí. Cuando organiza sus favoritos, arrastre sus sitios y carpetas de mayor predilección a la carpeta Vínculos (Links), cualquier sitio en la carpeta Vínculos de manera automática aparece en la barra de herramientas. Borre cualquier sitio que no sea su favorito. Esta carpeta es de mucha utilidad para sitios web que visita a menudo.

Personalizar su explorador

Si se convierte en un usuario serio de Internet, es probable que vaya a pasar mucho tiempo frente a su explorador web. Para que su experiencia exploratoria

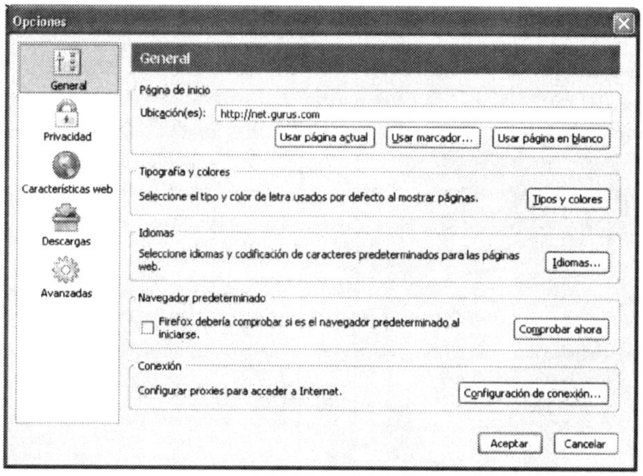

Figura 7-6
El cuadro de diálogo Opciones es donde usted puede configurar Firefox para iniciar con su sitio web favorito.

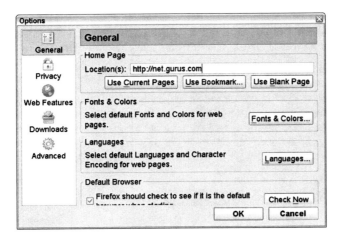

sea lo más divertida y eficiente posible, puede personalizar su explorador para trabajar de la forma que prefiera.

¿Dónde comenzamos?

Cuando ejecuta su explorador, éste muestra su *página de inicio*. Firefox por lo general inicia en una página web de Mozilla y IE por lo general lo hace en una página de Microsoft. Pero, ¿porqué no decirle a su explorador que inicie donde *usted* quiere iniciar?

En Firefox: Cuando Firefox inicia, de manera predeterminada carga la página principal de Firefox. Después de una o dos veces, a pesar de lo bella que sea la página, probablemente se dará cuenta de que no es necesaria. Puede indicarle a Firefox que no cargue ninguna página web o una página diferente, cuando inicia el programa:

1. **Elija Herramientas (Tools)⇨Opciones (Options).**

   Observará el cuadro de diálogo Opciones, como se muestra en la Figura 7-6.

2. **Haga clic en el icono de la categoría General en la esquina superior izquierda de la ventana, si todavía no se encuentra seleccionada.**

   Puede ser que esta categoría ya se encuentre seleccionada y que sus configuraciones aparezcan en el resto del cuadro de diálogo Opciones. La primera configuración se llama Página de inicio, la página web que Firefox muestra al inicio.

3. **Para iniciar sin ninguna página, haga clic en el botón Usar página en blanco (Use Blank Page).**

   Para elegir la página con la que quiere iniciar, digite el URL de una página en el cuadro de texto Ubicación(es) (¿qué le parece `http://net.gurus.com`, que es nuestra página?). Para definir la página actual como su página de inicio, haga clic en (¡ya se lo imagina!) el botón Usar página actual (Use Current Page).

4. Haga clic en Aceptar (OK).

Puede configurar Firefox para mostrar un conjunto de sus páginas favoritas cuando inicia, cada una en una pestaña por separado. Por ejemplo, quizá quiere que Firefox abra una página con el informe del tiempo (como el informe del tiempo (`www.clima.mx.yahoo.com`), el *New York Times* (`www.nytimes.com`) y Google (`www.google.com.mx` o `www.google.es`) cada vez que inicia Firefox.

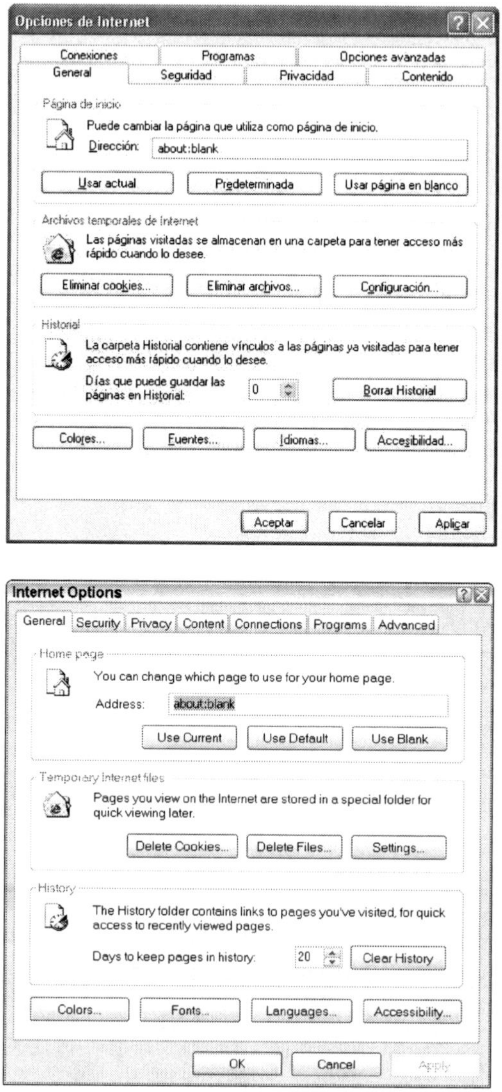

Figura 7-7
El cuadro de diálogo Opciones de Internet tiene configuraciones para Internet Explorer, incluyendo la página web que aparece al inicio.

Primero, muestre las páginas web con las que le gustaría iniciar. Luego elija Herramientas (Tools)⇨Opciones (Options), haga clic en General y clic en Usar página actual (Use Current Page). Ahora al iniciar Firefox (o al hacer clic en el botón Inicio en su barra de herramientas) se abren todas las páginas que ya ha abierto.

En Internet Explorer: Internet Explorer por lo general comienza por mostrar la página de inicio MSN o una página web almacenada en su propio disco duro, según la versión de Internet Explorer que tenga. Puede cambiar esa página de inicio o puede pedirle a Internet Explorer que cargue una página en blanco. (Cargar una página de inicio desde su disco duro es muy rápido, de manera que preferimos eso a una página en blanco.) Siga estos pasos para cambiar su página de inicio:

1. **Despliegue la página web que quiere usar como su página de inicio.**

   Por ejemplo, quizá quiera iniciar en la página de Yahoo (www.yahoo.es), la cual describimos en el Capítulo 6; o en Google (www.google.es); o en nuestro propio sitio de Internet, Gurus Central en http://net.gurus.com.

2. **Elija Herramientas (Tools)⇨Opciones de Internet (Internet Options) o Ver (View)⇨Opciones de Internet (Internet Options) del menú.**

   El comando que usa depende de su versión de Internet Explorer, use cualquiera que aparezca en sus menús. Observará el cuadro de diálogo Opciones de Internet, como se muestra en la Figura 7-7.

3. **Haga clic en la pestaña General en la parte superior del cuadro de diálogo.**

   En realidad, quizá ya esté seleccionada, pero lo mencionamos por si usted ha estado viendo lo que hay en otras pestañas.

4. **Haga clic en el botón Usar actual (Use Current) en la sección Pagina de inicio (Home Page) del cuadro de diálogo.**

   El URL de la página actual aparece en el cuadro de texto Dirección (Address). Para comenzar sin ninguna página haga clic en el botón Usar página en blanco (Use Blank Page).

5. **Haga clic en Aceptar.**

Elija una página de inicio que no tenga muchas imágenes. Si inicia con una página web que se carga más rápido o sin página, no tiene que esperar mucho para comenzar a explorar.

Personalizar su barra de herramientas

La barra de herramientas es una fila de iconos pequeños justo debajo de la barra de menú del explorador (la línea que dice Archivo, Edición, Ver y así sucesivamente). Los exploradores vienen con un conjunto sugerido de botones de barra de herramientas de grandes éxitos; sin embargo, se dará cuenta de que nunca usa algunos de ellos, pero que desearía que ciertos comandos tuvieran botones en la barra de herramientas. Puede personalizar su barra de herramientas para incluir botones para los comandos que usa más seguido.

Para personalizar ya sea la barra de herramientas de IE o de Firefox (o la de muchos otros programas) haga clic derecho en la barra de herramientas en cualquier lugar excepto en los iconos Atrás (Back) y Adelante (Forward) (las flechas que apuntan hacia la izquierda y hacia la derecha, por lo general los dos iconos más a la izquierda en la barra de herramientas). Elija Personalizar (Customize) del menú que aparece. Observará un cuadro de diálogo Personalizar la barra de herramientas (Customize Toolbar).

En Firefox puede agregarle un botón a la barra de herramientas al ubicarlo en el cuadro de diálogo Personalizar la barra de herramientas (Customize Toolbar) y arrastrarlo hacia la barra de herramientas. Para deshacerse de un botón en ella, arrástrelo de vuelta hacia el cuadro de diálogo. Haga clic en Hecho (Done) cuando haya terminado.

El cuadro de diálogo Personalizar la barra de herramientas (Customize Toolbar) en IE muestra dos listas de botones: todos los botones disponibles y los botones que se encuentran actualmente en su barra de herramientas. Seleccione un botón de la lista Botones disponibles (Available Toolbar Buttons) y haga clic en Agregar (Add) para ponerlo en su barra de herramientas. Seleccione un botón de la lista Botones de la barra de herramientas y haga clic en Quitar (Remove) para quitarlo. Haga clic en Cerrar (Close) cuando haya terminado.

Si otra persona usa su explorador y su ventana del explorador termina con una apariencia terrible, puede ponerla en el aspecto normal con facilidad:

- ✔ **Si toda la parte superior de la ventana se ha ido** y no tiene barra de título o barra de menú, se encuentra en el modo pantalla completa. Presione F11 para volver a la normalidad.

- ✔ **Si faltan algunas de sus barras de herramientas,** elija Ver (View)⇨Barra de Herramientas (Toolbar). Si una marca de selección no aparece a la izquierda de una de las barras de herramientas, elíjala para que se coloque una marca y para volver a mostrar ese componente de la ventana. En IE, las barras de herramientas son botones estándar, Barra de direcciones y Vínculos. En Firefox, son Barra de navegación y Barra de marcadores.

- ✔ **Si los botones en su barra de herramientas no son los acostumbrados,** haga clic derecho en cualquier lugar de la barra de herramientas excepto en los iconos Atrás (Back) y Adelante (Forward) y elija Personalizar (Customize) del menú que aparece. Haga clic en Restablecer (Reset) (en IE) o Valor predeterminado (Restore Default) (en Firefox) y en Cerrar (Close) o Hecho (Done).

✔ **Si su explorador, en general IE, todavía tiene una apariencia extraña,** en especial si muestra muchos anuncios que usted no solicitó, quizá su equipo esté infectado con un programa espía. Vea el Capítulo 2 para encontrar una definición de programa espía o spyware y la sección "Detectar programas espía" en el Capítulo 4 para obtener consejos para eliminarlos.

Borrar el historial

Tanto IE como Firefox mantienen una *lista historial* de los sitios web que ha visitado. No, su explorador no lo está espiando, la lista historial recuerda páginas a las que ha ido, incluso hace días, para que las pueda volver a encontrar. Elija Ir (Go)➪Historial (History) (en Firefox) o Ver (View)➪Barra del Explorador (Explorer Bar)➪Historial (en IE) para ver su lista. La lista de sitios que ha visitado aparece en el extremo izquierdo de la ventana de su explorador, organizada por día. Ciérrela al hacer clic en la X en la esquina superior derecha.

Su explorador también usa la lista historial para proporcionar una lista desplegable de URL que usted ha digitado. En el extremo derecho del cuadro Dirección está una flecha que apunta hacia abajo. Cuando le hace clic, aparece una lista de URL que se han visitado recientemente. Algunos de nuestros lectores nos han preguntado cómo limpiar ese cuadro, quizá porque querían digitar www.disney.com, pero sus dedos se desplazaron y lo que apareció más bien fue www.linea-caliente.com. (Eso le puede pasar a cualquiera.) Como algunos de los pedidos sonaban muy urgentes, aquí están los detalles:

✔ **En Firefox,** elija Herramientas (Tools)➪Preferencias (Preferences), haga clic en Privacidad (Privacy) y clic en Historial (History). Puede ingresar el número de días para que Firefox recuerde sus sitios web y puede hacer clic en Limpiar (Clear) para pedirle que borre los contenidos actuales de la lista historial.

✔ **En IE,** elija Herramientas (o Ver) (Tools o View)➪Opciones de Internet (Internet Options) y haga clic en la pestaña General si todavía no se encuentra seleccionada. La sección Historial del cuadro de diálogo Opciones de Internet incluye un cuadro en el que puede digitar el número de días para mantener la lista de los sitios web que ha visto. También puede encontrar un botón Borrar Historial (Clear History).

Controlar cookies

Para mejorar su experiencia en línea, los diseñadores de exploradores inventaron un mensaje especial que le permite a un sitio web reconocerlo cuando vuelve a visitarlo. Muy amablemente almacenan esta información, llamada *cookie,* en su propia máquina. Vea "Las cookies no son tan malas" en el

Capítulo 2 para obtener una descripción completa de las cookies y de cómo se comparan con amenazas de seguridad más serias.

Por suerte, tanto Firefox como IE proporcionan formas en las que usted puede controlar cuáles sitios pueden almacenar cookies en su PC. Existen dos formas en las que los sitios pueden configurarlas:

✔ **Cookies de primera mano:** estas cookies vienen justo del mismo servidor que la página web que está viendo. Estas cookies se usan, en general, para recordarle si se registró como miembro del sitio. La ventaja está en no tener que reingresar su nombre de usuario y su contraseña todo el tiempo.

✔ **Cookies de terceros:** muchos sitios web usan compañías especiales que envían publicidad a sus páginas web por ellos y estos anuncios en tercera persona por lo general colocan cookies en su máquina con el objetivo de recolectar datos de mercadeo. Este tipo de cookies son útiles para las compañías de publicidad, por lo que no vemos razón alguna para aceptarlas.

Controlar cookies en Firefox

Elija Herramientas (Tools)⇨Preferencias (Preferences), haga clic en la categoría Privacidad (Privacy) y clic en Cookies. Las opciones se muestran en la Figura 7-8:

✔ **Permítale a los sitios configurar las cookies:** algunos sitios no funcionarán del todo sin cookies, incluyendo los sitios de chat como Yahoo Groups (`groups.yahoo.com`).

✔ **Sólo para el sitio web de origen:** acepta cookies de primera mano pero rechaza las de terceros. Esta es la configuración que usamos nosotros.

✔ **Excepciones:** puede especificar sitios desde los que quiere bloquear, permitir sesiones de cookies o permitir todas las cookies. Haga clic en Excepciones (Exceptions), digite la dirección web y haga clic en Bloquear (Block), Permitir sesión (Allow for Sessions) o Permitir (Allow).

✔ **Ver cookies:** puede observar una lista de las cookies que Firefox ha almacenado, junto con los sitios de los que vinieron y los datos que contienen. La mayoría de los valores cookie son códigos que no se pueden leer. Puede borrar cualquiera cuya apariencia no le agrade.

✔ **Mantener cookies:** puede decirle a Firefox por cuánto tiempo almacenar las cookies en su PC: Hasta que expire (Until they expire), la configuración usual, Hasta que cierre Firefox (Until I close Firefox) o Preguntar en cada Cookie (Ask me every time), muy molesto como para tomarlo en cuenta.

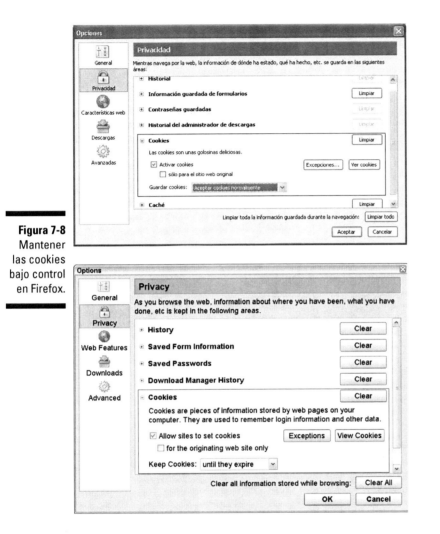

Figura 7-8
Mantener
las cookies
bajo control
en Firefox.

Controlar cookies en IE

Use el comando Herramientas (Tools)➪Opciones de Internet (Internet Options) para mostrar el cuadro de diálogo Opciones de Internet. Los controles de cookie están en la pestaña Privacidad (que se muestra en la Figura 7-9), así que hágale clic. Como opción predeterminada, Internet Explorer 6.0 administra cookies de una manera agresiva, permitiendo las del servidor que contactó, pero no de *servidores terceros* (es decir, otras diferentes a las que proporcionó la página que está viendo). Los servidores terceros por lo general envían publicidad y esos molestos anuncios que saltan en la pantalla. Puede elegir administrarlos por sí mismo con un clic en el botón Opciones avanzadas (Advanced) para ver el cuadro de diálogo Configuración avanzada de privacidad (Advanced Privacy Settings) y luego hacer clic en el cuadro de selección Sobrescribir la administración automática de cookies.

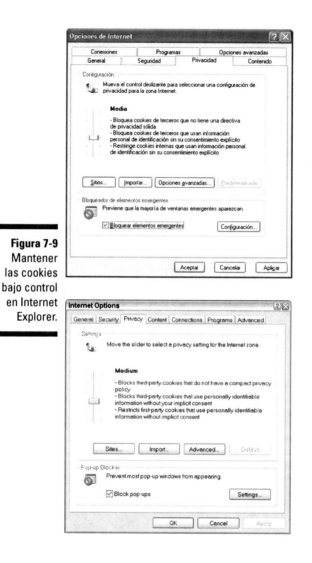

Figura 7-9
Mantener
las cookies
bajo control
en Internet
Explorer.

Las opciones son:

✔ **Cookies de primera mano:** puede elegir entre aceptar, bloquear o pedirle que elija, aunque esta opción llega a cansar muy rápido cuando se encuentra con muchas cookies. Algunos sitios pueden almacenar tres o más cookies *por página*.

✔ **Cookies de terceros:** sólo dígale que no (es decir, elija bloquearlas).

✔ **Siempre permitir cookies de sesión:** esta opción permite todas las cookies de la sesión; una cookie de sesión es un tipo de cookie que se usa para darle seguimiento a una sola instancia de su visita a un sitio web. Estas cookies comúnmente las usan los sitios de compras como Amazon.com.

Si utiliza una versión más antigua de Internet Explorer (versión 5.0 o 5.5), la característica cookie funciona un poco distinto. Use el comando Herramientas (Tools)➪Opciones de Internet (Internet Options) para mostrar el cuadro de diálogo Opciones de Internet. Los controles de las cookies se encuentran en la pestaña Seguridad (Securety), de manera que haga clic en ella. Haga clic en Contenido de zona de Internet (Web Content Zone) (el globo coloreado) y luego haga clic en el botón Configurar nivel (Custom Level) para ver el cuadro de diálogo Configuración de Seguridad (Security Settings). Desplácese hacia abajo por la lista hasta que llegue a la sección Cookies. Observa dos configuraciones:

✔ **Permitir las cookies almacenadas en su PC:** algunas cookies están almacenadas en su PC de manera que si regresa al sitio web mañana, el sitio puede recordar su información. ("¡Bienvenido de nuevo, Tom! Aquí están sus recomendaciones de libros para hoy".) Puede apagarlas (Deshabilitar o Disable), encenderlas (Habilitar o Enable) o decirle a IE que le pregunte antes de almacenar cada cookie (Preguntar o Prompt).

✔ **Permitir las cookies por sesión (no almacenadas):** algunas cookies se almacenan sólo hasta que usted sale de Internet Explorer. Por ejemplo, los sistemas con carritos de compras (programas de servidores web que le permiten comprar en un sitio web y luego "revisar") pueden almacenar información de manera temporal acerca de los objetos que quiere comprar. Puede elegir Deshabilitar, Habilitar o Preguntar).

Bloquear ventanas dinámicas

Las ventanas dinámicas, como se describen en el Capítulo 2, son ventanas del explorador que se abren sin que esto se les pida, usualmente en el comando del sitio web que está viendo. Algunos sitios web muestran tantas ventanas dinámicas que su PC se vuelve imposible de usar hasta que las pueda cerrar. Si se ha encontrado con estos sitios, le encantará escuchar que tanto Firefox como IE pueden bloquear la mayoría de (aunque no todas) estas ventanas dinámicas.

Sin ventanas dinámicas en Firefox

En Firefox, elija Herramientas (Tools)➪Preferencias (Preferences) para abrir la ventana Opciones (Options), haga clic en la categoría Características web (Web Features) y verá una opción para bloquear ventanas dinámicas (la dejamos seleccionada).

Bloquear todas estas ventanas hace que algunos sitios web no funcionen. En particular, algunos sitios de compras muestran ventanas pequeñas dentro de las cuales tiene que digitar información de verificación de su tarjeta de crédito. Firefox incluye un botón Permitir sitios (Allowed Sites) en el que puede especificar los sitios web cuyas ventanas dinámicas no le dan problema.

Cuando un sitio web trata de mostrar una ventana dinámica, usted observa un mensaje en la parte superior de la página, que dice, "Firefox previno que este sitio abriera una ventana emergente". Si quiere la ventana dinámica, haga clic en el mensaje y elija del menú que aparece:

- ✔ **Permitir ventanas emergentes del *sitio*** coloca este sitio en su lista Permitidos (Allowed).

- ✔ **Habilitar opciones de ventana emergente** muestra el cuadro de diálogo Sitios permitidos (Allowed Sites) de manera que pueda editar su lista de sitios.

- ✔ **No muestre este mensaje cuando las ventanas emergentes son bloqueadas.** En su lugar, mostrará una X pequeña roja en la esquina inferior derecha de la ventana Firefox a la que le puede hacer clic para ver las opciones dinámicas.

- ✔ **Muestre dirección de la ventana emergente.** Muestra la ventana dinámica que se acaba de bloquear, pero mantiene bloqueadas otras ventanas dinámicas de este sitio.

Haga clic en la X roja en el extremo derecho del mensaje para que el mensaje desaparezca.

Por desgracia, tan pronto como los diseñadores de exploradores agregan bloqueadores para las ventanas dinámicas, los creadores de sitios web aparecen con nuevas formas de mostrarlas. Si todavía observa muchas ventanas dinámicas para su gusto, piense en instalar la extensión gratuita Bloquedor Firefox. Vaya a `www.mozilla.org/products/firefox` y haga clic en el vínculo Extensiones Firefox. (Esta página se mantiene en constante rediseño, por lo que no le podemos decir el lugar exacto donde se encontrará.) Busque la extensión Agregar Bloqueador. Cuando encuentra su página, haga clic en el vínculo Instale ahora para descargarlo e instalarlo en Firefox.

Bloquear ventanas dinámicas en IE

¿Qué sucede con Internet Explorer? Microsoft al fin agregó un bloqueador de ventanas dinámicas como respuesta a la creciente popularidad de Firefox. Si mantiene su instalación de Windows actualizada con Actualizador de Windows, su IE incluye el bloqueador de ventanas dinámicas. De lo contrario, vaya a `windowsupdate.microsoft.com` para obtener la última versión de IE.

El bloqueador de ventanas dinámicas del IE también muestra un mensaje en la parte superior de la página web cada vez que bloquea una ventana dinámica y hacer clic en el mensaje muestra un conjunto similar de opciones. Puede cambiar sus opciones de bloqueo en cualquier momento al elegir Herramientas (Tools)⇨Opciones de Internet (Internet Options), hacer clic en la pestaña Privacidad (Privacy) y observar la sección Bloquear elementos emergentes (Block Pop-ups)en la parte inferior del cuadro de diálogo. El cuadro de selección de las ventanas dinámicas Bloquear (Block Pop-ups) controla si la característica está habilitada y el botón Configuración (Settings) muestra la lista de sitios a los que se les permite mostrar ventanas dinámicas.

Conectarse con plug-ins

Las páginas web con imágenes simples son cosa del pasado. Ahora tienen imágenes que cantan y bailan o mensajes de tipo instantáneo que se mueven a través de la página o pueden jugar una buena partida de ajedrez con usted. Todos los meses aparecen nuevos tipos de información en la web y los exploradores se deben mantener al día. Usted puede extender las capacidades de su explorador con *plug-ins*, programas que se pueden agregar y que se adhieren al explorador e incluso agregan más características. Internet Explorer también se puede extender con algo llamado controles *ActiveX*, que son otro tipo de programa.

¿Qué debe hacer cuando su explorador se encuentra nuevos tipos de información en una página web? Tome el programa plug-in que manipula este tipo de información y péguelo en el programa explorador. Los seguidores de *La Guerra de las Galaxias* pueden percibir a los plug-ins como formas de vida parásita que se adhieren a su explorador y realzan su inteligencia.

Un desfile de plug-ins

Estos son algunos de los plug-ins útiles que existen:

- **Flash Player:** reproduce tanto archivos de audio como de video así como otros tipos de animaciones. Es de un uso muy amplio en las páginas web. Se encuentra disponible en `http://macromedia.com/software/flashplayer`.

- **RealPlayer:** reproduce archivos de sonido y video *streaming* mientras los está descargando. (Otros programas deben esperar hasta que el archivo completo haya sido descargado para comenzar a reproducirlo.) Un reproductor gratuito se encuentra disponible en `www.real.com`, junto con reproductores más poderosos que tienen un costo monetario. Quizá tenga que explorar para encontrar el reproductor gratuito, pero los reproductores también son una buena opción (la mayoría tiene un costo menor a $30.) Real.com proporciona una lista de sitios con los archivos de sonido RealAudio. Nuestro sitio favorito es el sitio National Public Radio Web (`www.npr.org`), donde puede escuchar historias recientes de noticias. Otro sitio favorito es la BBC en `www.bbc.co.uk` con noticias en 43 idiomas (de verdad) y otros programas durante 24 horas al día.

✔ **QuickTime:** reproduce archivos de video mientras los descarga. Se encuentra disponible en `www.apple.com/quicktime/download`.

✔ **Adobe Acrobat:** muestra archivos Acrobat formateados exactamente como el autor pretendía. Muchos archivos Acrobat útiles andan por ahí, incluso muchos formularios de impuestos para Estados Unidos (en `www.irs.ustreas.gov`). Acrobat se encuentra en `www.adobe.com` (o con mayor precisión, en `www.adobe.com/products/acrobat/readstep.html` si no le importa digitar más).

¿Cómo usar los plug-ins?

Luego de descargar un plug-in de la red, ejecútelo (haga doble clic en su icono o en su nombre de archivo en Mi PC o Explorador de Windows) para instalarlo. Según lo que haga el plug-in, usted sigue pasos distintos para probarlo; por lo general encuentra un archivo que el plug-in puede reproducir y observar (o escuchar) mientras lo ejecuta.

Luego de instalarlo no tiene que hacer nada para ejecutarlo. El plug-in aparece de manera automática cuando usted observa una página web que contiene información que lo requiere.

Capítulo 8

La aguja en el pajar: encontrar casi todo en la red

En este capítulo

▶ Comenzar con estrategias básicas de búsqueda

▶ Encontrar lo que está buscando en la web

▶ Localizar personas en la web

▶ Usar los buscadores incorporados en su explorador

*B*ueno, toda esta gran cantidad de información se encuentra en Internet. Usted se pregunta: "¿Cómo puedo localizarla?" Esa es una excelente pregunta; gracias por hacerla. Ese tipo de preguntas son las que nos hacen fuertes y entusiastas. Lo saludamos y le decimos: "Por favor, siga preguntando". La siguiente pregunta, por favor.

¡Ah!, quiere una *respuesta* para su pregunta. Por suerte, unas cuantas cosas para buscar cosas (siguen los términos técnicos) se encuentran en la web. Para ser más específicos, algunos servicios gratuitos llamados *motores de búsqueda* o *directorios* están disponibles. Ellos cubren la mayoría del material interesante en la web. Incluso existe una enciclopedia gratuita de la cual hablaremos más adelante en este capítulo.

Puede hacer búsquedas de muchas formas distintas, según lo que está buscando y de la forma en que prefiera buscar. (John ha manifestado que su restaurante ideal sólo tiene una opción en su menú, pero es justo lo que él quiere. Internet está muy alejado de ese ideal, tal como se lo puede imaginar.)

Para añadir una pizca de estructura a esta discusión, describimos diferentes formas de búsqueda:

▶ **Temas:** lugares, cosas, ideas, compañías, cualquier cosa sobre la que quiera investigar más.

▶ **Buscadores incorporados:** las búsquedas por tema que realiza un explorador de manera automática y la razón por la que no nos llaman la atención.

▶ **Gente:** seres humanos verdaderos a los que desea contactar o acerca de quienes desea hacer averiguaciones o espiar.

CONSEJO

Motor de búsqueda y directorio, ¿cuál es la diferencia?

Cuando hablamos de un *directorio*, nos referimos a un listado como el de una enciclopedia o como el catálogo de fichas bibliográficas de una biblioteca (bueno, como el sistema de cómputo que reemplaza a las tarjetas del catálogo). Un directorio contiene categorías denominadas, con entradas asignadas a esas categorías, de manera parcial o total, por catalogadores humanos. Puede buscar información localizando una categoría y observando lo que contiene. En este libro creemos que la tabla de contenido corresponde a un directorio.

Por otro lado, un motor de búsqueda observa periódicamente cada página que puede encontrar en Internet, extrae las palabras clave (tomando todas las palabras con excepción de *el, la,* y, u otras parecidas) y prepara una gran lista. (Claro, para eso se necesitan muchos PC y una compañía de motor de búsqueda; Google cuenta con más de 100.000.) Luego, tratan de definir cuáles páginas son de mayor importancia (por medio de factores como la cantidad de sitios que se enlazan a esa página) y le dan a cada página una calificación.

Para usar el motor de búsqueda debe especificar algunas palabras probables y el motor encuentra todas las entradas con esa palabra y   las clasifica según su calificación.

Consideramos el índice al final de este libro como una copia impresa equivalente a un motor de búsqueda; tiene sus ventajas y desventajas, al igual que los directorios (que se parecen más a la tabla de contenido del libro). Los directorios están mejor organizados, pero los motores de búsqueda son más fáciles de usar y más comprensibles. Los directorios usan terminología consistente, mientras los motores de búsqueda utilizan cualquier término que usa la página web subyacente. Los directorios contienen menos páginas inútiles, pero los motores de búsqueda se actualizan más a menudo.

Existe alguna superposición entre los motores de búsqueda y los directorios. Yahoo, la página de directorio web más conocida, ahora incluye un motor de búsqueda; Google, que es principalmente un motor de búsqueda, incluye una versión del directorio Open Directory Project (ODP).

✔ **Bienes y servicios:** cosas para comprar o de las cuales averiguar, desde hipotecas hasta enjuagues bucales.

Para encontrar temas usamos los distintos motores de búsqueda y directorios en línea, Google y Yahoo. Sin embargo, para localizar personas usamos directorios de personas y esos, por suerte, son diferentes a los directorios de páginas web. Se preguntará ¿de qué estamos hablando? ¡Siga leyendo!

Su estrategia básica de búsqueda

Cuando buscamos temas en la red siempre comenzamos con un motor de búsqueda que, por lo general, es Google. (La palabra "google" se ha convertido en un verbo, para la consternación de los abogados de la marca registrada.)

Puede utilizar todos los motores de búsqueda de una forma muy parecida:

1. Inicie su explorador web, como Firefox o Internet Explorer.

2. **Vaya a la página principal de su motor de búsqueda preferido.**

Ahora muchos de los exploradores tienen cuadros de búsqueda que puede colocar a su motor de búsqueda preferido. Si no es así, dígale a su explorador que vaya a la página principal del motor de búsqueda. Puede probar uno de estos URL (páginas web): `www.google.com`, `www.yahoo.com` o `dmoz.org`. Proporcionamos una lista de los URL de otros sitios de búsqueda más adelante en esta sección.

3. **Digite algunas palabras en el cuadro Búsqueda y haga clic en Buscar.**

Luego de un momento (por lo general corto, después de todo la web es demasiado grande), el motor de búsqueda muestra una página con algunos vínculos hacia páginas que considera que concuerdan con sus palabras clave. La lista completa de vínculos que concuerdan con sus palabras clave puede ser muy larga de manejar, digamos que como de 300.000, pero el motor de búsqueda trata de colocarlos en algún orden razonable y le permite mirarlos a la vez en una pantalla completa.

4. **Ajuste y repita su búsqueda hasta que encuentre algo que le guste.**

Un truco es tomar palabras clave que concuerdan con su tema de dos o tres directorios diferentes, como `restaurantes etíopes Cali` o `canción mujeres guerra`. Luego de unos clics, para irse acostumbrando, encontrará todo tipo de información de interés.

5. **Si el motor de búsqueda produce resultados muy dispersos para que sean de utilidad y no logra pensar en otras palabras clave mejores, pruebe uno de estos directorios:** `dmoz.org` o `www.yahoo.com`.

Cuando observa una lista de vínculos hacia áreas de temas, haga clic en un área del tema de interés. En el enfoque del "directorio", usted comienza con un tema general y se hace cada vez más específico. Cada página tiene vínculos hacia otras que se hacen cada vez más específicas, hasta que se vinculan a páginas reales que parecen ser de interés.

LO ÚLTIMO

La página de búsqueda del buscador cansado

Puede ser que se sienta un poco abrumado con todos los directorios y motores de búsqueda que discutimos en este capítulo. Si lo hace sentir un poco mejor, a nosotros nos sucede lo mismo.

Para darle un poco de sentido a todo esto, nosotros mismos creamos una página de búsqueda que conecta a todos los directorios y motores de búsqueda que usamos; lo puede llamar búsqueda de una sola estación. Usted también lo puede usar. Pruébelo en `net.gurus.com/search`.

En el caso, poco probable, de que se creen sistemas de búsqueda nuevos o de que algunos de los existentes se hayan cambiado de lugar o hayan desaparecido, esta página le proporciona nuestra última gran lista y le permite registrarse para recibir actualizaciones por correo cuando hacemos cambios.

Un recuento de buscadores

Hace mucho tiempo, en un Internet muy lejano, muchos motores de búsqueda y directorios se peleaban para ver cuál sería el preferido. Estaban Altavista y Dogpile y muchos otros sitios que usted puede encontrar en ediciones anteriores de este libro. Bueno, al parecer, la primera batalla de búsqueda se ha terminado, con Google y Yahoo como los victoriosos, al menos por ahora. Sin embargo, Microsoft está tratando de montar una nueva campaña y se aproxima un reto nuevo del mundo de fuentes abiertas, en particular el Open Directory Project y Wikipedia, la enciclopedia en línea. Visite `net.gurus.com/search` para enterarse de todo este emocionante desarrollo.

Google, nuestro motor de búsqueda favorito

Nuestro motor de búsqueda web favorito es Google. Cuenta con pequeños robots que se dedican sólo a visitar páginas web en toda la red y a informar lo que ven. Crea un enorme índice de las palabras que aparecen en las diversas páginas. Cuando usted busca algo, Google toma páginas del índice que tiene las palabras que usted solicitó. Google usa un sofisticado sistema de calificación basado en la cantidad de sitios web que se refieren a cada una en el índice; por lo general, la calificación de Google coloca las mejores páginas en primer lugar.

Usar Google o cualquier otro motor de búsqueda es un ejercicio de lectura a control remoto. Debe adivinar las palabras que aparecerán en las páginas que está buscando. En algunas ocasiones eso es sencillo; si busca recetas para un pastel de limón, `pastel de limón` es un buen conjunto de palabras de búsqueda, porque usted conoce el nombre de lo que anda buscando. Por otro lado, si ha olvidado que la capital de Francia es París, es difícil sacar una página útil de un motor de búsqueda porque usted no sabe qué palabras buscar. (Si prueba con `Francia capital`, encuentra información acerca de la banca de inversión y Fort de France, que es la capital del departamento extranjero francés de Martinica. Si usa Google, sin embargo, tendrá piedad y, en la parte superior, le dirá "Capital: Paris".)

La razón número uno por la cual su búsqueda fracasa

Bueno, quizá no sea su razón número uno, pero es la nuestra. Una de las palabras de búsqueda está mal escrita o mal digitada. John ha notado que sus dedos insisten en digitar "Interent" y lo único que encuentra son otras páginas web de personas que no saben escribir o digitar. Google por lo general identifica estos problemas de escritura y sugiere una alternativa. En algunas ocasiones usamos una búsqueda en Google para revisar la escritura preferida de palabras que todavía no están incluidas en el diccionario. (Gracias a nuestro amigo Jean Armour Polly por recordarnos este problema.)

Ahora que lo hemos desanimado, pruebe hacer algunas búsquedas en Google. Dirija su explorador a www.google.com. Puede ver una pantalla como la que aparece en la Figura 8-1.

Figura 8-1
Google, listo para avanzar. (Era el Día Nacional del Educador.)

Digite algunos términos de búsqueda para que Google localice las páginas que mejor coinciden con sus términos. Trabaja con la "mejor coincidencia" no la "coincidencia"; si no puede relacionar todos los términos, busca páginas que coinciden lo mejor posible. Google ignora las palabras que aparecen con mucha frecuencia por ser útiles como términos para índice, tanto las obvias (como y, el/la y de) como las de pura rutina (términos como internet correo). Estas reglas pueden parecer un tanto desalentadoras, pero no es difícil obtener resultados útiles de Google. Sólo debe idear buenos términos de búsqueda. Intente con el ejemplo de la receta, digite **pastel de limón** y luego haga clic en el botón Buscar. La respuesta que obtiene aparece en la Figura 8-2.

Sus resultados no lucirán igual a la Figura 8-2 porque Google habrá actualizado su base de datos desde que se imprimió este libro. La mayoría de las páginas que encontró, de hecho, tienen alguna relación con el pastel de limón, algunas tienen excelentes recetas. Google dice que encontró 130.000 concordancias (¡guau!) pero para no abrumarlo sólo le mostrará 100 de ellas, 10 a la vez. Aunque quizás eso es más de lo que quería ver, al menos debería ver el siguiente par de pantallas de coincidencias si la primera pantalla no tiene lo que usted quiere. Como esta lista incluye muchos restaurantes con pastel de limón en el menú y otras referencias al tema, puede limitar la búsqueda al agregar la palabra clave receta. Los motores de búsqueda son muy bobos, usted debe agregar la inteligencia. En la parte inferior de las pantallas de Google hay números de páginas, haga clic en Siguiente para ir a la siguiente página.

Los vínculos en la columna de la derecha son vínculos "patrocinadores", es decir, anuncios pagados que se ordenan según la cantidad que estuvo dispuesto a pagar el anunciante. A menudo vale la pena hacerles clic, pero recuerde que son anuncios.

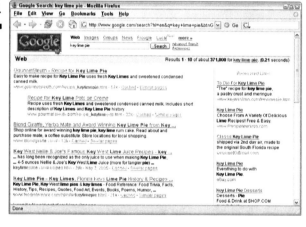

Figura 8-2
Un sin-
número de
páginas
para pastel.

Consejos útiles para una búsqueda más específica

Google le facilita refinar su búsqueda para especificar mejor las páginas que desea encontrar. Después de cada búsqueda, sus términos de búsqueda aparecen en un cuadro en la parte superior de la página para que los pueda cambiar y hacer un nuevo intento. Estos son algunos consejos para cambiar sus términos:

✔ Digite la mayoría de las palabras de búsqueda en letra minúscula. Digite los nombres propios con una sola letra mayúscula, como `Elvis`. Nunca escriba toda la palabra en mayúscula.

✔ Si dos o más palabras deben aparecer juntas, colóquelas entre comillas, como en `"Elvis Presley"`. Debería hacer eso con la búsqueda del pastel ("pastel de limón") porque, después de todo, ese es el nombre del pastel, aunque en este ejemplo, Google es lo suficientemente inteligente para darse cuenta de que es una frase común y actúa como si usted hubiera digitado las comillas.

✔ Use + y – para indicar palabras que deben aparecer o no, como en el caso de `+Elvis +Costello -Presley` si está buscando el Elvis moderno y no el clásico.

El botón "Voy a tener suerte" busca y lo lleva directamente al primer vínculo, que funciona, bueno, cuando tiene suerte.

Todavía más opciones de Google

A pesar de que Google se ve muy sencillo, tiene muchas otras opciones que pueden ser de utilidad:

✔ **Puede llegar allá desde aquí:** digite la dirección de una calle para que Google le proporcione un vínculo hacia un mapa. Digite el nombre de una persona y una dirección total o parcial, al menos la abreviatura del estado para que le proporcione direcciones y números de teléfono. Digite un número de teléfono para que le proporcione el nombre y la dirección. (Pruebe con el número **202-456-1414**). Toda la información se recopila de fuentes públicas, pero si eso le parece muy aterrador, búsquese a sí mismo y, si se encuentra, Google le proporcionará un vínculo hacia una página con la que puede eliminar su información.

✔ **Puede usar Usenet para buscar información:** *usenet* es la colección gigante de *grupos de noticias* de Internet (grupos de discusión en línea) que ha estado presente desde antes de la web. Sólo haga clic en la pestaña Grupos cerca del cuadro de búsqueda. Si un tema se ha discutido en los últimos 20 años en Usenet (al parecer todos los temas se han discutido), esta técnica es la mejor forma de encontrar los mensajes acerca de ese tema. Es un excelente lugar para averiguar cómo arreglar problemas de informática. Es muy probable que cualquier pregunta que usted tenga se haya hecho y se haya respondido en Usenet, y Google tiene toda esa información. (John encontró cuestiones que escribió en 1981.) Para obtener una descripción de Usenet, vea `net.gurus.com/usenet`.

✔ **Puede buscar imágenes al igual que texto:** sólo haga clic en la pestaña Imagen en cualquier página de búsqueda. Google no tiene una idea de lo que es cada imagen, pero observa el texto alrededor y el nombre del archivo de la imagen y hace un excelente trabajo en adivinar. Si realiza una búsqueda de imagen para "pastel de limón", en realidad verá docenas de fotos de deliciosos pasteles. Una característica de "búsqueda segura" omite imágenes de personas desnudas o cosas parecidas. Si desactiva la búsqueda segura, es posible que encuentre imágenes impresionantes y nada seguras.

✔ **Puede contar con las noticias:** las Noticias de Google (haga clic en la pestaña Noticias o inicie en `news.google.com`) muestran un resumen de las últimas noticias en línea tomadas automáticamente de miles de fuentes alrededor del mundo. **Advertencia:** Si está interesado en los eventos de la actualidad, fácilmente puede pasar 12 horas al día siguiendo vínculos desde aquí.

✔ **Puede limitar su búsqueda a documentos en un idioma específico:** no tienen sentido encontrar páginas en un idioma que no puede leer, aunque Google cuente con un subsistema que puede probar, con un éxito relativo, para traducir páginas de algunos otros idiomas. Haga clic en el vínculo Herramientas del idioma (Language Tools) en la parte inferior de la ventana.

✔ **Puede hacer cálculos aritméticos sin dificultad.** Google es, incluso, una calculadora. Digite **2+2** y Google le dice "2 + 2 = 4." Conoce unidades de medida, de manera que si usted digita **4 pies 8.5 pulgadas**, le dice "4 pies 8.5 pulgadas = 1.4351 metros".

✔ **Puede localizar archivos rápidamente en su propia PC.** Google ofrece un programa que usted puede descargar en su PC llamado Google Desktop; este archivo le permite realizar búsquedas parecidas a Google (mientras obtiene anuncios como los de Google) de los contenidos del disco duro de su PC. A Carol le parece muy útil para localizar archivos antiguos y correo electrónico que está convencida de tener en algún lugar de su PC.

Yahoo, el antiguo rey de los directorios

Yahoo (sí, usted normalmente lo ve con un signo de exclamación, pero a nosotros no nos gusta gritar) es uno de los directorios más antiguos y sigue siendo muy bueno. Como con ODP, puede buscar entradas o hacer clic de categoría en categoría hasta que encuentra algo que le guste. Comenzamos nuestra visita a Yahoo en su página de directorio, `dir.yahoo.com` (al menos el nombre de la página no usa el signo de exclamación), como aparece en la Figura 8-3. Al igual que con todas las páginas web, puede ser que el diseño exacto haya cambiado cuando usted lea esto, aunque se ha mantenido muy estable durante años. Verá todo un grupo de categorías y subcategorías en una lista, haga clic en cualquiera de ellas para ver otra página con todavía más subcategorías y vínculos hacia páginas web reales. Puede hacer clic en un vínculo hacia una página, si ve una que le guste, o clic en una subcategoría, y así sucesivamente.

En la parte superior de cada página del directorio de Yahoo se encuentra la lista de categorías, subcategorías y demás, separadas por símbolos de mayor o menor que lo llevan hacia esa página. Si quiere retroceder unos cuantos

Figura 8-3
Listo para Yahoo.

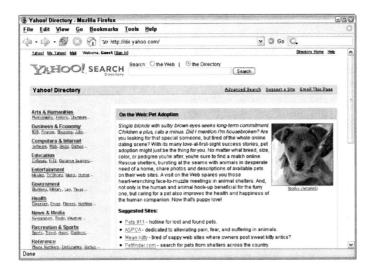

niveles y ver subcategorías distintas, sólo haga clic en el lugar de esa lista hacia el que quiere dirigirse. Luego de unos cuantos clics hacia arriba y hacia abajo se vuelve un experto. Muchas páginas aparecen en más de un lugar dentro del directorio, porque caben en más de una categoría. Las páginas web pueden tener una cantidad no determinada de vínculos que se refieren a ellas.

A pesar de que todas las categorías en la lista de Yahoo tienen suficientes subcategorías debajo, algunas tienen muchas más que otras. Si anda buscando una página relacionada con negocios, por ejemplo, es bueno saber que Yahoo agrupa todo lo relacionado con comercio bajo la categoría Economía y Negocios (como aparece en la Figura 8-4). Si estuviera buscando Internet Gurus Central, por ejemplo (lugar que, según nuestro criterio, la gente debería buscar varias veces al día), basta con un clic para llegar ahí desde la página principal de Yahoo en Economía y Negocios en esa página. Con un clic en Productos, luego en Libros, luego en Librerías, luego en Ciencia y Tecnología; cuando llega a esa página, puede vincularse a páginas con muchos libros acerca de Internet, incluidos los nuestros.

Si tiene una idea general de lo que anda buscando, pero no está seguro de lo que quiere, hacer clic hacia arriba y hacia abajo por las páginas del directorio de Yahoo es una buena forma de limitar su búsqueda y encontrar páginas de interés.

Al principio era sencillo conseguir una página web en Yahoo con sólo ingresarla en su página de Presentaciones y esperar como una semana para que sus editores buscaran la página nueva. Ahora que se volvió tan popular, las solicitudes normales tardan demasiado antes de que alguien del personal les dé una mirada (meses, quizás años), a menos de que pague $299 al año por el servicio "express". Puede sacar sus propias conclusiones de lo que eso afecta a lo que entra en Yahoo (y lo que no) y de la razón por la cual nos gusta dmoz.org.

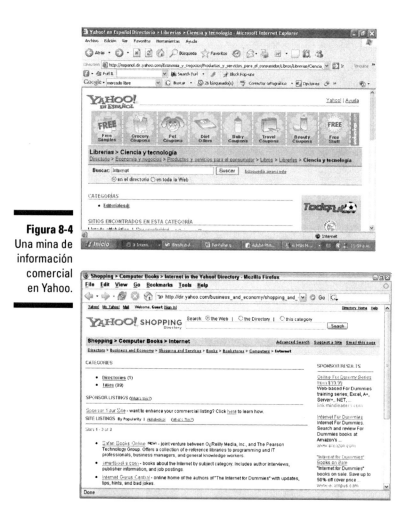

Figura 8-4
Una mina de
información
comercial
en Yahoo.

Buscar por medio de Yahoo

"¿Haga clic en Economía y Negocios y luego, en la siguiente página, haga clic en Productos, luego en Libros, en Librerías, en Ciencia y Tecnología? Usted se debe estar preguntando, ¿cómo supieron en cuáles categorías hacer clic?" Lo admitimos. Hicimos trampa, buscamos la página.

Yahoo también le permite buscar en su índice por una palabra clave, que es la mejor manera de usarlo si tiene una noción del título de la página que anda buscando. Todas las pantallas de Yahoo tienen cerca de la parte superior un cuadro de búsqueda donde puede digitar las palabras que quiere localizar en la entrada de Yahoo de páginas de interés. Por ejemplo, nosotros digitamos Internet para dummies, hicimos clic en el botón Buscar junto al cuadro para digitar texto y encontramos una página con muchas entradas, comenzando con el sitio web de nuestra editorial y el nuestro.

El blues 404

Con más frecuencia de lo que nos gusta admitir, cuando usted hace clic en un vínculo de una página de resultados de búsqueda, en lugar de obtener la página prometida, lo que obtiene es un mensaje como 404 No se puede encontrar la página. ¿Qué hizo mal? Nada. Las páginas web vienen y van y se cambian de lugar a gran velocidad y los diversos motores de búsqueda web se diseñaron como vehículos de envío (no como camiones de basura), de manera que realizan un pésimo trabajo de limpieza de vínculos hacia páginas muertas.

Al menos los motores de búsqueda son más efectivos en este sentido que los directorios manuales. Eso se debe a que los motores de búsqueda tienen robots de software que visitan todas las páginas incluidas en el índice de vez en cuando y se dan cuenta de si todavía existen. Aun así, pueden pasar muchos meses entre una visita de los robots y otra, y pueden ocurrirle muchas cosas a la página en ese tiempo. Google almacena (en la memoria *caché)* una copia de la mayoría de las páginas que visita, de manera que si la original ha desaparecido, puede hacer clic en el vínculo Caché al final de una entrada de índice de Google y ver una copia de la página tal como era cuando Google la vio por última vez. Éstas son algunas otras formas de darle seguimiento a ese vínculo tentador que se ha desviado no sabemos hacia dónde.

*El Archivo de Internet opera un servicio hábil, llamado Máquina de Wayback, que puede recuperar versiones anteriores de sitios web.

Ingrese su vínculo dañado en el cuadro de búsqueda en www.archive.org. (Sí, ellos también tienen muchos PC.)

*Algunos sitios tratan de ordenar un poco y de cambiar sus archivos de lugar en el proceso. Si el vínculo dañado es largo, como digamos www.frobliedoop.org/glompty-dompty/snrok/amazingtip.html, pruebe con versiones más cortas, www.frobliedoop.org/glompty-dompty/snrok; o www.frobliedoop.org/glompty-dompty o incluso www.frobliedoop.org para encontrar claves del lugar donde ellos colocan ese consejo. También intente con una búsqueda en Google de sólo el nombre del archivo, amazingtip.html. Podría haber una copia en otro sitio web.

*Por último, deberíamos mencionar que los sitios web algunas veces cierran, ya sea por alguna falla del equipo o por mantenimiento periódico (tarde en la noche, los domingos en la mañana y los feriados principales son los momentos predilectos para dicho mantenimiento). Quizá su vínculo 404 funcione como por arte de magia mañana.

Los vínculos dañados son parte de la vida en la frontera en línea, el equivalente en la alta tecnología a montar a caballo por un camino del Viejo Oeste y notar que, por supuesto, hay muchos cráneos de vacas al alrededor.

Con cada entrada que localiza, Yahoo incluye un vínculo hacia la categoría de la página si ésta se encuentra en su directorio. Incluso si la entrada no es la correcta, si hace clic en la categoría, encuentra otras páginas relacionadas y puede ser que algunas de ellas valgan la pena.

Puede hacer clic en el vínculo Búsqueda avanzada, cerca de la parte superior de la página para llegar a otra página de búsqueda un poco más avanzada de Yahoo. Esta opción le permite limitar qué tan atrás quiere revisar páginas y le puede indicar que busque por todas las palabras o por cualquiera de las palabras que digitó.

Tonelada más en Yahoo

A pesar de que originalmente Yahoo era un directorio de recursos disponible en la web, ahora es un *portal,* esto quiere decir que tiene muchas otras bases de datos disponibles para motivarlo a usted a que permanezca en Yahoo. Cada una cuenta con un vínculo en el que puede hacer clic (justo debajo del cuadro en el cual usted ingresaría los términos de búsqueda). Ellos agregan nuevas bases de datos como una vez a la semana; algunas de las más populares son:

- ✔ **Mi Yahoo:** una página de inicio personalizada sólo para usted con encabezados, precios de acciones, el tiempo local, Weblogs y casi cualquier otra fuente de información conocida por la humanidad del siglo 21.
- ✔ **Correo:** un popular sistema de correo web, que preferimos en lugar de Hotmail.
- ✔ **Páginas amarillas:** un directorio comercial.
- ✔ **Buscar personas:** busca direcciones y números de teléfono como en un directorio de páginas blancas (vea la sección "Localizar personas").
- ✔ **Mapas:** proporciona un mapa de la dirección de una calle que usted digita.
- ✔ **Clasificados:** aquí puede leer y colocar anuncios para automóviles, departamentos, PC y trabajos.
- ✔ **Personales:** aquí puede leer y colocar anuncios para *todo tipo* de citas (y esto en realidad significa *todo tipo*).
- ✔ **Chat:** lo coloca en un chat en línea por medio de la web.
- ✔ **Subastas:** subastas basadas en la web, parecidas a las de eBay.
- ✔ **TV:** listados impresionantes, por áreas, de televisión, cable y satélite.
- ✔ **Viajes:** un vínculo hacia el sistema de reservaciones Travelocity, así como una variedad de otras fuentes. (Vea `airinfo.aero` donde encontrará nuestras opiniones y sugerencias con respecto a los servicios de viajes en línea.)
- ✔ **Noticias, Resumen del mercado y Tabla de marcadores:** noticias de diversos servicios de cable, periódicos y otros medios.

ODP: está abierto, es grande y gratuito

¿No sería genial si existiera un directorio realmente grande, con tanta información como la contenida en un motor de búsqueda? Claro, pero, ¿quién le podría pagar a la gente para que haga un directorio tan grande? Nadie, pero los voluntarios lo hacen de manera gratuita. Netscape inició el Proyecto del Directorio Abierto (ODP, por sus siglas en inglés), un esfuerzo de voluntarios para crear el mejor y más grande directorio web del mundo. Impulsado por el mismo espíritu comunitario que construyó Linux, Mozilla, Firefox y Wikipedia, ODP en realidad se ha convertido en un directorio web muy poderoso. Como ODP está disponible para que cualquiera lo use de forma gratuita, docenas de motores de búsqueda incluyen al ODP junto con su información de índices. Por ejemplo, la versión de Google se encuentra en `www.google.com/dirhp`.

Quizá ya sea un experto

El Proyecto del Directorio Abierto depende de voluntarios para administrar una categoría. Si usted busca algo, observa lo que encuentra en la categoría y piensa "Bueno, puedo hacer un mejor trabajo", quizás es el momento de ofrecerse como voluntario y hacerlo. El tiempo del compromiso para una sola categoría es modesto, de sólo unos minutos a la semana para ver las sugerencias y editarlas, agregarlas o rechazarlas.

Para ofrecerse como voluntario haga clic en el vínculo Become an Editor cerca de la parte superior de cualquier ventana de dmoz.org. Hay un cuestionario pequeño que le pregunta quién es usted, la razón por la que está interesado y las entradas que le gustaría agregar a su categoría.

Si es aceptado (aceptan a la mayoría de la gente si cuentan con sugerencias de algunas páginas nuevas para la categoría), puede comenzar a editar dentro de uno o dos días. Existen tutorías y listas de correos para los editores, de manera que no tiene que encargarse de todo el trabajo.

John edita las categorías para los *compiladores,* un tipo de software que ha sido de su interés profesional desde sus tiempos de estudiante, así como la de los campamentos de la iglesia Unitaria, porque estaba buscando un campamento, vio la categoría y pensó "Bueno, yo podría...muy bien". Margy edita temas acerca de listas de correo y restaurantes en Vermont. Carol está buscando su camino.

ODP vive en `www.dmoz.org`, (*dmoz* quiere decir algo como *Directorio Mozilla*). El directorio es un conjunto de categorías, subcategorías y subsubcategorías y así sucesivamente, hasta llegar a un impresionante nivel de detalle. Cada categoría puede y, por lo general lo hace, contener un conjunto de páginas web. Puede comenzar en el nivel superior del directorio y hacer clic como guste por las categorías o buscar dentro del directorio para localizar páginas y luego mirar las categorías que incluyen páginas interesantes. Como todas esas páginas han recibido al menos la mirada de una persona, probablemente sean de una mayor calidad que las recolectadas de forma manual en la lista general de Google. Usted puede ver no sólo las páginas web relevantes, sino también los vínculos hacia categorías relacionadas. Existen tantas categorías en el ODP que usted a menudo tiene que hacer algunos clics para localizar la subcategoría exacta que desea, pero cuando la encuentra, por lo general encuentra algunos vínculos muy interesantes. Si no es así, vea el recuadro "Quizá ya sea un experto".

Para hechos reales, primero pruebe con Wikipedia

Wikipedia, `www.wikipedia.org`, es una enciclopedia que puede usar de manera gratuita en Internet. *Wiki* quiere decir rápido en hawaiano (en realidad, "wikiwiki" lo es) y Wikipedia se ha ganado su nombre. El proyecto Wikipedia, que comenzó en 2001, ha crecido hasta contener medio millón de artículos en inglés y cubre casi cualquier tema que se le pueda ocurrir, desde la `Batalla de Dunkerke` hasta los `libros Dummies` y, por supuesto, hay un artículo sobre el `pastel de limón`, donde encontramos que el "Verdadero pastel de limón se hace con leche condensada de lata, porque la leche común no se conseguía en los Cayos de Florida hasta que aparecieron los métodos modernos de distribución refrigerada".

Si está buscando la primicia de la mayoría de los temas, Wikipedia es un excelente lugar para comenzar. Puede buscar tanto en los títulos de los artículos como en sus textos. Las palabras subrayadas en azul dentro del artículo vinculan hacia otros artículos en Wikipedia. Muchos artículos también tienen vínculos hacia sitios web externos que proporcionan más información acerca del tema. Los artículos los crea y los edita un grupo de voluntarios de más de 6.000 contribuyentes activos. Existen también Wikipedias en docenas de otros idiomas (revise is.wikipedia.org si alguna vez se ha preguntado cómo se ve Islandia).

Cualquiera puede editar un artículo de Wikipedia en el momento que lo desee. Eso puede parecer una receta para un caos seguro, pero la mayoría de los artículos los revisan varias veces los voluntarios interesados y las ediciones inapropiadas se revierten rápidamente; por lo tanto, la calidad en general se mantiene bastante alta.

Si la idea de editar artículos de enciclopedia de sus temas preferidos le parece llamativa, hable primero con su familia. Wikipedia se puede volver muy adictivo.

Se supone que los artículos deben reflejar un punto de vista neutro (NPOV en WikiSpeak), pero algunos temas, como el aborto, el creacionismo y la política del Medio Oriente siempre son temas de debate. Wikipedia no trabaja de una manera tan fidedigna y convencional como la *Enciclopedia Británica*, pero sus artículos, por lo general, están actualizados y van directo al punto, con asuntos

¿Quién paga por todo esto?

Quizá se esté preguntando quién paga por todos estos sistemas de búsqueda tan maravillosos. La publicidad los mantiene a todos, excepto a dos de ellos. En cada página de la mayoría de los sistemas de búsqueda usted observa muchísimos anuncios. En un principio, la ganancia por la publicidad era muy escasa, de ahí el descalabro financiero punto-com de 2000, pero entonces los sitios de búsqueda descubrieron un secreto importante: cuando usted ingresa palabras clave, le está diciendo al sitio web algo sobre sus intereses en ese momento. Esa información tiene mucho valor para los anunciantes. Una compañía de automóviles podría pagar mucho dinero para que su anuncio aparezca cerca de la parte superior de la página de resultados cuando usted busca en ventas de automoviles de Kansas. Algunos sitios (sobre todo Google) subastan los mejores lugares para los anuncios.

Google marca todos esos anuncios como "vínculos patrocinados". Por lo general se ubican a la izquierda de la página de resultados, pero en algunas ocasiones están en la parte superior con un fondo de color (sorpresa, estos son más caros). Otros sitios de búsqueda quizá no sean tan escrupulosos. Los anunciantes le pagan a Google cuando usted hace clic en sus vínculos.

Las excepciones son el Proyecto del Directorio Abierto y Wikipedia, que trabajan como modelo de fuente abierta. La mayoría de contribuyentes son voluntarios que no reciben pago; más bien reciben un pequeño apoyo para el sitio ODP proporcionado por la subsidiaria Netscape de AOL.

Visite net.gurus.com/search para obtener los últimos detalles.

de fondo que se tratan por medio de vínculos hacia otros artículos. Un aspecto bastante llamativo con respecto a Wikipedia es su colección de listas exhaustivas, `en.wikipedia.org/wiki/Category:Lists`, con todo tipo de temas misteriosos. `La lista de países con suministros de tomacorrientes, voltajes y frecuencias` es uno de nuestros preferidos.

Si realiza la búsqueda de un tema en Google, existe una gran posibilidad de que aparezca un artículo de Wikipedia en uno de los vínculos. Ese vínculo puede ser un buen lugar para comenzar a leer.

Aquí termina nuestra investigación de los pasteles de limón. Sólo un momento mientras vamos a la cocina y nos comemos otra porción.

Los sospechosos habituales: otros motores de búsqueda útiles

Después de navegar por un rato en Yahoo, Google y ODP, quizá quiera revisar la competencia.

A9.com de Amazon

`www.a9.com`

Amazon.com, la gigante tienda en línea de libros y otras cosas más, tiene su propio motor de búsqueda que muestra resultados en un formulario de columnas múltiples: una columna es para la búsqueda en Google, la segunda muestra libros (de Amazon, por supuesto) del tema y otras columnas muestran resultados de otras fuentes. Si tiene una cuenta en Amazon y se registra, éste recuerda búsquedas anteriores y le puede decir lo que hay de nuevo desde la última vez. Creemos que está un poco abarrotado, pero en ocasiones sus resultados pueden ser interesantes.

About.com

`www.about.com`

About es un directorio con varias centenas de "guías" semiprofesionales que administran las áreas de temas. Las guías varían de bueno a muy bueno. Margy conoce un par que son realmente buenas, de manera que si está buscando información profunda acerca de un tema, vale la pena revisar About.com para ver lo que ofrece la guía. El *New York Times* adquirió About.com en el 2005.

El desafío de los diez minutos

Nuestro amigo Doug Hacker (ese es su verdadero nombre) asegura ser capaz de encontrar en la red la respuesta a cualquier pregunta verdadera en menos de diez minutos. Carol lo retó a encontrar una cita que ella vagamente conocía de las notas de un álbum del Duke Ellington cuyo título no recordaba. Él tenía la cita completa luego de casi una hora, pero invirtió menos de cinco minutos haciendo su búsqueda. ¿Cómo? Encontró una lista de correo acerca del Duke Ellington, se suscribió e hizo la pregunta. Varios miembros respondieron en poco tiempo. Cuanto más tiempo pase en Internet, la habilidad para saber a dónde dirigirse para conseguir la información que necesita será mejor.

Bytedog

www.bytedog.com

Bytedog organiza los resultados de búsqueda de otros motores y los presenta en una lista clasificada con simpáticos gráficos de perros (más simpáticos que los de Microsoft, si quieren conocer nuestra opinión). Requiere unos segundos más para responder, pero eso se debe a que está filtrando los vínculos malos para que usted no tenga que lidiar con ellos. Bytedog es un proyecto de un par de estudiantes de la Universidad de Waterloo, Ontario.

Búsqueda Microsoft

www.msn.com

Microsoft percibe a Google como una amenaza y no está dispuesto a ceder el lucrativo negocio de las búsquedas sin dar la pelea. En este momento su tecnología de búsqueda no llama la atención, pero los chicos de Redmond tienen dinero para tirar. Y, sorpresa, MSN es el motor de búsqueda predeterminado en Internet Explorer.

Otras guías web

ODP tiene un directorio con varias decenas de otras guías: vea dmoz.org/Computers/Internet/Searching donde encontrará vínculos hacia ellas.

Páginas amarillas

www.superpages.com
www.smartpages.com
www.seccionamarilla.com.mx

```
www.paginas-amarillas.es
www.infousa.com
```

Unos cuantos directorios comerciales de "páginas amarillas", tanto nacionales como locales, se encuentran en la red. Los directorios de esta lista son sólo algunos. InfoUSA incluso ofrece informes crediticios y otra información indiscreta que resulta desagradable.

Localizar personas

Localizar personas en Internet es algo muy sencillo. Es tan fácil que en ocasiones nos parece aterrador. Dos categorías, que tienen muchas coincidencias, de localizadores de personas se encuentran disponibles: los que buscan personas en la red con correo electrónico y direcciones web, quienes buscan personas en la vida real con números de teléfono y direcciones de calles.

En la vida real

Los directorios de direcciones a las que puede enviar correspondencia de papel y los números que hacen sonar teléfonos reales, por lo general están compilados a partir de los directorios telefónicos. Si no ha tenido un número telefónico que aparezca en esos listados durante los últimos años, quizá no se encuentre en ninguno de esos directorios.

```
www.superpages.com
www.smartpages.com
http://es.yp.yahoo.com/
```

Superpages y Smartpages están a cargo de Verizon y SBC respectivamente, las dos compañías telefónicas más grandes de Estados Unidos, y cuentan con listados muy actualizados de sus propias áreas de servicio. También tienen directorios comerciales de Páginas Amarillas.

En la red

El proceso de encontrar correo electrónico y direcciones web es como golpear y en ocasiones acertar. Debido a que nunca ha existido un equivalente en línea del directorio oficial que produce la compañía telefónica, los directorios de direcciones de correos electrónicos se compilan a partir de las direcciones usadas en páginas web, mensajes Usenet, listas de correo y otros lugares más o menos públicos en la red. Como los diferentes directorios usan fuentes diferentes, si no encuentra a alguna persona en un directorio, puede intentar en otro.

Debido a que los directorios de correo electrónico están incompletos, no hay nada que sustituya a llamar a alguien y preguntarle, "¿Cuál es su dirección de correo electrónico?"

Buscar personas en Google

Digite el nombre de una persona y su dirección en Google (para la dirección, use por lo menos la abreviatura del estado, pero entre más información mejor) y éste le mostrará concordancias de los listados de los directorios telefónicos.

Si se pregunta si alguien tiene una página web, use Google o Yahoo para buscar sólo el nombre de la persona. Si se pregunta si será famoso, use Google o Yahoo para buscar su propio nombre y ver cuántas personas lo mencionan o lo vinculan a páginas web. Si recibe un correo electrónico de una persona desconocida, busque la dirección del correo electrónico en Google, a menos que el mensaje sea spam, es probable que la dirección aparezca unida a alguna página web.

Búsqueda de personas en Yahoo

`people.yahoo.com`

Aquí puede buscar direcciones y números de teléfono y direcciones de correo electrónico. Si no le gusta su propia lista, puede agregarle datos, actualizarla o borrarla.

WhoWhere

`www.whowhere.lycos.com`

WhoWhere es otro directorio de direcciones de correo electrónico. A pesar de que Yahoo suele dar mejores resultados, algunas personas se encuentran en las listas de WhoWhere que no están en las listas de otros lugares.

Canada 411

`www.canada411.com`

Canada 411 es un directorio telefonico canadiense completo, auspiciado por las principales compañías telefónicas canadienses. *Aussi* disponible en *français*, ¿eh? Durante muchos años las listas de Alberta y Saskatchewan no estuvieron incorporadas, lo cual llevó a creer que las dos provincias eran muy aburridas, pero ahora están incluidas, probando tener la misma importancia que cualquier otra.

El correo, una vez más

Las listas de correo son otro recurso importante. La mayoría de las listas (pero no todas, revise antes de preguntar) aceptan preguntas concretas y educadas relacionadas con el tema de la lista. Vea el Capítulo 16 para encontrar más información con respecto a las listas de correo, incluyendo cómo buscar listas de determinados temas de interés para usted.

Somos de su explorador y estamos aquí para ayudarle

Microsoft y Mozilla siguen tratando de hacerse camino en el mercado de los motores de búsqueda. (¿Quién? ¿Nosotros? ¿Opinar?) Ambos lo llevan directamente hacia sus respectivos sistemas de búsqueda si usted les da la mínima oportunidad. Estos sistemas de búsqueda no son desagradables, pero al menos que usted sea el tipo de persona que enciende el televisor y ve cualquier cosa que esté en el primer canal que aparezca, es muy probable que prefiera elegir su propio motor de búsqueda.

El cuadro de búsqueda Firefox y Safari

Firefox y Safari (el explorador de Apple para Mac) cuenta con un útil cuadro de búsqueda incorporado a la derecha del cuadro de dirección. Sólo digite sus palabras de búsqueda y presione Enter. Sus palabras se envían al motor de búsqueda y los resultados aparecen en pantalla. Firefox y Safari vienen con sus motores de búsqueda predeterminados configurados en Google. Puede seleccionar un sitio de búsqueda diferente en Firefox al hacer clic en el logo del motor de búsqueda (por lo general el icono "G" de Google) y seleccionar otro sitio de la lista desplegable. Safari parece estar fijo en Google.

Autobúsqueda de Microsoft

Si digita palabras clave dentro del cuadro Dirección, Internet Explorer lo envía a Búsqueda MSN, un directorio web adecuado, junto con muchos vínculos que se ven de manera sospechosa como anuncios.

Internet Explorer (IE) también tiene la Barra de Búsqueda. Si hace clic en el botón Búsqueda en la barra de herramientas, un panel Búsqueda aparece a la izquierda de su ventana IE con una página de motor de búsqueda pequeña. En IE 6, la búsqueda web le permite usar uno o más motores de búsqueda y combina los resultados. Haga clic en el botón Cambiar preferencias para decirle cuáles motores le gustan. De las opciones que ellos ofrecen, Google es la número uno.

Conseguir lo bueno de los bienes y servicios

Todos los directorios comerciales y motores de búsqueda ahora colocan información de compras en algún lugar de la página principal para ayudar a que su tarjeta de crédito esté más cerca de la red con mayor rapidez. Puede encontrar tiendas por departamentos y catálogos de todas partes, que ofrecen cualquier cosa imaginable (y algunos objetos impensables). Le decimos todo lo que puede hacer, lo que no y la forma de hacerlo en el Capítulo 10.

Mientras se encuentra ahí, puede deshacerse del molesto Doggie de Búsqueda, desactivar los consejos de globo inútiles y hacer que su explorador funcione más como una herramienta para usted y menos como un anuncio para Microsoft. Al hacer clic en el botón Cambiar Preferencias en el panel Búsqueda aparecen estas opciones (entre otras):

- ✔ **Búsqueda sin animación:** haga clic para que el personaje desaparezca. Haga clic en Con un personaje diferente para cambiar el perrito a un punto rojo, un robot, un logo de Windows u otro, igualmente adorable icono (bueno, digamos).

- ✔ **Cambiar comportamiento de búsqueda a Internet:** haga clic para elegir si quiere o no que el panel Búsqueda aparezca y para elegir cuál motor de búsqueda usar.

- ✔ **No mostrar burbujas de ayuda:** hága clic para deshabilitar las pequeñas burbujas con pensamientos que Windows muestra algunas veces.

El cuadro de búsqueda IE combina de manera confusa búsquedas de web con archivos de búsqueda en su PC. Las opciones conocidas como Servicio de indexado de Archivos o Carpetas sólo afectan la forma de buscar de Windows en el disco de su propia PC, no en la red.

Si utiliza IE, a pesar de nuestro consejo de hacer lo contrario y del elevado riesgo con los programas espía y le gusta usar Google para sus búsquedas, Google cuenta con un pequeño IE agregado que entre otras cosas tiene un cuadro de búsqueda de Google. Visite `toolbar.google.com` para obtener mayor información y para descargarlo e instalarlo.

Más búsqueda mágica

Microsoft y Firefox se encuentran en una desesperada competencia por obtener usuarios, así que cuando lea este libro, sin duda habrá más características de búsqueda en cada explorador. Visite nuestro sitio web en `net.gurus.com/search` para averiguar lo que hay nuevo.

Capítulo 9

Música y video en la web

. . . .

. . . .

*H*ace mil años, cuando escribimos la primera edición de *Internet Para Dummies*, el contenido de Internet consistía casi enteramente en texto. (Eso fue en 1993, pero de verdad *parece* como si hubieran pasado mil años.) Se podían descargar unos cuantos archivos de imágenes y existía algo extraño llamado la World Wide Web que podía combinar imágenes y texto, pero la mayoría era texto. Las conexiones eran lentas, descargar imágenes tomaba demasiado tiempo y las pantallas de las PC eran tan confusas que nos conformábamos con texto. Las imágenes que podía descargar eran sólo imágenes, como caricaturas o fotografías. El audio casi no se podía escuchar y los archivos de video eran tan voluminosos que, incluso si lograba encontrar un clip y esperaba una semana para descargarlo, no cabría en el disco de su PC. A finales de la década de 1990, la velocidad de las conexiones de Internet aumentó y las pantallas ya habían mejorado lo suficiente como para que las imágenes fueran algo normal; además, el audio estaba ingresando bien en la línea, de manera que ya colocábamos un ejemplo de mensaje de voz en nuestro sitio web por si acaso alguno de nuestros lectores tuviera tarjetas de sonido. (Todavía está ahí, en net.gurus.com/ngc.wav.)

Desde entonces las cosas han avanzado un poco. Los usuarios ordinarios ahora cuentan con conexiones de red que funcionan a muchos millones de bits por segundo, más rápido que las estructuras principales de principios de la década de 1990; además, los discos de las PC han alcanzado proporciones más allá de lo imaginable. Pasar audio y video a través de la red se ha convertido en algo práctico y de uso generalizado. De hecho, las cantidades de audio y video que se pueden encontrar en este momento son tan grandes que podría pasar toda su vida viendo comerciales en línea sin llegar a algo que valga la pena mirar. De manera que este capítulo intentará ayudarle a poner un poco de orden en esa tierra baldía de los medios en línea.

Para evitar escribir "audio y video" cien veces más en este capítulo, usamos el término *medios* para referirnos a ellos por ser más conciso (aunque impreciso).

Cinco formas de obtener medios y una de no hacerlo

Existen millones de programas y formatos distintos con los que puede obtener sus medios. Por suerte se ubican en una modesta cantidad de categorías: gratuitos, divididos, alquilados, comprados, compartidos y totalmente robados.

Obtenerlo como un regalo

El enfoque más sencillo es descargar medios que se ofrecen de manera gratuita y luego reproducirlos. Visite `www.nasa.gov/multimedia`, en donde la NASA cuenta con muchas películas pequeñas acerca de temas que van desde tormentas de arena en Marte hasta cómo el viaje en una montaña rusa semeja el despegue en una nave espacial. También puede conseguir películas y videos independientes de productores que están más interesados en permitir que la gente vea su trabajo que en cobrar por eso. Visite `epitonic.com` donde encontrará una colección ecléctica de música que los artistas, algunos muy conocidos y otros no, han puesto a disposición de la gente para que la escuchen y hagan sus propias mezclas.

Tomarlo prestado

Descargar un clip completo de medios puede tomar algo de tiempo, incluso con una conexión de banda ancha. En lugar de hacer la descarga primero y luego la reproducción, la descarga de flujos de medios se reproduce al mismo tiempo, recreando, de ese modo (de manera digital compleja) la forma en que la radio y la televisión han trabajado desde 1920. Al igual que con la televisión y la radio, una vez que está en flujos, se ha ido y, si la quiere reproducir de nuevo, tiene que volver a los flujos (stream.) En el caso del audio, esto puede funcionar por medio de una conexión telefónica, pero en el caso del video se necesita una conexión de banda ancha.

La mayoría de este tipo de medios se proporciona por pedidos, es decir, usted hace clic en un vínculo y ellos le envían lo que sea, similar a una rockola. En otros casos, algunos de estos medios son un solo programa dentro del cual usted puede oír lo que se está reproduciendo en cualquier momento. No sorprende que a esto se le llame *radio por Internet* y en muchos casos se les llama programas de radio, como las estaciones de radio públicas en `wrvo.fm` (haga clic en Listen Live) en el estado de Nueva York y en `www.vpr.net` (Listen Online) en Vermont. Mencionamos más acerca de la radio-l en la sección "Radio por Internet" más adelante en este capítulo.

Alquilarlo

Una gran cantidad de música no está disponible de manera gratuita, pero si lo está a un precio bajo. Los servicios como Real Networks' Rhapsody (`www.real.com/rhapsody`) ofrecen suscripciones mensuales que le permiten escuchar grandes bibliotecas de música grabada. Usted les paga una tarifa mensual fija y ellos le permiten que haga clic en las canciones de su catálogo para escucharlas y que haga y comparta listas de reproducción de sus canciones favoritas. Pero sólo puede escucharlas en línea; para descargarlas y conservarlas o copiarlas en un CD o en un iPod tiene que comprarlas.

Estos servicios de alquiler tienen grandes catálogos de música y todos aseguran ser los más grandes. En realidad son bastante grandes; mientras revisábamos Rhapsody, pudimos hacer una comparación lado a lado de la versión de Desi Arnaz de finales de la década de 1940 de "Babalú" y la grabación más elegante de 1941 de Xavier Cugat. (Usted deberá decidir cuál le gusta más.)

Comprarlo

El iTunes de Apple ofrece un enfoque notable e innovador de la música en línea. Vaya a `www.apple.com/itunes` y podrá escuchar la primera parte de cualquier canción del catálogo. Si le gusta, puede comprar su propia copia permanente (por 99 centavos de dólar) que puede copiar a su iPod o quemar en un CD. No tiene que ser un usuario de Mac para que le guste iTunes; puede escuchar las canciones usando una versión de Windows del programa iTunes (vea la sección "Organizar su música con iTunes" más adelante en este capítulo). No nos sorprende que la gente compre por montones, haciendo de iTunes la tienda en línea más grande. De la misma forma, muchos otros sitios web venden música, ya sea por medio de una tienda web o como agregados a los servicios de alquiler, todos casi por el mismo precio que iTunes.

Compartirlo

Napster (en `www.napster.com`) fue el primer servicio de intercambio de música conocido en permitir a sus miembros descargar archivos de música MP3 entre ellos de manera gratuita. El sistema fue el primer intercambio de información a gran escala de persona a persona (P2P), en donde las personas intercambian archivos entre sí en lugar de descargarlos desde una biblioteca central. En algún momento, los grandes sellos de grabación entablaron demandas y lo cerraron porque la mayoría de lo que la gente intercambiaba violaba los derechos de autor de la música. Napster luego se reinstauró como sistema de alquiler de música.

Un popular sistema de persona a persona es KaZaA (`www.kazaa.com`), que hasta el momento ha resistido los ataques legales por no tener un sitio de índice central como lo tenía Napster y por tener sus oficinas centrales en una oculta isla del Pacífico que es parte de Australia. No le recomendamos usar KaZaA, en parte porque todavía hay una gran cantidad de material pirateado, pero sobre todo porque KaZaA viene cargado de molestos anuncios adware que coloca por toda su pantalla. (Al menos, ellos dicen que eso es todo lo que hace.) Por fortuna, un sistema P2P, BitTorrent es una fuente abierta y

Descargas para los más instruidos

No todos los archivos de audio que se pueden descargar contienen música. Existe un mercado próspero en lo que se llamaba "libros de voz". Usted puede descargar libros, revistas y casi cualquier cosa que pueda leer, así como programas de radio que pueden haberse perdido. A pesar de que escuchar libros descargados en su PC funciona bien y puede ser una herramienta esencial para las personas con problemas visuales, no tiene mucho sentido si puede leer el verdadero libro más rápido de lo que lo puede escuchar. Pero si conduce para ir al trabajo o si sale a ejercitarse, un libro de voz en CD en el reproductor del automóvil (o uno copiado en un reproductor de MP3 o en iPod en su faja) es una muy buena opción.

La mayor fuente de libros de voz es Audible.com (www.audible.com.) Puede comprar libros individuales a precios similares a los de los libros o puede suscribirse y recibir uno o dos libros por mes a un menor precio del que tendría que pagar por ellos individualmente. De cualquier manera, los libros que compra son suyos y se los puede dejar. Ellos proporcionan un programa bastante adecuado que puede descargar e instalar para darle seguimiento a los archivos de los libros que ha comprado y para quemarlos en CD (muchos CD, alrededor de 15 para un libro completo). También han hecho tratos con muchos otros programas de medios, de manera que hay un plug-in Audible para iTunes que le permite copiar sus libros a un iPod, así como uno para Reproductor de Windows Media para todos los dispositivos MP3 que utiliza, y así sucesivamente.

Audible, por lo general, ofrece una suscripción de prueba con un par de libros gratuitos y su catálogo incluye material de interés público como los discursos presidenciales de toma de posesión disponibles de forma gratuita por si quiere escucharlos. *Advertencia:* John lo probó y terminó inventando quehaceres que incluían conducir hasta tiendas muy alejadas para poder escuchar el último CD de *El Código Da Vinci*. Por otro lado, el esposo de Margy sobrevivió largos caminos hasta llegar a casa gracias a la suscripción a Audible.

libre de programas basura, de manera que lo puede usar con seguridad, vea "Compartir de persona a persona" más adelante en este capítulo.

Robarlo, ¡oh, no!

Todavía existe mucho material pirateado en la red y quizá siempre lo haya. Esperamos que nuestros lectores, siendo de buena moral, no quieran buscar ese tipo de material; si usted quiere, tendrá que hacerlo sin nuestra ayuda.

¿Con qué está escuchando?

Los tres programas más populares utilizados para reproducir medios en línea basados en la web son Reproductor de Windows Media, Real Player y Apple QuickTime. Cada uno incluye un programa de reproducción separado y plugins para exploradores de web de manera que las páginas puedan insertar ventanas pequeñas que muestran películas o reproducen música. Algunos le proporcionan la opción de elegir cuál reproductor utilizar, algunos sólo usan uno o dos. En algún momento tendrá que instalar los tres si quiere usar todos los vínculos en los que hace clic.

Los tres trabajan muy bien, aunque le damos luz verde a QuickTime por su combinación de desempeño fluido y la menor cantidad de anuncios molestos.

RealPlayer

www.real.com

El sistema más popular para reproducir archivos de medios de flujos (streaming), del tipo que usted toma prestado o alquila, es RealPlayer, tal como aparece en la Figura 9-1. Los archivos en el formato Real tienen la extensión .ra o .ram. Para reproducirlos necesita el programa RealPlayer, el cual puede descargar de www.real.com. Con el reproductor RealAudio también funciona el RealVideo, el cual muestra imágenes muy pequeñas que van con el sonido.

Tiene que descargar e instalar el reproductor antes de utilizarlo. El proceso de instalación es difícil porque Real quiere desesperadamente que usted complete la información de registro para agregarlo a sus listas de mercadeo. Verá una variedad de advertencias con malos presagios si se resiste a inscribirse (o incluso si apaga el "centro de mensajes" que aparece de vez en cuando para mostrar anuncios, pistas útiles, actualizaciones y anuncios). Sólo diga que no, funciona bien sin inscribirse y sin anuncios dinámicos.

Si inicia RealPlayer directamente, éste incluye un explorador web (en realidad Internet Explorer) que abre una página de guía de medios con mucho material que puede escuchar u observar y que ellos esperan que compre.

Reproductor de Windows Media

www.microsoft.com/windows/windowsmedia

Microsoft decidió crear su propio formato de audio de flujos (*streaming*) e incluir un reproductor con versiones más nuevas de Windows. Puede reproducir archi-

Figura 9-1
Ponerse al día con lo último de los medios con RealPlayer.

vos en Advanced Streaming Format (con las extensiones `.asf` o `.asx`) con el programa Reproductor de Windows Media (WMP; vea la Figura 9-2), así como con la mayoría de los otros formatos. Las versiones más recientes agregaron nuevas características útiles, de manera que si no tiene Reproductor de Windows Media 10, vale la pena visitar Windows Update o el sitio Media Player para descargarlo.

WMP viene con vínculos incorporados hacia un conjunto extraño de tiendas de medios en línea, que van desde Wal-Mart (música barata que se puede descargar), pasando por las Ligas Mayores de Béisbol (juegos actuales y pasados), hasta la Corte en televisión (la verdad, sólo la verdad). Usted no está limitado a esas tiendas, son sólo las que le pagan a Microsoft para contar con vínculos incorporados.

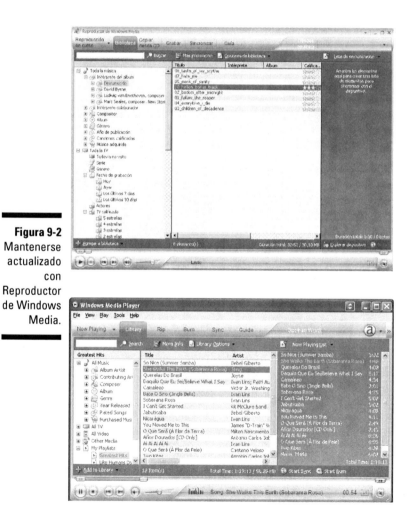

Figura 9-2
Mantenerse
actualizado
con
Reproductor
de Windows
Media.

Apple QuickTime

www.apple.com/quicktime

El tercer formato de flujos (streaming) en popularidad es QuickTime de Apple. QuickTime puede reproducir video de flujos (vea la Figura 9-3) así como audio en los formatos más populares. El software necesario es estándar en las Macintosh y está disponible de forma gratuita para Windows en www.apple.com/quicktime. A Apple le gustaría venderle la versión Pro de mayor capacidad, pero la versión gratuita funciona bien para trabajar con las descargas de medios.

Figura 9-3
Algún tipo
de Apple en
QuickTime.

Okay, ¿qué tal algo de música real?

Una de las actividades más atractivas en Internet es descargar e intercambiar archivos de música con sus amigos en el formato de archivos MP3, que quiere decir MPEG nivel 3 (siglas entre siglas, algo muy técnico) y es el formato de la pista de sonido usado con las películas MPEG. Debido a que ese formato está ampliamente difundido y a que hace un muy buen trabajo al comprimir música hasta un tamaño razonable para descargarla, los amantes de la música en la red lo han adoptado. Muchos sitios web dedicados al formato MP3 (como www.mp3.com) han surgido casi de la noche a la mañana. Son buenos lugares para buscar el software que necesita para reproducir archivos MP3 e incluso para grabar su propia música. Puede reproducir archivos MP3 con muchos programas diferentes, incluyendo Reproductor de Windows Media (el cual viene con Windows), RealPlayer e iTunes (que tiene el QuickTime incorporado, como se describe en la siguiente sección).

Naturalmente, Microsoft tiene un formato de archivo competente llamado WMA, con la extensión .wma. Reproductor de Windows Media puede *ripear* (copiar) pistas de CD de música hacia el disco duro de su PC en el formato WMA y puede grabar (quemar) pistas en CD-R (CD en blanco, grabables) si tiene un CD writer (Grabador). RealPlayer también puede ejecutar WMA.

Organizar su música con iTunes

El iTunes de Apple (`www.apple.com/itunes`) le permite comprar canciones descargadas de forma legal por el razonable precio de 99 centavos de dólar cada una. Tanto los usuarios de Mac como los de Windows pueden comprar y escuchar canciones de iTunes al descargar el programa gratuito, que es excelente para mantener sus canciones organizadas. A pesar de que iTunes funciona muy bien con MP3, éste crea archivos en formatos de audio más nuevos de MPEG-4 que suenan mejor. Las canciones que usted compra vienen en formato m4p (*MPEG nivel 4, comprado,* lo cual quiere decir copia protegida), mientras que las canciones de los CD u otras fuentes desprotegidas están en AAC (llamado en español Código de Audio Avanzado, la parte de audio de mp4.) La Figura 9-4 muestra el iTunes funcionando en Windows.

RealPlayer también puede descargar música por 99 centavos de dólar la pista o usted se puede suscribirse a su servicio Rhapsody, el cual le ofrece escuchar música en línea por tiempo ilimitado en su inmenso catálogo y descargas por 89 centavos de dólar la pieza, por $10 por mes. Muchos de los vínculos incorporados en Reproductor de Windows Media son para otro alquiler de música y para servicios de descargas con precios similares.

Si esta tormenta de tipos de archivos de audio le parece desconcertante, tiene razón, lo es. Por suerte, la mayoría de los programas pueden leer los formatos de los otros, así que no tiene que preocuparse mucho con respecto a cuál sea cuál

Figura 9-4
Una colección de clásicos en iTunes.

para descargas comunes. Le sugerimos que experimente con unos cuantos programas y que luego use el que más le guste. A nosotros nos gusta iTunes.

Escuchar música después de obtenerla

Si quiere escuchar música mientras está sentado frente a su PC, todo está listo, sólo abra uno de los programas de medios y escuche. Pero hemos oído que algunas personas en realidad tienen una vida muy movida y les gustaría escuchar música en otros lugares.

MP3 es tan popular que muchos fabricantes ahora ofrecen reproductores de MP3 portátiles que almacenan miles de piezas, de manera que puede escucharlas mientras trota, viaja o anda por ahí. Es como un Walkman, pero no necesita cintas o CD. Conecta su reproductor de MP3 a su PC cuando quiera descargar nuevas canciones. Los últimos reproductores pueden contener *semanas* de música. El más popular es el omnipresente Apple iPod, pero muchos otros reproductores son más baratos y trabajan bien. Sólo los iPods pueden reproducir música m4p (copia-protegida) y sólo con archivos de los cuales usted tiene una licencia.

Los programas llamados *rippers* le permiten transferir música desde sus CD hacia el disco de su PC en formato MP3. RealPlayer, iTunes y Reproductor de Windows Media pueden copiar de los CD y pueden quemar CD nuevos de música que usted ha copiado y descargado.

Más amenazas y promesas

Los amigos que copian sus canciones favoritas de los CD y luego las envían por correo a sus 50 amigos más cercanos son una amenaza espantosa para la industria de la grabación, sin mencionar que es una violación a las leyes de los derechos de autor. (Las espantosas amenazas anteriores, para aquellos que tienen suficiente edad para recordarlo, eran las cintas de audio y los VHS caseros, los cuales destruyeron totalmente a las industrias de la música y las películas. ¿Que no lo hicieron? Ah, bueno estos tiempos son diferentes porque, sólo porque sí.) Los esfuerzos de la industria por cerrar sitios web que ofrecen canciones copiadas para descargar de forma gratuita han tenido un éxito moderado, pero el correo electrónico privado es difícil de detener.

La industria de la grabación apareció con un formato de archivo de música propio, llamado SDMI (Iniciativa de Música Digital Segura, por sus siglas en inglés) pensado para permitirle a usted descargar música pero no compartirla. Fracasó en parte porque tenía defectos técnicos que algunos profesores y estudiantes universitarios emprendedores analizaron y reportaron con rapidez y, en parte, porque nadie quería un programa de música inefectivo. La industria de la grabación ha entablado demandas en contra de los programas más visibles para compartir música, basados en la peculiar teoría de que si amenazan y demandan a sus clientes, su actitud mejorará y comprarán más material. Quizás algún día se den cuenta, al igual que Apple, de que si venden música decente a un precio razonable y le permiten a los clientes escucharla de la forma que desean, la gente pagará por ello.

Existen CD y luego existen CD

A pesar de que todos los CD se ven parecidos, no todos reproducen lo mismo. Los CD de audio normales contienen un máximo de 74 minutos de música y trabajan en todo reproductor de CD que se haya creado. Cuando usted quema un CD-R (el tipo de CD en el que sólo puede escribir una vez), está haciendo un CD de audio normal. Como los CD-R en blanco son tan baratos (cerca de 15 centavos de dólar la pieza si los compra al por mayor), la principal desventaja de este enfoque es que usted termina con grandes cantidades de CD.

Los archivos MP3 son mucho más pequeños que los archivos de CD de audio, de manera que si quema un CD lleno de archivos de MP3, puede colocar alrededor de diez horas de música en cada disco. Los reproductores de DVD y muchos reproductores de CD recientes pueden reproducir CD de MP3. Si no sabe con certeza si su reproductor puede usar CD de MP3, sólo haga uno en su PC y pruébelo en su reproductor. No dañará su reproductor, aunque puede ser que aparezcan algunos mensajes de error extraños. Aunque los CD-RW regrabables no funcionan en reproductores de CD normales, los reproductores que pueden usar CD de MP3 a menudo pueden usar también CD-RW. De nuevo, si no tiene certeza, inténtelo, no dañará nada si no funciona.

Colocar música en su reproductor o en los CD

Todos los programas de medios tienen algún suministro para crear CD o copiar música hacia reproductores portátiles. Pero asegúrese de que su reproductor coincida con su programa. Si quiere usar un iPod de Apple, el programa tiene que ser iTunes. La mayoría de los otros programas pueden funcionar con la mayoría de los otros reproductores, pero si existe un programa que prefiera, mejor revise antes de comprar uno nuevo.

La mayoría de los programas le permiten copiar sólo música que haya copiado o comprado. Una excepción es el nuevo Napster (`www.napster.com`) que le permite copiar cualquier música de su catálogo de alquiler hacia reproductores mientras mantenga su suscripción activa, es decir, la música en el reproductor es una copia protegida. Naturalmente, tiene que usar un reproductor que trabaje con la protección de copia de ellos, pero si quiere seleccionar y escuchar 24 horas de música diferente todos los días, vale la pena dar un vistazo.

Radio por Internet

Si le gusta escuchar música mientras trabaja, revise las emisoras de radio en Internet. Al igual que las normales, éstas ofrecen una combinación de música, voz y, en algunas ocasiones, comerciales. A diferencia de las emisoras de radio reales, es muy barato ponerlas al aire, por lo que muchas personas lo hacen, lo cual proporciona muchas estaciones de radio pequeñas que pertenecen a personas de todo el mundo. Usted las escucha con un programa de flujos (streaming), usualmente RealPlayer o Windows Media. La mayoría están a su disposición de forma gratuita; algunas requieren una suscripción o cuentan con una opción de suscripción para que los anuncios desaparezcan.

Para comenzar, aquí hay algunos directorios de emisoras de radio en Internet:

- ✔ `launch.yahoo.com`: el Launchcast de Yahoo.

- ✔ `shoutcast.com`: el Shoutcast de AOL funciona mejor con el programa gratuito de medios Winamp de ellos.

- ✔ `radio.msn.com`: la Radio MSN de Microsoft viene en una versión gratuita y en una versión de mayor calidad pagada.

Compartir de persona a persona

Nuestro programa favorito de persona a persona es BitTorrent, porque está libre de anuncios, usted tiene mucho control sobre lo que comparte su PC y existe una cantidad relativamente grande de material legal disponible.

Para comenzar, descargue e instale un programa para cliente de BitTorrent. El original, que trabaja bien, está en `www.bittorrent.com`. Haga clic en el botón para el tipo de equipo que tiene, probablemente Windows o Mac OS X. Como BitTorrent es una fuente abierta, los programas son gratuitos, aunque a Bram Cohen (el que inventó y mantiene BitTorrent) no le importaría recibir una donación.

Aunque se puede iniciar BitTorrent directamente, es mucho más fácil iniciarlo por medio de vínculos web a los archivos `.torrent`. Sólo haga clic en un vínculo y BitTorrent da inicio. Mientras su archivo se descarga, el programa informa tanto la velocidad de la descarga como la velocidad para subir información. Esa es la parte de persona a persona. Cada archivo está dividido en pedazos y su PC comienza a descargar pedazos de otros equipos. Cuando su PC tiene un pedazo, lo pone a disposición de los otros. El resultado es que puede descargar archivos grandes con mucha rapidez (puede descargar varios pedazos a la vez) y al mismo tiempo, usted le está proporcionando los pedazos a otras personas que quieren el mismo archivo. Los usuarios educados de BitTorrent (usted, por ejemplo) dejan su programa BitTorrent funcionando por un rato luego de completar la descarga, de manera que sus PC le siguen ofreciendo el archivo a otras personas.

Ahora que está listo para los torrentes de datos, aquí hay algunos lugares donde puede comenzar:

- ✔ `www.legaltorrents.com`: una colección ecléctica (una forma bonita de decir "variada") de música, películas y el ocasional libro de voz, todos con permiso de distribución.

- ✔ `bt.etree.org`: sobre todo grabaciones de conciertos de músicos "de trato amigable" que permiten las grabaciones de conciertos. Si le gusta Phish o Grateful Dead (y a todos les gustan), hay montones de ambos.

- ✔ `litezone.com`: un directorio de directorios de BitTorrent, algunos más legales que otros. Algunos contienen material pornográfico, pero esos están bien marcados para que los pueda evitar si lo desea.

Películas en la red

El formato original estándar de película digital se llama *Moving Picture Experts Group (MPEG.)* MPEG fue diseñado por un comité que provenía del comité de JPEG que definió los formatos de archivos para las fotos escaneadas y prácticamente sin precedentes en la historia de los esfuerzos por estandarizar. Los archivos MPEG tienen la extensión `.mpeg` o `.mpg`.

Microsoft, para responder al reto de los estándares emergentes que no controlaba, creó sus propios formatos. El formato Audio/Visual Interleave (AVI) es para el video de tipo no flujos (no streaming), con la extensión `.avi`. Advanced Streaming Format (con las extensiones `.asf` o `.asx`) es para los datos de audio de flujos y de video.

Obtener películas

Los exploradores web, por sí solos, no pueden reproducir ninguno de estos formatos de video, necesita conseguir un programa de reproducción. También necesita una PC con velocidad razonable para mostrar películas en un tiempo cercano al real. RealPlayer, Reproductor de Windows Media y QuickTime pueden reproducir películas (y se describen más atrás en este capítulo). El Shockwave de Macromedia en ocasiones se usa para películas; si todavía no está en su PC, puede obtener un reproductor gratuito en `www.macromedia.com/software/shockwave`.

Si quiere ver películas en línea, vaya a `www.bmwfilms.com` para ver algunos cortometrajes de acción y aventura como de 10 minutos que (no debe sorprenderle) exhiben muchas carreras automovilísticas con elegantes carros alemanes. Puede descargar películas completas o copiarlas (stream.)

También visite `www.ifilm.com` que cuenta con una inmensa colección de películas cortas independientes y demos. Todas sus películas están en flujos (streamed), lo cual quiere decir que aparecen en una pequeña ventana en su pantalla. La red no es tan rápida como para soportar flujos de video en pantalla completa; al menos no todavía.

Ver películas reales

Si puede planear las películas que va a ver con un poco de anterioridad, Movielink (`www.movielink.com`) puede ser para usted. Ellos alquilan películas de pantalla y tamaño completos que puede disfrutar en la pantalla de su PC o, si su PC tiene un adaptador (como sucede con los últimos modelos), puede disfrutarlas en su televisor. Para comenzar, tiene que registrarse e instalar su programa de reproducción. Luego, elija la película que quiere y dígales que la descarguen; en ese punto ellos le cargan cerca de $3 a su tarjeta de crédito y comienzan la descarga, que toma como una hora. Cuando la descarga se completa (o al menos parte de ella si se encuentra de prisa), puede verla. Es como convertir su PC en un VHS o TiVo. Puede ver la película en cualquier momento durante el mes después de descargarla, pero una vez que comienza a verla, debe terminar dentro de 24 horas.

Capítulo 10

Más compras, menos caídas

*I*nternet es el bazar más grande del mundo, con tiendas que tienen desde libros hasta blusas, desde DVD hasta medicamentos, desde fondos mutuales hasta instrumentos musicales, también tiquetes aéreos, productos personales especializados (no lea mucho al respecto). Comprar en línea es bastante cómodo, no tiene que aparcar el automóvil o hacer filas y le permite hacer comparaciones de precios fácilmente. Pero, ¿es seguro comprar en línea? Bueno, hemos comprado todo tipo de productos en línea y hemos sobrevivido para contar el cuento.

Comprar en línea: los pros y los contras

Estas son algunas razones para comprar en la red:

✔ Las tiendas en línea son cómodas, están abiertas toda la noche y no les importa si usted no lleva puestos sus zapatos o si pasa viendo la ventana durante una semana antes de comprar algo.

✔ A menudo los precios son más bajos y puede compararlos con diversos establecimientos en línea en cuestión de minutos. Incluso, si termina comprando en una tienda tradicional, lo que encuentra en línea le puede significar un ahorro. Los costos de envío y manejo son similares a lo que pagaría por un pedido por correo y no tiene que conducir ni buscar estacionamiento.

✔ Las tiendas en línea, en ocasiones, pueden ofrecer una mejor selección. Por lo general hacen el envío desde un almacén central en lugar de tener que conservar existencias de una docena de líneas. Si busca algo difícil de encontrar, por ejemplo, un repuesto para la tostadora, la web le puede ahorrar semanas de búsqueda.

✔ En algunas ocasiones, las cosas que buscamos no están disponibles en la localidad. (Dos de los tres autores de este libro viven en pequeños pueblos rurales. Trumansburg, Nueva York, es un lugar maravilloso, pero si quiere comprar un libro fuera de los tres días de liquidación de la librería, no tendrá suerte. Y Margy no pudo encontrar un armonio en ningún lugar de Champlain Valley.)

✔ A diferencia de los centros comerciales, las tiendas en línea no tienen Muzak. (Unos pocos sitios web ponen música de fondo, pero no nos quedamos ahí.)

Por otro lado, estas son algunas razones por las que no debería comprarlo todo en la red:

✔ No puede ver los artículos físicamente ni probarse nada antes de comprarlos y, en la mayoría de los casos, debe esperar hasta el envío. (Por ejemplo, no hemos tenido mucha suerte comprando zapatos en línea.)

✔ Sus tiendas locales merecen apoyo.

✔ No puede coquetear con el personal de una tienda web ni averiguar el último chisme del pueblo.

La pregunta de la tarjeta de crédito

¿Cómo hace para pagar lo que compra en línea? La mayoría del tiempo paga con tarjeta de crédito, de la misma forma que lo hace con cualquier otra cosa que compra. ¿No le parece demasiado peligroso dar su número de tarjeta de crédito en línea? Pues, no.

En primer lugar, la mayoría de las tiendas en línea encriptan el mensaje entre su PC y el servidor de la tienda. (Una conexión encriptada se indica en su explorador web por medio del icono de un candado cerrado en la esquina inferior izquierda de la ventana.) Incluso si un sitio no encripta las comunicaciones entre usted y el servidor de ellos, las posibilidades de que un chico malo escuche son mínimas.

Las tarjetas de crédito y de débito se ven iguales y gastan la misma cantidad, pero las tarjetas de crédito le cobran a fin de mes mientras que las de débito toman el dinero de inmediato de su cuenta bancaria. En Estados Unidos, las leyes de protección al consumidor son distintas para las tarjetas de crédito y las de débito y son más fuertes con las de crédito. La diferencia más importante es que en el caso de una disputa por una transacción, *usted* tiene el dinero si usó una tarjeta de crédito, pero *ellos* lo tienen si usted usó una tarjeta de débito. Sugerimos el uso de una tarjeta de crédito con la finalidad de obtener la máxima protección y pagar la cuenta a fin de mes para que no deba intereses.

Verdaderas tarjetas de crédito falsas que puede usar

Una de las mejores innovaciones de los bancos en línea ha sido la *tarjeta de crédito virtual*. Si quiere hacer un pedido en línea con tarjeta de crédito a un comerciante en el que no confía lo suficiente, primero visite el sitio web de su banco, dígale al banco cuánto costará el pedido y en su lugar, éste le emite un número totalmente nuevo de tarjeta de crédito. Luego, usted regresa al sitio del comerciante y ordena con ese número de tarjeta en lugar de hacerlo con su número regular. En el momento en que el comerciante realiza el cargo, su banco relaciona el número nuevo con ese comerciante, de manera que aunque el comerciante le dé el número a otra persona, no le servirá a nadie más. El límite de crédito del número es el que usted fijó cuando la creó, de manera que si el comerciante trata de cobrarle más, el banco no lo permitirá. También puede crear números virtuales buenos para un número fijo de cargos, para suscripciones que requieren pagos regulares.

Cada banco usa nombres diferentes para este servicio. Citibank y Discover le llaman números virtuales. MBNA le llama ShopSafe o Compre con seguridad. Pregúntele a su banco si ofrece este servicio.

John descubrió que los números virtuales también funcionan con pedidos telefónicos, pedidos por correo y cualquier otro cargo para el que no usa la tarjeta física. Como es paranoico, usa números virtuales para todo, desde el recibo de la electricidad hasta la asociación de estudiantes de la universidad. Sin embargo, no use las tarjetas para comprar tiquetes aéreos; quizá tenga que mostrar en el aeropuerto una tarjeta real con números que concuerden.

Cuando usa su tarjeta en un restaurante, usted le da su tarjeta física con su firma al personal, ellos la llevan al aposento trasero, hacen quién sabe qué cosa con ella, y luego la traen de vuelta. Comparado con eso, el riesgo de enviarle su número a una tienda en línea es muy reducido. Un amigo nuestro administró un restaurante y luego una tienda en línea y nos asegura que no existe comparación: la tienda en línea nunca tuvo los problemas con tarjetas de crédito que tuvo el restaurante.

Si a pesar de esta arenga todavía no quiere enviar el número de su tarjeta de crédito por Internet, la mayoría de las tiendas en línea estarán encantadas de que llame por teléfono para dar su número (aunque, de igual forma, un operador al otro lado del mundo ingresará el número de su tarjeta de crédito por medio de Internet). Si usted es de las personas que no usan dinero plástico, puede enviar un cheque o una orden de pago. (También puede usar PayPal; para eso vea el recuadro "Efectivo por correo electrónico para cualquier persona" en este capítulo.)

Pagar en la tienda

Las tiendas en la web funcionan de dos formas generales: con carritos de compras virtuales o sin ellos. En las tiendas sin carritos, usted pide un objeto a la vez o llena un extenso formulario de pedido con un cuadro de selección para cada cosa que ofrece la tienda. En las tiendas con carritos, conforme mira los objetos que la tienda tiene en oferta, los puede agregar y luego hacer fila en la caja virtual cuando haya terminado, como en el mundo real, excepto que no tiene que poner los objetos que no desea de vuelta en la góndola.

Compras sencillas

Para dar un ejemplo de compras simples, nuestro sitio elegido al azar resultó vender libros escritos por uno de nosotros. (¿nosotros?, ¿banales? ¡Para nada!) Siga el vínculo de las Copias Autografiadas de nuestro sitio net.gurus.com y haga clic en uno para llegar a la página de pedido que aparece en la Figura 10-2. Aquí aparece el objeto seleccionado y tiene un formulario de pedido para sus detalles. (La Figura 10-1 muestra una página popular en el mercado latino.)

En el formulario usted ingresa la misma información que pondría en un formulario de pedidos de papel. La mayoría de los formularios tienen un lugar para digitar el número de la tarjeta de crédito; si no se siente a gusto poniéndolo ahí (vea la sección "La pregunta de la tarjeta de crédito", más atrás en este capítulo), deje ese espacio en blanco, la tienda tiene una forma para que llame y dé el número por teléfono. Haga clic en el botón Prepare Order y verá un página de revisión del pedido (como aparece en el Figura 10-2) donde puede revisar que los detalles sean los correctos. Haga clic en el botón Place Order y su pedido se enviará.

Por lo general, usted recibe un mensaje por correo electrónico que confirma los detalles de su pedido y también actualizaciones si surge algún problema o retraso.

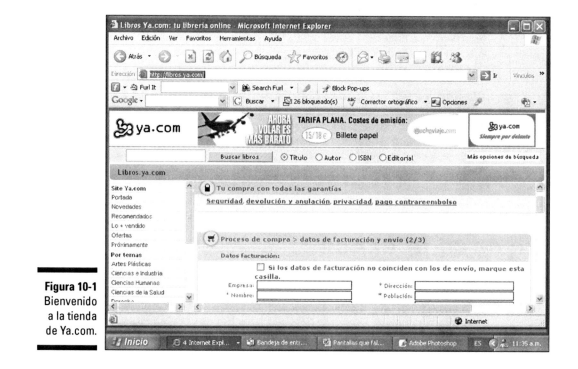

Figura 10-1
Bienvenido a la tienda de Ya.com.

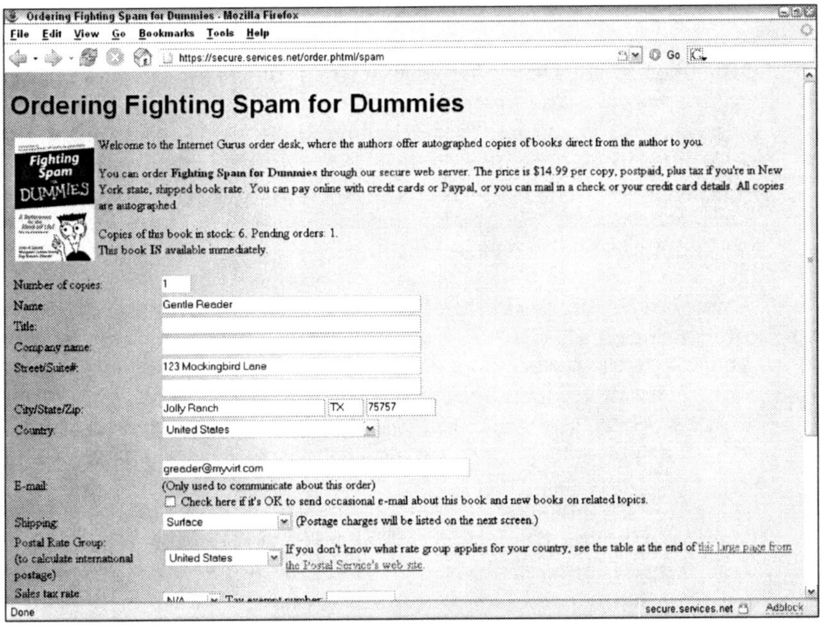

Figura 10-2
Listo para
ordenar
algo de
literatura de
calidad.

Compras de fantasía

Aunque una tienda sencilla funciona bien para pocos artículos diferentes en catálogos o para los negocios donde usted compra una cosa a la vez, este

La alerta de cookie

Quizá haya escuchado historias horribles acerca de algo llamado *cookies* que los sitios web usan para espiarlo, robarle datos, devastar su PC, inyectarle celulitis en sus caderas mientras duerme y, de cualquier forma, hacer su vida miserable. Luego de realizar muchas investigaciones, hemos encontrado que la mayoría de *cookies* no son tan malas; cuando compra en línea, pueden ser de mucha utilidad. (Vea la sección "Las *cookies* no son tan malas" en el Capítulo 2, para obtener mayor información al respecto.)

Una *cookie* no es más que un pedazo pequeño de texto que un sitio web le envía a un PC con una solicitud (no una orden) para que envíe la *cookie* de vuelta en las visitas futuras al mismo sitio web. La *cookie* se almacena en su PC en forma de archivo diminuto de texto. Eso es todo. En el caso de los carritos de compras, las *cookies* le permiten al servidor web darle seguimiento a los objetos que usted ha seleccionado pero que aún no ha comprado, incluso si se desconecta y apaga su PC. Las tiendas también pueden usar *cookies* para darle seguimiento a su última visita y a lo que compró, pero las tiendas pueden almacenar esos datos en sus propios equipos. (Si en realidad no quiere que los sitios web almacenen *cookies* en su PC, puede evitarlo; vea el Capítulo 7.)

método no funciona para tiendas con grandes catálogos, por lo que estas usan un carrito de compras. Margy dirige una pequeña tienda de videos para niños en línea llamada Great Tapes for Kids en `www.greattapes.com`. Originalmente había una sola página de pedidos con un formulario con la lista de todas las cintas de su catálogo, que crecía con rapidez. Cuando el formulario de pedidos de Great Tapes se hizo demasiado grande, John lo reprogramó para proporcionarle un carrito de compras que ayudara a darle seguimiento a lo que las personas pidieron. (John prácticamente haría cualquier cosa para evitar escribir.)

Conforme hace clic por el sitio, puede colocar artículos dentro del carrito, agregarlos o quitarlos según lo desee al hacer clic en el botón que dice algo así como Agregar artículo a su carrito de compras. Luego, cuando tenga los artículos que desea, vaya a la caja virtual y realice la compra. Hasta que llegue a la caja virtual, puede sacar los artículos del carrito en cualquier momento si decide que no los quiere; en las tiendas en línea no se enojan por eso, sin importar las veces que lo haga.

La Figura 10-3 muestra el carrito virtual de compras de Great Tapes for Kids con dos artículos. Cuando usted hace clic en el botón Proceed to Checkout (Ir a pagar), la siguiente página le pregunta por el resto de los detalles del pedido, con un formulario muy similar al que aparece en la Figura 10-1.

Algunas tiendas cuentan incluso con el equivalente en línea a los planes de apartados y a los registros de regalos. Por ejemplo, algunos sitios le permiten agregar artículos a una lista de cosas que desea y la puede compartir con un

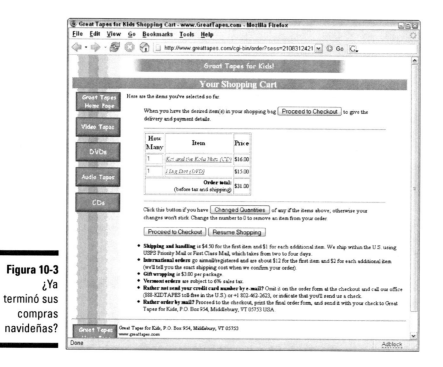

Figura 10-3
¿Ya terminó sus compras navideñas?

amigo, de manera que usted o alguna otra persona pueden comprar el artículo para usted más adelante. Algunos sitios también ofrecen certificados de regalos para comprar en línea.

Arriba, arriba y lejos

Nosotros compramos muchos boletos aéreos en línea. A pesar de que los sitios de viajes en línea no son tan buenos como los mejores agentes, esos sitios ahora son mejores que la mayoría de los agentes y mucho mejores que los malos. Incluso si tiene un agente, los sitios en línea le permiten darle una mirada a las opciones antes de llamar por teléfono. A menudo las mismas aerolíneas ofrecen precios bajos en línea que no están disponibles por ningún otro medio. Ellos saben que le cuesta menos dejar que la web haga el trabajo y le retribuyen a usted (en forma de un tremendo descuento) por no usarla.

Comprender la teoría de los boletos aéreos

Cuatro sistemas gigantes de computadoras en Estados Unidos llamados Sabre, Galileo, Worldspan y Amadeus se encargan de casi todas las reservaciones aéreas en el país. (Son conocidas como *CRS,* para los sistemas de reservación por computadora o *GDS,* para el Sistema Global de Distribución.) Aunque cada aerolínea tiene una "casa" GDS, todos los sistemas están interconectados, de manera que usted pueda, con unas pocas excepciones, comprar boletos para cualquier línea aérea desde cualquier GDS. Algunas de las aerolíneas emergentes con precios bajos están disponibles por medio del GDS, pero otras, como Southwest y Jet Blue, no participan en ninguno de estos sistemas, pero tienen sus propios sitios web, en los cuales usted puede revisar vuelos y comprar boletos.

En teoría, todos los sistemas muestran los mismos datos; en la práctica, sin embargo, pierden un poco de sincronización entre sí. Si anda buscando asientos en un vuelo con los boletos agotados, es muy probable que el sistema en Internet de la aerolínea tenga ese último boleto. Si anda buscando la tarifa más baja hacia algún sitio, revise los cuatro sistemas (por medio de distintos sitios web de viajes) porque un boleto marcado como vendido en un sistema a menudo reaparece misteriosamente en otro. También visite Orbitz (`www.orbitz.com`); este sitio tiene accesos de conexión directa hacia muchas aerolíneas, evitando completamente pasar por el GDS.

Algunas categorías de tarifas están visibles sólo para los agentes de viajes y no aparecen en ninguno de los sitios web, en particular si no se queda por más de un fin de semana, así que revise con un buen agente antes de comprar. Por otro lado, muchas aerolíneas ofrecen algunas ofertas especiales que sólo están en sus sitios web y que a menudo los agentes desconocen. ¿Confundido? Debería estarlo. Nosotros lo estuvimos.

La confusión es todavía mayor si quiere realizar un viaje internacional. Las tarifas oficiales hacia la mayoría de los países se establecen por medio de un cartel llamado IATA, de manera que los sistemas de cómputo por lo general sólo incluyen las tarifas de IATA para los viajes internacionales. Sin embargo, es fácil encontrar boletos de consolidación totalmente legales que se venden a un precio mucho menor que el oficial, de manera que un agente en línea o fuera de línea es muy útil para conseguir el mejor precio.

Aquí está resumida nuestra sabiduría sobre cómo comprar boletos de avión en línea:

✔ Revise los sistemas en línea para ver cuáles vuelos están disponibles y para tener una idea de los rangos de precios. Revise sitios que usen diferentes GDS. (Incluimos una lista de algunos de los sitios al final de esta sección.)

✔ Después de encontrar una aerolínea que le guste, revise su sitio para ver si tiene alguna oferta especial sólo en Internet. Si una aerolínea de tarifa baja vuela en esa ruta, asegúrese de revisarla también.

✔ Revise los precios de los vuelos que llegan a aeropuertos cercanos. Conducir unos 45 minutos adicionales puede ahorrarle cientos de dólares.

✔ Consulte a un agente de viajes (por teléfono, correo electrónico o en el sitio web) para ver si puede mejorar el precio en línea y cómprele sus tiquetes al agente, a menos que la oferta en línea sea mejor.

✔ Para boletos internacionales, haga todo lo de la lista y revise tanto en línea como con su agente para conseguir boletos de consolidación, en particular si usted no califica para la tarifa más baja publicada. Para viajes internacionales complejos, como un viaje por todo el mundo, los agentes siempre pueden conseguir rutas y precios que los sistemas automatizados no pueden lograr.

✔ Si hace una oferta para boletos aéreos en un sitio web de subastas de viajes, asegúrese de conocer el precio al que puede comprar el boleto, para que no ofrezca más.

Si odia volar o si preferiría tomar el tren, Amtrak y Via Rail Canada ofrecen reservaciones en línea (www.amtrak.com y www.viarail.ca). Si está de visita por Europa, puede comprar su pase Eurailpass en línea en el sitio www.raileurope.com.

Los principales sitios de boletos aéreos, además de las aerolíneas individuales, son los siguientes:

✔ **Expedia:** la incursión de Microsoft en el negocio de los viajes, ahora parte del imperio de los medios interactivos (www.expedia.com).

✔ **Hotwire:** es un sitio de varias aerolíneas que ofrece boletos sobrantes con descuentos (www.hotwire.com).

✔ **Orbitz:** la incursión de alta tecnología al negocio de los viajes, ahora parte del imperio de viajes de Cendant, con ofertas especiales semanales de la mayoría de las aerolíneas en la web (www.orbitz.com).

✔ **Travelocity:** la incursión de Sabre en negocio de los viajes (www.travelocity.com). Yahoo Travel y la sección de viajes de AOL conforman Travelocity.

Más acerca de aerolíneas en línea

Debido a que la situación de las aerolíneas en línea cambia cada semana, cualquier cosa más que agreguemos aquí estará desactualizada antes de que la lea. Uno de los autores de este libro es un fanático de los viajes por avión en su tiempo libre; para conseguir su lista actual de sitios web de aerolíneas en línea, especiales web y agentes de viajes en línea, visite su sitio web en `airinfo.aero`.

Más lugares donde comprar

Estos son algunos otros lugares para que realice sus compras en la web. Nosotros incluso hemos comprado cosas en la mayoría de ellos.

Libros, música y más

No puede darle un vistazo a los libros en una librería en línea de la misma manera que lo hace en persona (aunque Amazon.com le da una buena opción al ofrecerle una selección de páginas de muchos libros). Sin embargo, si sabe lo que quiere, puede conseguir buenas ofertas.

Estos son algunos de los mejores sitios:

- ✔ **Advanced Book Exchange** (`www.abebooks.com`): ABE ofrece los catálogos combinados de miles de vendedores de libros usados. Usted pagará lo mismo que en una tienda de libros usados (más el envío, por supuesto) y se ahorrará muchas horas de búsqueda. Ya sea que esté buscando uno de sus libros favoritos de la niñez, o un extraño libro Para Dummies de primera edición, vale la pena visitar este sitio.

- ✔ **AddALL** (`www.addall.com`): AddALL es otro buen sitio de libros usados que ofrece títulos de miles de tiendas, así como un servicio de comparación de precios para libros nuevos.

- ✔ **Amazon.com** (`www.amazon.com`): Amazon.com es uno de los sitios de mayor éxito comercial en línea, que apareció de la nada (si se le puede llamar nada a millones de dólares) hasta convertirse en una de las tiendas en línea más grandes de la Red. Amazon tiene un catálogo enorme de libros, CD y una variedad creciente de otras cosas, que pueden llegar hasta usted en unos pocos días. También cuenta con un programa de "afiliados" en el que otros sitios web lo pueden referir hacia sus libros favoritos en oferta en Amazon, creando así una especie de librería virtual. Para ver un ejemplo, vaya al sitio web en `net.gurus.com`, donde tenemos vínculos hacia Amazon para cada libro que hemos escrito, por si no los tiene todos. Amazon vende la mayoría de los libros a un precio menor que el de la lista. También tienen libros usados, DVD y casi todo lo demás desde calcomanías hasta ropa interior.

- **Powell's Books** (`www.powellbooks.com`): Powell's Books es la librería independiente más grande del país y tiene un sitio web igual de grande que ofrece libros nuevos y usados. Nos gusta su carta de noticias para correo electrónico con libros nuevos y redescubrimientos, así como entrevistas a los autores.

- **Barnesandnoble.com** (`www.bn.com`): Barnes & Noble es la cadena de librerías más grande de Estados Unidos y su librería en línea es grande, completa y bien hecha. Usted puede, incluso, devolver compras hechas en línea a cualquiera de sus tiendas. También, tiene una amplia selección de música.

- **J&R Music World** (`www.jr.com`): es la presencia en línea de una de las tiendas de música más grandes de Nueva York y tiene una gran selección de CD. También puede comprar un equipo de sonido para escuchar sus CD nuevos y un refrigerador para tener bebidas apropiadas a mano.

Ropa

Esta sección señala unos cuantos comerciantes de ropa familiar con tiendas en línea. Los directorios como Open Directory Project (ODP) y Yahoo tienen muchas otras tiendas, tanto familiares como de dudosa procedencia.

- **Lands' End** (`www.landsend.com`): la mayoría de este catálogo está en línea y usted puede pedir cualquier cosa que encuentre en cualquiera de sus catálogos individuales impresos, además de saldos en oferta sólo en línea. También tiene gran cantidad de tonterías populares que lo llevan a pensar que la compañía es de unos pocos amigos en los campos de maíz de Wisconsin, en vez de ser una corporación colosal de pedidos por correo que pertenece a Sears Roebuck (de hecho, es ambas). Unos modelos virtuales en 3-D algo divertidos tratan de enseñarle cómo luce la ropa que está pidiendo en una modelo con caderas grandes como las suyas.

- **REI** (`www.rei.com`): esta gran cooperativa de equipo deportivo tiene sus oficinas centrales en Seattle. Los miembros obtienen un pequeño descuento en sus compras. Todo el catálogo está en línea y usted puede encontrar ocasionales ofertas especiales y descuentos.

- **The Gap** (`www.gap.com`): este sitio tiene los mismos artículos que encuentra en las tiendas, pero para las personas con dimensiones verticales u horizontales inusuales, también tiene pantalones de mezclilla que las tiendas no tienen y los pantalones que giran en la pantalla son muy divertidos.

Lista de comprobación de un comprador en línea

Estas son algunas de las preguntas que debe tener en cuenta cuando compra en línea. Un comprador astuto notará que son las mismas preguntas que debe tomar en cuenta cuando realiza cualquier compra:

✔ ¿Las descripciones son lo suficientemente claras como para saber lo que está pidiendo?

✔ ¿Los precios son competitivos en relación con otras tiendas en línea, órdenes por correo y tiendas de venta al detalle?

✔ ¿Tiene la tienda productos en existencia o le ofrecen una fecha en firme de entrega?

✔ ¿Tiene la tienda una buena reputación?

✔ ¿Tiene la tienda una política de privacidad clara y por escrito que limita lo que puede hacer con los datos que obtiene de usted?

✔ ¿Puede hacer preguntas acerca de su pedido?

✔ ¿Cómo puede devolver artículos que no le satisfacen?

Equipos de cómputo

Cuando quiera comprar hardware en línea, asegúrese de que el vendedor que está considerando ofrezca una buena política de devoluciones (por si la PC no trabaja cuando llega), así como una larga garantía.

Estos son algunos de los vendedores más conocidos:

✔ **Dell Computers** (`www.dell.com`): este sitio tiene un enorme catálogo con pedidos en línea y configuraciones personalizadas de sistemas de computadoras.

✔ **Apple Computer** (`store.apple.com`): el sitio de Apple tiene muchísima información acerca de los equipos de Macintosh y ahora también ofrece compras en línea de iPods.

✔ **PC Connection y Mac Connection** (`www.pcconnection.com` y `www.macconnection.com`): para hardware, software y accesorios, PC y Mac Connection es una de las fuentes en línea más antiguas y confiables. Cuenta con entrega nocturna dentro de Estados Unidos, ¡incluso si ordena a las dos de la mañana!

Subastas y artículos usados

Usted puede participar en subastas en línea de todo tipo de artículos desde PC y sus partes hasta antigüedades y paquetes de viajes. Las subastas en línea son como cualquier otro tipo de subasta, al menos en un aspecto: si usted sabe lo que anda buscando y lo que eso vale, puede obtener muy buenos precios; si no es así, es posible que pague más por cosas inservibles. Cuando alguien tomó el auricular del teléfono de nuestro automóvil, en eBay conseguimos un teléfono de reemplazo exacto por \$31, en lugar de los \$150 que pidió el fabricante sólo por el auricular.

Muchas subastas, en especial eBay (como aparece en la Figura 10-4), también le permiten incluir una lista de sus cosas para la venta, la cual puede ser una forma de deshacerse de parte de su desorden doméstico de manera más discreta que en una venta de garaje. Un servicio llamado *PayPal* (www.paypal.com), que ahora le pertenece a eBay, le permite aceptar pagos con tarjeta de crédito de la oferta más alta por medio del correo electrónico. (Vea el siguiente recuadro "Efectivo por correo electrónico para cualquiera.")

CONSEJO

Efectivo por correo electrónico para cualquiera

Las tarjetas de crédito son fáciles de usar, si gasta dinero. Pero hasta hace poco *recibir* pagos por medio de una tarjeta de crédito era prácticamente imposible para personas físicas. PayPal (www.paypal.com) ha cambiado todo eso.

Para enviar dinero debe contar con una cuenta PayPal; es fácil abrir una. Las cuentas individuales son gratuitas, pero no pueden aceptar pagos con tarjetas de crédito. (PayPal no le pone límites a los pagos enviados desde cuentas bancarias.) Las cuentas Premier no tienen esos límites pero se les carga una pequeña cuota por cada pago que reciben. Después de abrir una cuenta, puede enviar dinero a cualquier persona que tenga un correo electrónico. Si el receptor todavía no tiene una cuenta PayPal, abrirá una cuando haga efectivo su correo electrónico.

PayPal le solicita su número de cuenta bancaria con el fin de poder tomar el dinero para pagos directamente, sin tener que pagar a las compañías de tarjetas de crédito y para que usted pueda mover el dinero que recibe en su cuenta. PayPal verifica que ésa sea en realidad su cuenta al realizar dos depósitos aleatorios menores a un dólar. Luego, usted tiene que indicarle a PayPal el monto de los depósitos para completar su inscripción.

Algunos monstruos verdes de un ojo, pretendiendo ser de PayPal han estado enviando notificaciones en las que solicitan su número de cuenta y su clave de acceso. PayPal nunca le pedirá esa información en un correo electrónico. Reenvíeles ese correo fraudulento; vaya a www.paypal.com y haga clic en el vínculo Security Center.

PayPal es de gran ayuda para las personas que venden en sitios de subastas como eBay, pero también tiene muchos otros usos. Hace más sencillo el proceso de iniciar un negocio pequeño en la web. Las organizaciones pequeñas pueden usar PayPal para recolectar pagos para actividades como cenas y obras de teatro de aficionados y es casi la única forma de pagar a personas en otros países sin cargos adicionales por servicio. Si está considerando aceptar PayPal para las cosas que vende, asegúrese de prestarle atención a las advertencias de hacer envíos sólo a las direcciones verificadas. Asegúrese de acatar cuidadosamente toda la letra menuda para protegerse de los fraudes. La mayoría de los vendedores novatos se enfrentan a lo duro que es pagar por el costo del fraude e incluso por el costo de los errores inocentes de sus clientes. La tasa por fraudes de PayPal es más baja que la de la mayoría de las tarjetas de crédito, pero se relaciona con el *cuidado comercial*, el cual incluye conocer a sus clientes y seguir los pasos apropiados para salvaguardar sus transacciones.

En la opción Learn more about PayPal worldwide puede ver las condiciones que aplican a cada país.

Figura 10-4
Puede encontrar prácticamente cualquier cosa a la venta en eBay.

Entre los sitios de subastas en línea se encuentran:

✔ **eBay** (www.ebay.com): este es el sitio de subastas más popular en la web y la gente acude a él para vender todo tipo de cosas, desde ropa de bebé hasta juguetes, partes de PC, repuestos de carros y alguna isla tropical ocasional. También puede vender ahí su mercadería al registrarse como vendedor. eBay cobra una pequeña comisión por las subastas, la cual paga el vendedor. Buscar en las subastas de eBay es también una excelente forma de encontrar algo que valga la pena. Si estaba pensando en vender ese extraño Beanie Baby, busque en las subastas anteriores donde se encontrará la mala noticia de que su valor es un poco menor al que tenía cuando estaba nuevo. Muchos vendedores también ofrecen precios de oferta fijos del tipo "Cómprelo ahora". Vea *eBay Para Dummies,* 4ta Edición por Marsha Collier (Wiley Publishing, Inc.) para mayor información al respecto.

✔ **Yahoo Auctions** (`auctions.yahoo.com`): eBay tuvo tanto éxito que Yahoo decidió contar también con subastas.

✔ **priceline.com** (`www.priceline.com`): este sitio ofrece boletos aéreos, cuartos de hotel, carros nuevos, servicios telefónicos prepagados de larga distancia y otras cuantas cosas más. No es exactamente una subasta, usted especifica un precio para lo que desea y Priceline lo acepta o lo rechaza.

Comida

Para conocer el rango de comestibles disponibles en línea, estos son algunos de nuestros lugares favoritos para apuntar, hacer clic y comer:

✔ **Cabot Creamery** (`www.cabotcheese.com`): este sitio vende el mejor queso de Vermont.

✔ **Bobolink Dairy** (`www.cowsoutside.com`): un sabelotodo recuperador de software y su familia en el área rural de Nueva Jersey fabrican y venden su propio queso, delicioso y de tipo francés. Incluso puede encargar queso hecho de leche de yac, traída desde Tibet. El URL se refiere a vacas en el pasto y no atadas en el granero.

✔ **Gimme Coffee** (`www.gimmecoffee.com`): un café con una alta reputación de la parte rural alta de Nueva York. Los pedidos en línea se manejan por medio de PayPal; siga el vínculo Visit Our Stores (Visite nuestras tiendas) donde encontrará fotografías del lugar al que acude John cuando necesita inspiración literaria, también conocido como *cafeína*.

✔ **Gaspar's** (`www.linguica.com`): si desconocía que la salchicha portuguesa al ajo es uno de los cuatro grupos básicos de comidas, este sitio arreglará ese problema. Por desgracia, los pedidos en línea incurren en gastos de envío, pero los pedidos telefónicos o por fax incluyen el envío gratuito, de manera que nosotros imprimimos y enviamos por fax el formulario del pedido.

✔ **Peapod** (`www.peapod.com`): Peapod le permite comprar comestibles en línea y luego los lleva hasta su casa. Debe vivir en un área cubierta por la cadena de tiendas de comestibles. Si vive en otro lugar, Netgrocer (`www.netgrocer.com`) entrega productos imperecederos por medio de correo expreso a un costo un poco elevado.

La actualización acerca de las compras

Como todo en la Red, las compras cambian todos los días conforme aparecen negocios nuevos y los antiguos cambian. Para obtener las últimas actualizaciones, vea nuestras páginas actualizadas en `net.gurus.com/shopping`.

Capítulo 11

Asuntos bancarios, pago de recibos e inversiones en línea

En este capítulo
- ▶ Administrar sus cuentas corrientes y de ahorros en línea
- ▶ Ver los estados de cuenta de su tarjeta de crédito en línea
- ▶ Realizar pagos por correo electrónico con PayPal
- ▶ Administrar sus inversiones en línea

*É*rase una época en la cual el dinero era algo tangible, brillaba al sol y sonaba al dejarlo caer sobre una mesa. Las inversiones eran certificados grabados que usted mantenía en su caja de seguridad y sabía si estaban vigentes y si no, los usaba como papel tapiz para el baño. Bueno, eso era en aquellos tiempos. Ahora el dinero y las inversiones son sólo señales electrónicas que corretean de una PC hacia otra, y si usted realiza algún trámite bancario o alguna inversión, una de las PC involucradas será la suya.

Puede hacer casi cualquier trámite bancario que no involucre la manipulación de papeles, lo cual quiere decir todo excepto cheques de depósitos y retiro de efectivo. En esos casos debe usar un cajero automático o, de forma más tradicional, puede visitar una agencia del banco y hablar con un ser humano. Pero le ayudaremos a evitar esto último al máximo.

Ir al banco sin salir de casa

Ahora casi cualquier banco en el país ofrece los servicios de banca en línea. No lo hacen para ser atractivos, lo hacen porque la banca en línea es mucho más barata que los cajeros electrónicos o el personal. Como usted y su banco tienen un fuerte interés en asegurarse de que la persona que se conecta en línea con su cuenta en realidad sea *usted*, el proceso para registrarse, por lo general, es algo complicado e incluye llamadas del banco para verificar que usted se registró o el envío de una carta con su contraseña. Después de registrarse, usted visita el sitio web del banco e ingresa con su nuevo nombre de usuario y la contraseña. El sitio web de cada banco es distinto, pero todos le muestran un estado de cuenta como el del banco de John que aparece en la Figura 11-1.

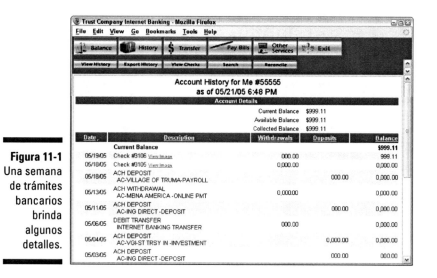

Figura 11-1
Una semana de trámites bancarios brinda algunos detalles.

Como puede ver, los depósitos y los retiros se ven muy parecidos al estado de cuenta impreso convencional que recibiría por correo. Si hace clic en el vínculo *View image* (Ver Imagen) junto a un número de cheque, éste le muestra una imagen del cheque cancelado. Las líneas ACH corresponden al Automated Clearing House (sistema electrónico privado que conecta a todas las instituciones financieras de Estados Unidos), el cual se describe en un recuadro cercano.

Si utiliza un programa contable como Quicken o Microsoft Money, los bancos le ofrecen una forma de descargar la información de su cuenta en su programa. Busque un vínculo llamado Download o Export (Bajar o Copiar). En la Figura 11-1, es el pequeño botón llamado Export History (Exportar Historial) cerca de la parte superior izquierda.

Los detalles difieren un poco, pero más allá de la capacidad para revisar sus estados, todos los bancos ofrecen prácticamente los mismos servicios, como transferencias y pago de recibos.

Transferir dinero entre cuentas bancarias

Si tiene más de una cuenta en el banco, una cuenta corriente y una de ahorros, algunos CD, o una hipoteca, por lo general puede trasladar dinero de una cuenta hacia otra. En la cuenta de la Figura 11-1, la línea que dice INTERNET BANKING TRANSFER indica que se ha transferido dinero de una cuenta corriente a la cuenta hipotecaria, para realizar el pago mensual de esa hipoteca. Con el fin de tener una idea más clara de la forma como funciona esto, aquí están los pasos para transferir dinero de una cuenta corriente hacia una cuenta hipotecaria (de nuevo tenga en cuenta que los pasos específicos varían de un banco a otro):

¡ACH! ¡Es mejor que un cheque!

Durante los últimos 150 años, más o menos, la forma usual de obtener dinero de la cuenta de una persona en un banco para pasarlo a la cuenta de una segunda persona en otro banco era que la primera persona hiciera un cheque y se lo diera a la segunda, la cual lo llevaba a su banco y lo depositaba. (Al menos, ese es el sistema en Estados Unidos. En Europa, la primera persona hace una transferencia bancaria y se la da a su banco para iniciar el pago.) Ahora que estamos en la era informática, tenemos un reemplazo de alta tecnología para este proceso llamado *Automated Clearing House Transfers* o ACH (sistema electrónico privado que conecta a todas las instituciones financieras de Estados Unidos).

Las transferencias ACH pueden hacer lo mismo que un cheque. En lugar de usar cheques de pago impresos, las compañías pueden usar ACH para depositar el dinero directamente en las cuentas bancarias de los empleados. El gobierno de Estados Unidos utiliza ACH para realizar los pagos del seguro social. Puede usarlo para pagar recibos o para trasladar dinero entre cuentas de bancos distintos. Para la mayoría de los fines, ACH es mejor que los cheques de papel porque es más rápido y más confiable.

Para identificar la cuenta que debe usar para una transferencia ACH, necesita proporcionar el *número de ruta* que identifica al banco y el número de cuenta en ese banco. La forma más sencilla de encontrar los números de su propia cuenta corriente es buscarlos en la línea de números impresa en la parte inferior de uno de sus cheques. El número de ruta es de nueve dígitos y en general está impreso en la parte izquierda del extremo izquierdo de la línea. El número de cuenta también aparece en esa línea y puede ser que también lo haga un número de cheque (que no usa ACH). Las cuentas de ahorros también funcionan para las transferencias ACH. Para conseguir el número de ruta, observe un cheque del mismo banco o llame al banco y pregunte.

Quizás se está preguntando "¿Cualquiera que conozca mi número de cuenta puede sacar dinero usando ACH?" Sí, pero cuando recibe su estado, puede apelar cualquier transacción ACH falsa de la misma forma que lo haría con un cheque falsificado y recuperar su dinero. En la práctica, ACH es seguro y confiable y nosotros lo utilizamos con nuestras propias cuentas todo el tiempo.

1. **Haga clic en el botón Transferir (o como lo llame el sitio web de su banco).**

2. **Introduzca la cantidad que quiere transferir en el cuadro con un nombre como Cantidad.**

3. **Seleccione la cuenta de la cual viene el dinero transferido, generalmente de una lista con posibles cuentas de procedencia.**

4. **Seleccione el número de cuenta hacia la que se dirige el dinero transferido, generalmente de una lista de posibles cuentas de destino.**

5. **Haga clic en el botón con un nombre como Transferir o Hágalo y la transacción quedará lista.**

Es así de fácil. La mayoría de los bancos realizan las transferencias dentro del mismo banco, el mismo día. En el banco de John, usted puede realizar una transferencia hasta las 7:00 p.m., lo cual es útil cuando recuerda a la hora de la cena que hoy vence la hipoteca.

Muchos bancos también le permiten realizar transferencias hacia y desde cuentas en *otros* bancos mediante el ACH. Para realizar las transferencias, debe proporcionar el número de ruta del otro banco y el número de cuenta. Según el banco, es posible que le soliciten un cheque nulo de esa cuenta o quizás verifiquen que el nombre de la cuenta sea el mismo que el nombre de su cuenta, o puede ser que crean los números que usted ingrese. Luego de definir una transferencia, es como una transferencia dentro de su propio banco. Usted especifica las cuentas y la cantidad para luego hacer clic. También puede hacer transferencias entre su banco y su fondo mutual o la cuenta de su agente de bolsa. En la Figura 11-1, por ejemplo, los depósitos ACH de ING DIRECT son de otro banco y el depósito ACH de VGI-ST TRSY es de un fondo mutual Vanguard.

Las transferencias hacia otros bancos tienen dos diferencias importantes: el tiempo y el precio. A pesar de que la transferencia se lleva a cabo de una forma totalmente electrónica, se toma de dos días hasta una semana para que el dinero aparezca en el otro extremo, según lo que haga el otro banco. El tiempo que le toma a cualquier banco es muy consistente, de manera que si la última vez duró tres días, espere la misma duración la próxima vez; pero si en realidad necesita que el dinero esté ahí para emitir cheques, espere una semana y revise sus balances hasta que haya realizado suficientes transferencias como para saber cuánto tiempo demoran.

El precio de las transferencias varía de dos dólares hasta cero, sin que exista consistencia alguna entre los bancos. Una transferencia se puede iniciar desde el lugar de envío o desde el lugar receptor. Por lo general, un banco le cobra $1 si usted le pide que envíe dinero hacia el banco B, pero si, por el contrario, usted le pide al banco B que reciba la misma cantidad de dinero del banco A, el trámite es gratuito.

Una forma útil y cada vez más común de realizar transferencias en línea es por medio de PayPal, que se describe más atrás en este capítulo. Con PayPal, usted puede trasladar dinero desde prácticamente cualquier cuenta bancaria hacia otra de manera gratuita.

Pagar recibos en línea

Hacer cheques es una costumbre del siglo pasado. En la actualidad, usted puede pagar la mayoría de sus recibos en línea. En muchos casos, las compañías a las que les paga mensualmente pueden hacer los arreglos para recibir pagos automáticos de su cuenta bancaria. (En la Figura 11-1, MBNA AMERICA es la cuenta de la tarjeta MasterCard.) Hemos organizado pagos de la electricidad, el gas y los teléfonos celulares por medio de las tarjetas de crédito, una combinación típica. Cada una de estas compañías tiene su propio procedimiento. Utilicemos el ejemplo de la compañía eléctrica para ver cómo suele funcionar esto. Usted le envía a la compañía eléctrica un cheque nulo de su cuenta bancaria o, en algunas ocasiones, sólo introduce el número de ruta y el número de cuenta que ACH necesita (vea el recuadro "¡ACH! ¡Es mejor que un cheque!"). Cuando el pago está listo, la compañía eléctrica paga el recibo de su cuenta bancaria el día de vencimiento.

Si quiere automatizar todos sus pagos de recibos, la mayoría de los bancos le pueden organizar un servicio de *pago de recibos*. Muchos bancos usan una compañía especializada en este campo (CheckFree es la más conocida en Estados Unidos). Por lo general, existen dos niveles de servicio: uno sólo le permite pagar los recibos de una lista de 300 compañías grandes que le quieren enviar a usted el recibo electrónicamente; la otra permite que le pague a cualquiera. La primera versión está disponible en la mayoría de los sitios web de las compañías a las que les puede pagar por medio de bancos que revenden el servicio o directamente. (CheckFree se encuentra en `www.mycheckfree.com`.)

La Figura 11-2 muestra la versión gratuita de CheckFree que ofrece MBNA, un gran banco de tarjetas de crédito. Para configurarla tiene que elegir las compañías a las que les va a pagar y luego introduce su número de cuenta y alguna otra información del recibo para asegurarse de que tienen el recibo correcto. Tiene la opción de *presentación electrónica*, que quiere decir que obtiene el recibo en la web en lugar de recibirlo por correo físico. También le dice al sistema de cuál cuenta bancaria quiere pagar los recibos al introducir la información de ACH. (Vea el recuadro, "¡ACH! ¡Es mejor que un cheque!") Luego, para pagar sus recibos cada mes, sólo visita el sitio web e introduce la cantidad a pagar y la fecha. Ellos toman de forma automática el dinero de su cuenta en esa fecha.

Las 300 compañías que participan en el servicio gratuito de Checkfree aceptan pagos ACH. En el servicio pagado, si el beneficiario no quiere ACH, imprimen en su lugar un cheque pasado de moda y lo envían.

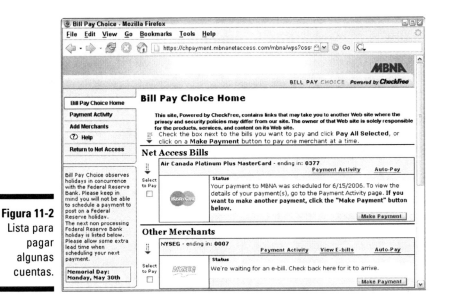

Figura 11-2
Lista para pagar algunas cuentas.

Otros servicios bancarios en línea

Ya que hacer negocios en la web es mucho más barato que hacerlo en persona, los bancos ofrecen muchos otros tipos de servicios en línea. Visite el sitio web de su banco y vea qué le ofrece. Algunos de esos servicios son:

✔ Solicitudes de préstamos.

✔ Cuentas de jubilación.

✔ Calculadoras de balances de chequeras.

Unos cuantos bancos recomendados

En estos tiempos, cualquier banco por el que pase ofrece servicios en línea, pero también existen bancos especialistas que realizan todo en línea. Para darle una idea de lo que se encuentra disponible, le indicamos estos dos bancos que hemos utilizado y se los recomendamos:

Banco ING

www.ingdirect.com

ING es un banco muy grande, holandés, con subsidiarias alrededor del mundo. En Estados Unidos, su subsidiaria es un banco de ahorro que ofrece cuentas en línea con mejores intereses que la mayoría de sus competidores (y sin balances mínimos). Este banco trata de reducir las costosas transacciones de persona a persona, en la medida de lo posible. (Cuenta con una oficina en Wilmington, Delaware, por la que pasamos en una ocasión pero no encontramos ninguna razón para entrar.)

Para abrir una cuenta, usted llena una solicitud en el sitio web, en la cual incluye la información de ACH con respecto a una cuenta corriente que usted une a su nueva cuenta ING. Cuando está lista, puede trasladar dinero entre las cuentas según lo necesite, con la restricción de que el dinero que coloca en su cuenta ING tiene que permanecer ahí por una semana antes de que la pueda usar de nuevo; es una cuenta de ahorros, no una cuenta corriente. También ofrecen certificados de depósito, hipotecas, préstamos y cuentas de jubilación.

Banco Waterhouse

www.waterhousebank.com

Más adelante en este capítulo discutiremos el corredor de valores con descuento TD Waterhouse. En el salón virtual de los valores se encuentra el banco TD Waterhouse, el cual ofrece cuentas bancarias con todas las características comunes, cheques, tarjetas ATM, protección por sobregiros, pagos de recibos en línea a cualquier compañía y otros similares, con casi todos los servicios de manera gratuita si tiene una cuenta de bolsa. La mayoría de los corredores de bolsa en

¿Son seguros estos bancos?

Cuando abre una cuenta bancaria en persona, usted visita el banco, lo observa y nota que en realidad luce como un banco, con cajeros, personas en traje y una bóveda de seguridad, lo cual es bueno. O si no, observa un par de personas en una casa rodante con mesas de cartas y dinero en enfriadores, lo cual es malo. Pero no resulta difícil hacer un poco de investigación.

Cualquier banco verdadero en Estados Unidos es miembro de la Corporación Federal de Seguros de Depósito (FDIC, por sus siglas en inglés). La FDIC tiene un agradable sitio web en www.fdic.gov que, entre otras cosas, ofrece informes detallados de cada banco miembro. En la página principal, haga clic en el vínculo DEPOSIT INSURANCE cerca de la parte superior izquierda, luego haga clic en Is My Bank Insured (Esta mi banco asegurado). En esa página, puede buscar por nombre o por ubicación. Por ejemplo, para revisar el Banco ING, introduzca su nombre completo (**ING bank, fsb**, tal como

dice en su página principal) y haga la búsqueda. (Para este banco en particular, una ruta alternativa para obtener esta misma información es hacer clic en el icono FDIC en la página principal del banco.) De cualquier forma, usted obtiene una página que dice: sí, está asegurado. Para mayor información haga clic en Financial Information (Información Financiera) y vea sus últimos balances. En el caso del Banco ING, dice que el banco tiene $43 mil millones en ganancias y $4 mil millones en capital. Nos parece un buen banco.

Si realiza negocios con una unión crediticia (lo cual no es una mala idea si es elegible para una), éstas están aseguradas por la National Credit Union Association en www.ncua.gov. Haga clic en Credit Union Data en el panel en la parte inferior del extremo izquierdo de la pantalla y luego haga clic en el vínculo Find a Credit Union cerca del centro de la página que aparece.

línea ofrecen cuentas bancarias a sus clientes; ésta es típica. (Si no tiene una cuenta de bolsa, tiene que abrir su cuenta bancaria en persona en sus oficinas en la hermosa Jersey City, Nueva Jersey, así que asumamos que usted ya tiene una cuenta.) Como quizá no visita su cajero automático en Jersey City muy a menudo, ellos reembolsan un dólar cada vez que usa el cajero automático de otro banco para cubrir la cuota. Puede transferir dinero en línea entre su cuenta bancaria y su cuenta de valores. Como no existe un mínimo requerido, ya sea en su cuenta corriente o en su cuenta de bolsa a la que está unida, este tipo de cuenta es una buena opción si tiene alguna inversión con un agente de bolsa en línea.

Ellos también ofrecen algunos servicios más exóticos, como las transferencias telefónicas de y hacia cuentas en su filial canadiense TD *Canadá Trust* con tarifas favorables, para personas que viajan hacia Canada lo suficiente para tener una cuenta bancaria allá.

Tratar con tarjetas de crédito

Casi cualquier tarjeta de crédito en Estados Unidos ofrece acceso en línea por la misma razón que lo hacen las cuentas bancarias: las transacciones son mucho más baratas que si usted llama a su número 800.

Los servicios de tarjetas de crédito en línea inician con la solicitud de la tarjeta. Busque en Google "tarjetas de crédito" y encontrará un sin fin de ofertas. Cambian a diario, pero puede buscar diversas opciones, sin cuota anual, bonos y reembolsos y tarifas de intereses bajos. La mayoría de los sitios que aparecen para comparar tarjetas en realidad están vendiendo las tarjetas de un banco, de manera que analice sus características únicas y superiores con escepticismo.

Cuanto tiene su tarjeta, algunas de las facilidades típicas en línea que se incluyen son éstas:

- ✔ Revisar su saldo y sus transacciones recientes.

- ✔ Pagar su recibo de su cuenta de ahorros, usando CheckFree u otro servicio similar.

- ✔ Solicitar un aumento en la línea de crédito.

- ✔ Pedir copias de los recibos de ventas cuando hay cargos que usted no reconoce, o cuestionar aquellos que le parecen falsos.

- ✔ Descargar información bancaria en Quicken y en otros programas para las finanzas personales.

- ✔ Crear números de tarjetas de un único uso para compras en línea. (Vea el Capítulo 10.)

Los distintos bancos que emiten tarjetas de crédito cuentan con versiones algo distintas de estos servicios, pero es difícil compararlos sin tener primero la tarjeta de crédito. Por ejemplo, si tiene una tarjeta de crédito del Bank of America, puede definir pagos automáticos para cancelar cada recibo en su totalidad en la fecha de vencimiento, lo que le brinda el máximo uso de su dinero sin pagar intereses. Pero si su tarjeta es de MBNA, usted tiene que visitar su sitio web cada mes para programar el pago mensual. Por otro lado, MBNA cuenta con números de tarjetas de un único uso y Bank of America no. Podríamos hacer una lista con las características, pero se desactualizaría antes de imprimirla, de manera que tendrá que visitar los sitios web de los bancos y observar lo que ofrecen.

Pagarle a sus amigos con PayPal

Las tarjetas de crédito son fáciles de usar, si usted *gasta* dinero. Pero hasta hace poco ha sido imposible para las personas (más que para las compañías) *recibir* pagos por medio de la tarjeta de crédito. Incluso a los negocios pequeños les parecía caro y lento aceptar pagos con tarjetas de crédito. PayPal (www.paypal.com) ha cambiado todo eso y ha proporcionado una forma sencilla de trasladar dinero entre cuentas de bancos diferentes.

PayPal es de gran ayuda para los individuos que venden en sitios de subastas como eBay (que es el dueño de PayPal), pero también tiene muchos otros usos. PayPal facilita el inicio de un negocio pequeño en la web. Las organizaciones pequeñas pueden usar PayPal para recolectar pagos para actividades como cenas y obras de teatro, las organizaciones sin fines de lucro pueden aceptar donaciones y es casi la única forma de realizar pagos a personas en otros países sin un cargo por servicios mayor a la cantidad que está pagando.

Si piensa aceptar PayPal en su negocio, asegúrese de prestarle atención a sus advertencias con respecto al envío *sólo a direcciones de compradores verificados*. Asegúrese de acatar toda la letra menuda para protegerse de fraudes. La mayoría de vendedores novatos aprenden de la forma difícil que son ellos quienes pagan los costos del fraude e incluso el costo de los errores inocentes de sus clientes. El índice de fraudes de PayPal es menor que el de la mayoría de las tarjetas de crédito, pero es cuestión de que el *comerciante se cuide*, conozca a su cliente y siga los pasos apropiados para salvaguardar sus transacciones.

PayPal ofrece los siguientes servicios, pero existen unas cuantas reglas que se deben observar:

- ✔ Para enviar dinero tiene que tener una cuenta PayPal, pero es fácil abrir una.

- ✔ Después de abrirla puede enviarle dinero a cualquier persona que pueda recibir un correo electrónico. Si esa persona todavía no tiene una cuenta PayPal, la abrirá cuando haga efectivo su correo electrónico. El dinero que usted envía puede venir del saldo en su cuenta PayPal o de una cuenta bancaria o tarjeta de crédito que usted une a su cuenta Paypal.

- ✔ Una vez que haya dinero en su cuenta, puede usarlo para pagarle a otras personas, trasladarlo a su cuenta bancaria o gastarlo con una tarjeta de débito asociada a su cuenta Paypal.

- ✔ Las cuentas individuales son gratuitas, pero no puede aceptar pagos con tarjetas de crédito. (No existe límite al aceptar pagos enviados desde las cuentas bancarias.)

- ✔ Las cuentas *premier* no tienen esos límites al aceptar pagos, pero se les cobra una comisión por cada pago que reciben.

Los chicos de PayPal le piden que proporcione su número de cuenta bancaria de manera que cuando alguien le paga a usted, PayPal pueda tomar el dinero directamente. De esa forma no tienen que pagarle a las compañías de tarjetas de crédito y usted puede trasladar cualquier dinero que reciba en su cuenta con la menor cantidad de dificultades.

Tenga cuidado de no darle la información de su cuenta bancaria a *cualquier* persona. Una gran cantidad de criminales enviaron muchos anuncios donde decían que eran de PayPal, y afirmaban que usted "tenía" que proporcionarles su número de cuenta y contraseña de inmediato para solucionar un problema en su cuenta. No caiga en eso. PayPal *nunca* le pedirá su contraseña o la información de su cuenta en un mensaje de correo electrónico o en ningún otro lugar que no sea su sitio web (en `https://www.paypal.com`). Ayude a combatir el crimen: reenvíele ese tipo de correo fraudulento a PayPal. Vaya al sitio web y haga clic en el vínculo Security Center.

Cuando solicita por primera vez unir su cuenta a una cuenta bancaria, PayPal verifica su número al realizar dos depósitos aleatorios menores a un dólar. Luego, usted tiene que decirle a PayPal la cantidad de los depósitos para completar su inscripción. Puede unir varias cuentas bancarias a su cuenta PayPal, luego sacar el dinero de una y colocarlo en PayPal. Espere unos cuantos días para que se complete la transacción y luego saque el dinero de PayPal para colocarlo en una cuenta distinta, todo de manera gratuita.

Si deja dinero en su cuenta, PayPal le paga intereses decentes, pero como no es un banco, su dinero está más seguro en su cuenta bancaria. (La mayoría de las cuentas bancarias de Estados Unidos están aseguradas; las cuentas PayPal no lo están.) Le recomendamos mantener en PayPal sólo el dinero que planea usar dentro de unos pocos días. ING Direct (descrito anteriormente en este capítulo) es un verdadero banco y generalmente paga un interés más alto que PayPal. Usted puede abrir una cuenta fácilmente en ING Direct y unirle su cuenta PayPal, así como unir su cuenta PayPal a su cuenta bancaria principal.

Invertir su dinero en línea

Si usted invierte en fondos mutuales o en el mercado de acciones (algo difícil de evitar en estos tiempos, a menos que anticipe que morirá joven), puede encontrar una variedad sorprendente de recursos en línea. También se encuentra disponible una enorme cantidad de información sobre acciones, que le proporciona a los usuarios de la red recursos de investigación tan buenos como los que ofrecían los analistas profesionales antes de la aparición de las inversiones en línea.

El aspecto más importante de recordar acerca de los recursos financieros en línea es que *todos* quieren obtener ganancias. En la mayoría de los casos, la situación es directa; por ejemplo, un administrador de fondos mutuales quiere que usted invierta en esos fondos y un corredor de bolsa quiere que compre y venda acciones con él. Algunos otros sitios no son tan obvios: unos se mantienen con la publicidad y otros presionan ciertos tipos especiales de inversiones. Considere la fuente (y cualquier interés creado que puedan tener) cuando piense en asesoramiento de esa naturaleza.

Fondos mutuales

Los fondos mutuales son definitivamente la inversión de la última generación. Ahora, el mundo tiene más fondos mutuales que acciones para vender. La mayoría de los administradores tienen, al menos, descripciones de los fondos y prospectos en línea y muchos proporcionan acceso en línea, de manera que usted pueda revisar su cuenta, trasladar dinero de un fondo hacia otro dentro en un grupo de fondos y venderlos y comprarlos, todo con el dinero que viene y va desde su cuenta bancaria por medio de ACH.

Algunos grupos de fondos bien conocidos incluyen:

- ✔ **Fidelity Investments** (`www.fidelity.com`): este gorila de 500 libras de fondos mutuales se especializa en fondos administrados activamente.

- ✔ **Vanguard Group** (`www.vanguard.com`): el otro gorila de 500 libras se especializa en fondos de bajo costo e indexados.

- ✔ **American Century** (`www.americancentury.com`): esta compañía ofrece otro amplio grupo de fondos.

Muchos de los corredores de bolsa que se mencionan en la siguiente sección también le permiten comprar y vender fondos mutuales, a pesar de que casi siempre tiene un menor costo hacerlo directamente con un administrador de fondos. El Proyecto de directorio abierto tiene una enorme lista de fondos y grupos de fondos en `dmoz.org/Business/Investing/Mutual_Funds`.

Corredores de bolsa

La mayoría de firmas conocidas que ofrecen servicios completos han saltado a la web, junto con una nueva generación de corredores de bolsa de bajo costo en línea que ofrecen un manejo de acciones bastante barato. Una acción que puede costar $100 con una firma de servicios completos puede costar sólo $8 con un corredor de un bajo costo. La diferencia principal es que las firmas baratas no ofrecen consejos de inversiones y no lo asignan a un corredor específico. Para las personas que realizan sus propias investigaciones y que no quieren el consejo de un agente, las firmas de costos bajos funcionan bien. Para las personas que necesitan algún consejo, las firmas de servicios parciales o completos por lo general ofrecen un manejo más barato en línea y le permiten obtener una vista completa de su cuenta cuando lo desee. La cantidad de servicios adicionales que ofrecen los corredores de bolsa (como las cuentas de retiros, la reinversión de los dividendos y las transferencias automáticas hacia y desde su cuenta corriente) varía mucho.

Estos son algunos de los corredores de bolsa en línea:

- ✔ **Charles Schwab** (`www.schwab.com`): uno de los corredores con descuentos más antiguo.

- ✔ **TD Ameritrade** (`www.ameritrade.com`): un corredor de bajo costo con consejos limitados, afiliado al banco Toronto-Dominion, uno de los bancos canadienses más grandes. Si usted abre una cuenta, también piense en una cuenta con Waterhouse Bank, descrito anteriormente en este capítulo.

- ✔ **E*TRADE** (`www.etrade.com`): otro corredor de bajo costo sin consejos, que también ofrece cuentas bancarias, tarjetas de crédito, préstamos para botes y casi cualquier otro servicio financiero conocido.

✔ **Smith Barney** (www.smithbarney.com): un corredor con servicios completos y con acceso en línea a cuentas e información de investigación y una subsidiaria del Citigroup, uno de los bancos más grandes en el mundo.

La mayoría de los grupos de fondos, como los de la lista anterior, tiene departamentos de corredores de bienes, lo cual puede ser una buena opción si quiere mantener tanto acciones individuales como fondos.

Darle seguimiento a su portafolio

Muchos servicios permiten dar seguimiento a su portafolio en línea. Usted introduce la cantidad de acciones de cada fondo y acción que posee y el servicio le puede decir, en cualquier momento, el valor exacto que tienen y la cantidad de dinero que perdió el día de hoy. Algunos envían un correo diario con el informe del portafolio, si lo desea. Estos informes son útiles si tiene fondos mutuales de más de un grupo, o fondos y acciones. Todos los servicios de seguimiento se mantienen con la publicidad o están administrados por un corredor de bolsa que espera hacer su negocio mercantil.

✔ **My Yahoo** (my.yahoo.com): puede introducir diversos portafolios y personalizar sus pantallas con informes de noticias generales y relacionadas con la compañía. También puede obtener muchas noticias de la compañía y la industria, incluso cierto acceso a sitios que de otro modo requieren suscripciones pagadas. Se apoya en la publicidad, es comprensivo y fácil de utilizar.

✔ **Smart Money** (www.smartmoney.com): el rostro en línea de la revista *Smart Money*. Déle seguimiento a los portafolios y lea historias en las noticias. Aunque ellos quisieran que usted se suscribiera a las revistas, el seguimiento del portafolio gratuito no es malo.

✔ **MSN Money Central** (moneycentral.msn.com): este servicio también tiene portafolios y mucha información, aunque nos parece un poco complicado de configurar y más difícil de usar que My Yahoo.

Capítulo 12

Obtener archivos de la red

*I*nternet tiene una gran abundancia de equipos de cómputo llenos de archivos. ¿Qué hay en ellos? Programas, imágenes, sonidos, películas, documentos, hojas electrónicas, recetas, el *Quijote* (el libro completo y varias de las versiones), lo que imagine. Ciertos equipos están configurados para que usted pueda copiar algunos de los archivos en su propia PC, por lo general de manera gratuita. En este capítulo le decimos cómo encontrar algunos de esos archivos y cómo copiarlos y utilizarlos.

¿Qué significa descargar?

Descargar significa copiar archivos de una PC allá arriba en Internet hacia la PC aquí abajo sobre su escritorio o debajo de éste. *Cargar* es lo contrario: copiar un archivo de su PC hacia uno allá arriba en Internet.

Quizás no se sorprenderá al escuchar que existen al menos tres formas diferentes de descargar y cargar archivos:

➤ **Haga clic en un vínculo de una página web.** Los exploradores web también pueden descargar archivos. De hecho, lo hacen todo el tiempo cuando descargan páginas web para que usted las pueda ver.

➤ **Participe en un servicio para compartir archivos.** Como son de dudosa legalidad y tienden a instalar programas espías en su PC, no recomendamos la mayoría de ellos. (Vea el Capítulo 9 para más detalles.)

➤ **Use un programa para transferencia de archivos.** *FTP* quiere decir Protocolo de transferencia de archivos, una forma antigua (pero todavía muy popular) para que las PC transfieran archivos por medio de Internet.

También puede transferir archivos al anexarlos a mensajes que se envían a otros usuarios del correo electrónico; lo mencionamos en el Capítulo 15.

Hasta el momento, la forma más sencilla de descargar archivos es usar su explorador web; hacer clic en los vínculos es nuestro método favorito de encontrar y descargar archivos.

La forma en que descargue un archivo y lo que haga con él una vez que lo tiene, también depende de lo que contenga. Este capítulo describe cómo descargar imágenes, programas y otros archivos. Si quiere descargar música y video, vea el Capítulo 9.

Descargar imágenes

Para descargar una imagen de la web siga estos pasos:

1. **Despliegue la imagen en su explorador web.**
2. **Haga clic derecho en la imagen.**

   Aparece un menú de comandos. Una pequeña cantidad de sitios web deshabilitan las imágenes con el clic derecho para evitar que usted las guarde. ¡Vaya!

3. **Elija Salvar imagen como (Save Image As), en Firefox o Guardar imagen como (Save Picture As), en Internet Explorer.**
4. **En el cuadro de diálogo Salvar imagen que aparece, dígale a su explorador dónde guardar la imagen en su PC.**

   Puede elegir la carpeta donde la quiere colocar y el nombre de archivo que va a usar.

5. **Haga clic en Guardar (Save).**

¡Eso es todo!

Los archivos gráficos tienen extensiones de nombres especiales que identifican el formato gráfico en el que se encuentran. Cuando descarga una imagen, puede cambiarle el nombre al archivo pero *no* le cambie la extensión. Algunas extensiones comunes son GIF, JPG y TIF. (Vea la sección "Para la persona con inclinaciones artísticas" en el Capítulo 20, para obtener un resumen de los formatos de archivos gráficos.)

El arte no es gratuito

En cuanto a la cantidad de arte que hay en Internet, tenga esto es cuenta: alguien tuvo que trabajar para crear todas esas imágenes. Algunos de los artistas quieren controlar lo que le sucede a su trabajo o incluso obtener un pago por él (vaya concepto).

Sólo por el hecho de que una imagen se encuentre en una página web, no quiere decir que no le pertenezca a alguien. Casi todas las imágenes en las páginas web tienen derechos de reproducción y no es legal usarlas sin el permiso del dueño. Nadie lo va a demandar por almacenar una fotografía en su PC (hasta donde sabemos; no somos abogados) pero no trate de usar imágenes descargadas en su propio sitio web o publicación sin obtener el permiso. A menos que la imagen venga de un sitio que específicamente ofrezca imágenes para volver a usarlas como *imágenes prediseñadas* (es decir, imágenes que puede adjuntar y usar), debe obtener permiso para volver a usar la imagen para la mayoría de los fines, incluso para cargarla en su página web sin carácter comercial.

Para conseguir fuentes de imágenes prediseñadas busque "clip art" o "clpart" e incluya una palabra o frase que describa lo que necesita. Algunas de las imágenes que le muestran son gratuitas y otras requieren una suscripción o de un pago por imagen. Nos gusta `www.clipart.com`, el cual requiere una cuota de suscripción pero ofrece una montaña de imágenes prediseñadas y fotografías que puede descargar y usar legalmente.

Compartir imágenes

Nos encanta compartir las fotografías de nuestra familia con otras personas y la web nos lo facilita. Además, compartir por medio de la web le ahorra el costo de hacer impresiones adicionales de sus fotografías y es rápido. Diversos sitios lo habilitan para descargar sus imágenes digitales al sitio y compartirlas con sus amigos y familia. Estos sitios para compartir fotografías hacen su dinero al vender impresiones, ¡una vez que su familia vea esa hermosa fotografía de la pequeña María pintando con los dedos llenos de dulce, van a querer tener una copia para ponerla en el refrigerador!

Estos son algunos sitios para compartir fotografías:

- ✔ Kodak, en `www.kodakgallery.com`, ofrece (sin que sea sorpresa) impresiones Kodak. A este sitio se le llamaba Ofoto y al digitar `www.ofoto.com` también llega ahí.
- ✔ Snapfish, en `www.snapfish.com`. Ahora Hewlett-Packard es su dueño.

Descargar programas

Muchos de los programas que recomienda este libro se pueden descargar de la web, a menudo sin costo. Esta sección describe el proceso para descargar programas y ponerlos a funcionar.

El plan: descargar, instalar y utilizar

Cuando descarga un programa, transfiere un archivo de una PC en Internet hacia el suyo. Pero el programa sigue atrapado dentro del archivo; por lo general debe seguir algunos pasos adicionales para sacarlo. El archivo que usted descarga suele ser un programa de instalación, el cual pone a funcionar para instalar el programa verdadero. Mientras se encuentra en él, debería tener la sabiduría de escanearlo antes de ponerlo a funcionar, por si tiene algún virus.

Todos estos pasos se describen en las siguientes páginas. ¡Continúe leyendo!

Encontrar programas para descargar

El primer paso para descargar un programa es encontrarlo. En algunos casos usted ya conoce la dirección web donde se encuentra disponible el archivo. Por ejemplo, en el Capítulo 6 recomendamos que deje de usar Internet Explorer como su explorador web porque es el objetivo de los virus y los programas espías. (El Capítulo 2 describe lo que queremos decir con virus y programas espías.) Le sugerimos que se cambie a Firefox, el cual es una descarga gratuita del sitio web `getfirefox.com` o `www.mozilla.org/products/firefox`.

En otros casos, quizás escuche acerca de un programa, pero no sabe dónde encontrarlo. Google es su amigo; busque el nombre del programa y a lo mejor encuentra su fuente.

Los programas deberían ser gratuitos, sí o no

Cuando algún software es gratuito, se le llama *freeware*. El freeware está disponible para descargar de manera gratuita, sin condiciones. Firefox es freeware, al igual que algunos de los programas en `www.download.com`.

Sin embargo, algunos software que se pueden descargar son totalmente gratuitos. Cuando los autores piden una donación si usted quiere el programa (según el sistema de honor) se le llama *shareware*. Usted puede descargar e instalar el programa de manera gratuita (como en el caso del freeware), pero si lo sigue usando, por honor, debería sentir que es necesario darle una donación al autor. (Si no es así, ¡no espere actualizaciones del programa más adelante!) El sitio del que descarga el shareware debería indicar de cuánto se trata la donación que se pide. Por lo general, puede elegir Ayuda del menú del programa para averiguar cómo donar.

Por último, algunos programas descargables son *versiones de prueba* o *crippleware*, versiones por tiempo limitado o con otras limitaciones. Puede usar el programa descargado de manera gratuita, pero si quiere el programa real completo, deberá pagar por él. El programa en sí le dice las limitaciones que tiene, el precio y la forma de pago. Algunos no limitan las características, pero muestran anuncios a menos que usted pague (un acuerdo razonable, nos parece).

Otras buenas fuentes de programas descargables son las bibliotecas de software como éstas:

- ✔ www.download.com incluye revisiones de los programas descargables.

- ✔ www.shareware.com es una excelente fuente de shareware (programas que puede usar de manera gratuita, pero por los cuales realmente debería hacer una donación si los utiliza a menudo).

- ✔ www.tucows.com (la última colección del software de Windows, que ahora también incluye programas Mac) es una gran colección, bien organizada, con las calificaciones de los usuarios, de una vaca a cinco.

Descargar un programa

Antes de iniciar la descarga haga una carpeta para almacenar todos sus archivos descargados. En Windows hacemos una carpeta dentro de nuestra carpeta Mis Documentos y lo nombramos algo así como Archivos descargados o Descargas. (Para crear una carpeta en Mis Documentos cargue Explorador de Windows o Mi PC, seleccione la carpeta Mis Documentos y elija Archivo (File)⇨Nuevo (New)⇨Carpeta (Folder) del menú.)

Descargar el archivo de un programa por la web es fácil; usted hace clic en un vínculo hacia ese programa. Por lo general es un vínculo que dice *Descargar* o el nombre del programa. Su explorador web se detiene y le pregunta qué hacer con el archivo. Si es un programa (en Windows, un archivo con la extensión .exe o .com) o un archivo ZIP (con la extensión .zip), lo más razonable que puede hacer es guardarlo en el disco (en su carpeta de Descargas) para que trabaje con él más adelante.

Si está interesado en descargar un programa de Internet, por ejemplo, puede ir a TUCOWS, la ultima colección de software de Windows (y Mac), en www.tucows.com. Una vez que se encuentra en el sitio, haga clic en los vínculos para elegir el sistema operativo que usted usa, elija un sitio cerca suyo y elija el tipo de programas que quiere descargar. TUCOWS muestra una lista de programas disponibles. De manera alternativa, digite el nombre de un programa dentro del cuadro de Búsqueda para encontrar programas por ese nombre. Cuando encuentra la página acerca del programa, puede descargar su archivo; sólo haga clic en el nombre del programa o en el botón Descargar ahora o en otro vínculo que suene apropiado.

Descomprimir

La mayoría del software descargable en Internet se encuentra en un formato comprimido para ahorrar espacio de almacenamiento en el servidor y tiempo de transmisión cuando lo descarga. La mayoría del software se *autoinstala*, el archivo es (o contiene) un programa que realiza la descompresión necesaria y la instalación. Los archivos de Windows autoinstalables tienen la extensión .exe y ningún archivo comprimido de autoinstalación tiene la extensión .zip.

Los virus y los programas espías también pueden estar en los archivos `.exe`, ¡de manera que no ponga a funcionar un archivo ejecutable a menos que esté seguro de lo que contiene! Quédese con las bibliotecas de software que recomendamos en este capítulo, porque ellas escanean sus archivos para revisar si tienen virus o programas espías. O descargue los programas directamente de la organización del software (por ejemplo, obtenga Firefox en `www.mozilla.org`).

Para instalar un archivo de autoinstalación, sólo haga doble clic en él para ejecutarlo. El archivo se debería abrir y lo debería llevar por un conjunto de ventanas tipo asistente para recopilar cualquier información de configuración necesaria y luego se instala.

Si un archivo está comprimido, usted necesita un programa que lo abra y lo descomprima. Los archivos con la extensión `.zip` identifican archivos comprimidos (estos archivos se llaman, *archivos ZIP*). Si usa Windows XP, su característica Archivos comprimidos (que normalmente se encuentra activada) le permite abrir archivos ZIP justo en las ventanas de Explorador de Windows. Sólo haga doble clic en el archivo ZIP para ver lo que contiene.

Si no usa Windows XP, los programas como WinZip (descargables en `www.winzip.com`) pueden ayudarle a descomprimir y comprimir información. También nos gusta ZipMagic (disponible en `www.allume.com/win/zipmagic`), el cual hace que los archivos ZIP se vean como carpetas de Windows, como Archivos comprimidos de Windows XP. (Usuarios de Mac: vean el recuadro "Los usuarios de Mac dicen StuffIt" en este capítulo.)

Si usa Windows XP o ya tiene WinZip (el cual también está disponible por medio del correo o en varias ventas de shareware), puede saltarse la siguiente sección.

Obtener y ejecutar WinZip

Para obtener WinZip de la web vaya a `www.winzip.com`. Haga clic en Descargar o Descargar evaluación para conseguir la página de descarga. En esa página haga clic en el vínculo de su versión de Windows, dígale dónde quiere almacenar el programa WinZip (su carpeta de Descargas) y espere a que se descargue.

Para instalar WinZip siga estos pasos:

1. **Ejecute el archivo que acaba de descargar.**

   El archivo tiene un nombre como `Winzip90.exe`, según la versión.

2. **Siga las instrucciones de instalación que le proporciona WinZip.**

   A pesar de que usted tiene un conjunto de opciones, puede aceptar las predeterminadas sugeridas para todos ellos.

¡Haga la prueba! ¡Haga doble clic en ese icono! WinZip se ve como en la Figura 12-1.

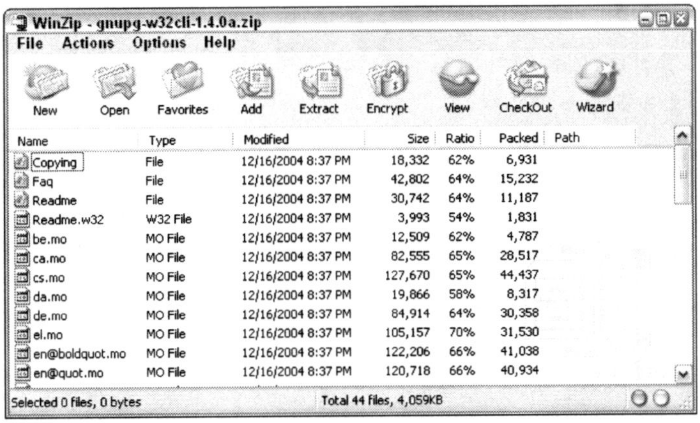

Figura 12-1
WinZip está listo para tratar con sus archivos ZIP.

Comprimir y descomprimir con WinZip

Para abrir un archivo ZIP (que los amigos de WinZip llaman un *archivo*), haga clic en el botón Abrir y elija el directorio y el nombre del archivo para el archivo ZIP. ¡Puf! WinZip muestra una lista de los archivos en él, con sus fechas y tamaños.

Si quiere usar un archivo desde ZIP, tiene que abrir el archivo ZIP y *extraerlo*, esto es, usted le pide a WinZip que lo descomprima y lo almacene en un archivo nuevo. Para extraerlo, siga estos pasos:

1. **Elija el archivo de la lista.**

   Puede elegir un grupo de archivos que se encuentran juntos al hacer clic en el primero y luego Shift+clic en el último. Para seleccionar un archivo adicional, hágale Ctrl+clic.

2. **Haga clic en el botón Extraer (Extract).**

   Un cuadro de diálogo le pregunta en cuál directorio quiere poner los archivos extraídos y si desea extraer todos dentro del archivo o sólo el que seleccionó.

3. **Seleccione el directorio en el cual quiere almacenar los archivos descomprimidos.**

4. **Haga clic en Aceptar (OK).**

   WinZip descomprime el archivo y coloca su contenido en el directorio elegido. El archivo ZIP no cambia y ahora usted tiene el archivo descomprimido (o los archivos) que se encontraba en él también.

Si WinZip puede determinar que un archivo ZIP contiene un programa para instalar, a menudo le ofrecerá un botón Salida (Checkout) o Instalar (Install). Salida extrae todos los archivos y luego hace una ventana de menú donde usted puede hacer clic con facilidad en cualquiera de los archivos extraídos

Los usuarios de Mac dicen StuffIt

Los usuarios de Mac pueden conseguir programas llamados ZipIt, Unzip o MindExpander de www.macorchard.com. El más popular es un programa shareware, de Raymond Lau, conocido como StuffIt Expander. StuffIt viene en muchas presentaciones, incluyendo una versión shareware y una versión comercial en www.stuffit.com. Los archivos StuffIt de todas las variedades generalmente terminan con la extensión .sit.

que quiera abrir o ejecutar. Instalar ejecuta un archivo ZIP de autoinstalación para usted.

A pesar de que WinZip también puede hacer muchas otras cosas, como agregar archivos a un archivo ZIP y crear el propio, usted no tiene que saber cómo llevar a cabo estas tareas para tomar software de la red, de manera que las saltamos. (Sabemos que usted las puede descifrar con sólo ver los botones en la barra de herramientas WinZip.) WinZip es shareware, de manera que si lo usa mucho, por favor inscríbase y envíele al Sr. WinZip su cuota para que pueda comer y para que siga desarrollando versiones nuevas.

Escanear para buscar virus

Le advertimos con respecto a los virus en el Capítulo 2 y le sugerimos que instale un revisor de virus en el Capítulo 4. El Capítulo 14 describe cómo configurar su revisor de virus y cómo decirle a su programa de correo electrónico que no ejecute programas que usted recibe por correo electrónico. Como puede notarlo, nos tomamos el tema de los virus muy en serio y creemos que usted también debería hacerlo.

Todos sabemos que usted practica la seguridad del software: revisa todo programa nuevo que obtiene para asegurarse de que no contiene ningún virus oculto que puede desplegar mensajes detestables o arruinar su disco duro. Si ese es su caso, entonces puede saltarse esta sección.

Para el resto de ustedes, o todos nosotros, es una buena idea ejecutar un programa de escaneo de virus en intervalos regulares y mantenerlo actualizado. ¡Nunca sabe qué clase de código desagradable puede descargar hasta su indefensa PC!

Ejecute su revisor de virus luego de haber obtenido y ejecutado cualquier software nuevo. A pesar de que la web y los servidores FTP en Internet hacen todo el esfuerzo posible para mantener los archivos de su software libre de virus, no hay nadie perfecto.

Si usa WinZip, puede configurarlo para ejecutar su revisor de virus incluso antes de descomprimir su archivo ZIP con el programa. Elija Opciones (Options)⇨Configuración (Settings) del menú, haga clic en la pestaña

Localización de programas (Program Locations) y en el recuadro Examinar programa (Scan Program), digite el nombre de la ruta de su programa revisor de virus.

Instalar el programa

Muy bien, ahora tiene el archivo del programa descargado y sabe con certeza que tiene seguridad para continuar. Sin embargo, la mayoría de los programas descargados todavía se encuentran atrapados en un archivo de instalación; no están listos para usarse. Por ejemplo, cuando descarga Firefox, obtiene un archivo con un nombre como Firefox Setup 1.7.1.exe. (El .exe al final le dice que es un programa; es una forma corta para referirse a *ejecutable*.) Ese no es Firefox; es el programa Firefox Setup, el cual *contiene* a Firefox.

Para instalar el programa haga doble clic en el nombre del programa configurador en Explorador de Windows o en Mi PC. Es probable que el programa configurador cree un icono para el programa en su escritorio. En Windows quizás también lo agregue en su menú Inicio.

Algunos programas simples no vienen con un programa de instalación, usted obtiene el programa por sí solo y luego de descomprimirlo, necesita ejecutar el programa que extrajo del archivo ZIP. Para que sea fácil ejecutarlo, necesita un icono. Puede crear su propio icono o ítem de menú para el programa. Siga estos pasos para hacerlo en Windows:

1. **Ejecute ya sea Mi PC o Explorador de Windows y seleccione el archivo del programa (el archivo con la extensión** .exe **u ocasionalmente** .com o .msi.)

2. **Use el botón derecho de su 🖱 para arrastrar el nombre del archivo hacia el escritorio o hacia una carpeta abierta en el escritorio.**

   Un icono del programa aparece.

Otro método es elegir Inicio (Start)➪Programas (Programs) o Inicio (Start)➪Todos los programas (All Programs), encontrar la opción del menú para el programa, mantener presionada la tecla Shift, arrastrar la opción del menú hacia el escritorio y soltar la tecla Shift. Windows copia la opción del menú como un icono en el escritorio.

Para ejecutar su nuevo programa puede hacer clic o doble clic en el icono (según como tenga configurado Windows, primero intente con un clic y si no sucede nada, siga con doble clic). ¡Genial!

Configurar el programa

Ahora puede ejecutar el programa. ¡Bravo!

Sin embargo, es posible que le tenga que decir al programa la dirección de Internet o la información de su PC o quién sabe qué, antes de que pueda llevar a cabo el trabajo. Vea los archivos de texto (si los hay) que venían con el programa o elija Ayuda (Help) de la barra de menú del programa, para obtener más información sobre la forma de configurar y ejecutar su programa nuevo. El sitio web del cual obtuvo el programa puede que también tenga algunas explicaciones.

Descargar otros tipos de archivos

Si quiere descargar algún otro tipo de archivo, como un documento de Word, una hoja electrónica, una base de datos o algún otro, puede seguir los mismos pasos generales:

1. **Busque el archivo en la web.**

   Haga la búsqueda en la web.

2. **Siga las instrucciones en la página para descargar el archivo.**

   Este paso por lo general sólo significa hacer clic en el botón Descargar (Download).

3. **Cuando su explorador muestra un cuadro de diálogo Salvar (Save) o Salvar como (Save As), elija dónde colocar el archivo.**

   Si ha creado una carpeta Descargas o Archivos descargados, colóquelo ahí. Si no, colóquelo en la carpeta donde quiere que termine el archivo.

4. **Revise si el archivo tiene algún virus.**

   Vea la sección "Escanear para buscar virus" en este capítulo para obtener detalles.

5. **Descomprima el archivo si fuera necesario.**

   Si el archivo es grande o si está descargando un grupo, el archivo o archivos pueden estar comprimidos en un archivo ZIP. Vea la sección "Descomprimir" (más atrás en este capítulo) para averiguar la forma de descomprimirlo.

6. **Abra el archivo con el programa que coincide.**

Descargar según la forma antigua con FTP

Mucho antes de que se inventara la web, Internet estaba ahí funcionando. (Y claro, Al Gore fue un agente importante para obtener los fondos que hicieron posible Internet.) Cuando usted quería descargar un archivo, usaba un programa FTP (Protocolo de Transferencia de Archivos). Tenía que saber el nombre del servidor en el que estaba almacenado el archivo así como la carpeta.

Si le interesa la experiencia antigua con el FTP, vea net.gurus.com/ftp para averiguar cómo trabajaba FTP y cómo lo sigue haciendo.

Los exploradores web pueden descargar archivos FTP automáticamente, si usted usa un URL que inicia con ftp://, eso es, una descarga FTP, la cual funciona como cualquier otra descarga.

Si descargó un documento de Word, ábralo en Word. Si no está seguro del tipo de archivo que obtuvo o del programa que lo abre, muestre el nombre del archivo en Mi PC o en Explorador de Windows y haga doble clic en el nombre del archivo. Si tiene un programa instalado que puede abrir el archivo, Windows debería ejecutar el programa y abrirlo de forma automática.

¡Sus archivos están listos para usarse!

¡Vamos a cargar!

Muy bien, sabe recuperar archivos de otras PC al descargarlos. Ahora, ¿cómo se copia al revés y cómo se carga? La razón principal por la que puede ser que necesite cargar archivos es que tenga su propio sitio web. Si es así, necesitará cargar sus páginas en su servidor web.

Puede cargar archivos en un servidor sólo si tiene permiso para almacenar archivos en él. Si cuenta con un sitio web, tiene un nombre de usuario y una contraseña en el servidor que le permiten ingresar a su cuenta y le dan permiso de almacenar archivos ahí. Usted no puede tan sólo cargar archivos en cualquier servidor de Internet; otros servidores no se lo permitirán. Por esa razón hablaremos acerca de cargar páginas web (y los archivos gráficos que aparecen en ellas, si existen) en este capítulo.

Cargar con su editor de página web

Un buen editor de página web (que es el software) incluye un programa de transferencia de archivos (FTP), de manera que esas maravillosas páginas web que usted crea puedan tener un destino: las puede cargar en un servidor. Por ejemplo, en Dreamweaver (un editor de páginas web popular), puede hacer clic en el botón Colocar (Put) en la barra de herramientas para cargar la página web que está editando en su servidor web. Vea el Capítulo 17 para obtener detalles sobre cómo crear y cargar páginas.

Cargar con su explorador

Aunque parezca extraño, Firefox no cuenta con una característica de carga. En Internet Explorer puede ingresar al servidor web como usted mismo al usar un URL de FTP, algo así como esto:

```
ftp://suidentificador@www.suproveedor.com/
```

En este ejemplo, *suidentificador* y *suproveedor* son nombres que usamos en lugar de su identificación de registro y el nombre de su servidor web. El nombre del servidor por lo general comienza con `www`, seguido por el nombre del PSI o el nombre de la compañía del servidor; en algunas ocasiones podría iniciar con algo diferente (como `ftp.www.fargle.net`) pero busque la forma amigable `www`. (Pregúntele a su administrador del servidor web si esta información no representa el paquete de registro que le dio.)

El explorador le pregunta su contraseña. Si usa el servidor web de su PSI, escriba la misma contraseña que usa cuando ingresa. Si esta contraseña funciona, observará el directorio web en pantalla. Si quiere cargar archivos hacia un directorio diferente, haga clic en el nombre del directorio para que lo vea.

Después de que tenga el directorio que quiere en pantalla, arrastre el archivo de dónde se encuentra hacia dónde quiera. Al hacer esto se carga el archivo desde cualquier otro programa (como Explorador de Windows) hacia la ventana del explorador. Ahora el archivo se ha cargado. (Puede ser un proceso lento, según el tamaño del archivo.)

Cargar con un programa FTP

Es posible que FTP haya estado alrededor nuestro durante algún tiempo, pero todavía es una buena tecnología. Usted puede usar programas FTP para cargar o descargar archivos, para eso están ahí. Nuestra página web en `net.gurus.com/ftp` tiene instrucciones útiles.

Parte IV
Correo electrónico, chat y otras formas de comunicarse en línea

La 5ᵗᵃ Ola   Por Rich Tennant

"¿Sabes? Me gustabas mucho más por Internet".

En esta parte . . .

Ya conoce todo sobre la web, lo cual es muy parecido a la televisión porque usted principalmente observa material que otras personas crearon. Ahora pasamos a la parte de Internet que es muy parecida a hablar por teléfono, porque puede hablar con otras personas o escribirles mensajes. Comenzamos con el correo electrónico, casi que el servicio más antiguo de la web pero todavía más útil, tanto para conversaciones uno a uno como para discusiones entre comunidades de correo electrónico más amplias. Encontrará consejos para usar el correo electrónico y para mantenerse a salvo del spam y de los virus. Terminamos con alternativas más modernas, como los mensajes instantáneos y el chat en línea.

Capítulo 13

Enviar y recibir correo electrónico

*E*l correo electrónico o *e-mail* es, sin lugar a dudas, el servicio más popular de Internet, a pesar de ser uno de los más antiguos y menos glamorosos. Aunque el correo electrónico no es tan glamoroso como la World Wide Web, más personas lo utilizan. Todo sistema en la red cuenta con algún tipo de servicio de correo, lo cual significa que, sin importar el tipo de PC que usted use, si se encuentra en Internet, puede enviar y recibir correo. Incluso algunos sistemas que técnicamente no se encuentran en Internet, como los teléfonos celulares y los PDA (un asistente digital personal, como un Palm Pilot o un BlackBerry) pueden generar correos electrónicos.

¿Cuál es mi dirección?

Toda persona con acceso de correo electrónico a Internet tiene al menos una *dirección de correo electrónico*; en el ciberespacio esta dirección es el equivalente a un número de dirección postal o número telefónico. Cuando envía un mensaje de correo electrónico, usted digita la dirección del receptor para que la PC sepa hacia dónde enviarlo.

Antes de que pueda comunicarse por correo electrónico, debe conocer su dirección para poder dársela a las personas con las que quiere tener contacto. También tiene que conocer algunas de las direcciones de esas personas para que les pueda escribir. (Si no tiene amigos o sólo planea enviar correo anónimo, puede saltarse esta sección.)

Las direcciones de los correos electrónicos tienen dos partes, separadas por @. La parte antes de @ es el *nombre del usuario* o el *buzón,* que es, para decirlo de algún modo, su nombre personal. La parte después de eso es el *dominio,* por lo general el nombre de su proveedor de servicios de Internet (PSI), como `aol.com` o `gurus.com`.

La parte del nombre del usuario

Su *nombre de usuario* es el nombre que su PSI asigna a su cuenta. Si tiene suerte, puede elegir su nombre de usuario; en otros casos, los PSI estandarizan los nombres de usuarios y usted obtiene lo que le dan. Quizás elija (o se le asigne) su primer nombre como su nombre de usuario, o su apellido, sus iniciales, su primer nombre y la última inicial, su primera inicial y el apellido o un nombre completamente inventado. A lo largo de los años, por ejemplo, John ha tenido los nombres de usuario `john`, `john1`, `jrl`, `jlevine`, `jlevine3` (por lo menos existieron tres `jlevines` ahí) e incluso `q0246`; Carol ha sido `carol`, `carolb`, `cbaroudi` y `carol377` (el proveedor colocó un número aleatorio); Margy trata de permanecer con `margy` pero ha terminado con `margy1` o `73727,2305` en alguna ocasión. Unos cuantos PSI asignan nombres como `usd31516`. (¡Qué terrible!)

Por ejemplo, usted le puede escribir al Presidente de Estados Unidos a `president@whitehouse.gov`. El nombre de usuario del presidente es `president` y el dominio que almacena su buzón es `whitehouse.gov`, lo cual es bastante razonable.

En los tiempos en que muy pocos usuarios de correo electrónico andaban por ahí y la mayoría de los usuarios de cualquier sistema determinado se conocían entre sí, averiguar quién tenía un nombre de usuario no era tan difícil. En estos tiempos, muchas organizaciones asignan nombres de usuarios con un formato consistente para todos ellos, la mayoría del tiempo con su primer nombre y su apellido con un punto (.) entre ambos, o su primera inicial seguida por las primeras siete letras de su apellido. En estos esquemas su nombre de usuario podría ser algo como `elvis.presley@bluesuede.org` o `epresley@bluesuede.org`. (Si su nombre no es Elvis Presley, ajuste este ejemplo a sus necesidades. Por otro lado, si su nombre *es* Elvis Presley, por favor contáctenos de inmediato. Sabemos de algunas personas que lo andan buscando.)

La parte del dominio

Un nombre para un dominio de un PSI en Estados Unidos por lo general termina con un punto y un código de dos o tres letras (llamado en inglés *Top-Level Domain,* o TLD) que le proporciona a usted una clave del tipo de equipo que posee el nombre del dominio. La siguiente es una breve explicación del tipo de organización que posee el dominio con códigos TLD:

- ✔ Las **organizaciones comerciales** por lo general poseen nombres terminados en `.com`., incluyen a proveedores como America Online (AOL) y

MSN y muchas compañías que no son proveedores públicos pero que son entidades comerciales, como www.aa.com (Corporación AMR, mejor conocida como American Airlines), www.greattapes.com (la tienda de videos en línea de Margy) y www.taugh.com (el programa de John, tan difícil de pronunciar Taughannock Networks).

✔ Las **universidades de Estados Unidos** típicamente cuentan con nombres de dominios terminados en .edu (como www.yale.edu). Las instituciones de educación primaria y secundaria no usan .edu, sólo las de educación superior.

✔ Las **organizaciones de redes,** por lo general, terminan en .net. Éstas incluyen tanto a los PSI como a las compañías que proporcionan servicios de red.

✔ Las **organizaciones gubernamentales** de Estados Unidos por lo general tienen nombres de dominios terminados en .gov. Por ejemplo, el Registro Nacional "No llame" administrado por la Comisión Federal de Protección al Consumidor está en donotcall.gov.

✔ Las **organizaciones militares de Estados Unidos** tienen nombres de dominios terminados en .mil.

✔ Los **grupos sin fines de lucro** y **los de intereses especiales** tienen nombres de dominios terminados en .org. Por ejemplo, la Asociación Unitaria Universalista (donde labora Margy) está en uua.org.

✔ Las **organizaciones en países específicos** con frecuencia cuentan con nombres de dominios terminados en un código del país de dos letras, como .fr para Francia o .zm para Zambia. Vea nuestro sitio web (en http://net.gurus.com/countries) para obtener una lista de códigos TLD de países. Los negocios pequeños, los gobiernos locales y las escuelas K-12 en Estados Unidos por lo general terminan con una abreviatura del estado de dos letras seguida por .us (como el sitio web de la comunidad de John en www.trumansburg.ny.us).

En 1997, un grupo internacional, la Corporación de Internet para la Asignación de Nombres y Números (ICANN, por sus siglas en inglés), en icann.org, propuso agregar algunos dominios genéricos adicionales como .firm, .arts y .web. Luego de un largo camino por las políticas de propiedad intelectual internacionales, los primeros nuevos dominios (.biz e .info) aparecieron en 2001. El resultado es una confusión total ya que whatever.biz y whatever.info pertenecen al mismo dueño, que es el grupo que posee whatever.com, y cuando le pertenecen a otra persona por lo general son tan sólo imitaciones. Desde entonces, ICANN ha agregado estas extensiones de dominios:

✔ .name: dominios de asuntos personales.

✔ .pro: médicos, abogados y contadores profesionales con licencia.

✔ .coop: cooperativas.

✔ .museum: museos.

✔ .aero: viajes aéreos.

✔ .jobs: ofertas de trabajo.

> ✔ `.travel`: viajes en general.
>
> ✔ `.mobi`: servicios para personas que usan teléfonos celulares y otros dispositivos móviles.
>
> ✔ `.xxx`: pornografía todo el tiempo.

Ninguno se usa ampliamente. Cualquier noticia de última hora la incluiremos en la web en `http://net.gurus.com/domains`.

¿Dónde está su buzón de correo?

Cuando usted se registra con un PSI, el proveedor crea un buzón de correo para cada uno de sus nombres de usuario. A pesar de que algunos ofrecen sólo un nombre de usuario con cada cuenta de Internet, muchos ofrecen hasta cinco buzones de correo con cinco nombres de usuario distintos para una sola cuenta. Estos buzones de correo por lo general habitan en el servidor de correo de su PSI.

Si usted no tiene un PSI (digamos que se conecta en la biblioteca pública), no todo está perdido. Muchos sitios web proporcionan buzones de correo gratuitos, pruebe con Hotmail en `www.hotmail.com`, Mail.com en `www.mail.com` o Yahoo Mail en `http://mail.yahoo.com`. Yahoo y Hotmail usan el nombre del dominio del sitio web (`yahoo.com` o `hotmail.com`) como la segunda parte de su dirección de correo electrónico, mientras que Mail.com ofrece una amplia lista de dominios vanidosos como `www.tokyo.com` o `www.doctor.com`. Google ha estado probando con Gmail, su propio servicio de correo gratuito, durante muchos años, se encuentra en `www.gmail.com` aunque (en el verano de 2005) necesita una invitación para obtener una cuenta.

Unir todas las piezas

Cada vez que configura un programa de correo, necesita introducir información acerca del buzón de su correo electrónico. Las personas cambian de programas de correo de vez en cuando (a menudo aparecen versiones nuevas con características atractivas), así que escriba su dirección de correo y cualquier otra información que le proporcione su PSI cuando configura su cuenta en el Cuadro 13-1

¿Cómo que no sabe su propia dirección?

Eso sucede con frecuencia, usted sabe la dirección del correo electrónico que solicitó para su cuenta nueva, pero no está totalmente seguro de haberla obtenido. Antes de dar su dirección a otras personas, pruébela enviándole un mensaje a uno o dos amigos. Dígales que respondan su mensaje cuando lo reciban y que le permitan saber la dirección de la que vino su mensaje. También nos puede escribir a `internet10@gurus.com` y ver la dirección a la que está dirigida nuestra respuesta.

(y doble la esquina de esta página, para que la pueda localizar de nuevo más adelante). Las mayúsculas nunca tienen importancia en los dominios y casi nunca importan en los nombres de los correos. Por consiguiente, para facilitarle la vista, la mayoría de los nombres de dominios y de correos en este libro aparecen en minúscula. (No se preocupe por las partes del cuadro que no comprenda de inmediato, explicamos lo que son los servidores más adelante en este capítulo.)

Cuadro 13-1	Información que su programa de correo electrónico necesita	
	Descripción	**Ejemplo**
Su dirección de e-mail	Su nombre de usuario seguido por @ y el nombre del dominio.	`internet10@ gurus.com`
Su contraseña de e-mail	La contraseña de su buzón de correo electrónico (por lo general el mismo que la contraseña para la cuenta.)	`dum3my`
Su servicod de correo entrante (POP3 o IMAP)	El nombre de la PC que recibe sus mensajes de correo electrónico (obtenga este nombre de su PSI, omita este paso si usa correo basado en la web o AOL.)	`pop.gurus.com`
¿Su servidor de correo entrante es POP3 o IMAP? __ POP __ IMAP __ Correo web __ AOL	El protocolo que usa su servidor y el que necesita usar su programa de correo electrónico, no aplica para correo web o AOL.	
Su servidor de (SMTP) correo saliente	El nombre de la PC que distribuye su correo saliente al resto de Internet (a menudo el mismo que el servidor POP3 o IMAP); no aplica para correo web o AOL.	`smtp.gurus.com`

Si le está enviando un mensaje a otro usuario en su dominio (una cuenta en el mismo PSI), a menudo puede dejar de lado la parte del dominio cuando digita la dirección. Si tanto usted como su amigo usan AOL, por ejemplo, puede dejar de lado la parte `@aol.com` de la dirección cuando se escriben.

Si no sabe cuál es la dirección de su correo electrónico, una buena forma de averiguarlo es enviarse usted mismo un mensaje y usar el nombre para entrar a su correo electrónico como el nombre del buzón. Luego, examine la dirección de envío en el mensaje. También puede enviar un mensaje a la Central de Correo *Internet Para Dummies*, en `internet10@gurus.com` y un amigable robot le enviará un mensaje de vuelta con su dirección. (Mientras se encuentra ahí, díganos si le gusta este libro porque nosotros, los autores, leemos ese correo y lo respondemos cuando el tiempo nos lo permite.) Si planea probar su correo electrónico muchas veces y no le importa si leemos su mensaje, envíelo a `test@gurus.com`.

¿Dónde está mi correo?

Si usted es el tipo de persona que permanece despierto por las noches preocupándose por preguntas difíciles de responder, tal vez se le haya ocurrido que su PC puede recibir correo electrónico sólo mientras está conectada a Internet, entonces, ¿qué pasa con el correo que las personas envían durante las otras 23 horas del día que usted se encuentra en la vida real? (Si su PC está permanentemente conectada a Internet con una DSL (Línea de suscriptor digital), Internet por cable o conexión de oficina, esta pregunta quizá nunca se ha cruzado por su cabeza.)

Cuando su correo llega, no se envía a su PC automáticamente. Más bien se envía a un *servidor de correo entrante*, que se mantiene dentro del correo hasta que usted se conecta a la red y ejecuta su programa. Dos tipos de servidores de correo electrónico son los comunes:

- ✔ **POP:** también conocido como *POP3* (Protocolo de Oficina de Correos versión 3.)
- ✔ **IMAP:** Internet Mail Access Protocol (Protocolo de Acceso a Correo por Internet.)

Para enviar el correo, su *programa de correo electrónico* tiene que llevarlo a la oficina postal, su *servidor de correo saliente* (o *servidor SMTP,* para el mal llamado Protocolo Simple de Transferencia de Correo). Es como tener un buzón en la oficina de correos en lugar del envío a la casa: tiene que recogerlo en la oficina postal y también enviar el saliente desde ese mismo lugar. (Extraño pero cierto: Margy y Carol, como son normales, obtienen su correo electrónico por medio de un servidor de correo y su correo de papel les llega a la casa; John, que es anormal, recibe su correo electrónico directamente en la PC de su casa pero camina hasta la oficina postal todos los días, a menudo en medio de la lluvia, para recoger su correo de papel.)

A menos que use su explorador web para leer su correo electrónico, tiene que configurar su programa con el nombre de sus servidores de correo entrante y saliente. Cuando su programa de correo electrónico recoge el correo, lo lleva del servidor entrante hasta su máquina a máxima velocidad. Después de que descarga su correo hasta su PC, si usted ingresa a la red por una conexión telefónica, puede desconectar su conexión a Internet para liberar su línea telefónica. Luego puede leer y responder su correo sin conexión. Cuando está listo para enviar sus respuestas o mensajes nuevos, puede volverse a conectar y transmitir su correo saliente al servidor, de nuevo a máxima velocidad.

Escriba los nombres de los servidores de correo entrante (POP3 o IMAP) y saliente (SMTP) en la Tabla 13-1. Si no sabe qué escribir, pregúntele a su PSI o a cualquier organización a cargo de su buzón de correo electrónico. Con suerte, su programa de correo tiene los nombres de los servidores configurados de forma automática, pero si (note que no decimos "si") la configuración se daña, se sentirá complacido de poder restablecerla.

AOL tiene su propio sistema de correo, así que los usuarios de AOL no usan un servidor POP, IMAP o SMTP, sino que usan el propio software de AOL. Sin embargo, AOL proporciona un servidor IMAP (`imap.aol.com`) por si usted quiere usar algún otro programa de correo electrónico. MSN usa Hotmail para su sistema de correo, de manera que tampoco usa POP, IMAP o SMTP. Yahoo proporciona cuentas basadas en la web, pero si usted se registra en su servicio Premium de $20 al año, éste también proporciona un servidor POP en caso de que quiera usar un programa de correo electrónico en lugar de su explorador para leer su correo.

Luego de enviar un correo electrónico, ¡lo puede cancelar! Algunos programas de correo electrónico mantienen los mensajes salientes en un área de espera para enviarse por tandas. No obstante, una vez que sus mensajes van al servidor de correo saliente no se pueden llamar de regreso. (Nota para los usuarios de AOL: cuando usted envía un mensaje a otra dirección de AOL en lugar de hacerlo a Internet, puede cancelar el mensaje hasta el momento en que otro usuario de AOL lo abra y lo lea.)

Tantos programas de correo electrónico de donde escoger

Es hora de realizar un poco de combate mano a mano con su sistema de correo electrónico. La mala noticia es que existen un sinnúmero de programas de correo electrónico un poco diferentes y un poco incompatibles, programas con los que se escriben y se leen mensajes de correo electrónico. (Hay tantos que ninguno de nosotros se dio a la tarea de contarlos.) Usted obtuvo sus programas gratuitos y los materiales comerciales y quizá muchos otros programas venían con su PC. Todos ellos hacen más o menos lo mismo; todos son programas de correo electrónico, después de todo.

Los programas de correo electrónico del mundo

Este es un breve resumen de los tipos de cuentas de correo electrónico y de los programas que usted puede usar con cada uno:

- ✓ **Windows PC o Mac con una cuenta de Internet de discado o de banda ancha:** puede usar cualquiera de los programas de correo electrónico de una larga lista, como Thunderbird, Outlook, Outlook Express, Eudora, Pegasus, Mailapp y Entourage. Vea la siguiente sección para obtener consejos para elegir uno y configurarlo.

- ✓ **Cuenta corporativa:** si usa el correo electrónico en el trabajo, quizá su organización tenga un tipo distinto de servidor de correo, llamado Microsoft Exchange. Además de proporcionar servicios de correo, Exchange también proporciona calendarios compartidos, listas de cosas por hacer y otras características llamativas. El programa más popular que funciona con todas las características de Exchange es Microsoft Outlook, así que es muy probable que su organización insista en que lo use, a pesar de que su seguridad puede fallar. Outlook trabaja de manera muy similar a Outlook Express, el cual se describe en la siguiente sección. Para leer acerca de Outlook adquiera *Outlook 2003 Para Dummies*, por Bill Dyszel (Wiley Publishing, Inc.). IBM Lotus Notes es el principal competidor de Exchange, con su propio conjunto de características llamativas.

✔ **America Online:** hasta que por fin, AOL proporciona un servidor IMAP, ¡de manera que usted puede usar programas estándar para leer su correo AOL! Ahora tiene tres opciones para administrar el correo enviado por medio de servidores AOL:

   ● *Programa de correo electrónico de AOL:* la mayoría de usuarios de AOL leen y envían correo electrónico del mismo programa AOL que usan para conectarse a su cuenta. Haga clic en el icono Read (Leer) en la barra de herramientas o en cualquier pequeño icono del buzón del correo que pueda encontrar.

   ● *Otro programa de correo electrónico*: puede usar cualquier programa de correo electrónico de Windows o Mac que tenga IMAP, que son casi todos. Estos programas de correo electrónico tienden a tener mejores características para filtrar el spam (correo basura) y archivar mensajes. Le recomendamos usar Thunderbird, el cual describimos en la siguiente sección de este capítulo.

   ● *Su explorador web:* su tercera opción es usar el correo desde el sitio web de AOL en `www.aol.com`; tiene la ventaja de que usted puede utilizar cualquier explorador de cualquier PC.

✔ **Correo basado en la web:** muchos sitios ofrecen cuentas de correo electrónico gratuitas a las que usted puede ingresar con su explorador. Los más conocidos son Hotmail en `www.hotmail.com`, Mail.com en `www.mail.com` y Yahoo Mail en `http://mail.yahoo.com`. Usted usa su explorador para leer y enviar correo (vea el Capítulo 7 si necesita ayuda para usar el explorador).

✔ **Cuentas UNIX shell:** si no sabe lo que es una cuenta UNIX shell, no se preocupe, usted no posee una. Pero si la tiene, le recomendamos el programa de correo electrónico Pine, simple pero sólido; si su PSI no lo tiene, solicítelo. Para obtener una descripción de Pine vea nuestra página en `http://net.gurus.com/shell/pine.phtml`.

Sin importar el tipo de correo que use, las acciones básicas de leer, enviar y archivar correo funcionan de manera muy parecida, así que vale la pena leer este capítulo incluso si no usa ninguno de los programas de correo que describimos aquí.

Puede usar su explorador para el correo electrónico

Si, por lo general, usa un programa de correo electrónico como Thunderbird o Outlook Express para leer sus mensajes, quizá quiera averiguar si su PSI u otro proveedor de buzones de correo cuenta con un sistema de correo basado en la web. Con ese sistema usted puede leer su correo desde cualquier PC en Internet, incluso en las PC en las casas de sus amigos, las bibliotecas públicas y los café Internet. Por ejemplo, si tiene una cuenta con EarthLink, puede usar su sitio web para leer y enviar mensajes en cualquier PC que esté en la red. (Vaya a `earthlink.net` y haga clic en el vínculo `Web Mail`.)

Para averiguar si su proveedor proporciona correo basado en la web, vaya a su sitio web e inspecciónelo o escriba a su dirección de correo electrónico de soporte. La mayoría tienen `Web Mail` o vínculos similares en sus páginas principales. Para ingresar se usa el mismo nombre del buzón de correo que anotó en la Tabla 13-1.

Configurar su programa de correo electrónico

Una vez que comprende lo que se supone debería hacer un programa de correo electrónico, es mucho más fácil lograr que ese programa haga lo que usted quiere. Hemos elegido los dos programas de correo electrónico más populares para mostrarle cómo funcionan:

✔ **Thunderbird:** la gente que creó Firefox, el explorador que describimos en el Capítulo 7, también ha desarrollado un excelente programa de correo electrónico gratuito llamado Thunderbird. Este programa funciona con cuentas de Internet regulares así como con cuentas de AOL. Vea el Capítulo 12 para averiguar más acerca de Thunderbird.

✔ **Outlook Express:** Windows 98 y las versiones siguientes vienen con alguna versión de *Outlook Express*, el programa de correo electrónico gratuito de Microsoft. Cuando obtiene una copia del explorador de Microsoft, Internet Explorer, también obtiene Outlook Express. Describimos Outlook Express 6.0, que viene con Windows XP, con Internet Explorer 6.0 o como una descarga de `www.microsoft.com`. Una versión similar de Outlook Express está disponible para Mac. Nota: A pesar de que el nombre sea tan parecido, Outlook Express no está relacionado con Outlook 97, 98, 2000, XP o 2003; esos son programas comerciales con todas las características y que vienen incluidos en varias versiones del paquete Microsoft Office.

Para completar nuestra discusión, también describimos un sistema de correo basado en la web, Yahoo Mail, el cual se encuentra en `http://mail.yahoo.com`. Hotmail de Microsoft (`www.hotmail.com`) es similar. Nuestras instrucciones para Yahoo Mail son un poco vagas porque (al igual que todos los sitios web) puede ser que haya sido rediseñado por completo dos veces desde que escribimos este libro (incluso si usted adquiere la primera copia que sale de la imprenta).

¡ADVERTENCIA!

Evite el uso de Outlook Express y de Outlook, si es posible

Outlook Express (porque Microsoft lo incluye con Windows) y Outlook (porque viene con Microsoft Office) son lentos para dominar el mundo de los programas de correo electrónico. Por esa razón y porque tienen fallas en su seguridad, muchos virus los atacan, en especial a Outlook Express. De manera que si lo usa, es necesario que haga unas cuantas cosas para protegerse:

✔ **Nunca abra un documento adjunto o ejecute un programa que alguien le envía,** incluso si conoce a la persona que lo envía. Abra un documento adjunto sólo después de verificar con la persona que lo envió si realmente era su intención enviarle ese archivo. Muchos virus se propagan cuando las personas abren mensajes infectados que contienen un programa que luego se activa y envía mensajes infectados a todas las personas de su libreta de direcciones en Outlook Express; todo sin que usted se percate. Si recibe correo electrónico de alguien que no conoce, es mejor borrarlo sin abrir.

✔ **Revise el sitio web de Microsoft con frecuencia (digamos, una vez a la semana) para ver informes de seguridad.** Vaya a `http://windowsupdate.microsoft.com` para obtener las últimas actualizaciones de seguri-

dad, como parches (correcciones) tanto para Outlook Express como para Internet Explorer. Debe usar Internet Explorer para ver este sitio web porque el sito y el programa son de Microsoft. Asegúrese de descargar e instalar todas las actualizaciones de seguridad en la sección Actualizaciones críticas.

✔ **Pídale a Outlook Express que tenga cuidado.** Si no piensa recibir archivos adjuntos, elija Herramientas (Tools)⇨Opciones (Options), haga clic en la pestaña Seguridad (Security) y seleccione el recuadro No permitir que se guarden o se abran adjuntos que puedan contener virus (Do not Allow Attachements to Be Saved or Opened that Could Potentially Be a Virus). (¡Quizá Microsoft necesita pasar los nombres de sus recuadros por el revisor de gramática!) También seleccione el recuadro Avíseme cuando otras aplicaciones intenten enviar un correo electrónico con mi nombre (Warn Me When Other Applications Try to Send Mail as Me); esta configuración puede evitar que se propague un virus.

Mejor aún, cámbiese a un programa de correo electrónico más seguro.

Antes de que pueda usar su programa de correo electrónico, necesita decirle dos cosas:

> ✔ **Dónde está almacenado su buzón de correo** (en general en un servidor de correo en su PSI).

> ✔ **Dónde enviar el correo saliente** (por lo general al mismo o a otro servidor de correo en su PSI).

Para Yahoo Mail y otros servidores de correo electrónico basados en la web, usted tiene que crear un buzón de correo, pero no tiene que darle información de entrada acerca del servidor de correo. ¡El correo electrónico basado en la web ya lo sabe! Siga las instrucciones en las siguientes secciones para comenzar a enviar y recibir correo con cada programa.

Thunderbird

La Fundación Mozilla, que crea software gratuito y de fuente abierta, ha desarrollado Thunderbird para complementar su excelente explorador Firefox. La

Fundación Mozilla también ofrece un explorador llamado *Mozilla* que combina un explorador como Firefox, un programa de correo electrónico como Thunderbird y un editor web que se describe en el Capítulo 17. La versión de AOL de Mozilla, Netscape 8, combina versiones de estos mismos programas.

El Capítulo 12 describe cómo descargar e instalar programas. Siga sus procedimientos para descargar e instalar Thunderbird desde `www.mozilla.org/products/thunderbird`.

 Inicie Thunderbird con un clic en el icono del escritorio o al elegir Inicio (Start)➪Todos los programas (All Programs)➪Mozilla Thunderbird➪Mozilla Thunderbird. Si usted usa Mozilla o Netscape y tiene el módulo del correo del programa instalado, puede cambiar de la ventana del explorador a la ventana del correo (la cual es muy similar a Thunderbird) al elegir Ventana (Window)➪Correo & Grupo de Noticias (Mail & Newsgroups). La primera vez que ejecuta Thunderbird, el Asistente de Cuentas se ejecuta y le pregunta su nombre, el tipo de cuenta de correo electrónico que tiene (POP o IMAP), su dirección de correo y los servidores (de entrada y salida), como se describe en la sección "¿Dónde está mi correo?", más atrás en este capítulo.

Si más adelante necesita cambiar la información de su cuenta o configurar Thunderbird para trabajar con una cuenta diferente, elija Herramientas (Tools) ➪Configuración de cuentas (Account Settings). Para ejecutar de nuevo el Asistente de Cuentas, haga clic en Nueva cuenta (New Account). Para cambiar las configuraciones de una cuenta existente, elíjala, haga clic en las categorías de configuraciones debajo del nombre de la cuenta y cambie las configuraciones que aparecen. Digite su nombre, la dirección del correo electrónico, el servidor de correo entrante y el servidor saliente; para esto copie la información de la Tabla 13-1. Al terminar podrá ver la nueva cuenta en la ventana Configuración de Cuentas, puede cerrarla.

La ventana Thunderbird se ve como la Figura 13-1. Una lista con sus buzones de correo (o carpetas de correo) aparece en la parte superior izquierda. A la derecha hay una lista de mensajes en el buzón y el texto del mensaje seleccionado.

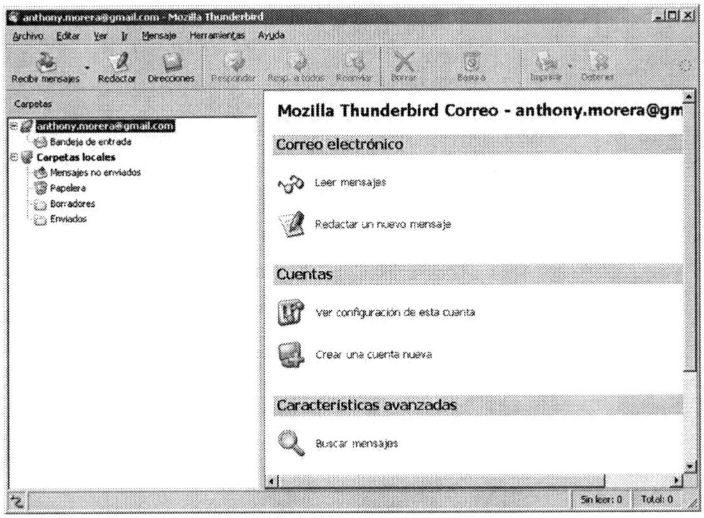

Figura 13-1
Thunderbird muestra sus Carpetas de correo a la izquierda, los mensajes en la parte superior derecha y el mensaje seleccionado en la parte inferior derecha.

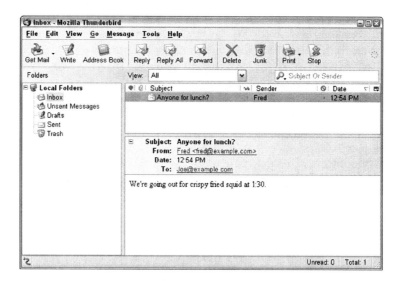

 Si más de una persona va a usar Thunderbird con la misma cuenta de una PC, cada una puede tener su propia configuración, de esta manera todos podrán leer su propio correo y no el de las demás personas. Elija Inicio (Start)⇨Todos los Programas (All Programs)⇨Mozilla Thunderbird⇨Administrador de perfiles (Profile Manager) para crear un perfil nuevo para cada persona. Si su PC trabaja con Windows XP y usted le da a las personas cuentas de Windows separadas, cada cuenta obtiene su propio perfil Thunderbird automáticamente.

Outlook Express

Si tiene Windows, no tiene que instalar Outlook Express, ya está ahí. De hecho, no sabemos ninguna forma de deshacerse por completo de él. (Microsoft asegura que Internet Explorer es una parte integral de Windows y quizás está preparado para decir lo mismo sobre Outlook Express.)

Para ejecutar Outlook Express:

✔ **En Windows XP**: elija Inicio (Start)⇨Correo Outlook Express (Email o Outlook Express) o Inicio (Start)⇨Todos los Programas (All Programs)⇨Outlook Express.

✔ **En otras versiones de Windows:** elija ya sea

• Inicio (Start)⇨Programas (Programs)⇨Outlook Express.
   o
• Inicio (Start)⇨Programas (Programs)⇨Internet Explorer⇨Outlook Express.

De seguro lo encontrará en uno de esos lugares.

 También puede hacer doble clic en el icono Outlook Express en su escritorio. (Es un sobre con flechas azules alrededor.)

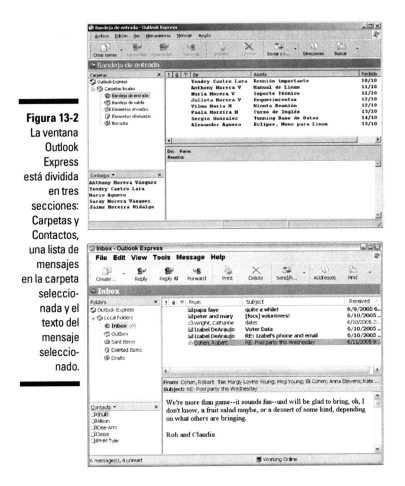

Figura 13-2
La ventana Outlook Express está dividida en tres secciones: Carpetas y Contactos, una lista de mensajes en la carpeta seleccionada y el texto del mensaje seleccionado.

La primera vez que ejecuta Outlook Express, el Asistente de Conexión a Internet se despierta y le hace algunas preguntas. La mayoría de las respuestas ya las debe haber anotado en la Tabla 13-1. Cuando se le indique, digite su nombre, su dirección de correo electrónico, su servidor de correo entrante (POP o IMAP), su servidor de correo saliente (SMTP), su nombre de usuario y su contraseña. Haga clic en Siguiente (Next) después de llenar la información que le solicita el asistente y luego haga clic en Finalizar (Finish) cuando el Asistente le dice que puede salir.

Por último, observará la ventana Outlook Express, como aparece en la Figura 13-2. El diseño es similar al de Thunderbird, de manera que aparecen las listas de Carpetas y Contactos, una lista de mensajes y el mensaje seleccionado.

Si más adelante necesita agregar o cambiar sus cuentas de correo electrónico, elija Herramientas (Tools)➪Cuentas (Accounts) de menú del Outlook Express. Haga clic en la pestaña Correo si todavía no se encuentra seleccionada. Puede editar una cuenta haciéndole clic y luego haciendo clic en el botón Propiedades (Properties). Agregue una cuenta de correo electrónico (buzón) con un clic en el botón Agregar (Add).

Hotmail, Yahoo Mail y otros correos basados en la web

Hace algunos años, a algún genio se le ocurrió la idea de crear un sitio web donde usted se puede registrar para obtener una cuenta de correo electrónico y luego ingresar para leer y enviar mensajes. Su buzón de correo electrónico habita en los servidores de correo del sitio web y se usa el explorador, en lugar de un programa de correo electrónico regular, para leer y enviar mensajes. El primer sistema de *correo basado en la web* fue Hotmail (en www.hotmail.com, comprado luego por Microsoft). Otros sistemas de correo basado en la web populares son Yahoo Mail (en mail.yahoo.com) y Mail.com (en www.mail.com). Google Mail o Gmail, se encuentra en www.gmail.com, pero en el momento de escribir esto todavía se requiere una invitación para obtener una cuenta.

Debido a sus muchas características, nuestro sistema preferido de correo basado en la web es el de Yahoo. Luego de configurar una identificación de Yahoo gratuita, obtendrá un buzón, un sitio web en http://geocities.com y una identificación que puede usar cuando compra y vende en las tiendas en línea y en las subastas de Yahoo. Su identificación de Yahoo funciona cuando usa Yahoo Messenger para mensajería instantánea, conferencia de voz o video (vea el Capítulo 16). Los servicios exactos (así como las instrucciones exactas para configurar y usar un buzón del correo de Yahoo) varían de semana a semana, pero le podemos dar una idea general. Por el momento, la cuenta es gratuita, siempre que revise su correo al menos cada cuatro meses y no le importe usar su explorador para leerlo. Si se registra para obtener una cuenta pagada, obtiene beneficios adicionales, como la posibilidad de usar un programa de correo electrónico para ingresar a sus mensajes.

Hotmail, Mail.com y Gmail funcionan de manera similar al correo de Yahoo, tan sólo lea la información en los sitios web para obtener las instrucciones respectivas. Si tiene una cuenta con un PSI que también proporciona un correo basado en la web, estas instrucciones le dan una idea general de cómo funciona el sitio para enviar y recibir mensajes.

Para configurar un buzón en Yahoo regístrese para obtener una identificación. (No se preocupe, es gratuita.) Estos son los dos pasos para hacerlo:

1. **Vaya a** http://es.yahoo.com/ **y haga clic en el icono Correo.**

   De manera alternativa, puede ir directo hacia http://es.yahoo.com/. Ahí hay vínculos para registrarse si ya tiene una identificación de Yahoo, así como un vínculo Regístrese ahora.

2. **Haga clic en el vínculo y complete los formularios con sus datos personales.**

   No preguntan nada muy entrometido. Asegúrese de hacer clic en los vínculos para leer los términos del servicio (las reglas del juego) y la política de privacidad (lo que planean hacer con la información que usted les proporciona).

En la Tabla 13-1 sólo tiene que anotar la dirección de su correo electrónico, que es su identificación de Yahoo seguido por @yahoo.com. No necesita incluir ninguna otra información. ¡Está listo!

Para ingresar a su buzón vaya al sitio web e ingrese:

1. **Vaya a** http://es.yahoo.com **y busque Correo.**

   (O haga clic en el icono Mail en www.yahoo.com.)

2. **Regístrese con su nueva identificación de Yahoo y su contraseña.**

   Verá una página con vínculos para enviar y recibir correo electrónico, como aparece en la Figura 13-3.

CONSEJO

Algo atractivo sobre los sistemas de correo basados en la web como Yahoo y Hotmail es que usted puede leer y enviar mensajes desde cualquier PC en la red. Su buzón se almacena en sus servidores de correo de Yahoo y cualquier PC con un explorador web puede acceder a él. Por supuesto, nadie puede leer sus mensajes o enviar mensajes como si fuera usted sin digitar su contraseña. En este capítulo y en el Capítulo 15, cuando le decimos cómo enviar y recibir correo con Yahoo Mail, tenga en cuenta que no tiene que estar en su propia PC, puede revisar su correo desde el equipo de un amigo o desde el de la biblioteca pública. Una desventaja es que leer y enviar mensajes tiende a ser más lento con el correo en la web que con un programa de correo electrónico. Esto sucede porque tiene que esperar a que llegue una nueva página web cada vez que hace clic en un mensaje nuevo.

Figura 13-3
El correo de Yahoo es un sistema de correo basado en la web que le permite leer y enviar correos electrónicos desde su explorador web.

Enviar correos es fácil

Enviar correos (ya sea por medio de un programa de correo electrónico o por medio de un correo electrónico basado en la web) es tan sencillo que sólo le mostramos algunos ejemplos en lugar de perder el tiempo explicándole la teoría.

Enviar correo electrónico con Thunderbird

Esta es la forma de enviar un mensaje de correo electrónico con Thunderbird:

1. **Haga clic en el icono Redactar (Write) en la barra de herramientas o presione Ctrl+M.**

   Entonces otra ventana (la ventana Redacción) se abre con un mensaje en blanco.

2. **Coloque la dirección del receptor (o las direcciones de los recipientes) en el cuadro Para (To).**

   Si quiere enviarle el mismo mensaje a más de una persona a la vez, presione Enter (en lugar de Tab). Puede enviar este mensaje a tantas personas como quiera al presionar Enter después de cada dirección. Cuando ha terminado de incluir a todas las personas en el cuadro Para, presione Tab para trasladarse al cuadro Asunto (Subject). Si quiere enviarle a un receptor una copia Cc o Bcc, haga clic en Para: junto a la dirección y seleccione Cc: o Bcc: de la lista que aparece.

3. **Digite el asunto en el cuadro Asunto (Subject).**

   Especifíquelo. Si quiere ayuda, no digite **¡Ayuda!** como el asunto. Digite **Necesito ayuda para que mi gato no escupa su pastilla.**

CC y BCC

El término copia al carbón debería sonar familiar para aquellos que nacieron antes de 1960 y recuerdan la práctica antigua de colocar hojas de papel con cubierta de carbón entre las hojas de papel regular para hacer copias adicionales con una máquina de escribir. (Por favor no nos pregunten lo que es una máquina de escribir.) En el correo electrónico, una copia al carbón es tan sólo una copia del mensaje que usted envía. Todos los receptores, en las líneas Para y Cc ven las direcciones de las personas que están recibiendo el mensaje, a menos que la dirección del correo del receptor se haya digitado en el campo Bcc. Las copias ciegas al carbón (Bcc) son copias enviadas a las personas sin poner sus nombres, de manera que los otros receptores no se dan cuenta de a quién se le envió el mensaje. Usted define por qué enviarle una copia a alguien sin dejar que todas las personas lo sepan.

Presione Tab para trasladarse al cuadro del mensaje.

4. **Digite el mensaje en el cuadro grande.**

   El cursor debería parpadear en el *área del mensaje*, el cuadro grande vacío donde va el mensaje.

5. **Haga clic en el icono Enviar (Send) en la barra de herramientas para enviar el mensaje.**

   Si está conectado a Internet, el mensaje se dirige hacia su PSI y luego al receptor. Si no está en línea, Thunderbird almacena su mensaje en la carpeta Mensajes no enviados (Unsent Messages).

6. **Si redacta mensajes sin estar conectado, cuando se vuelva a conectar a Internet, elija Archivo (File)⇨Procesar mensajes no enviados (Send Unsent Messages).**

Cuando envía un mensaje en el cual usa algún formato (como negrita o cursiva, usando los botones de la barra de herramientas en la ventana Redactar), Thunderbird quizá le pregunte si en realidad quiere enviar el mensaje con el formato. Vea el recuadro "Formatear o no formatear" más adelante en este capítulo, para definir cuándo enviar mensajes con formato.

Puede pedirle a Thunderbird que revise su escritura en el mensaje antes de enviarlo. Para usar el corrector ortográfico, siga estos pasos:

1. **Elija Herramientas (Tools)⇨Preferencias (Preferences).**

2. **Haga clic en Redacción en la lista a la izquierda y seleccione el cuadro Revisar ortografía antes de enviar.**

   Cada vez que hace clic en Enviar (Send) para enviar un mensaje, Thunderbird le pregunta acerca de cada palabra que no reconoce.

Enviar correo electrónico con Outlook Express

Esta es la forma de enviar un mensaje de correo electrónico con Outlook Express:

1. **Haga clic en el icono Crear correo (Create) en la barra de herramientas o presione Ctrl+N.**

   Puede ver una ventana Mensaje nuevo (New Message) con cuadros para rellenar y poder dirigirle el mensaje a alguien.

2. **Digite la dirección a la que se enviará el mensaje en el cuadro Para (To) y luego presione Tab para trasladarse al cuadro Cc.**

   Si quiere enviar un mensaje a más de una dirección, digite las direcciones separadas por comas o puntos y comas.

3. **Si quiere enviarle una copia del mensaje a alguien, digite la dirección de esa persona en el cuadro Cc. Luego presione Tab.**

   Si quiere enviar copias Bcc, elija Ver (View)⟳Todos los encabezados (All Headers) en la ventana Mensaje nuevo (New Message).

4. **Digite un resumen del mensaje en el cuadro Asunto (Subject). Luego presione Tab de nuevo.**

5. **Digite el texto del mensaje en el cuadro grande vacío.**

   Cuando haya digitado su mensaje, puede presionar F7 o elegir Herramientas (Tools)⟳Ortografía (Spelling)para revisar su ortografía.

6. **Para enviar el mensaje haga clic en el icono Enviar (Send) en la barra de herramientas o presione Alt+S (no Ctrl+S, que significa Guardar).**

   Outlook Express coloca el mensaje en su carpeta Bandeja de salida, donde espera para ser enviado. Si está conectado a Internet, Outlook Express podría estar configurado para enviar el mensaje de inmediato.

7. **Conéctese a su proveedor de Internet si todavía no lo está.**

   Para enviar el mensaje deber subir a la red.

8. **Haga clic en el icono Enviar y Recibir (Send/Receive) en la barra de herramientas o presione Ctrl+M.**

   Su mensaje está de camino.

Para decirle a Outlook Express que revise la ortografía en su mensaje, haga clic en el botón Ortografía (Spelling) en la parte superior de la ventana Mensaje nuevo.

Si usa comandos de formato para elegir fuentes y colores cuando redacta su mensaje, algunas personas podrían tener problemas para leerlo, específicamente las personas con programas de correo electrónico más antiguos. Si recibe quejas, elija Formato (Format)⟳Texto sin formato (Plain Text) en la ventana Mensaje nuevo cuando lo está redactando. Vea el recuadro, "Formatear o no formatear", más adelante en este capítulo para definir cuándo enviar mensajes formateados.

Formatear o no formatear

Hace algunos años alguien se cansó de la sencillez del correo electrónico con su apariencia sin formato. Después de todo, ahora casi todos los PC pueden mostrar negrita, cursiva, fuentes con tamaños distintos. Entonces, ¿por qué no usarlos en el correo electrónico? Fue entonces cuando nació el correo electrónico con formato.

El problema es que no todos los programas pueden mostrar los correos electrónicos formateados. Thunderbird y Outlook Express pueden hacerlo. El formato, por lo general, tiene alguna de estas dos formas: MIME (en el que el texto formateado se envía como un mensaje adjunto con el mensaje) y HTML (en el cual los códigos de formato de la página web se incluyen en el texto). Si su programa de correo electrónico no puede mostrar correo formateado y usted recibe un mensaje formateado, observará todo tipo de símbolos mezclados con el texto del mensaje, y esto lo hace imposible de leer.

Otro problema es que cualquier correo con formato HTML puede contener virus, páginas web hostiles que toman toda la pantalla y cualquier otro contenido molesto o peligroso. Algunas personas desactivan el correo HTML, tanto el agradable como el desagradable, para evitar tener que lidiar con el tipo molesto.

Si sabe que la persona a quien escribe usa una interfaz de correo electrónico que puede leer el correo formateado, úselo. La negrita, la cursiva y el color pueden enfatizar y darle interés a sus mensajes, aunque no sustituyen la escritura clara y concisa. Si recibe mensajes formateados de alguna persona, también usted le puede enviar mensajes formateados. Sin embargo, si no sabe si el programa de su receptor puede mostrarlos, no los use. Además, cuando le envíe mensajes a una lista de correo (lo cual mencionamos en el Capítulo 16), no use formato, nunca sabe quién está en la lista, quién recibirá su mensaje y cuáles fuentes soporta el programa de ellos.

Enviar correo electrónico con correo web, como el correo de Yahoo y Hotmail

Cuando tenga una identificación y un buzón de correo de Yahoo, siga estos pasos (es probable que el sitio web haya cambiado unas diez veces desde que escribimos esto). Otros sitios de correo web trabajan de manera similar.

Esta es la forma de enviar mensajes de correo electrónico con el correo Yahoo:

1. **Regístrese.**

   Vaya a `mail.yahoo.com` (o haga clic en el icono Correo en `es.yahoo.com`) y regístrese con su identificación y su contraseña.

2. **Haga clic en el botón Redactar (Compose) (o en cualquier vínculo relacionado con redactar y enviar un mensaje).**

   Su explorador muestra un formulario con los cuadros Para (la dirección), Asunto y un cuadro grande sin nombre para el texto del mensaje.

3. **Digite una o más direcciones en el cuadro Para (To).**

   Si quiere enviar su mensaje a más de una dirección, separe cada una con una coma.

4. **Digite una línea con el asunto en el cuadro Asunto (Subject).**

5. **Digite su mensaje en el cuadro grande.**

6. **Desplácese hacia abajo y haga clic en el botón Enviar (Send).**

   Si quiere revisar su ortografía primero, lo cual es de buena educación, haga clic en el botón Revisar ortografía (Check Spelling) antes de hacer clic en Enviar (Send). ¡Eso es todo!

El correo de camino

Si envía correo electrónico (y en la mayoría de los casos incluso si no lo hace) es muy probable que también lo reciba. La llegada del correo electrónico siempre es emocionante, incluso cuando recibe 200 mensajes al día. (Algunas veces, es cierto, emocionante de una forma deprimente.)

Puede hacer mucho de lo que hace con el correo mientras está conectado a su cuenta. Por otro lado, cuando quiere revisar su buzón para ver los mensajes más recientes, tiene que conectarse a Internet.

Puede decirle a su PC que se conecte a Internet automáticamente cuando le pide al programa de correo electrónico que envíe o busque su correo. Para configurar Windows para que se conecte a Internet de manera automática, vea el Capítulo 4.

Leer el correo con su programa de correo electrónico

Para revisar su correo electrónico con Thunderbird, Outlook Express o casi cualquier otro programa de correo electrónico, siga estos pasos:

1. **Conéctese a Internet.**

   Puede omitir este paso si su PC siempre está conectada o si se conecta automáticamente cuando lo necesita.

2. **Inicie su programa de correo electrónico si todavía no está funcionando.**

3. **Si su programa no recupera el correo de manera automática, seleccione el botón Recibir mensajes (Check Mail) o Enviar/Recibir (Send/Receive) en la barra de herramientas para recuperar su correo.**

   Si tiene una conexión a Internet de tiempo completo, su programa de correo electrónico puede recuperar su correo de manera automática; en este caso usted sólo tiene que iniciar el programa para obtener su correo. Además, si deja su programa funcionando, incluso aunque esté oculto en la parte inferior de su pantalla como un icono, éste puede revisar de manera automática si hay correos nuevos de vez en cuando. La mayoría de los programas pueden, incluso, recoger correo mientras usted está leyendo o enviando otros mensajes.

El programa puede emitir algún sonido, mostrar un mensaje o enseñarle un dibujo de un cartero enviando una carta cuando recibe mensajes. El correo aparece en su buzón de entrada (por lo general en una ventana o carpeta llamada *In, Inbox o Bandeja de entrada*) y muestra una línea por mensaje. Si no la ve, haga doble clic en el buzón Bandeja de entrada (Inbox) en la lista de buzones; por lo general aparece al lado izquierdo de la ventana.

4. **Para ver un mensaje haga doble clic en la línea o haga clic en la línea y presione Enter.**

   Usted ve el texto del mensaje, junto con botones para responder, reenviar y borrar el mensaje.

5. **Para dejar de ver un mensaje, haga clic en el botón Cerrar (X) en la esquina superior derecha de la ventana del mensaje (la forma estándar de deshacerse de una ventana) o presione Ctrl+W o Ctrl+F4.**

Estos son algunos consejos para mostrar su Buzón de entrada en algunos programas de correo electrónico específicos:

✔ **Thunderbird:** Para mostrar su Buzón de entrada haga clic en la dirección del correo electrónico, el nombre de la cuenta o el Buzón de entrada en la lista de Carpetas de correo (Mail Folders).

✔ **Outlook Express:** Si no ve su Buzón de entrada, haga doble clic en el objeto Carpetas locales en la lista Carpetas (Folders).

Leer el correo con su correo de la web

Para revisar su correo en Yahoo, Hotmail o cualquier otro sistema de correo web, pruebe esta forma:

1. **Conéctese a Internet.**

   Puede omitir este paso si su PC siempre está conectada o si se conecta de manera automática cuando usted lo necesita.

2. **Inicie su explorador web si todavía no esta funcionando.**

3. **Vaya al sitio de correo web e ingrese en su cuenta con su nombre de usuario y su contraseña.**

   Si el explorador le ofrece recordar su contraseña y usa una PC pública, la de otra persona o una que comparte con otras personas, decline ese amable ofrecimiento, para evitar que otros ingresen a su buzón de correo.

4. **Haga clic en Recibir mensajes (Check Mail), Bandeja de entrada (Inbox) u otro botón similar.**

   Puede observar una lista de los mensajes en su buzón de entrada.

5. **Haga clic en un mensaje.**

   El sistema de correo web muestra el texto del mensaje junto con botones para responder, reenviar y borrar el mensaje.

Un clic para navegar

La mayoría de los programas de correo electrónico muestran direcciones web como vínculos. Esto es, si el texto de un mensaje incluye una dirección web (como `http://net.gurus.com`), la dirección aparece subrayada y quizás en azul. Tan sólo haga clic en el vínculo para mostrar la página en su explorador.

Cuando envía mensajes, no tiene que hacer nada especial para mostrar una dirección web como un vínculo; el programa del correo electrónico del receptor debería hacerlo de forma automática.

Asegúrese de salir del sitio del correo web cuando termina de leer y enviar correos, en especial si usa la PC de un amigo o una pública. De lo contrario, alguna otra persona puede ingresar y leer o enviar mensajes con su cuenta.

Cuando usa correo web, en lugar de descargar correo hacia su PC, usted está utilizando su correo en el servidor de las oficinas centrales. Si tiene más de una carpeta de correo, puede usar las mismas carpetas si traslada mensajes entre carpetas en el programa de correo electrónico o en la web.

Borrar mensajes de su lista

No es necesario que lea cada mensaje antes de borrarlo; en algunas ocasiones puede imaginarse con sólo ver el nombre del emisor o la línea del asunto que leer el mensaje será una pérdida de tiempo. Los botones en la barra de herramientas del programa del correo le permiten deshacerse de él. Primero, haga clic una vez para resaltar el mensaje. Luego, (en la mayoría de programas de correo electrónico), haga clic en el botón Borrar (Delete) o Eliminar (Trash) en la barra de herramientas para eliminarlo. Puede hacer muchas otras cosas con los mensajes (como responder, guardar y reenviar); eso lo discutimos en el Capítulo 15.

En la página que muestra cada mensaje, en el correo web, hay algún tipo de botón Borrar (Delete). Algunos sistemas de correo web tienen un cuadro de selección en la página que proporciona una lista de todos los mensajes en su carpeta de entrada y un botón Eliminar (Trash) en la parte inferior de la lista. Para borrar un grupo de mensajes, selecciónelos y luego haga clic en Eliminar (Trash).

Unas palabras de las damas de la etiqueta

Por desgracia, las grandes damas de la etiqueta, como las estadounidenses Emily Post y Amy Vanderbilt, murieron antes de que se inventara el correo electrónico. Esto es lo que hubieran sugerido con respecto a qué decir, pero más importante, qué no decir en el correo electrónico.

El correo electrónico es un híbrido divertido, algo entre una llamada telefónica (o correo de voz) y una carta. Por un lado, es rápido y, por lo general, informal. Por otro lado, como el correo electrónico es escrito y no hablado, usted no ve las expresiones faciales de la persona ni escucha su tono de voz.

Unos cuantos consejos:

- ✔ Cuando envía un mensaje, revise el tono que utiliza.
- ✔ No use mayúsculas, parece que está GRITANDO.
- ✔ Si alguien le envía un mensaje muy detestable y ofensivo, posiblemente sea un error o un chiste malo. Tenga mucho cuidado con el sarcasmo fallido.

¡Arrojar llamas!

Las atrocidades sin sentido y excesivas en el correo electrónico son tan comunes que hasta tienen su propio nombre: *arrojar llamas*. No lo haga. Lo haría quedar como un idiota.

Cuando recibe un mensaje tan ofensivo que siente que *tiene* que responder, déjelo a un lado en su buzón de entrada por un rato y espere hasta después del almuerzo. Luego… no responda. La persona que lo envió quizá no se dio cuenta de cómo luciría el mensaje. En cerca de 20 años de usar el correo electrónico, podemos testificar que nunca, jamás, nos hemos arrepentido de no enviar un mensaje con enojo (aunque sí nos hemos arrepentido de haber enviado unos cuantos).

Cuando envía un correo, tenga en cuenta que la persona que lo lee no tendrá la menor idea de lo que usted intentaba decir, sólo de lo que *dijo*. El sarcasmo sutil y la ironía son casi imposibles de usar en un correo electrónico y, por lo general, se convierten en algo molesto o tonto. (Si usted es un escritor muy hábil, puede hacerle caso omiso a este consejo, pero no diga que no se lo advertimos.)

Otro aspecto importante para que tenga en mente es que técnicamente es muy fácil falsificar direcciones de remitente de correo electrónico. Si recibe un mensaje muy excesivo para ser de la persona que lo envía, puede ser que otra persona haya falsificado la dirección por travesura. (No, no le diremos cómo falsificar correo electrónico. ¿Cree que somos tan tontos?)

¡Sonría!

En ocasiones funciona poner un :-) (llamado *carita sonriente* o *emoticono*), lo cual quiere decir, "Esto es un chiste". (Trate de inclinar su cabeza hacia la izquierda si no le parece una sonrisa.) En algunas comunidades, <g> o <grin> sirven para el mismo propósito. Este es un ejemplo típico:

```
La gente que no cree que todos formamos parte de una cálida comuni-
dad en la que nos amamos y nos apoyamos mutuamente, no son mejores
que un perro rabioso y se les debería cazar y disparar. :-)
```

Consideramos que cualquier chiste que necesite una carita sonriente, quizá no valió la pena hacerlo, pero los gustos difieren.

Para más información sobre la etiqueta en línea, vea nuestra página web `http://net.gurus.com/netiquette`.

¿Qué privacidad tiene el correo electrónico?

La tiene, relativamente, pero no del todo. Cualquier receptor de su correo electrónico puede reenviarlo a otras personas. Algunas direcciones de correo son en realidad listas que redistribuyen mensajes a muchas otras personas. Hemos recibido correo mal encaminado en nuestro buzón `internet10@gurus.com` con detalles sobre las vidas y anatomías de nuestros corresponsales que ellos preferirían que nosotros olvidáramos. (Así lo hicimos.)

Si envía correo desde el trabajo o a alguien del trabajo, su correo no es privado, ya que las compañías tienen el derecho de leer todo el correo de los empleados que pasa por sus sistemas. Usted y su amigo quizá trabajan con compañías de la mayor integridad cuyos empleados nunca pensarían en leer el correo electrónico privado. Sin embargo, cuando ocurre algún problema y alguien acusa a su compañía de filtrar información confidencial y el abogado de la corporación dice: "Examinen el correo electrónico", alguien lo lee todo. (Esta situación le sucedió a un amigo nuestro que no se sintió nada complacido cuando supo que toda su correspondencia íntima con su prometida se había leído.) El correo electrónico que usted envía y recibe se almacena en su disco, y la mayoría de las compañías respaldan sus discos de forma regular. Si hay alguien que realmente quiera leer su correo, no le será difícil hacerlo. La regla general es que no envíe nada que no le gustaría ver pegado junto a la fuente de agua o quizá garabateado junto a un teléfono público.

Si en realidad le preocupa que otra persona distinta a su receptor lea el contenido de su correo electrónico, debe *encriptarlo*. Los últimos sistemas de correo electrónico incluyen opciones de encriptado que logran mejorar un poco el asunto de la privacidad, al no permitir que alguien que no conozca la palabra clave lo pueda decodificar.

Estas son algunas de las herramientas más comunes para encriptar el correo:

- **S/MIME:** seguridad en Extensiones Multipropósito del Correo Internet es un sistema de encriptación estándar que pueden usar Thunderbird y Outlook Express.

- **PGP:** privacidad Bastante Buena es uno de los programas de encriptación más usados, tanto en Estados Unidos como en otros países.

BTW, ¿qué significa NTC? ¡LOL!

Los usuarios del correo electrónico a menudo son digitadores perezosos por lo que las abreviaturas son comunes. Éstas son algunas de las más usadas:

Abreviatura	Lo que significa
NTC	No te creas, es broma.
NSC	No se crean, es broma.
TQM	Te quiero mucho.

DLB	Dios le bendiga.
LOL	Riendo a carcajadas (adoptado del inglés).
CYA	Adiós (adoptado del inglés).
BTW	Por cierto (adoptado del inglés).

Muchos expertos creen que este programa es tan fuerte que ni siquiera la Agencia de Seguridad Nacional lo puede abrir. No sabemos nada al respecto, pero si la ASN quiere leer su correo, usted está en problemas muy serios como para que le podamos ayudar.

PGP está disponible de manera gratuita en la red. Para averiguar más acerca de aspectos de privacidad y seguridad, incluso cómo comenzar a usar PGP y S/MIME, dirija su explorador a `http://net.gurus.com/pgp`.

¿A quién le escribo?

Como quizá se lo haya imaginado, un detalle importante le impide enviarles correos a todos sus amigos. Usted no conoce sus direcciones. En este capítulo encuentra muchas formas distintas de buscar direcciones. Comience por la forma más sencilla y confiable de averiguar las direcciones de correo electrónico de las personas:

> Llámelos por teléfono y pregúnteles.

Tecnología muy básica, ¿verdad? Por alguna razón pareciera que esta técnica es la última que quiere utilizar la gente (vea el recuadro, "Las diez razones principales para no llamar a alguien para pedirle una dirección de correo electrónico"). Inténtelo primero. Si conoce o puede conseguir el número de teléfono, este método es mucho más sencillo que cualquier otro.

Otra forma de conseguirla es usar un directorio en línea. ¿No sería fascinante si algún directorio en línea tuviera la lista de las direcciones de correo electrónico de todas las personas? Quizá, pero Internet no cuenta con uno. Por un lado, nada indica que la dirección del correo electrónico de una persona tenga alguna conexión con su nombre. Por otro lado, no todas las personas quieren que toda la gente conozca su dirección. A pesar de que muchos directorios tratan de acumular direcciones de correo electrónico, ninguno de ellos está completo, la mayoría está un poco desactualizado y muchos funcionan sólo si las personas voluntariamente se incluyen en la lista de ese servicio.

Esta situación reitera, por supuesto, nuestro punto de que la mejor forma de averiguar la dirección del correo electrónico de una persona es preguntar. Cuando ese método no es una opción, pruebe con el servicio de búsqueda de personas de Yahoo en `http://espanol.people.yahoo.com`, el cual le permite buscar por nombre y estado (en Estados Unidos). Sin embargo, está lejos de ser una base de datos de direcciones completa.

Otra opción es ir a un motor de búsqueda como Google (`www.google.com`) o Yahoo (`www.yahoo.com`) y digitar el nombre completo de la persona, encerrado entre comillas. Verá una lista de páginas que incluyen el nombre; por supuesto, puede haber mucha gente con el mismo nombre si su nombre es Vicente Fernández, Juan Pérez o Luis Solís. Intente buscar su propio nombre y vea qué pasa.

CONSEJO

Las diez principales razones para no llamar a alguien y pedirle una dirección de correo electrónico

10. Quiere sorprender a un amigo perdido desde hace tiempo.

9. Quiere sorprender a una examiga perdida hace tiempo, la cual le debe una gran suma de dinero y piensa que ella le ha hecho una mala jugada.

8. Su amigo no habla su idioma. (Eso pasa, los internautas están por todo el mundo).

7. Usted o su amigo no hablan del todo. (Eso también sucede. Las redes ofrecen un lugar muy amigable para la mayoría de personas con impedimentos, porque nadie tiene que saber ni importarle si alguien tiene uno.)

6. Son las 3 a.m. y necesita enviar un mensaje ahora mismo o nunca podrá conciliar el sueño.

5. No sabe el número telefónico y, debido a una experiencia desafortunada de la infancia, tiene mucho miedo de pedir asistencia telefónica.

4. El teléfono sólo acepta monedas, nadie le puede cambiar el billete de $100.

3. Su compañía instaló un sistema telefónico nuevo, nadie ha descubierto cómo usarlo y no importa lo que marque, siempre termina con una línea de oración.

2. Inadvertidamente derramó una lata entera de gaseosa en el teléfono y no puede esperar hasta que se seque para hacer la llamada.

1. Llamó ayer, no escribió la respuesta y la olvidó. ¡Válgame!

Capítulo 14

Correo seguro: virus, spam y WiFi

En este capítulo

▶ Protegerse de los virus en el correo

▶ Lidiar con el spam

▶ Recibir su correo electrónico de manera segura por medio de WiFi

Muy bien, ya sabe cómo enviar y recibir correo electrónico. Llegó el momento de tener una pequeña charla acerca de la seguridad. Si lo ha usado, quizá ya haya visto el spam e incluso los *virus*. Déle un vistazo al Capítulo 2, ahí encontrará definiciones de estas amenazas del correo electrónico. Este capítulo describe cómo protegerse de ellas. Ponga atención.

Creo que contraje un virus

Un virus llega a su PC como un documento adjunto en un mensaje de correo electrónico. (Vea la sección "Los virus llegan por medio del correo electrónico" en el Capítulo 2 para obtener una descripción de cómo trabajan.) En la mayoría de los programas de correo electrónico (como Thunderbird), los programas que están en los documentos adjuntos no se ejecutan hasta que usted les hace clic; por lo tanto, *no* abra programas que vienen de personas desconocidas. Ni siquiera abra documentos adjuntos de personas que *sí* conoce si no los estaba esperando. Muchos virus exitosos se reproducen al enviarle copias de sí mismos a las primeras 50 personas en su libreta de direcciones. Muchos virus parecen venir de alguien que lo conoce a usted.

Además de cuidarse de no ejecutar un virus al abrirlo, debería configurar su revisor de virus y el programa de correo electrónico para que atrape todos los virus posibles y para que no los ejecute de manera inadvertida. Las siguientes secciones le explican cómo hacerlo.

Configurar su revisor de virus

En el Capítulo 4 le dijimos que instalara un revisor de virus en cuanto conectara su PC a Internet, pero esto es tan importante que se lo diremos de nuevo. Debe pagar por un revisor de virus; no conocemos uno gratuito que sea bueno y deberá pagarlo anualmente para mantener su suscripción al día y recibir las actualizaciones de las lista de virus que revisa. Estos son tres de los revisores disponibles:

✔ **McAfee VirusScan,** `www.mcafee.com`

✔ **Norton AntiVirus,** en `www.symantec.com`

✔ **F-Prot,** en `www.f-prot.com` (una buena idea si tiene varias PC porque tiene que pagar sólo por una licencia para ejecutar el programa en todas las PC de su casa).

Una vez que instala su revisor de virus, observe su configuración para asegurarse de que el programa descargue las actualizaciones con regularidad. Puede configurar el programa para que se conecte a Internet y descargue actualizaciones de forma automática. La mayoría de los programas revisan las actualizaciones por lo menos una vez a la semana. Si cuenta con una conexión constante a Internet y siempre deja encendida la PC, puede configurar su programa para que revise a medianoche, para que no lo interrumpa durante el día. Si apaga su PC cuando no la está usando o si tiene una cuenta de Internet con conexión telefónica, necesitará acordarse de ejecutar la función de actualizaciones del programa de manera regular.

La mayoría de los revisores tienen dos formas de buscar virus:

✔ Revisar los mensajes de correo electrónico en cuanto llegan.

✔ Escanear todo su PC (es decir, su disco duro) para buscarlos.

Le recomendamos que active ambas opciones.

Los revisores de virus le proporcionan una variedad de formas de manipular los virus que encuentran. Le recomendamos que configure el suyo para que elimine los archivos con virus. Los archivos infectados difícilmente contienen algo que le sirva y no creemos que exista ninguna razón para dejar que permanezcan en el disco duro.

Configurar Thunderbird para que no ejecute los virus

Thunderbird se diseñó para resistir a los virus: no usa Internet Explorer para mostrar los mensajes de correo electrónico formateados (como lo hacen algunos otros programas de correo) y tampoco abre de manera automática los documentos adjuntos. Estas son, apenas, algunas configuraciones que usted quizá quiera revisar:

1. **En Thunderbird elija Herramientas (Tools)⇨Preferencias (Preferences) para mostrar el cuadro de diálogo Opciones (Options).**

    Aquí hay una lista de categorías de opciones en el extremo izquierdo, como aparece en la Figura 14-1.

2. **Haga clic en la categoría Avanzadas (Advanced).**

   Observa una lista de tipos avanzados de configuraciones encabezada por Privacidad (Privacy).

3. **Si hay un cuadro con un signo más a la izquierda del encabezado Privacidad (Privacy), hágale clic.**

   Ahora puede ver las configuraciones relacionadas con la privacidad.

4. **Si una marca aparece en el recuadro Activar (Enable) JavaScript en mensajes de correo, hágale clic para deseleccionarlo.**

   JavaScript es un lenguaje de programación usado en páginas web, y es más seguro desactivarlo en los mensajes de correo electrónico. De todas formas, son pocos los mensajes que contienen JavaScript.

5. **Mientras se encuentra ahí, haga clic en Bloquear la carga de imágenes remotas en mensajes de correo (Block Loading of Remote Images in Mail Messages), si no está seleccionado, así como en Permitir imágenes remotas si el remitente está en mi libreta de direcciones personales ((Allow Remote Images If the Sender Is in My Personal Address Book).**

   Estas configuraciones le indican a Thunderbird que no muestre imágenes que aparecen en mensajes de correo electrónico porque podrían ser pulgas (que se describen en el Capítulo 2). Muy bien, esto no tiene que ver en realidad con los virus, pero es una configuración que vale la pena revisar. Cuando recibe mensajes con imágenes, puede decirle a Thunderbird que las muestre si usted reconoce la fuente de los mensajes (por ejemplo, las imágenes en las noticias de su correo electrónico diario provenientes de *El País*).

6. **Haga clic en Aceptar (OK).**

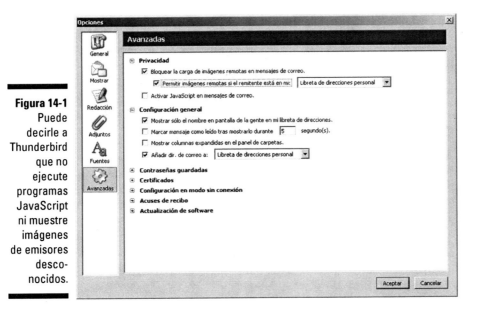

Figura 14-1
Puede decirle a Thunderbird que no ejecute programas JavaScript ni muestre imágenes de emisores desconocidos.

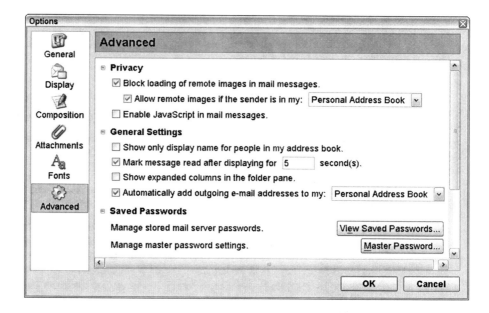

Configurar Outlook Express para que no ejecute virus

Si usa Outlook Express 5.0 de Microsoft o una versión superior, así como Outlook 97 o superior, la situación es terrible. Algunas versiones de Outlook (que vienen con Microsoft Office) abren documentos adjuntos en cuanto ven el mensaje. Outlook Express (que viene con Windows) proporciona un *panel de vista previa* que muestra un archivo y sus documentos adjuntos antes de que les haga clic. Las versiones anteriores de Outlook Express 5.0 y Outlook 97, 98 y 2000 le permitían a los programas adjuntos hacer todo tipo de cosas horribles en su PC. Por suerte, Microsoft ha cambiado las configuraciones predeterminadas en versiones más recientes de ambos.

Mantener actualizados Windows y Outlook Express

Los usuarios de Outlook Express deberían instalar Service Pack 2 (SP2) de Microsoft, una actualización gratuita, y habilitar la característica de actualización automática del software que lo acompaña.

Decimos esto con un poco de temor. Le recomendamos que antes de instalar Service Pack 2, haga un respaldo completo de su sistema para que tenga donde recurrir si fuera necesario. Conocemos algunas personas para quienes instalarlo fue un desastre. Si conoce un sabelotodo informático, pídale que esté cerca. También asegúrese de revisar el sitio www.windowsupdate.com cada semana para conocer los últimos bichos.

Revisar las configuraciones de seguridad de Outlook Express

Los usuarios de Outlook Express también deberían revisar la configuración del programa. Ésta es la forma de hacerlo:

1. **Elija Herramientas (Tools)⇨Opciones (Options).**

   Observará el cuadro de diálogo Opciones que aparece en la Figura 14-2.

2. **Haga clic en la pestaña Seguridad (Security).**

   Las secciones Proyección antivirus y Descargar imágenes merecen su atención.

3. **Configure Zona de seguridad de Internet en Zona de sitios restringidos (Restricted Sites Zone) (más segura) (Internet Explorer Security Zone).**

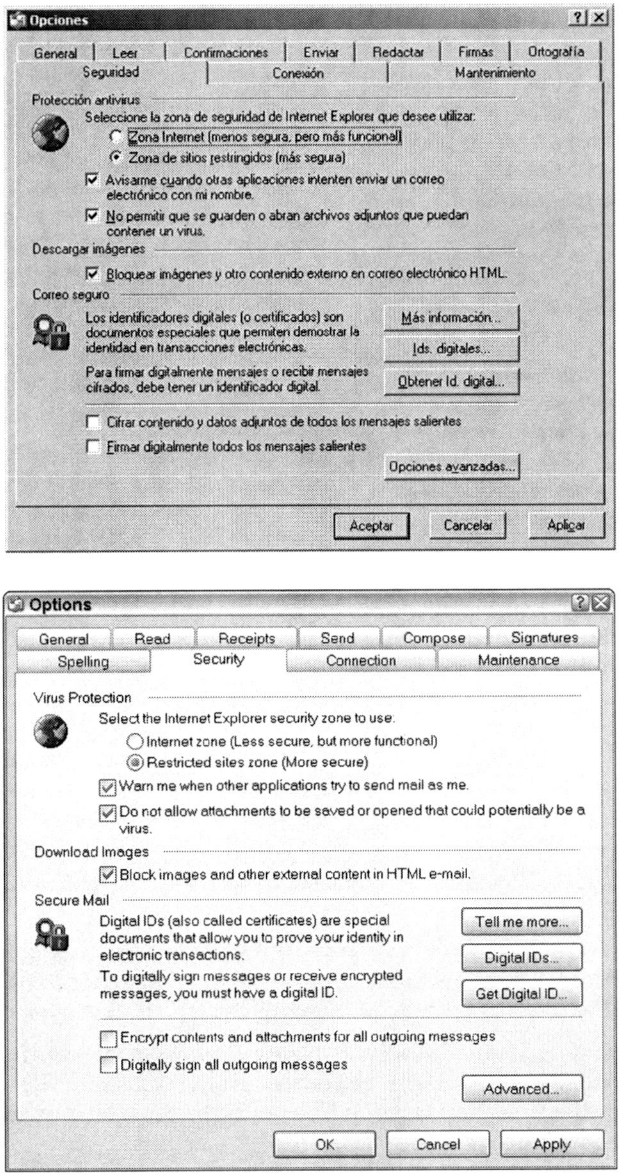

Figura 14-2
Outlook Express también cuenta con configuraciones de protección antivirus.

Las cartas en cadena: ¡Arrrrrgggghhh!

Una de las cosas más desagradables que puede hacer con el correo electrónico es pasar cartas en cadena. Como todos los programas de correo tienen comandos de reenvío, usted puede enviar una de estas cadenas a muchas personas con sólo oprimir algunas teclas. No lo haga. Estas cartas son agradables por unos segundos pero luego son muy incómodas. Después de 20 años de usar el correo electrónico, *nunca* hemos recibido una que valga la pena pasar. **¡NUNCA!** (Disculpe el grito.) Así que no las pase, ¿de acuerdo? No, no destruyen su PC, pero son muy *molestas*.

Unas cuantas cadenas siempre se mantienen por ahí, a pesar de los esfuerzos para hacerlas desaparecer:

✔ Hacer mucho dinero con una carta en cadena: Estas cartas por lo general tienen muchos testimonios de gente que ahora tiene mucho dinero y le dicen que le envíe $5 al nombre que encabeza la lista, ponga su nombre al final y envíe el mensaje a otros miles de tontos. Ni siquiera lo piense. Estas cadenas son ilegales en Estados Unidos aunque digan lo contrario; además, ni siquiera funcionan. (¿Por qué enviar dinero? ¿Por qué no sólo agregar su nombre y enviarlo? O, ¿por qué no sólo reemplazar todos los nombres de la lista con el suyo?) Considérelas como virus de la credibilidad. Para mayor información, vea el sitio web `http://www.aui.es/contraelspam/consejos_usuarios.htm`, el cual da algunos consejos útiles para lidiar con las cartas en cadena.

✔ Una gran compañía le enviará dinero en efectivo por leer el correo electrónico: Esta ha circulado tanto con Disney como con Microsoft como remitentes. El mensaje asegura que la compañía está llevando a cabo una prueba de mercadeo y que usted puede obtener mucho dinero o un viaje a Disney World por enviar el mensaje de nuevo. Algunas dicen que un niño enfermo recibirá un centavo por cada persona a la que usted le reenvíe el mensaje. Claro, ¡cómo no!. Una variación dice que algo interesante, pero sin especificar, le sucederá cuando reenvíe el mensaje; suponemos que es cierto, si hacer que todos sus amigos piensen que usted es un crédulo cuenta como interesante. Esta cadena no es peligrosa, es tan sólo una pérdida de tiempo, del suyo y del que lo recibe.

✔ Un virus horroroso destrozará su PC: En ocasiones son ciertos, generalmente no y cuando lo son, tienden a ser acerca de virus que han existido desde 1992. Si ejecuta software que está propenso a los virus (Microsoft Outlook Express y Outlook son muy vulnerables), revise el sitio web del vendedor y los sitios pertenecientes a fabricantes de software antivirus donde encontrará informes de mayor credibilidad, actualizaciones descargables y consejos antivirus. Algunas de las aparentes advertencias de virus suelen ser los mismos virus. Si un mensaje aparece diciéndole "Instale este parche de Microsoft de inmediato para mantener los virus fuera", eso no es un parche, es un virus.

Si trabaja en una corporación y espera recibir programas de los compañeros de trabajo, quizá tenga que cambiar una configuración; hable con el administrador de su sistema. Para el resto de nosotros esa es una configuración segura.

4. **Asegúrese de que el recuadro Avíseme cuando otras aplicaciones intentan enviar un correo electrónico con mi nombre (Warn Me When Other Applications Try to Send Mail as Me) esté seleccionado (hágale clic si no lo está).**

Si su PC está infectada con un programa espía o un programa de virus que intenta usarlo como una máquina para enviar spam, esta configuración lo puede evitar.

5. **Seleccione el recuadro No permitir que se guarden o abran archivos que puedan contener virus (Do not Allow Attachmentes to Be Saved or Opened That Could Potentially Be A Virus).**

Si espera recibir programas, hojas electrónicas de Excel, documentos de Word o bases de datos de Access, quizá sea necesario desactivar esta configuración porque todos estos tipos de archivos pueden contener virus. Pero comience teniéndola activada.

6. **Seleccione el recuadro Bloquear imágenes y otros contenidos externos en correo electrónico HTML (Block Images and Other External Content In HTML Email).**

Las imágenes en el correo electrónico pueden ser pulgas de la web (las describimos en el Capítulo 2). Las pulgas no son virus, pero tampoco nos gustan.

7. **Haga clic en Aceptar (OK).**

¡Saque este spam de aquí!

El spam está definido como correo no solicitado. Describimos su historia y sus fuentes en detalle en el Capítulo 2. Pero quizá no le interesen los detalles, sólo quiere que se vaya.

Una forma es pedirle a su PC que averigüe cuáles mensajes son spam y los coloque en la basura o en una carpeta individual para que usted mismo los pueda desechar. Ésta parece ser la solución perfecta. El problema es lograr que su PC sepa qué es spam y qué no lo es. Muchas técnicas se encuentran disponibles, pero no hay ninguna perfecta. Éstas son algunas de las más comunes:

✔ **Listas Negras (Blackhole):** una cantidad de organizaciones ponen en circulación listas de direcciones de Internet que consideran ser fuentes de spam. La mayoría de los PSI se suscriben a una o más de estas listas y bloquean todos los mensajes de los sitios mencionados. Estos PSI bloquean el spam por usted, al menos el que viene de estas direcciones de Internet. Ese no es todo el spam, pero es un buen inicio. Entre las mejores listas y las más usadas está el Spamhaus Project de Inglaterra.

✔ **Filtros basados en el contenido:** estos identificadores buscan palabras o frases en el correo electrónico que son comunes del spam. También notan ciertos errores de formato que suelen cometerse a menudo. Cada coincidencia en el texto gana una nota. Si un mensaje tiene cierto puntaje, se desecha. Por ejemplo, los mensajes con la palabra "Viagra" o la frase "tarifa de hipoteca" tienen más posibilidades de ser spam que otros mensajes.

✔ **Filtros bayesianos:** Tom Bayes fue un matemático que murió 208 años antes de que naciera Internet, pero su innovador trabajo en estadística ahora le ayuda a las PC a descifrar lo que es spam al enseñárseles ejemplos de mensajes que son spam junto con otros que no lo son. Muchos programas de correo electrónico tienen filtros bayesianos incorporados. Quizá haya notado en su programa de correo electrónico un botón o una opción en el menú que dice algo como: esto es basura. Conforme lee su correo electrónico, usted le dice cuáles mensajes son spam. Después de un tiempo, el programa comienza a adivinar basado en los ejemplos que le ha dado y redirecciona lo que parece spam hacia el buzón de Basura para que no tenga que leerlo. ¡Sin embargo, usted sí necesita revisar el buzón de spam de vez en cuando, ya que los filtros no son infalibles y a veces desechan correos buenos!

Todos estos métodos cometen errores que permiten el ingreso del spam y a veces bloquean los mensajes legales. Para reducir ese último problema, algunos sistemas de correo electrónico hacen *listas blancas* de emisores en su libreta de direcciones que le indican a los filtros que siempre quiere ver los mensajes de esos emisores; quizá puede incluir a su jefe o a su pareja. Las listas blancas no le ayudarán a recibir mensajes de amigos perdidos hace tiempo o de personas que recién cambiaron sus direcciones de correo electrónico porque otra compañía compró su PSI.

Filtrar spam en Thunderbird

Thunderbird contiene un filtro bayesiano que funciona muy bien cuando le ha dado algunos ejemplos de cómo se ve el spam.

Indicarle a Thunderbird que comience a filtrar

Primero, configure las definiciones del filtro de spam de esta forma:

1. **Elija Herramientas (Tools)⇨Controles de correo basura (Junk Mail Controls).**

   Observa el cuadro de diálogo Controles de correo basura que aparece en la Figura 14-3.

2. **Haga clic en la pestaña Configuración (Settings) si no se encuentra seleccionada.**

3. **Haga clic en el recuadro Listas blancas (White Lists) (el que marca los mensajes como basura si el emisor no está en su libreta de direcciones) si todavía no está marcado.**

   Se supone que incluirá el nombre de la gente que no le enviará spam.

4. **Haga clic en el recuadro Mover los mensajes entrantes identificados como correo basura a (Move Incoming Messages Determined To Be Junk Mail To), si todavía no tiene una marca. Elija hacia dónde trasladar su spam.**

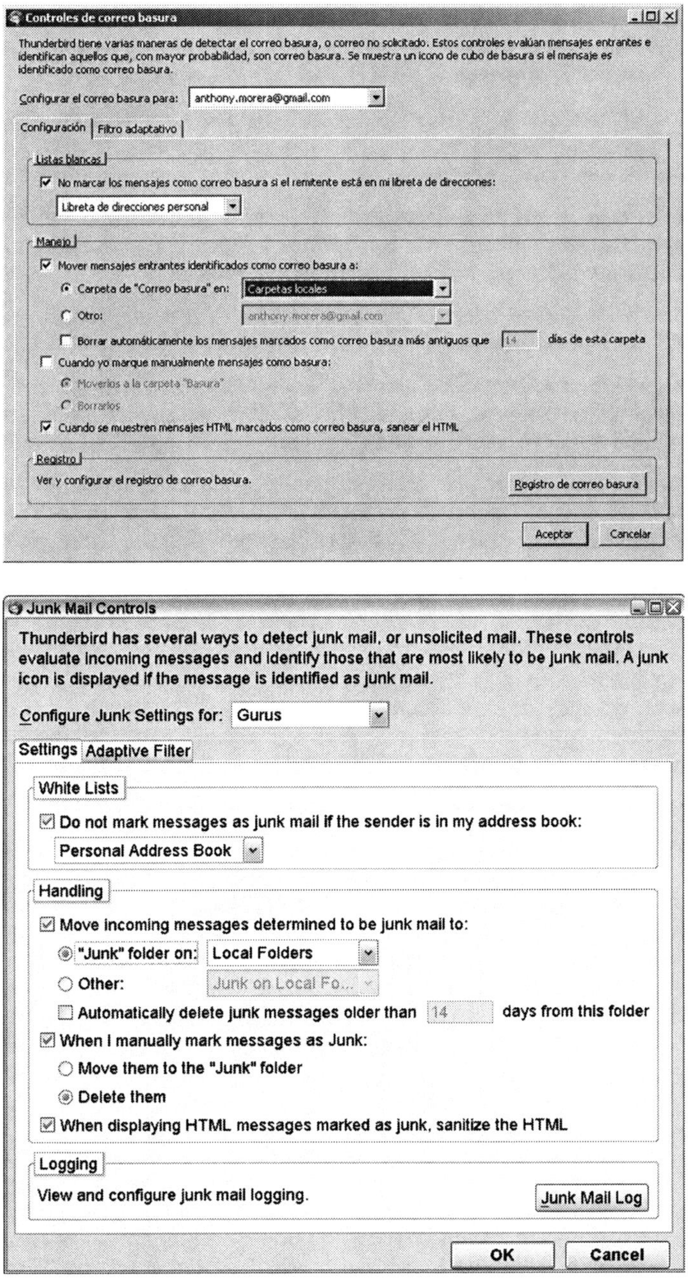

Figura 14-3
Configurar
Thunderbird
para que
tire su
spam.

La configuración predeterminada es una carpeta Basura o Junk, lo cual nos parece una buena opción.

5. **Quite cualquier marca del recuadro Borrar automáticamente los mensajes marcados como correos basura más antiguos que (Automatically Delete Junk Messages Older Than _____ Days).**

   No permita que Thunderbird elimine lo que sospecha que es spam antes de que usted lo pueda revisar. Es muy vergonzoso decirle a alguien que tiró un mensaje importante porque su programa pensó que era basura.

6. **Haga clic en el recuadro Cuando yo marque manualmente mensajes como basura (When I Manually Mark Mesages as Junk), si todavía no está seleccionado. Elija Borrarlos (Delete).**

   La otra opción es trasladarlos a su carpeta Basura, pero si ya ha decidido que son basura, ¿por qué no deshacerse de ellos?

7. **Haga clic en el recuadro Cuando se muestren mensajes HTML marcados como correo basura, limpiar el HTML (When Displaying HTLM Mesasages Marked as Junk Sanitize Them), si todavía no está seleccionado.**

   Cuando avanza por sus mensajes basura para asegurarse que no se hayan tirado mensajes buenos por error, Thunderbird también se puede asegurar de que ningún código HTML sospechoso en ellos se ejecute en su PC.

8. **Haga clic en Aceptar (OK).**

Ahora Thunderbird está preparado para diferenciar entre el spam y los mensajes buenos. Conforme usted lee los mensajes en la Bandeja de entrada, cada vez que recibe un mensaje spam, haga clic en el botón Basura en la barra de herramientas. El mensaje desaparece de su Bandeja de entrada y Thunderbird analiza las palabras en el mensaje y toma nota de que suelen aparecer en el spam. Entre más mensajes marca con el botón Correo basura, mejor conocerá Thunderbird el spam.

Buscar mensajes buenos en la carpeta Basura

De vez en cuando (una vez por semana), abra la carpeta Correo basura (Junk Mail) (o cualquier carpeta donde le haya dicho a Thunderbird que coloque el presunto spam en el Paso 4 de la sección "Indicarle a Thunderbird que comience a filtrar"). La carpeta Correo basura aparece en su lista de carpetas, debajo de su Bandeja de entrada, en las carpetas Borradores y Mensajes enviados. Haga clic en la carpeta Basura para ver la lista de mensajes. No necesita abrir cada mensaje, revisar los nombres de los emisores y los asuntos es suficiente para revelar si algún mensaje bueno está enredado ahí.

Si observa un mensaje bueno en su carpeta Basura, selecciónelo y haga clic en el botón Correo normal en la barra de herramientas (es donde por lo general se encuentra el botón Basura, el botón se convierte en Correo normal cuando usted abre la carpeta Basura). Este botón le dice a Thunderbird que vea las palabras en este mensaje y que haga una nota diciendo que aparecen en un mensaje bueno. Luego arrastre el mensaje hacia la Bandeja de entrada. Cuando está seguro de que todos los mensajes en su carpeta Basura son en realidad basura, bórrelos. La forma más sencilla es hacer clic en el primer mensaje y luego arrastrarlo hacia abajo y hacer Shift+clic en el último mensaje; ahora todos los mensajes están seleccionados. Presione la tecla Suprimir (Delete) o haga clic en el botón Borrar (Delete) en la barra de herramientas para eliminarlos.

Filtrar spam en Outlook Express

Por desgracia, Outlook Express no cuenta con la característica del filtro baye-siano. (Esa es una de las razones por las que usamos Thunderbird.)

Sin embargo, Outlook Express tiene otras características para evitar el spam:

✔ **Reglas:** el nombre de Microsoft para los filtros. Las reglas pueden identi-ficar spam y enviarlo a la basura.

✔ **Lista de emisores bloqueados:** si recibe un mensaje de alguien que no está en la lista, el mensaje va directo a la basura.

✔ **Lista de emisores seguros:** los mensajes de personas en esta lista no se marcan como spam, incluso si el mensaje parece serlo.

Esta es la forma de usar las características de Outlook Express.

Bloquear mensajes por emisor

Para bloquear los mensajes de una dirección específica siga estos pasos:

1. **Abra un mensaje desde la dirección.**

2. **En la ventana en que aparece el mensaje, elija Mensaje (Message)⇨Bloquear remitente (Block Sender).**

   Quizá vea un mensaje que confirma que la dirección se ha agregado a su lista de Remitentes bloqueados.

3. **Si ve un mensaje de confirmación, haga clic en Aceptar (OK).**

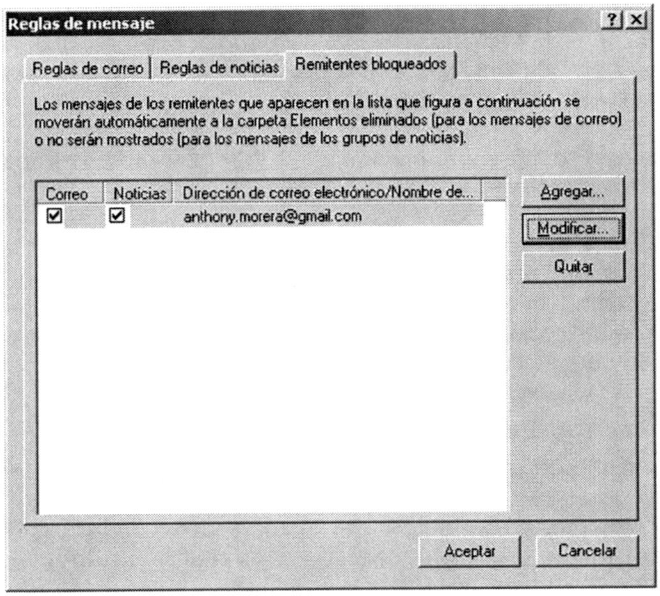

Figura 14-4
Puede bloquear todos los mensajes entrantes de direcciones específicas en Outlook Express.

El mensaje que usted abrió todavía está en su Bandeja de entrada; el programa bloqueará los mensajes *futuros*, pero no hace nada con éste. ¡Tan sólo bórrelo!

Ver su lista de remitentes bloqueados

Puede ver o editar la lista de remitentes bloqueados más adelante, en caso de que haya agregado a un amigo en forma accidental o que quiera digitar un grupo de direcciones. Elija Herramientas (Tools)⇨Reglas de mensaje (Message Rules)⇨Lista de remitentes bloqueados (Block Sender List) de la barra de menú en la ventana principal de Outlook Express. Observe el cuadro de diálogo Reglas de Mensajes con la pestaña Remitentes bloqueados seleccionada, como en la Figura 14-4.

Los mensajes de cualquier dirección en su lista de Remitentes se desvían hacia la carpeta Elementos eliminados.

Puede agregarle más direcciones a su lista de Remitentes bloqueados (Blocked Senders) al hacer clic en Agregar y digitar o pegar la dirección en el cuadro de diálogo que aparece. Si después de todo decide aceptar mensajes de una dirección, puede borrarla de la lista al elegir la dirección y hacer clic en Quitar (Remove).

Bloquear mensajes de dominios completos

La lista de remitentes bloqueados puede incluir dominios completos (un *dominio* es la parte de una dirección de correo electrónico después de @). Por ejemplo, si no quiere recibir ningún correo de la Casa Blanca de Estados Unidos, podría bloquear todos los mensajes que vienen de `cualquiercosa@whitehouse.gov`. Siga estos pasos para bloquear todos los mensajes de un dominio completo:

1. **Coloque a la vista la lista de Remitentes bloqueados (Blocked Senders), como se describe en la sección anterior.**

2. **Haga clic en el botón Agregar (Add).**

   Observe el cuadro de diálogo Agregar remitente (Add Sender).

3. **Digite el nombre del dominio y haga clic en Aceptar (OK).**

   Deje el botón de radio Mensajes de correo (Mail Messages) seleccionado. Cuando hace clic en Aceptar, la entrada nueva aparece en su lista de remitentes bloqueados.

Crear una carpeta para su spam

Si va a usar reglas para filtrar spam de su Bandeja de entrada necesita crear una carpeta llamada Sospecha de spam (Suspected Spam) dentro de la cual puede colocar los presuntos mensajes basura. Siga estos pasos:

1. **Seleccione en la lista la carpeta en la que quiere almacenar la nueva lista.**

   Nosotros, por lo general, seleccionamos carpetas locales.

2. **Elija Archivo (File)⇨Nuevo (New)⇨Carpeta (Folder) de la barra de menú o presione Ctrl+Shift+E.**

   Observe el cuadro de diálogo Crear carpeta.

3. **Digite el nombre para su carpeta nueva en el cuadro Nombre de la carpeta (Folder Name).**

   ¿Qué le parece el nombre Presunto spam?

4. **Seleccione Carpetas locales (Local Folders) en la lista de carpetas para que la nueva se ubique ahí.**

5. **Haga clic en Aceptar (OK).**

Su carpeta nueva aparece en la lista de carpetas. Para ver lo que se encuentra dentro (por ahora nada), haga clic en ella. Si más adelante decide quitarla o cambiarle el nombre, haga clic derecho y elija Eliminar (Delete) o Cambiar nombre (Rename) del menú que aparece.

Crear reglas de Outlook Express para eliminar spam

Puede crear un grupo de reglas que le dicen a Outlook Express cómo luce un spam determinado y qué hacer con él, principalmente, ¡cómo eliminarlos de la Bandeja de entrada! El programa del correo electrónico le aplica las reglas a cada mensaje conforme llega a su Bandeja de entrada. Al crear reglas que coinciden con los encabezados o texto de mensajes spam, puede desviarlo de su Bandeja de entrada hacia otra carpeta.

Las reglas no funcionan con buzones de correo basados en la web, como Hotmail. Tampoco funcionan con buzones de correo basados en IMAP. (Estos buzones, usados en grandes organizaciones, le permiten leer el correo en el servidor sin descargarlo para almacenarlo en su PC.)

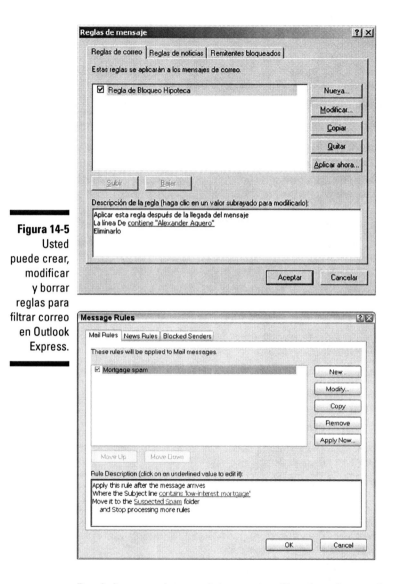

Figura 14-5
Usted
puede crear,
modificar
y borrar
reglas para
filtrar correo
en Outlook
Express.

Puede hacer reglas muy interesantes. Por ejemplo, puede especificar que si el mensaje contiene la frase *hipoteca con interés bajo* o *reducción de deuda* y *no* proviene de su banco, debería eliminarse. Puede hacer muchas reglas, una para cada tipo de spam que recibe. Quienes envían spam varían sus mensajes tan rápido que nunca podrá hacer suficientes reglas para mantenerse al día, pero eso es mejor que no tener nada. Las reglas también son útiles para clasificar el correo deseado, como el correo de corresponsales frecuentes o las listas de correo.

Crear una regla nueva en Outlook Express

Para trabajar con reglas elija Herramientas (Tools)➪Reglas de mensajes (Message Rules)➪Correo (Mail) para mostrar el cuadro de diálogo Reglas de mensaje (Message Rules), como se muestra en la Figura 14-5. Si no ha creado ninguna regla todavía, Outlook Express le muestra el cuadro de diálogo Nueva regla de correo (New Mail Rule), como en la Figura 14-6. Desde el cuadro de diálogo Reglas de mensaje (Message Rules), haga clic en el botón Nuevo (New) para crear una regla nueva.

El cuadro de diálogo Regla de correo nueva (New Message Rule) tiene cuatro cuadros en los cuales usted especifica la información sobre la regla:

✔ **Seleccione las condiciones para la regla:** usted especifica cuáles partes del mensaje debe observar Outlook Express para determinar a cuáles mensajes aplicar la regla. Puede seleccionar la línea De, la línea Asunto, el cuerpo del mensaje, las líneas De, Para y CC, la prioridad, la cuenta de correo, el tamaño, el documento adjunto y la configuración de seguridad. También puede elegir aplicarle la regla a todos los mensajes. Aunque parece extraño, no tiene que especificar el texto, la dirección u otra información aquí, sino en el Cuadro 3.

✔ **Seleccione las acciones para la regla:** usted especifica lo que debería hacer Outlook Express cuando un mensaje coincide con una condición. Puede trasladar un mensaje hacia una carpeta, copiarlo en una carpeta, borrarlo, reenviarlo, responderlo o resaltarlo, marcarlo, leerlo o no leerlo. También le puede decir a Outlook Express que no descargue el mensaje de su servidor de correo o que lo borre del servidor sin descargarlo.

✔ **Descripción de la regla:** este cuadro muestra la regla conforme la crea. Usted especifica detalles acerca de la regla, como cuál texto buscar o hacia cuál carpeta trasladar los mensajes, al hacer clic en los vínculos subrayados en la descripción.

✔ **Nombre de la regla:** puede ponerle un nombre a la regla. (Si no lo hace, Outlook Express inventa nombres creativos, como Regla de correo nueva #1.)

Siga estos pasos para crear una regla para filtrar spam:

1. **En el cuadro 1, Seleccione las condiciones para la regla (Select The Conditions For Your Rule), seleccione el recuadro para la parte del mensaje que identifica el mensaje como spam.**

   Por ejemplo, si quiere bloquear todos los mensajes con la frase *hipoteca con interés bajo* en la línea Asunto, seleccione el segundo recuadro, El cuerpo del mensaje contiene las palabras especificadas (Where The Subject Line Contains Specific Words).

2. **En el cuadro 2, Seleccione las acciones para la regla (Select The Actions For Your Rule), seleccione el primer recuadro, Moverlo a la carpeta especificada (Move It To The Specified Folder).**

   El cuadro 3 ahora muestra texto según la elección que hizo en los cuadros 1 y 2. Por ejemplo, si seleccionó el recuadro Asunto en el cuadro 1, el cuadro 3 dice:

   ```
   Aplicar esta regla despues de la llegada del mensaje.
   La línea asunto contiene las palabras especificadas.
   Moverlo a la carpeta especificada.
   ```

3. **En el cuadro 3, Descripción de la regla (Rule Description), haga clic en el vínculo Contiene las palabras especificadas (Contains Specified Words) para especificar la palabra o frase para que coincida.**

   Observe el cuadro de diálogo Escribir palabras específicas (Type Specific Words).

4. **Digite la palabra o frase que aparece en el spam que quiere eliminar. Haga clic en el botón Agregar (Add).**

Por ejemplo, digite **interés bajo** en el cuadro. Cuando hace clic en el botón Agregar, el cuadro Palabras muestra las palabras que anda buscando.

5. **Si quiere que la regla también busque otra frase, repita el paso 4.**

Quizá quiera que la misma regla busque otros mensajes spam de préstamos e hipotecas, de manera que puede digitar **reducción de deuda** y hacer clic en el botón Agregar y luego digitar **interés reducido** y hacer clic en Agregar de nuevo. El cuadro Palabras (Words) muestra toda la lista de palabras y frases con las que quiere que coincida la regla.

6. **Haga clic en Aceptar (OK) para volver al cuadro de diálogo Nueva regla de correo (New Mail Rule).**

El cuadro 3 muestra la lista de frases con las que coincide la regla. Pero todavía no le ha dicho a la regla lo que debe hacer con los mensajes que contienen estas frases en la línea Asunto (Subject).

7. **Haga clic en el vínculo especificado en el cuadro 3.**

Outlook Express muestra el cuadro de diálogo Mover (Move) en el que aparece una lista de sus carpetas.

8. **Seleccione la carpeta y haga clic en Aceptar (OK).**

Nos gusta trasladar el spam a la carpeta Presunto spam (Suspected Spam), la cual visitamos de vez en cuando para revisar los mensajes buenos que

---

Formas solapadas para evadir filtros

Quienes hacen spam son muy inteligentes; si no lo fueran, los usuarios indignados de Internet los hubieran hecho desaparecer hace mucho. Cada vez que los filtros de spam encuentran otra forma de identificarlo, sus inventores cambian la forma de enviarlo. Es como una versión acelerada de la evolución del correo electrónico.

Estos son algunos trucos que usan quienes hacen spam para evitar que sus filtros atrapen sus mensajes basura:

✔ **Mayúsculas originales**: La mayoría de los programas para filtrar correo buscan el uso de mayúsculas exacto que usted especifica. Si su filtro busca `spammersrus.com` en la línea De, usted no atrapa los mensajes que provienen de `SpammersRus.com` o `spaMmersruS.com`.

✔ **Sin texto**: Muchos mensajes basura contienen muy poco texto o sólo una imagen gráfica de texto. Al enviarlo como una imagen gráfica, los filtros no pueden leer el texto para identificar las frases que usted anda buscando.

✔ **Parabras mhal escritaz**: La gente es muy buena para darle sentido a un texto confuso, por lo que no es nada difícil enredar el texto lo suficiente para engañar a los filtros y mantenerlo comprensible para las otras personas.

✔ **Códigos falsos ocultos**: Los mensajes de correo electrónico pueden contener códigos de formato HTML, los cuales están encerrados en < >. Estos códigos de formato pueden crear la negrita (con el código <b>) y la cursiva (con <i>) del texto en sus mensajes. Sin embargo, muchos códigos no tienen sentido en HTML, como <m> y <n>, de manera que su programa de correo electrónico los ignora cuando muestra mensajes. Sin embargo, si estos códigos sin sentido se esparcen en sus mensajes, sus filtros no pueden encontrar las palabras que usted ha marcado. Por ejemplo, un filtro que busca `hacer dinero` no coincide con un mensaje que tiene algo como `ha<c>er din<e>rp`.

se pueden haber identificado de manera errónea como basura. La otra opción es trasladar los mensajes directamente hacia la carpeta Elementos eliminados (Deleted Items).

9. **Haga clic para seleccionar el recuadro Detener el proceso de reglas (Stop Processing More Rules) en el cuadro 2, Seleccione las acciones para su regla.**

Será necesario que se desplace hacia abajo por la lista de acciones para encontrarla. Cuando la selecciona, la frase le indica a Outlook Express que , luego de haber trasladado un mensaje una vez, ha terminado de aplicarle reglas a ese mensaje; es hora de continuar con el siguiente.

10. **En el cuadro 4, Nombre de la regla (Name of The Rule), digite un nombre para esta regla.**

Puede usar cualquier nombre; usted es la única persona que lo ve. Digite algo con lo que sea fácil encontrar la regla si decide cambiarla más adelante, algo como **spam de préstamos**.

11. **Haga clic en Aceptar (OK).**

Outlook Express almacena la regla y usted regresa al cuadro de diálogo Reglas de mensaje.

Algunos programas para codificar le agregan un encabezado a cada mensaje que indica si es spam. Si su PSI, o un programa para filtrar spam de una tercera fuente, agrega estas etiquetas, usted puede crear una regla que localice estos mensajes y los traslade a su carpeta Presunto spam (Suspected Spam).

Revisar su spam

De vez en cuando asegúrese de revisar los mensajes que sus reglas identifican como spam. En algunas ocasiones, mensajes totalmente inocentes se catalogan de manera errónea.

Para revisar su carpeta de Presunto spam (o cualquier carpeta a la que lo haya enviado), hágale doble clic en la lista de carpetas. La lista de mensajes en esa carpeta aparece. Vea los mensajes; los que no se han leído aparecen en negrita. (Todo el spam que nunca vio debería aparecer en negrita.)

Si encuentra algún mensaje bueno, arrástrelo hacia la Bandeja de entrada. Luego vea el mensaje y las reglas de mensaje para determinar la razón por la que se catalogó como spam, y arréglelas.

Obtener un programa para filtrar spam

Si usa Thunderbird, tiene un filtro bayesiano de gran capacidad incorporado de manera gratuita. No necesita otro programa para filtrar spam. Si usa Outlook Express (o muchos otros programas de correo electrónico), usted no tiene un filtro de spam. Los usuarios de Outlook Express, así como las personas que usan otros programas, no han perdido del todo la suerte. Pueden comprar e instalar filtros que funcionen con su programa de correo electrónico.

Estos son algunos programas para filtrar spam que funcionan con su programa de correo electrónico, muchos de ellos gratuitos:

- **Death2Spam, en** `death2spam.com`**:** puede probar este programa de manera gratuita por 30 días y luego pagar una modesta tarifa de $35 al año.

- **K9, en** `www.keir.net/k9.html`**:** este programa gratuito usa filtros bayesianos y no funciona con cuentas de correo electrónico basadas en la web.

- **MailWasher y MailWasher Pro en** `www.mailwasher.net`**:** existen versiones gratuitas y pagadas. La versión pagada funciona con cuentas de Hotmail.

- **POPfile, en** `popfile.sourceforge.net`**:** este programa gratuito atrapa su correo y lo cataloga con un filtro bayesiano. No funciona con cuentas de correo electrónico basadas en la web.

- **Spamihilator, en** `www.spamihilator.com`**:** este programa gratuito usa filtros bayesianos.

- **SpamPal, en** `www.spampal.org`**:** este programa gratuito usa listas negras para determinar lo que es spam.

Para obtener mayor información acerca de muchos otros filtros, vea la lista de `About.com` en `email.about.com/od/windowsspamfightingtools`. Para obtener instrucciones de cómo instalar y usar los filtros para spam y mucha información general, adquiera *Combatir el Spam Para Dummies*, de John Levine, Margaret Levine Young y Ray Everett-Church (¡bueno, esos son dos autores de los tres de este libro!) por Wiley Publishing, Inc.

¿Qué otra cosa puedo hacer?

Internet nació a partir de una necesidad de que la información fluyera con facilidad y de manera gratuita, y todos los que usen este medio deberían luchar por que se mantenga así. Revise estos sitios web para obtener información acerca del spam y cómo prevenirlo, técnica, social y legalmente:

- `www.desarrolloweb.com/articulos/1912.php?manual=13` (una vista general).

- `www.cauce.org` (leyes antispam, en inglés).

- `http://www.usergioarboleda.edu.co/grupointernet/spam.htm` (para referencias a varios sitios relacionados).

Creemos que el spam no es sólo un problema técnico; únicamente una combinación de soluciones técnicas, sociales y legales funcionará a largo plazo. Mientras tanto, todo PSI, al menos en alguna medida, filtra el correo entrante y muchos le permiten "sintonizar" los filtros. Revise cuáles son los servicios específicos que proporciona su PSI.

Navegar con un solo clic, pero no tirar el anzuelo

La mayoría de los programas de correo electrónico convierten URL (direcciones de sitios web) en sus mensajes de correo electrónico en vínculos hacia el verdadero sitio web. Usted no tiene que digitar estas direcciones en el explorador. Todo lo que tiene que hacer es clic en el vínculo resaltado dentro del mensaje y, como por arte de magia, su explorador se abre y usted está en el sitio. Si su programa de correo electrónico cuenta con esta característica (todos los programas mencionados en este capítulo la tienen), las URL dentro de los mensajes aparecen subrayadas y en color azul, lo cual es una característica agradable.

Por desgracia, quienes buscan lanzar un anzuelo abusan de esta característica. Lanzar el anzuelo es enviar correo electrónico falso que dice ser de su banco o de otra organización oficial para que usted proporcione información personal. Esto se describe en el Capítulo 2. Si hace clic en uno de estos vínculos y lo lleva a un sitio que le pide una contraseña, un número de tarjeta de crédito, o información de ese tipo, ¡no la proporcione!

Asegurar ese correo

Si tiene una PC portátil y la usa para leer su correo electrónico en lugares públicos con hotpsot WiFi, quizá tenga un problema de seguridad. (Vea el Capítulo 5 donde definimos "WiFi" y "hotspot".) Las configuraciones públicas WiFi le permiten a cualquier persona conectada al mismo hotspot (esto es, cualquier persona en la misma cafetería o área del aeropuerto) husmear lo que usted digita; incluso podrían ver el nombre de usuario y la contraseña de su correo electrónico.

Por suerte, la mayoría de los programas de correo electrónico y los servidores le permiten usar una conexión segura, del mismo tipo que usan las páginas web seguras, para el correo entrante y saliente. Configurar la conexión segura puede ser un poco difícil, pero sólo tiene que hacerlo una vez.

Asegurar el correo con Thunderbird

Para configurar el correo en Thunderbird:

1. **Seleccione Herramientas (Tools)⇨Configuración de cuentas (Account Settings).**

   Observará la ventana Configuración de cuentas (Acount Settings), con una lista de sus cuentas de correo a la izquierda.

2. **Haga clic en Configuración de servidor (Server Settings) debajo de su cuenta de correo entrante.**

   Quizá tenga que hacer clic en el símbolo + junto al nombre de su cuenta para ver la opción Configuración de servidor (Server Settings).

3. **Revise Usar conexión segura SSL (Use Secure Connection).**

4. **Ahora haga clic en Servidor de salida SMTP (Outgoing Server) en la parte inferior de la columna izquierda.**

   Si tiene varias cuentas configuradas, quizá tenga que desplazarse para encontrarla.

5. **Debajo de Usar conexión segura (Use Secure Connection), haga clic en TLS.**

6. **Haga clic en Aceptar (OK).**

Ahora revise su correo y trate de enviarse a sí mismo un mensaje. Si no funciona, su proveedor de correo quizá no ofrezca correo seguro o puede ser que lo ofrezca de una forma que no es estándar. Por lo tanto, tendrá que llamar para pedir ayuda.

Correo seguro con Outlook Express

Para configurar el correo seguro en Outlook Express:

1. **Seleccione Herramientas (Tools)⇨Cuentas (Accounts).**

2. **Haga clic en el nombre de su cuenta de correo en la ventana que se abre y luego haga clic en Propiedades (Properties).**

3. **En la ventana que se abre, haga clic en la pestaña Opciones avanzadas (Advanced Options).**

   Hay una pestaña Seguridad (Security), pero eso no es lo que usted quiere aquí.

4. **Busque entre los cuadros El servidor requiere una conexión segura (SSL) (The Server Requires a Secure Connection) tanto para el correo entrante como para el saliente.**

5. **Haga clic en Aceptar (OK).**

Ahora revise su correo y trate de enviarse a sí mismo un mensaje. Para esto haga clic en el botón Enviar/Recibir (Send/Receive) para que Outlook Express se conecte al servidor. Si esto no funciona, su proveedor de correo quizá no ofrece correo seguro o lo ofrece en una forma no estandarizada y tendrá que llamar para pedir ayuda.

Capítulo 15

Colocar el correo en su lugar

En este capítulo

▶ Eliminar el correo

▶ Responder el correo

▶ Mantener una libreta con las direcciones de correos electrónicos

▶ Reenviar y archivar el correo

▶ Enviar y recibir correo exótico y documentos adjuntos

Cuando se acostumbre a usar el correo electrónico, comenzará a enviar y recibir suficientes mensajes que tendrá que mantener organizados. Este capítulo describe cómo eliminar, responder, reenviar y archivar mensajes en Thunderbird, Outlook Express y sistemas de correo basados en la web como Yahoo. (Vea el Capítulo 13 para averiguar cómo comenzar a usar estos programas.)

Después de ver un mensaje de correo electrónico puede hacer una gran cantidad de cosas distintas con él (algo parecido a lo que hace con la correspondencia de papel). Estas son sus opciones comunes:

- ✔ Desecharlo
- ✔ Responderlo
- ✔ Reenviárselo a otras personas
- ✔ Archivarlo

Puede hacer cualquiera de estas cosas o todas ellas con cada mensaje. Si no le dice al programa lo que debe hacer con un mensaje, el mensaje por lo general permanece en su buzón para su uso posterior.

Eliminar el correo

Cuando comienza a recibir correo electrónico, el sentimiento es tan emocionante que es difícil pensar en deshacerse de algún mensaje. En algún momento, sin embargo, *tendrá* que saber cómo deshacerse de los mensajes; o su PC podría quedarse sin espacio. Comience temprano. Borre con frecuencia.

Eliminar el correo es tan fácil que de seguro ya averiguó cómo hacerlo. En Thunderbird y en Outlook Express (y en la mayoría de los otros programas de correo), el proceso es el siguiente:

Despliegue el mensaje o selecciónelo de la lista de mensajes en una carpeta. Luego haga clic en el basurero, la *X* grande u otro icono que luzca como basurero en la barra de herramientas o presione Ctrl+D o Del (en Mac, presione ⌘+D o Eliminar). En Yahoo u otros sistemas de correo basados en la web haga clic en el vínculo Bandeja de Entrada o Revisar correo para ver una lista de sus mensajes. Luego seleccione el recuadro junto al mensaje y haga clic en el botón Borrar en la parte inferior de la lista. Cuando observe un mensaje en el correo de la web, también puede hacer clic en una X o en el botón Borrar.

Puede borrar correos sin leerlos. Si se suscribe a listas de correo (las cuales describimos en el Capítulo 16), ciertos temas puede que no le interesen. Luego de ver la línea del asunto, quizá quiera eliminar el mensaje sin haberlo leído. Si usted es del tipo de persona que lee todos los correos de chistes que le envían, podría tener problemas para administrar también el correo basura. Piense en buscar ayuda profesional.

Cuando elimina un mensaje, la mayoría de los programas de correo electrónico no lo desechan de inmediato. En su lugar, lo archivan en su buzón o carpeta Papelera o Mensajes eliminados o sólo lo marcan como eliminado. De vez en cuando (por lo general cada vez que sale del programa), el programa vacía su basura y es cuando en realidad elimina los mensajes.

Va de vuelta, Sam: responder el correo

Responder correo es sencillo. Elija Mensaje (Message)➪Responder (Reply) en Thunderbird, o Mensaje (Message)➪Responder al remitente (Reply To Sender) en Outlook Express. También, haga clic en el botón Responder en la barra de herramientas o presione Ctrl+R (Cmd+R en Mac). En el correo de la web, por lo general, observa un botón Responder (Reply).

Cuando tiene el mensaje de respuesta abierto, hágase dos preguntas:

✔ **¿Para quién se dirige la respuesta?** Observe con cuidado la línea Para (To), que su programa ha completado por usted. ¿Es esa la persona a la que se quería dirigir? Si la respuesta está dirigida a una lista de correo, ¿en realidad le quería enviar un mensaje a toda la lista o más bien su respuesta es de carácter más personal, pensada sólo para la persona que le envió el mensaje? ¿De verdad le quería responder a un grupo? ¿Están incluidas todas las direcciones a las que cree que le está respondiendo en la lista Para? Si la lista Para no es la correcta, dirija el cursor hacia ella y haga las correcciones necesarias.

En ocasiones puede ser que reciba un mensaje que se le ha enviado a millones de personas y sus direcciones aparecen en docenas de líneas en la sección Para del mensaje. Si le responde a este tipo de mensaje, observe la sección Para de su respuesta para asegurarse de que no está dirigida a toda la lista de receptores.

Algunos programas de correo tienen un comando Responder a todos (Reply To All) separado o botón que dirige su respuesta a las personas de las que provenía el mensaje y a las personas que recibieron copias del mensaje (esto es, para las personas "Para" y las personas "Cc"). Thunderbird y Outlook Express tienen un botón Responder a todos en la barra de herramientas.

✔ **¿Quiere incluir el contenido del mensaje que está respondiendo?** La mayoría de los programas incluyen el contenido del mensaje al que le está respondiendo, usualmente formateado para mostrar que es una *cita* o *texto citado*. Edite el texto citado para incluir sólo el material relevante. Si no le da algún contexto a la gente que recibe una gran cantidad de correos, su respuesta no tiene sentido. Si está respondiendo una pregunta, inclúyala en la respuesta. No es necesario que incluya todo el texto, pero ayúdele a su lector. Quizás esa persona haya leído 50 mensajes desde que le envió a usted el correo y no tenga idea de lo que usted le está diciendo a menos que se lo recuerde.

Cuando responde un mensaje, la mayoría de programas de correo electrónico rellenan el espacio del Asunto con las letras *Re:* (forma corta para decir *referente a*) y con los contenidos del campo del Asunto del mensaje al que está respondiendo.

Darle seguimiento a sus amigos

Después de que comienza a usar el correo electrónico, rápidamente descubre que tiene suficientes corresponsales regulares a cuyas direcciones de correo resulta difícil darles seguimiento. Por suerte, cualquier programa popular de correo electrónico proporciona una *libreta de direcciones* en la cual puede guardar las direcciones de sus amigos para que pueda enviarle correos a `Mamá`, por ejemplo y de manera automática se dirijan a `administradora@exec.hq.giantcorp.com`. También puede crear listas de direcciones para que pueda enviar correos a la `familia`, por ejemplo y se dirigirán a mami, papi, su hermano, sus dos hermanas y su perro, los cuales cuentan con direcciones de correo electrónico.

Todas las libretas de direcciones le permiten hacer lo mismo:

✔ Guardar en su libreta las direcciones de los mensajes que acaba de leer

✔ Usar direcciones que ha guardado para mensajes de salida

✔ Editar su libreta de direcciones

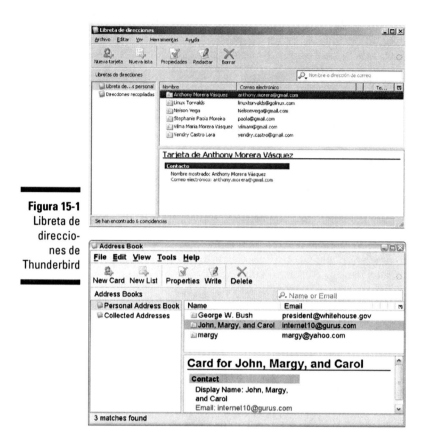

Figura 15-1
Libreta de direcciones de Thunderbird

La libreta de direcciones de Thunderbird

Thunderbird tiene una buena libreta de direcciones, y agregarle personas es fácil. Despliegue la ventana de la Libreta de direcciones al hacer clic en el botón Direcciones en la barra de herramientas y presionando Ctrl+2 (Cmd+2 en Mac) o eligiendo Herramientas (Tools)➪Libreta de direcciones (Address Book), se observa una ventana que luce como la Figura 15-1. Puede agregar una persona nueva a su libreta de direcciones al hacer clic en Nueva tarjeta (New Card) y rellenar el formulario. Para editar una entrada, selecciónela y haga clic en el botón Propiedades (Properties) en la barra de herramientas. También puede crear una *lista*, es decir, una entrada en la libreta de direcciones que le envía un mensaje a un grupo de personas (por ejemplo, los miembros de un comité o de su familia). Haga clic en Nueva lista (New List) para crear una.

Para usar la libreta de direcciones mientras redacta un mensaje, sólo comience a digitar el nombre de la persona ahí. En cuanto Thunderbird observa un nombre que comienza con las mismas letras que una entrada en la libreta de direcciones, éste coloca el nombre de la persona. Si más de una entrada coincide, observará una lista de donde puede elegir.

Para crear una lista de correo, haga clic en el botón Nueva lista (New List) y tendrá una lista vacía y luego digite las direcciones que quiere.

Cuando está leyendo un mensaje en Thunderbird, puede agregar la dirección del emisor a su libreta de direcciones con un clic en el nombre del emisor o en su dirección en la línea De y elegir luego Añadir a Libreta de direcciones (Add To Address Book) personal en el menú que aparece. Esto abre una ventana Nueva tarjeta en la cual puede introducir información adicional acerca de la persona. Luego haga clic en Aceptar para agregarla.

La libreta de direcciones de Outlook Express

Para desplegar y editar la libreta de direcciones haga clic en el botón Direcciones (Addresses) en la barra de herramientas. (Quizá tenga que ampliar la ventana de Outlook Express para verla; se encuentra en el extremo derecho de la barra de herramientas en algunas versiones.) Agregue una persona nueva con un clic en el botón Nuevo (New) en la barra de herramientas de la ventana de la Libreta de direcciones (Address Book)y elija Nuevo contacto (New Contact)en el menú que aparece. Para cambiar la entrada de alguna persona seleccione la entrada y haga clic en Propiedades (Properties) en la barra de herramientas.

El proceso para copiar la dirección de un corresponsal dentro de la libreta de direcciones es fácil: haga clic derecho en el nombre de la persona en la lista de mensajes y elija Agregar remitente a Libreta de direcciones (Add Sender To Address Book) del menú que aparece.

Cuando agrega algunas entradas en su libreta de direcciones, las usa mientras crea un mensaje nuevo al hacer clic en el icono del libro pequeño a la izquierda de la línea Para o Cc en la ventana Nuevo mensaje (New Message). Haga doble clic en la entrada de la libreta de direcciones o en las entradas que quiere usar en la ventana Seleccionar recipientes (Message Recipients). Luego haga clic en Aceptar (OK).

Las libretas de direcciones del correo en la web

La mayoría de los sistemas en la web (los cuales describimos en detalle en el Capítulo 13) incluyen una libreta de direcciones; es una característica muy buena para dejarla de lado. Cuando ingresa a su cuenta de correo con su explorador, haga clic en el vínculo `Direcciones` o `Libreta de direcciones` para que aparezca su libreta. Haga clic en Agregar (Add) contacto o en un botón similar para agregar alguna persona. Rellene el formulario que aparece y asegúrese de ingresar un *sobrenombre* para la persona. Puede digitarlo cuando define a quién se dirige el mensaje en lugar de digitar toda la dirección del correo. El formulario quizás incluya espacios para la dirección postal y los números telefónicos de la persona, pero puede dejarlos en blanco. Luego haga clic en el botón Salvar (Save) o Salvar contacto (Save Contact). (Estas instrucciones son una aproximación,

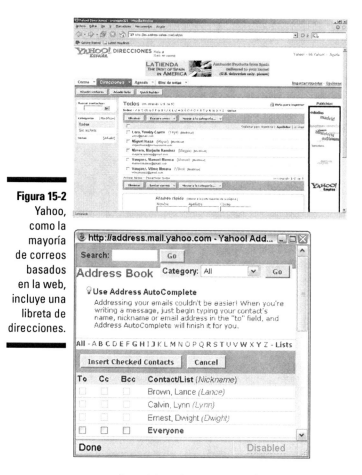

Figura 15-2
Yahoo,
como la
mayoría
de correos
basados
en la web,
incluye una
libreta de
direcciones.

porque los sitios de correo web cambian los nombres de sus botones todo el tiempo.)

Los sistemas de correo en la web proporcionan diversas formas de dirigirle un mensaje a alguien en su libreta de direcciones. Cuando redacta un mensaje, pruebe digitar el sobrenombre de la persona para ver si aparece una entrada que coincida. En Yahoo puede hacer clic en el vínculo Para (To) o Añadir contacto (Insert Addresses) para ver una ventana que aparece con entradas de la libreta de direcciones. Haga clic en el cuadro Para, Cc, o Bcc junto a la persona y luego haga clic en Añadir contactos (Insert Checked Contacts), como se muestra en la Figura 15-2.

Papas calientes: reenviar correo

Puede reenviarle un correo a otra persona. Es fácil y barato. El reenvío es una de las mejores opciones del correo electrónico y al mismo tiempo una de las peores. Es bueno porque puede pasar mensajes con facilidad a personas que necesitan conocerlo. Es malo porque usted (no necesariamente *usted*, sino la gente a su alrededor) puede enviar con la misma facilidad toneladas de mensajes a receptores que no quisieran recibir otro mensaje del Ministerio de la Verdad (u otro chiste que ande circulando). Piense si mejorará la calidad de vida de alguien al reenviarle un mensaje. Si el mensaje dice "reenvíele esto a todas las personas que conoce", hágales a todas esas personas un favor y más bien bórrelo.

Por lo general, *reenviar* un mensaje involucra incluir el mensaje en uno nuevo, como colocarle notas adhesivas a una copia y enviársela junto con las notas a otra persona.

Reenvío rápido

Cuando reenvía un correo, asegúrese de borrar las partes que no son interesantes. Toda la palabrería del encabezado del mensaje se suele incluir de forma automática en el mensaje reenviado y, por lo general, esa información no se comprende ni es de mucho interés, de manera que es mejor deshacerse de ella.

La parte difícil es editar el texto. Si el mensaje es corto (como de una pantalla completa), quizá debería dejarlo:

```
>¿Hay mucha demanda de pizza de
   frutas?

>
Indagué en nuestro departamento
   de investigaciones y des-
   cubrí que los ingredientes
   de pizza favoritos del grupo
   de edades entre 18 y 34 años
   son el peperoni, la salchi-
   cha, el jamón, la piña, las
   aceitunas, los chiles, el
   saueríraut, la hamburguesa
   y el brócoli. En concreto,
   preguntó por las ciruelas
   pasa y no encontraron ninguna
   respuesta estadísticamente
   satisfactoria.
```

Si el mensaje es muy largo y sólo una parte es relevante, debería, como cortesía para el lector, disminuirlo para incluir sólo la parte interesante. Podemos decirle, según nuestra experiencia, que la gente le pone mucha más atención a un mensaje de una sola línea concisa que a 12 páginas de información seguida por una pregunta de dos líneas.

En algunas ocasiones tiene sentido editar el material todavía más, en especial para enfatizar una parte específica. Cuando hace eso, por supuesto, asegúrese de no editar al punto de colocar palabras en la boca del autor original o de cambiar el sentido del mensaje, como en la siguiente respuesta:

```
>Indagué con
>nuestro departamento de
   investigación y averigüé
   que los
>ingredientes favoritos en la
   pizza... y
>no encontraron una respuesta
   estadísticamente
>satisfactoria.
```

Esta versión del mensaje original se presta para confusiones y cambia el texto original. En algunas ocasiones tiene sentido parafrasear un poco. En ese caso, coloque la parte parafraseada entre llaves, como aquí:

```
>[Cuando pregunté acerca de las
   ciruelas pasa en la pizza,
   las investigaciones]
>no encontraron una respuesta
   estadísticamente satisfactoria.
```

Alguna gente no concuerda con que parafrasear para acortar una cita sea una buena idea. Por un lado, si se hace bien, ahorra tiempo a las personas. Por otro lado, si lo hace mal y alguien se ofende, estará listo para enfrentar una semana de acusaciones y disculpas que acabarán con el tiempo que ha ahorrado. La decisión es suya.

Reenviar un correo es casi tan fácil como responderlo. Seleccione el mensaje y haga clic en el botón Reenviar en la barra de herramientas o elija Mensaje (Message)⇨Reenviar (Forward). Presionar Ctrl+L (Cmd+L en Mac) también funciona en Thunderbird y Ctrl+F reenvía en Outlook Express. En Yahoo y en otros sistemas de correo en la web, un botón Reenviar por lo general aparece cuando ve un mensaje. El programa de correo redacta un mensaje con el texto que quiere reenviar; todo lo que tiene que hacer es indicar a quién se dirige, agregar un par de comentarios y enviarlo.

El texto original aparece en la parte superior o inferior del mensaje, por lo general formateado como texto reproducido y precedido por una línea que dice de quién provenía el mensaje original y cuándo se envió. Luego puede editar el mensaje y agregarlo a sus comentarios. (Vea el recuadro "Reenvío rápido" en este capítulo para obtener consejos para recortar el correo reenviado.) En Yahoo hacer clic en Reenviar (Forward) envía los mensajes originales como documento adjunto a su mensaje nuevo. Si quiere el texto original justo en su mensaje, puede hacer clic en el cuadro a la derecha del botón Reenviar y hacer clic en Como texto en línea (As Inline Text).

Papas frías: guardar correo

Guardar correo electrónico para una futura referencia es como poner papas en el refrigerador para usarlas después. (No lo descarte si no lo ha probado; las papas hervidas al día siguiente son deliciosas con suficiente mantequilla y crema dulce.) Una gran cantidad de su correo electrónico vale la pena guardarlo, al igual que en el caso de la correspondencia de papel. En muchos casos no vale la pena, por supuesto, pero nos referimos a ese tema más atrás en este capítulo.

Puede guardar el correo electrónico de varias maneras:

- ✔ Guárdelo en una carpeta llena de mensajes.
- ✔ Guárdelo en un archivo de texto regular.
- ✔ Imprímalo y póngalo en un archivador con el correo de papel. (Proteja un árbol, no use este método.)

El método más sencillo suele ser colocar los mensajes en una carpeta. Los programas de correo electrónico vienen con carpetas llamadas Bandeja de entrada, Bandeja de salida, Elementos enviados y Elementos eliminados y quizás otras más. Pero también puede hacer sus propias carpetas.

La gente utiliza dos criterios generales para archivar el correo: por emisor y por tema. Si usa uno, el otro o ambos es básicamente una cuestión de gustos. Para archivar por tema es su decisión definir los nombres de las carpetas. La parte más difícil es definir nombres fáciles de recordar. Si no tiene cuidado, termina con cuatro carpetas con nombres un poco distintos, cada uno con la cuarta parte de los mensajes acerca de un determinado tema. Trate de pensar en nombres que sean obvios y no los abrevie. Si el tema es contabilidad, llame a la carpeta `Contabilidad` porque si lo abrevia, nunca recordará si se llama `Conta`, `cont` o `Contabld`.

Puede guardar todo o parte del mensaje al copiarlo dentro de un archivo de texto o al procesar el documento. Seleccione el texto del mensaje con su ⌐. Presione Ctrl+C (⌘+C en Mac) o elija Editar (Edit)⇨Copiar (Copy) para copiar el texto en el Portapapeles. Pásese al procesador de palabras (o a cualquier programa en el que quiera copiar el texto) y presione Ctrl+V (⌘+V en Mac) o elija Editar (Edit)⇨Pegar (Paste) para que el mensaje aparezca donde se encuentra el cursor.

Administrar archivos con Thunderbird

Thunderbird proporciona una lista de carpetas de correo en el extremo izquierdo de la ventana, como Bandeja de entrada, Mensajes no enviados, Borradores, Enviados y Papelera, pero usted puede crear sus propias carpetas. Si tiene *muchos* mensajes que archivar, puede crear carpetas dentro de otras para tener los documentos organizados. Para hacer una carpeta nueva siga estos pasos:

1. **Elija Archivo (File)⇨Nuevo (New)⇨Nueva carpeta (New Folder).**

   Observe el cuadro de diálogo Nueva carpeta.

2. **Digite un nombre para la carpeta en el cuadro de texto Nombre (Name).**

   Haga una con el nombre Personal, sólo para hacer la prueba.

3. **En el cuadro desplegable Crear como subcarpeta de (Create As A Subfolder Of), coloque el nombre de la carpeta en la cual quiere que la carpeta nueva habite.**

   Por lo general, querrá que su carpeta sea una subcarpeta de Carpetas locales, entonces colóquela ahí y haga clic en Escoger ésta para nivel superior (Choose This For The Parent). También puede elegir otra carpeta; por ejemplo, podría tener una carpeta llamada Personal y dentro de esa podría estar una carpeta para cada amigo que le envía mensajes.

4. **Haga clic en Aceptar (OK).**

La carpeta nueva aparece en la lista de carpetas a la izquierda de la ventana de Thunderbird. Puede ver la lista de los encabezados de los mensajes para cualquier carpeta al hacer clic en su nombre.

Puede guardar un mensaje arrastrándolo hacia el nombre de la carpeta, es muy fácil. También puede hacer clic derecho en el mensaje, elegir Mover a (Move To) desde el menú que aparece y elegir la carpeta de la lista.

Para guardar un mensaje o varios mensajes en un archivo de texto, selecciónelos y elija Archivo (File)⇨Salvar como (Save As)⇨Archivo (File) (o presione Ctrl+S). Digite un nombre de archivo y haga clic en el botón Salvar (Save).

Cuando redacta un mensaje, puede pedirle a Thunderbird que guarde una copia en una carpeta. Mientras escribe el mensaje, elija Opciones (Options)⇨Enviar una copia a (Send A Copy To) y luego elija una carpeta.

Administrar archivos con Outlook Express

Usted comienza con carpetas llamadas Bandeja de entrada, Bandeja de salida, Elementos enviados, Borrador y Elementos eliminados. Para hacer una carpeta nueva, elija Archivo (File)⇨Carpeta (Folder)⇨Nuevo (New) o Archivo (File)⇨>Nuevo (New)⇨Carpeta (Folder), póngale un nombre a la carpeta y elija dónde colocarla. (Al igual que Thunderbird, Outlook Express puede tener carpetas dentro de otras carpetas, algo muy cómodo.)

Traslade los mensajes hacia una carpeta al hacer clic en el encabezado del mensaje y arrastrarlo por encima del nombre de la carpeta, haga clic derecho en el mensaje de la lista de mensajes y elija Mover a la carpeta (Move To Folder) o Editar (Edit)⇨Mover a la carpeta (Move To Folder).

Puede guardar el texto de un mensaje en un archivo de texto al hacer clic en el mensaje y elegir Archivo (File)⇨Salvar como (Save As), haga clic en el cuadro Salvar como tipo (Save As Type) y elija Archivos de texto (Text Files) (`*.txt`), digite un nombre de archivo y haga clic en el botón Salvar (Save).

Administrar archivos con sistemas de correo de web

Para guardar un mensaje en una carpeta en Yahoo haga clic en el botón Mover (Move) y elija la carpeta donde quiere colocar el mensaje. Para crear una carpeta nueva elija Nueva carpeta (New Folder) de la lista de carpetas y haga clic en Mover (Move). Yahoo le pide un nombre para la carpeta.

Mantener correspondencia con un robot

No todas las direcciones de correo tienen una persona real detrás de ellas. Algunas son listas de correo (de las cuales hablamos en el Capítulo 16) y algunas son robots, programas que responden a los mensajes de manera automática. Los robots de correo se han hecho populares como un tipo de bases de datos de consultas y para recuperar archivos porque definir una conexión para el correo electrónico es mucho más fácil que configurar una que use la transferencia de archivos más estándar. Usted le envía un mensaje al robot (usualmente llamado mailbot o servidor de correo), éste toma alguna acción según los contenidos de su mensaje y luego el robot envía una respuesta de vuelta. Si le envía un mensaje a internet10@gurus.com, por ejemplo, recibe una respuesta que le informa su dirección de correo.

Sus carpetas aparecen en la lista en el extremo izquierdo de la ventana de su explorador, debajo del encabezado Mis carpetas (My Folders). Sus carpetas incluyen Bandeja de entrada, Enviados, Borrador y Bulk (donde Yahoo archiva lo que a ellos les parece spam). Haga clic en el nombre de una carpeta para ver los mensajes en ella.

Correo exótico y documentos adjuntos

Tarde o temprano, el correo común, antiguo, de todos los días, ya no es tan bueno para usted. Alguien le tiene que enviar una foto que tiene que ver o usted quiere enviarle un videoclip de su querido Fluffy a su nuevo mejor amigo en París. Para enviar otras cosas que no sean texto por medio del correo, un mensaje usa formatos de archivo especiales. En algunas ocasiones, todo el mensaje está en un formato especial y otras veces la gente *adjunta* cosas en su correo simple de texto. El formato de mayor uso para adjuntarle archivos al mensaje se llama MIME (que quiere decir Extensiones de Correo de Internet Multipropósito). Los programas que describimos en este capítulo pueden enviar y recibir archivos que se adjuntan con MIME; al igual que la mayoría de los programas en el planeta, sólo uno cuantos programas muy antiguos no lo pueden hacer.

Cuando recibe un archivo que se adjunta a un mensaje de correo electrónico, su programa de correo tiene la responsabilidad de notar el archivo adjunto y hacer algo inteligente con él. La mayoría del tiempo su programa guarda el archivo adjunto como un archivo separado en la carpeta que usted especifica. Cuando el archivo se ha guardado, usted lo puede usar como usa cualquier otro.

Puede enviar los siguientes tipos de archivos como documentos adjuntos:

- ✔ Fotografías, en archivos de imágenes.
- ✔ Documentos de procesadores de palabras.
- ✔ Sonidos, en archivos de audio.
- ✔ Películas, en archivos de video.
- ✔ Programas, en archivos ejecutables.
- ✔ Archivos comprimidos, como archivos ZIP.

Los virus del correo electrónico por lo general aparecen en los documentos adjuntos. Si recibe un mensaje con un documento adjunto inesperado, incluso de alguien que conoce, **NO LO ABRA** hasta que se cerciore con el emisor de que no lo haya enviado de forma deliberada. Los virus a menudo toman todas las direcciones de la libreta de direcciones de una víctima para poder enviarse a sus amigos. Algunos tipos de documentos adjuntos no pueden acarrear virus, éste es el caso de las imágenes GIF y JPG. Vea el Capítulo 14 para obtener más detalles.

Su PSI o el servicio de correo basado en la web quizá le limiten el tamaño de su buzón de correo (el lugar en su servidor donde se almacenan sus mensajes hasta que los recoja). Gmail, el sistema basado en la web de Google que sólo funciona con invitación, tiene un límite alto (al menos de 1GB), de manera que otros sistemas de correo han aumentado sus límites para coincidir, pero todavía es posible que llegue al límite si alguien le envía un archivo enorme (por ejemplo, un archivo de video). Una forma de disminuir el tamaño de los archivos adjuntos es usar el ZIP primero, con la característica Carpetas comprimidas de Windows XP o un programa separado como WinZip. Vea la sección "Descomprimir archivos" en el Capítulo 12 si recibe un archivo ZIPpeado (con la extensión de archivo .zip).

Documentos adjuntos en Thunderbird

Para adjuntarle un archivo al mensaje que está redactando, haga clic en el botón Adjuntar (Attach) o elija Archivo (File)➪Adjuntar (Attach). Luego seleccione el archivo que quiere enviar. También puede insertar una foto justo dentro del texto del mensaje al posicionar su cursor donde quiere que aparezca la foto para luego elegir Insertar (Insert)➪Imagen (Image) y especificar el nombre del archivo.

Para el correo entrante, en Thunderbird aparece cualquier documento adjunto capaz de desplegarse por sí solo (las páginas web y los archivos gráficos GIF y JPEG). Para otros tipos de documentos adjuntos, éste muestra una pequeña descripción del archivo, en la cual puede hacer clic. Luego, Thunderbird ejecuta un programa apropiado para mostrar el documento, si sabe de alguno, o le pregunta si guarda el documento adjunto en un archivo o si configura un programa para desplegarlo, el cual luego ejecuta para mostrar el documento adjunto.

Documentos adjuntos en Outlook Express

Haga un mensaje nuevo en Outlook Express y luego adjúntele un archivo a un mensaje al elegir Insertar (Insert)➪Archivo adjunto (File Attachment) o al hacer clic en el botón Adjuntar (Atach). (El botón Adjuntar puede estar fuera del lado derecho de la barra de herramientas; expanda la ventana Mensaje nuevo para desplegarlo.) Luego seleccione al archivo que va a adjuntar. También puede arrastrar el archivo hacia la ventana de redacción del mensaje. Luego envíe el mensaje de la forma usual.

Cuando un mensaje entrante contiene un documento adjunto, aparece el icono de un clip en el mensaje de su lista de mensajes entrantes y en el encabezado del mensaje cuando usted lo observa. Haga clic en el clip para ver el nombre del archivo, haga doble clic y podrá ver el documento adjunto.

Microsoft ha "resuelto" algunos de los problemas de seguridad crónicos en Outlook Express al rehusarse a mostrarle muchos documentos adjuntos, incluso muchos de los benignos como los mensajes de texto y los archivos en PDF. Usted puede arreglar esto al elegir Herramientas (Tools)➪Opciones (Options) en la ventana principal de Outlook Express, hacer clic en la pestaña

Seguridad (Security) y luego quitarle la selección al cuadro *No permitir que se guarden o abran archivos adjuntos que puedan contener virus (Do Not Allow Attachments To Be Saved Or Opened That Could Potentially Be A Virus)*. Luego, Outlook Express le permite abrir sus documentos adjuntos, a pesar de que, por supuesto, cuando alguien *sí* le envía un virus, Outlook Express también lo abre feliz y contento.

Documentos adjuntos en el correo de la web

Para adjuntar documentos con el correo de Yahoo redacte un mensaje de la manera usual. Luego, haga clic en el botón Adjuntar archivo (Attach File) y especifique hasta cinco archivos que quiera adjuntar. Haga clic en el botón Mostrar (Browse) para encontrar el archivo en su PC. (Quizá tenga que cambiar el cuadro Tipos de archivos (Files Of Type) en el cuadro de diálogo Subir archivo (File Upload) a Todos los archivos (All Files) para ver todos sus archivos.) Luego haga clic en el botón Abrir (Open). Cuando ha elegido todos los archivos que quiere adjuntar, haga clic en Adjuntar archivos (Attach Files) de nuevo. Su explorador de inmediato copia el archivo de su disco duro y lo envía al sistema de Yahoo para incluirlo en su mensaje. Su explorador incluso escanea el archivo para buscar virus, por si acaso. Haga clic en Continuar con el mensaje (Continue To Message) para volver a la página de Yahoo donde está redactando su mensaje; el nombre del archivo aparece justo debajo de la línea del asunto. Envíe el mensaje como de costumbre.

Cuando recibe un mensaje con documentos adjuntos, aparece un cuadro en la parte inferior del mensaje, y muestra el nombre del archivo y el tamaño del documento adjunto. Haga clic en el botón Descargar archivo (Download File) para colocarlo en su PC.

Su propio administrador de correo

Cuando comienza a enviar correos electrónicos, quizás encuentre que recibe bastantes, en especial si se unió a algunas listas de correo (vea el Capítulo 16). Su correo entrante pronto se convierte en un goteo, luego en una corriente y luego en un torrente, y muy pronto no puede pasar por su teclado sin mojarse todo (claro, metafóricamente).

Por suerte, la mayoría de los sistemas de correo proporcionan formas para que usted administre la corriente y no se arruine la ropa (suficiente con esta metáfora). Thunderbird puede crear *filtros* que pueden revisar de manera automática los mensajes entrantes contra una lista de emisores y asuntos y archivarlos en carpetas apropiadas. Outlook Express cuenta con el Asistente de Bandeja de entrada, el cual puede clasificar su correo de forma automática.

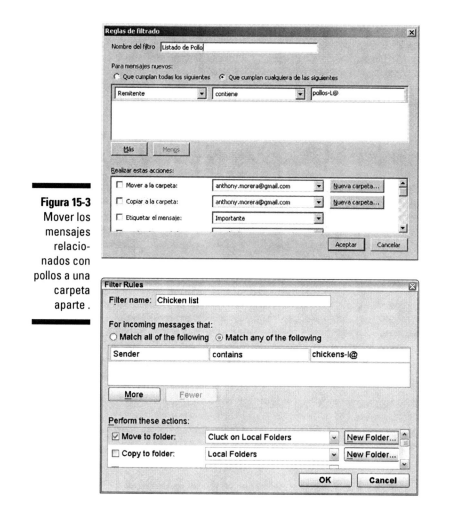

Figura 15-3
Mover los mensajes relacionados con pollos a una carpeta aparte .

La mayoría de los otros programas de correo (y unos pocos sistemas de correo de web) cuentan con características de filtros similares. Si clasifica el correo en buzones separados para cada lista de correo o para otra categoría, puede manejarlo de manera más eficiente.

Por ejemplo, puede crear filtros que le dicen a su programa de correo: "Cualquier mensaje que venga de la lista de correo POLLOS-L debería archivarse automáticamente en la carpeta de correo Pio". La Figura 15-3 muestra dicho filtro en Thunderbird.

Puede crear filtros para resaltar mensajes de amigos por los que tiene un interés en particular o para borrar ciertos mensajes (usted sabe a lo que nos referimos) para que nunca tenga que verlos. Ésta es la forma de hacerlo con los principales programas de correo electrónico que mencionamos en el libro:

- **Thunderbird:** elija Herramientas (Tools)⇨Filtros de mensajes (Messages Filters) para que aparezca la ventana Filtros de mensajes, en donde puede ver, crear, editar y eliminar los filtros. Haga clic en Nuevo (New) para crear un filtro nuevo y luego especifique un nombre de filtro (para su propia referencia), la forma como Thunderbird puede relacionar los mensajes entrantes con este filtro y lo que debe hacer con los mensajes que coinciden. También puede hacer clic en la dirección Para o De en un mensaje y elegir Crear filtro de mensaje para hacer un filtro para el correo enviado hacia o desde esa dirección.

- **Outlook Express:** dígale al Asistente de Bandeja de entrada cómo clasificar su correo en carpetas al elegir Herramientas (Tools)⇨Reglas de mensaje (Message Rules)⇨Correo. Vea el Capítulo 14 para obtener detalles.

- **Yahoo Mail:** haga clic en el vínculo `Opciones de correo (Mail Options)` en la página web de Yahoo y luego haga clic en los filtros de encabezados. Puede crear, editar o eliminar sus filtros.

Toda esta tontería de clasificación automática puede parecer excesiva si sólo recibe cinco o diez mensajes al día. Luego de que el correo empieza a fluir, sin embargo, lidiar con él le toma mucho más tiempo del acostumbrado. Tenga en cuenta esas herramientas de automatización; si no las necesita ahora, quizá le sean de utilidad más adelante.

Capítulo 16

Escribir y hablar en la red

- -

- -

*E*l correo electrónico de Internet es muy rápido; por lo general llega en menos de un minuto. Pero en algunas ocasiones eso no es lo suficientemente rápido. Los sistemas de mensajería instantánea (IM) le permiten mostrar un mensaje en la pantalla de un amigo en cuestión de segundos. También tienen listas de amigos que vigilan cuando uno de sus amigos está en línea de manera que pueda enviarle un mensaje instantáneo de inmediato. (Discúlpenos, esto nos da dolor de cabeza. Permítanos un momento para tomarnos un café instantáneo. Bien, eso está mejor.)

Lo bueno con respecto a los mensajes instantáneos es que se puede mantener en contacto con la gente con la misma rapidez que al hablarles por teléfono. Lo malo es que tienen una enorme cantidad de formas para molestar a la gente. El Mensajero instantáneo de AOL (que se discute más adelante en este capítulo) tiene dos características para enviar y recibir mensajes y cerca de 12 características para rechazar, denunciar, borrar y otras formas de lidiar con los mensajes no deseados. (Esto puede decir más acerca de los usuarios de AOL que de la tecnología, por supuesto.)

Las personas sociables pueden chatear con varias personas al mismo tiempo, ya sea escribiéndoles a todos como una fiesta en línea o enviándoles mensajes a cada uno por medio del correo electrónico o de foros en la red.

Por supuesto, algo todavía mejor que escribir mensajes a otra persona es hablarle directamente en voz alta. Si su PC tiene un micrófono y altoparlantes, puede usar los sistemas IM para hablarles por medio de la red, incluso a grupos de personas, sin cargos por llamada. Si le conecta una cámara de video (o *webcam*) a su PC, sus amigos incluso lo pueden ver mientras habla o escribe. ¡No es nada difícil!

CONSEJO

¿Qué sistema de mensajes instantáneos debo usar?

Desafortunadamente, los sistemas de mensajería no se comunican entre sí. Como la meta de todos estos sistemas es ayudarle a estar en contacto con sus amigos, utilice el mismo que ellos usan. Si no sabe cuál, el de AOL es una buena opción, trabaja de manera automática con cualquier usuario AOL y es fácil de configurar; este sistema es el mismo que usa AOL de manera interna. A nosotros nos gusta el de Yahoo porque es gratuito, soporta texto, voz y video, y permite que más de dos personas participen en el chat. (Hemos tenido reuniones con seis personas en voz, dos en video y todos escribiendo comentarios sarcásticos al mismo tiempo.) Si tiene Windows XP, ya tiene Windows Messenger preinstalado.

Si en realidad es fanático de los mensajes, puede usar más de un sistema al mismo tiempo. Mientras escribíamos este capítulo, teníamos el de Windows, AOL y Yahoo funcionando al mismo tiempo. Eran demasiados parpadeos y centellas, pero funcionó. También nos gusta un programa de fuente abierta llamado Gaim en `gaim.sourceforge.net` que puede manejar todos los sistemas IM al mismo tiempo.

También existen otros programas IM incluyendo ICQ (que se describe en el recuadro "¿De dónde vino IM?").

Lo segundo mejor de estar ahí

La Mensajería instantánea (IM) le permite escribir mensajes cortos que aparecen en una ventana en la PC de otra persona. Es más rápido que el correo electrónico, pero menos entrometido que una llamada telefónica y, hasta el momento, pocas personas tienen secretarias revisando su IM.

Este capítulo describe cómo usar los sistemas IM más populares: Mensajería instantánea AOL, Windows o MSN y Yahoo.

CONSEJO

Los programas de mensajería instantánea abren una ventana nueva cuando uno de sus amigos le envía un mensaje. Si tiene un programa que bloquea las ventanas emergentes en su explorador, las ventanas del IM no se ven afectadas. Esto sucede porque esos bloqueadores sólo impiden la entrada a los mensajes emergentes del explorador web.

Mensajería instantánea AOL

La Mensajería instantánea de AOL (*AIM* para abreviarlo) es uno de los sistemas más simples para chatear. Todo lo que hace es dejarlo escribir mensajes de ida y vuelta. Esta sección describe la versión 5 de AIM. Si usted utiliza AOL, puede usar el programa AIM que describimos aquí por separado o el AIM que forma parte del programa regular AOL (el cual hace lo mismo, excepto que las ventanas son un poco diferentes).

Obtener AIM

Si es un usuario de AOL, ya está listo para los mensajes instantáneos. De lo contrario, tiene que instalar el programa AIM. Los suscriptores de AOL también pueden usarlo y usar sus nombres de pantallas AOL cuando ingresan a otro tipo de cuenta de Internet.

Al ser una organización de mercadeo tan fuerte, AOL se ha ingeniado para que AIM se incluya con muchos otros paquetes. Si no lo tiene, visite www.aim.com y siga las instrucciones en la página web para descargarlo. Antes de que pueda descargar el programa, tiene que elegir un nombre de pantalla, que puede tener hasta 16 letras (sea creativo para que el suyo no coincida con alguno de los 30 millones de nombres que ya están en uso) y una contraseña. También tiene que incluir su dirección de correo electrónico. Para su comodidad, AOL no solicita más información personal. La dirección del correo electrónico que usted proporciona debe ser verdadera, ya que AOL le envía un mensaje de confirmación a esa dirección y usted tiene que responder porque, de lo contrario, su nombre de pantalla se elimina.

 Guarde el archivo descargado en algún lugar de su PC. (C:\Windows\Temp es un buen lugar si no tiene otra carpeta que use para lo que descarga.) Luego ejecute el programa descargado (el cual se llama Install_aim.exe según lo que vimos la última vez) para instalar AIM. Por lo general, AIM se ejecuta en el fondo siempre que usted se encuentre en línea. Si no está funcionando, haga clic en el icono AIM en su escritorio.

La primera vez que use AIM, tiene que introducir su nombre de pantalla AIM o AOL, como en la parte izquierda de la Figura 16-1. Escriba su nombre de pantalla y la contraseña y haga clic en Conectarse (Sign On). Si quiere usar AIM cada vez que está en línea, revise los cuadros Salvar la contraseña y Autoconectarse (Save Password And Auto-Login) antes de registrarse para que AIM lo registre de forma automática en el futuro. Luego de registrarse, vea la ventana AIM que aparece en el centro de la Figura 16-1. También observa una ventana grande llena de noticias, anuncios y vínculos hacia el sitio web de AOL; sólo debe cerrarla.

Figura 16-1
Iniciar la sesión en AIM, la ventana AIM y la ventana de contactos.

AIM puede ejecutar el Asistente para nuevo usuario, el cual ofrece ayuda para iniciar. Siga sus instrucciones o haga clic en Cancelar para continuar sin ayuda (puede regresar al asistente en cualquier momento al elegir Ayuda (Help)⇨Asistente para nuevo usuario (New User Wizard) del menú de AIM). Un grupo de acciones corre a lo largo de la parte inferior de la ventana AIM (para sus inversiones serias). Haga clic en el botón del extremo izquierdo para ver detalles de noticias o para personalizar el teletipo.

Organizar su lista de amigos

Primero debe crear su lista de amigos y luego puede enviar mensajes.

Cuando AIM se abre, puede ver su *Lista de amigos*, es decir, otros usuarios de AIM con los que les gusta chatear. La ventana le muestra cuáles de sus muchos amigos se encuentran en línea en el momento (todos los que no están en la categoría Fuera de línea). ¿Cómo? ¿Ninguno de sus amigos aparece? Necesita agregar los nombres de pantallas AOL y AIM de sus amigos a su lista.

En la ventana AIM haga clic en el botón Configurar o Editar Lista de amigos (Set Or Edit Buddy List) para que aparezca la ventana Configurador de lista de amigos que se muestra en el extremo derecho de la Figura 16-1. Aquí aparece una lista de todos sus grupos de amigos. AOL proporciona tres grupos: amigos, familia y compañeros de trabajo. Usted también puede hacer otros grupos con el botón Agregar grupo (Add Group). Haga clic en el grupo que quiere agregar, haga clic en el botón Agregar amigo (Add Buddy), digite el nombre de pantalla de su amigo y presione Enter. Si conoce la dirección del correo electrónico pero no el nombre de pantalla, regrese a la ventana AIM y elija Personas (People)⇨Asistente para encontrar amigo (Find a Buddy Wizard). Al hacer eso, aparece un asistente que busca esa dirección y le ayuda a agregar cualquier nombre de pantalla que coincida. Puede arrastrar un amigo hacia otro lugar (desde un grupo hacia el otro en la ventana Configurador de Lista de amigos (Buddy List Setup), o deshacerse de uno (al hacerle clic al nombre y luego al botón Borrar (Delete).)

Después de seleccionar sus amigos, haga clic en el botón Retornar a la lista de amigos (Return To Buddy List), lo cual cierra la ventana Configurar Lista

¿De dónde vino IM?

ICQ (pronunciado "ai si kiu") fue el IM original y todavía tiene millones de usuarios, en especial fuera de Estados Unidos. Se encuentra disponible en su sitio web en www.icq.com. ICQ viene en 18 idiomas y tiene cerca de un cuatrillón de características y opciones diferentes, pero básicamente, usted descarga e instala el ICQ y lo configura para obtener un ICQ#, como un número telefónico que lo identifica. Luego busca algunos amigos y comienza a enviarles mensajes instantáneos y a chatear con ellos. El programa ICQ funciona con Windows (todas las versiones, comenzando con 3.1), Mac, Palm Pilot y, hasta donde sabemos, algunas máquinas de expreso.

AOL compró ICQ hace muchos años, y esperábamos que lo integraran con AIM, pero parece que seguirán siendo sistemas separados.

de amigos (Buddy List Setup) y lo devuelve a la ventana AIM. Observe su Lista de amigos (Buddy List) con los nombres de los que no están en línea en gris claro y todos los demás organizados por grupo.

Ponerse amigable en línea

Para enviarle un mensaje a alguien haga doble clic en el nombre del amigo para abrir una ventana de mensaje, escriba el mensaje y haga clic en el botón Enviar (Send). AIM abre una ventana (que se muestra en la parte izquierda de la Figura 16-2) en la máquina del receptor, entona una pequeña canción y usted y su amigo pueden enviar mensajes de ida y vuelta. Cuando haya terminado, cierre la ventana de mensajes.

A menos que usted sea un digitador muy rápido o que su amigo viva en Mongolia, algo muy efectivo que puede digitar es "¿Cuál es su número de teléfono?" para luego llamar a la persona por teléfono, o siga las instrucciones en la siguiente sección.

Hacer ruido con AIM

Después de establecer una conversación con AIM, puede cambiarse a voz (si asume que ambas partes tienen PC con micrófonos y altoparlantes). Haga clic en el botón Hablar (Talk) y en Conectar (Connect). Su amigo observa una ventana que le pregunta si quiere establecer una conexión directa con usted. Si hace clic en Aceptar (Accept) en esa ventana aparece la ventana Hablar con (Talk With) que se muestra en la parte derecha de la Figura 16-2. Haga clic en Desconectar (Disconnect) cuando termine de hablar.

Salga a toda prisa

Evidentemente, AOL tiene muchos usuarios mal educados, por esta razón AIM tienen un sistema para advertir y bloquear a los usuarios que le desagradan. Si alguien le envía un mensaje molesto, puede hacer clic en el botón Advertencia (Warn). Con suficientes advertencias (alrededor de cinco), se bloquea un usuario para que no envíe mensajes instantáneos por un rato. Si encuentra un usuario demasiado desagradable, haga clic en el botón Bloquear (Block) para rechazar todos sus mensajes.

Figura 16-2
Chatear con AIM.

CONSEJO

Algunas reglas de conducta obvias al enviar mensajes

Enviar un mensaje instantáneo es el equivalente en línea a dirigirse hacia alguien en la calle y comenzar una conversación. Si es alguien que usted conoce, es una cosa; si no, es una intromisión.

A menos que tenga una razón de peso, no le envíe mensajes instantáneos a gente que no conoce sin haber recibido una invitación. No diga nada que no diría en una situación similar en la calle.

Por alguna razón AOL está lleno de usuarios infantiles que de vez en cuando envían mensajes instantáneos groseros a desconocidos o conocidos no deseados. Esa es la razón por la que AIM tiene sus botones Advertencia y Bloquear. No sólo es grosero hacerlo, también es tonto, ya que AOL tiene cuartos de chat llenos de personas deseosas de conversar acerca de cualquier tema, grosero o no.

La mayoría de programas de mensajes instantáneos le permiten enviar y recibir archivos. Deje esta característica inactiva, excepto cuando haya un archivo específico que necesite enviar y recibir. Los archivos que no se han solicitado de personas que usted no conoce, por lo general son spam, virus o ambos. La mayoría de antivirus no monitorean las transferencia de archivos por medio de un programa IM.

Los mensajes que envía con AIM y otros programas de chat pueden parecer efímeros, pero es fácil que cualquier persona en la conversación los almacene. La mayoría de programas IM cuentan con una función *log* que guarda la serie de mensajes en un archivo de texto, lo cual puede ser comprometedor más adelante.

Por último: si alguien le pide una serie de comandos o que descargue e instale un programa, no lo haga. Además, nunca le diga a nadie sus contraseñas.

Usted puede ajustar quién puede enviarle mensajes. Haga clic en el botón Pref. (Preferencias) para mostrar la ventana Preferencias de AOL Instant Messenger, luego la categoría Privacidad (Privacy). Puede limitar los mensajes de las personas en su Lista de amigos, permitir que personas específicas ingresen o bloquear a determinadas personas. También puede agregar o quitar personas de su lista Bloquear. Recomendamos elegir Permitir solamente los usuarios en mi Lista de amigos (Allow Only User On My Buddy List), a menos que le guste ser contactado por extraños en momentos inadecuados.

No hay escapatoria

Cuando sale de AIM al hacer clic en su X grande roja, el programa por lo general no deja de funcionar. En su lugar, cambia a un icono pequeño en el área de notificaciones de Windows, en el extremo derecho de la Barra de tareas, cerca del reloj. AIM continúa funcionando de manera que si alguno de sus amigos quiere contactarlo, puede responder y mostrar el mensaje entrante. Puede cerrar la sesión o salirse del programa al hacer clic derecho en el icono y elegir Desconectarse (Sign Off) o Salir (Exit).

Mensajero de Windows, alias Mensajero MSN

Windows XP viene con el último programa de mensajería instantánea, llamado Windows Messenger. Microsoft notó que ese era un nicho en el cual no tenían el programa dominante y decidieron darle una copia del suyo a todo el mundo. Windows XP lo hostiga para inscribirse a Microsoft .NET Passport, una cuenta gratuita para iniciar sesiones en Windows Messenger, el sitio web de Hotmail y otros sitios de Microsoft. No vemos la ventaja de Windows Messenger con respecto a los otros programas de mensajería instantánea. Tiene muchas menos opciones agradables que el de Yahoo. También soporta voz y video, pero sólo con una persona a la vez.

Hay versiones disponibles para Windows 95 y versiones más recientes de Windows, así como para las Mac. A menos que todos sus amigos usen MSN Messenger, existen pocas razones para usarlo, pero si lo hacen (y quieren hacerlo), hay más información al respecto en nuestro sitio `net.gurus.com/msnmessenger`.

Yahoo Messenger

Yahoo, el popular sitio web, tiene su propio programa de mensajes instantáneos llamado Yahoo Messenger. Este es nuestro preferido, ya que además de escribir mensajes y hablar con un micrófono, las personas se pueden ver si tienen cámaras web. Mejor aún: más de tres personas pueden entablar una conversación. Hemos participado en llamadas en conferencia con voz y video de seis personas con Yahoo Messenger por un costo de $0.

Para conseguir el programa, vaya a `messenger.yahoo.com` y siga las direcciones para descargarlo e instalarlo. Yahoo Messenger está disponible en muchas versiones para Windows 95/98/Me/2000/XP, Mac, UNIX, Palm Pilot y una versión que trabaja como un Java applet en su explorador web, en *cualquier* sistema con un explorador habilitado para Java. También puede intercambiar mensajes con usuarios de telefonía móvil; vea el recuadro "IM por teléfono".

Cuando descarga el programa, éste se instala de manera automática. Para registrarse debe crear una identificación de Yahoo gratuita. Vaya al sitio web `messenger.yahoo.com` y haga clic en el vínculo Conectarse si ya cuenta con una identificación, o haga clic en el vínculo Inscribirse si no lo tiene.

Agregar voces y caras

Si no quiere hablar con las personas o verlas mientras chatea, esto es, si no le importa limitarse a la escritura, puede saltarse esta sección. Si quiere las ventajas audiovisuales, siga leyendo.

¿Qué dijo? Subir el volumen

La mayoría de las PC vienen con altoparlantes, las cuales están conectadas a un tablero de sonido dentro de la PC. Estos altoparlantes son los que permiten escuchar los diversos sonidos que hacen los programas (como el anuncio de "Tienes correo" de AOL.) La mayoría de tableros de sonido tienen un conector para un micrófono. (Revise el manual de su PC o pídale ayuda a casi cualquier adolescente.) Si no tiene un micrófono, puede adquirir uno que trabaje con cualquier PC. No debería costarle más de $20 en la tienda de cómputo local o en línea en sitios como México Web (www.mexicoweb.com.mx).

Para probar su micrófono y los altoparlantes en una máquina de Windows, ejecute el programa Grabadora de sonido; pruebe grabar su voz y reproducirla.

1. **Elija Inicio (Start)⇨Todos los programas (All Programs)⇨Accesorios (Accesories)⇨Entretenimiento (Entertainment)⇨Grabadora de sonido (Sound Recorder) en Windows XP o Me.**

2. **Haga clic en el botón rojo Grabar (Record) para comenzar a grabar y en el botón cuadrado Detener para detener la grabación.**

   Hable, cante o haga otros sonidos entre Inicio (Start) y Fin (Stop).

3. **Luego haga clic en el botón triangular Reproducir (Play) para escuchar lo que acaba de grabar.**

   Haga clic en Grabar de nuevo y para seguir hasta el final de su grabación. Elija Archivo (File)⇨Nuevo (New) para comenzar otra vez y desechar lo que grabó.

4. **Elija Archivo (File)⇨Salvar (Save) para guardarlo como un archivo de audio .WAV.**

   Nos gusta hacer grabaciones .WAV de nuestros hijos diciendo cosas graciosas y luego enviarlas por correo a sus abuelos.

Puede ajustar el volumen de su micrófono (para el sonido entrante dentro de su PC) y el de sus altoparlantes o audífonos (para el sonido saliente) al elegir Inicio (Start)⇨Todos los programas (All Programs)⇨Accesorios (Accesories)⇨Entretenimiento (Entertainment)⇨Control de volumen (Volume Control). Si un control de volumen para su micrófono no aparece, elija Opciones (Options)⇨Propiedades (Properties), haga clic en Microsoft para que aparezca una marca de selección y haga clic en Aceptar.

Si quiere probar cómo suenan las voces de la red en su PC, digite el URL net.gurus.com/ngc.wav dentro de su explorador y vea lo que sucede. Quizá sea necesario hacer clic en un botón Abrir o Abrir con la aplicación por defecto después de que se descarga. (Sí, esa es la voz melosa de John.)

Si puede grabarse a sí mismo y escuchar la grabación cuando la vuelve a reproducir, ¡está listo para las llamadas telefónicas basadas en Internet o los chats!

¡Te veo!

Si quiere que otras personas puedan verlo durante las conversaciones en línea, piense en adquirir una *cámara web o webcam.* Esta es una pequeña cámara de video digital que se puede conectar a la PC. Las cámaras web vienen en muchos tamaños y formas y los precios varían desde $50 hasta $500. Las más costosas envían imágenes de mejor calidad a mayor velocidad y vienen con un mejor software. Por otro lado, hemos tenido mucha suerte con una de $60 para chatear con amigos y participar en videoconferencias.

La mayoría de las cámaras web se conectan al puerto USB de su PC, un receptáculo rectangular pequeño en la parte de atrás. Las PC más antiguas no cuentan con esos puertos. Las mejores cámaras se conectan a tarjetas de captura de video especiales; para poder instalarlas tiene que abrir su PC.

Si cuenta con una cámara de video digital para captar imágenes de su familia y amigos, quizá la pueda conectar a su PC para usarla como una cámara web. Revise el manual que venía con ella.

Para encontrar noticias y referencias acerca de las cámaras web, vea el sitio de Softonic en `http://www.softonic.com/seccion/151/Camaras_Web`

Andar por el pueblo virtual

Escribir o hablarle a una persona es divertido e interesante, pero para una verdadera sesión de chismes, necesita más de dos personas. Por suerte, Internet ofrece oportunidades ilimitadas para encontrar personas con ideas similares y discutir cualquier cosa que se le ocurra. Los clubes, las iglesias y otros grupos usan Internet para reunirse. Los fanáticos y quienes tienen un pasatiempo hablan acerca de una variedad asombrosa de temas, desde el tejido hasta novelas televisivas y todo lo que está en medio. Las personas con problemas médicos se apoyan e intercambian consejos. Ya tiene la idea: cualquier tema en el que la gente pudiera estar interesada ya se encuentra en discusión en algún lugar de la red.

Puede hablar con grupos de personas en Internet de muchas formas, incluyendo éstas:

✔ Listas de correos electrónicos, en las cuales intercambia mensajes por medio del correo electrónico.

✔ Tableros de mensajes en la web donde aparecen mensajes en una página.

✔ Grupos de noticias Usenet (los grupos de discusión originales de Internet), los cuales lee con un *programa de lectura de noticias.*

Esta sección le indica cómo participar en discusiones basadas en Internet con listas de correo y foros en la web. Para obtener una descripción acerca de los grupos de noticias Usenet y cómo leerlos, vea nuestro sitio en `net.gurus.com/usenet`.

Para obtener la historia completa de las comunidades basadas en Internet, obtenga nuestro libro, *Poor Richard's Building Online Communities,* publicado por Top Floor Publishing.

Listas de correo: ¿está seguro de que no es correo basura?

Una lista de correos es muy diferente a una lista de anuncios. Sí, ambas distribuyen mensajes entre las personas de la lista, pero en la mayoría de las listas de correo, los mensajes contienen una discusión entre los suscriptores en lugar de correo basura o catálogos.

Así es como funciona una lista de correo. La lista tiene su propia dirección de correo especial y cualquier cosa que alguien envíe a esa dirección se le remite a todas las personas en la lista. Como estas personas a su vez responden los mensajes, el resultado es una conversación fluida. Por ejemplo, si los autores de este libro patrocinaran un debate acerca del uso y el abuso del chocolate llamado *Amantes del chocolate,* y si el programa servidor de la lista funcionara en `lists.gurus.com`, la lista de la dirección sería `amantesdelchocolate@lists.gurus.com`. (Nosotros en realidad operamos una gran cantidad de listas, pero ninguna acerca del chocolate. Por ahora.)

Las diferentes listas tienen estilos distintos. Algunas son relativamente formales y se adhieren al tema oficial de la lista. Otras tienden a salirse por completo del tema. Tiene que leerlas durante algún rato para poder darse cuenta de cómo funciona cada una.

Las listas de correo se ubican en tres categorías:

- ✔ **Discusión:** cada suscriptor puede colocar un mensaje. Estas listas conducen a discusiones libres y pueden incluir un cierto número de mensajes sobre otros temas.

- ✔ **Moderadas:** un moderador revisa cada mensaje antes de distribuirlo. El moderador puede detener las publicaciones que no se relacionan, las redundantes o las que carecen de sentido para que las otras personas no pierdan el tiempo.

- ✔ **Sólo anuncios:** sólo el moderador publica los mensajes. Las listas de correos de anuncios son esencialmente boletines informativos en línea.

Entrar y salir de listas de correo

Algo o alguien debe asumir el trabajo de darle seguimiento a quien está en la lista de direcciones y de distribuirle los mensajes a todos los suscriptores. Este trabajo es muy aburrido para un ser humano, por esta razón son los programas los que, por lo general, lo hacen. (Algunas listas todavía son dirigidas por seres humanos y

¡los compadecemos!) La mayoría de las listas son dirigidas por programas llamados *servidores de lista* o *administradores de listas de correo*. Algunos programas populares de servidores de listas incluyen LISTSERV, Mayordomo, ListProc, MailMan y muchos otros, así como sistemas basados en la web como Grupos de Yahoo.

Hablar con el ser humano encargado

Alguien está a cargo de cada lista de direcciones: el *administrador de la lista*, quien se encarga de ayudar a las personas a entrar y salir de ella. Responde preguntas acerca de la lista y es el anfitrión del debate. Si tiene un problema con una lista, escríbale un mensaje *agradable* al administrador. Recuerde que la mayoría de los administradores son voluntarios que a veces comen, duermen y tienen trabajos regulares, además de mantener las listas de direcciones. Si toma más tiempo del que quiere, tenga paciencia. *No* envíe cartas recordatorias enojadizas, simplemente son molestas para el administrador.

La dirección del administrador de la lista por lo general es la misma que la dirección de la lista con la adición de *owner* (dueño), al principio o *request* (solicitud) antes de @. Por ejemplo, el administrador de la lista `amantesdelchocoloate@gurus.com` sería `amantesdelchocoloate-request@gurus.com`.

Ingresar a las listas

Para averiguar cómo suscribirse a una lista o cómo retirarse de una, déle un vistazo a las instrucciones adjuntas (si por suerte venían) a cualquier información recibida sobre la lista de correo.

Suscribirse desde la web

Los programas más nuevos para servidores de listas le permiten suscribirse, retirarse y cambiar sus configuraciones de suscripción desde la web. De

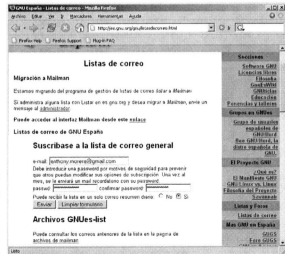

Figura 16-3
Registrarse en listas de calidad.

The Mailing List Gurus Signup Page - Mozilla Firefox

File   Edit   View   Go   Bookmarks   Tools   Help

Go   http://lists.gurus.com/sub

Mailing List Gurus

The Mailing List Gurus Signup Page

Join (or, if you must, leave) Internet mailing lists, from the authors of The Internet For Dummies

To subscribe to any of our free on-line newsletters, enter your e-mail address, your name, select the list you want to join, and click **Join**.

On the other hand, if for some reason, you've been getting one of our newsletters and our sparkling wit no longer entrances you, enter your e-mail address, select the list to leave, and click **Leave**.

Your e-mail address: imauser@gurus.com

Your name: Ima User

Choose a list: (update-privacy) The Internet Privacy for Dummies Newsletter

[Join!] [Leave!]

Copyright 2002-2005 John R. Levine, one of the Internet Gurus.
To test your e-mail, write to test@gurus.com. For questions or comments about this site, write to listgurus@gurus.com.
http://lists.gurus.com/index.html page last changed $Date: 2005/06/21 02:05:28 $

manera que no se sorprenda si las instrucciones de una lista de direcciones le piden ir a la página y completar un formulario. Por lo general usted ingresa su dirección de correo electrónico en un cuadro de una página web, hace clic en un botón Enviar o Subscribirse y está en la lista. (La Figura 16-3 le muestra la página de registro de la lista para nuestro sitio.) Esto, por lo general, es una mejor opción que enviar un comando por correo electrónico.

Antes de suscribirse asegúrese de que exista alguna forma de *salirse* de la lista (una opción que los aparatos orientados al mercadeo no proporcionan).

Suscribirse por correo

Antes de que la red se hiciera popular, el método común para registrarse era enviar un mensaje de correo electrónico al programa servidor que administraba una determinada lista. Ese método todavía está en uso en algunos lugares en línea. Cuando un programa lee el mensaje, éste debe deletrearse y formatearse de la manera correcta y enviarse a la *dirección del servidor de la lista* (o *dirección administrativa*), que es el nombre del programa (por ejemplo, LISTSERV o Mayordomo) seguido por @ y la PC en el que funciona el servidor. Por ejemplo, nosotros auspiciamos listas en lists.gurus.com con el programa servidor de la lista Mayordomo, de manera que pueda enviar comandos hacia majordomo@lists.gurus.com. Para unirse, envíe un comando como éste a la dirección del servidor de la lista:

```
subscribe nombredelista
```

Refiérase a las instrucciones que venían con la lista. Algunas requieren su nombre después del nombre de la lista; otras no funcionan si lo incluye (no hablemos de consistencia). Reemplace el nombredelista con el nombre de la lista. Digite el comando como la primera línea del mensaje, no la línea del asunto.

Ya sea que ingrese por correo o en la red, debería recibir un mensaje de bienvenida generado por una máquina que le informa que se ha unido a la lista, junto con una descripción de algunos comandos que puede usar para participar con su membresía en ella. Por lo general, este mensaje incluye un pedido de confirmación de que recibió este mensaje y de que en realidad era usted quien se quería suscribir. Siga las instrucciones al hacer clic en un vínculo o al responder este mensaje o cualquier otra cosa que las instrucciones le pidan. La confirmación le ayuda a las listas a asegurarse de no estar enviando por correo mensajes al vacío; asimismo, evita que lo incluyan en listas sin su conocimiento. Si no proporciona esta confirmación, no entra en la lista.

No borre el mensaje informativo de bienvenida, el cual le informa acerca de todos los comandos que puede usar en la lista. En primer lugar, le dice cómo *salir* de la lista de correo, si no es de su agrado. Nosotros tenemos en nuestro programa de correo una carpeta llamada Listas de correo en la cual almacenamos los mensajes de bienvenida de todas las listas de direcciones a las cuales nos unimos, para no pasar por la vergüenza de solicitar ayuda para retirarnos más tarde.

Salirse de las listas

Para salirse de una lista, debe visitar de nuevo la página o escribirle a la dirección del servidor de la lista, esta vez enviándole esta línea dentro del texto del mensaje (no en la línea del asunto):

```
signoff nombredelista
```

o

```
unsubscribe nombredelista
```

(Use el nombre real de la lista en el lugar de *nombredelista*.) No tiene que proporcionar su nombre de nuevo porque después de salirse, el software de la lista no tiene más interés en usted y se olvida de que alguna vez existió.

Trucos estúpidos de las listas de correo

La mayoría de los servidores de listas tienen otros comandos, incluso algunos para guardar su correo temporalmente, enviarle un mensaje diario que incluye toda la información diaria y ver una lista de suscriptores. Refiérase a las instrucciones que

¡Glup! ¡Los PC digieren los mensajes!

Algunas listas se *digieren*. No, no es que usen jugos gástricos digitales, es que se digieren para procesarse. Todos los mensajes durante un determinado período (por lo general uno o dos días) se unen en un mensaje grande con una tabla de contenidos que se agrega al frente. Muchas personas consideran este método más cómodo que tomar los mensajes por separado, porque puede ver con facilidad todos los mensajes acerca del tema a la vez.

Nosotros preferimos recibir nuestros mensajes de forma individual y decirle a nuestro programa de correo electrónico que clasifique los entrantes dentro de carpetas separadas, una para cada lista de mensajes a la que estamos suscritos. Thunderbird, Outlook Express y muchos otros programas de correo electrónico pueden clasificar sus mensajes.

¡Boing!

Las cuentas de PC se crean y se quitan muy a menudo y las direcciones de correo también cambian. Así, una lista larga siempre contiene, en algún momento, algunas direcciones que ya no son válidas. Si le envía un mensaje a la lista, su mensaje se reenvía a esas direcciones inválidas, y un mensaje de vuelta (que reporta una dirección incorrecta) se genera para cada uno de ellos. Los administradores de las listas de correo (tanto humanos como máquinas) generalmente tratan de desviar los mensajes de error hacia el dueño de la lista, quien puede hacer algo al respecto. Sin embargo, en algunas ocasiones, un sistema de correo tonto le envía uno de esos mensajes de error directamente a usted. Tan sólo ignórelo porque no puede hacer nada al respecto.

Algunas veces puede recibir un mensaje de "estoy de vacaciones" o "haga clic aquí si usted no es un spammer" como respuesta a los mensajes de lista que envía. *Tampoco los responda*, los programas de vacaciones y antispam no deberían estar respondiendo a la lista de correo del todo. Pero es bueno que se los reenvíe al administrador de la lista para que suspenda las suscripciones de esos receptores hasta que pongan su software bajo control.

recibió cuando se suscribió para conocer los comandos exactos, los cuales varían según el software del servidor de listas. (¿Guardó el mensaje de bienvenida, verdad?)

Para obtener más información con respecto a las listas de direcciones y una gran cantidad de comandos de servidores de listas, vea nuestro sitio `lists.gurus.com`.

Enviar mensajes a listas de correo

Muy bien, está inscrito en una lista de correos. ¿Ahora qué? Primero, espere cerca de una semana para ver qué tipo de mensajes llegan de la lista, de esa forma puede tener una idea de lo que debería enviarle o no. Cuando cree que ha visto suficiente para evitar una vergüenza, intente enviar algo. Eso es fácil: usted le envía un mensaje por correo electrónico a la dirección de la lista, que es la misma que el nombre de la lista, `amantesdelchocolate@lists.gurus.com` o `caspa-l@bluesuede.org` o cualquier cosa. Tenga en cuenta que debido a que miles de personas estarán leyendo sus perlas de sabiduría, al menos debería tratar de escribir las cosas correctamente. (Quizá haya pensado que este consejo es obvio, pero estaría muy equivocado.) En listas populares puede empezar a recibir respuestas después de unos minutos de enviar un mensaje.

Algunas listas motivan a los suscriptores a enviar un mensajes de presentación diciendo brevemente cuáles son sus intereses. Otros no lo hacen. No envíe nada hasta que tenga algo que decir. Después de ver el flujo de mensajes de una lista durante un tiempo, todas estas cosas se hacen evidentes.

Algunas listas de correo tienen reglas sobre quién puede enviar mensajes, lo cual significa que sólo porque esté en una lista no significa que cualquier mensaje que envíe aparecerá ahí de forma automática. Algunas listas son *moderadas:* cualquier mensaje que envíe se le manda a un *moderador* humano que decide lo que va a la lista y lo que no. A pesar de que este proceso puede sonar un poco fascista, la moderación puede hacer una lista 50 veces más interesante de lo que sería porque un buen moderador puede filtrar los mensajes aburridos e irrelevantes y darle seguimiento a la lista. En realidad, las personas que se quejan más de la censura del moderador por lo general son aquellos cuyos mensajes necesitan filtrarse con mayor urgencia.

Otra regla que en algunas ocasiones causa problemas es que muchas listas sólo permiten que se envíen mensajes de personas cuyas direcciones aparecen en la lista, para evitar que se llene de spam. Si su dirección de correo cambia, tiene que volverse a suscribir, o de lo contrario no puede colocar ningún mensaje.

Los puntos buenos de contestar mensajes de listas de correo

A menudo, puede recibir un mensaje interesante de una lista y quiere responderlo. Cuando envía su respuesta, ¿esta se dirige *sólo* a la persona que envió el mensaje original o se dirige a *toda* la lista? Depende de la forma cómo el administrador de la lista la configura. Cerca de la mitad de los administradores la configuran para que las respuestas vayan automáticamente sólo hacia la persona que envió el mensaje original, según la teoría de que su respuesta es posible que sea de interés sólo para el autor. La otra mitad configura las cosas para que las respuestas vayan a toda la lista, según la teoría de que la lista es una discusión pública. En los mensajes que provienen de la lista, el software configura de forma automática la línea de encabezado Responder a: para la dirección a la cual se deberían enviar las respuestas.

Por suerte, usted está a cargo de esa opción. Cuando comienza a crear una respuesta, su programa de correo debería mostrarle la dirección a la que está respondiendo. Si no le agrada la dirección que usa, cámbiela. Revise los campos Para y Cc para asegurarse de que está enviando su mensaje donde quiere. No corra el riesgo de enviar un mensaje como, "Estoy de acuerdo con usted, ¿no le parece que el resto de esta gente es idiota?" a toda la lista si sólo pensaba enviárselo a una persona.

Mientras arregla la dirección del receptor, quizá quiera arreglar la línea del Asunto también. Después de unas cuantas rondas de respuestas, el tema de discusión a menudo se aparta del asunto original y es una buena idea cambiar el tema para describir mejor la verdadera discusión, como un favor para las otras personas que tratan de darle seguimiento.

¿Cómo evitar verse como un idiota?

Después de suscribirse a una lista, no le envía nada hasta que lo lea durante una semana. Confíe en nosotros; la lista ha funcionado bien sin sus comentarios desde que comenzó y puede seguir así durante una semana más.

Puede aprender cuáles son los temas que la gente en realidad discute, el tono de la lista y otros detalles. También le proporciona un panorama claro de los temas que ya le aburren a la gente. El gran error de un principiante es suscribirse a una lista y de inmediato enviar un mensaje con una pregunta tonta que no tiene relación con el tema y que se discutió a muerte hace tres días.

El segundo gran error es enviar un mensaje directamente a la lista para preguntar cómo suscribirse o cómo retirarse. Este tipo de mensaje debería ir al administrador o al programa servidor, no a la lista, donde todos los otros suscriptores pueden ver su equivocación.

Una última cosa que no debe hacer: si no le gusta lo que otra persona envía (por ejemplo, algún novato que envía mensajes en blanco o mensajes que dicen "retírenme", o que hace comentarios eternos sobre algún tema), no malgaste el tiempo de todos enviando una respuesta a la lista. La única cosa más estúpida que un mensaje estúpido es una respuesta para quejarse al respecto. En lugar de eso, envíele un mensaje privado a la persona y pídale que se detenga o escríbale un correo al administrador de la lista para pedirle que intervenga.

Publicar en pizarras de mensajes

Las listas de correos son geniales si usted quiere recibir mensajes por correo electrónico, pero para algunas personas es más conveniente leer los mensajes de una comunidad en línea en la Red. Estas personas están de suerte: las *pizarras de mensajes* son grupos de discusión que publican mensajes en un sitio. También reciben los nombres de *tableros de discusión*, *foros* o *comunidades*. Al igual que las listas de correo, algunas pizarras de mensajes sólo las pueden leer los suscriptores, algunas sólo permiten que sean los suscriptores los que realicen publicaciones y algunos tienen moderación (es decir, un moderador debe aprobar los mensajes antes de que aparezcan en la pizarra de mensajes). Otras pizarras de mensajes son más parecidas a tableros de boletines; cualquier persona puede enviar algo en cualquier momento y no se le da continuidad a los mensajes ni tampoco existe el sentimiento de comunidad entre los participantes.

Figura 16-4
About.com
hospeda
cientos de
temas.

Encuentre comunidades en línea interesantes

Decenas de miles de comunidades, en forma de listas de correo, tableros de mensajes e híbridos de ambas, residen en Internet, pero no hay directorio central de ellas. Esto se debe, en parte, a que muchas listas están pensadas sólo para grupos específicos de personas, como los miembros de la Junta Directiva de de una iglesia o los estudiantes de Economía 1 en una universidad.

Puede encontrar algunas comunidades en la web (como se describe en el Capítulo 8) e incluir la palabra o frase, lista de correo, comunidad, foro o tablero de mensajes. También puede comenzar en about.com, español.groups.yahoo.com, latino.msn.com, o tile.net/lists y buscar su tema.

El chat en línea le permite comunicarse con otras personas que están conectadas a Internet con sólo digitar mensajes de ida y vuelta a cada uno. El chat puede parecerse a una versión de mensajería instantánea, pero en realidad es una experiencia bastante diferente. A diferencia del correo electrónico o del IM, el chat se da entre grupos de extraños en salones de charlas. A pesar de que los niños a veces usan el chat para hablar con sus amigos de la escuela, un aspecto importante del chat es la habilidad de conversar con alguien nuevo y quizás interesante, en cualquier momento que lo desee.

El chat ha llevado a matrimonios y divorcios, a nuevas amistades y en ocasiones a feos incidentes que dan paso a encabezados morbosos en los periódicos sensacionalistas. ¿Le intriga la idea del chat? Le diremos cómo funciona y le sugeriremos algunos consejos para ayudarle a evitar problemas.

Muchos sitios web incluyen tableros de mensajes. Algunos están dedicados a hospedar tableros de mensajes de muchísimos temas diferentes. Otros sitios tienen tableros de mensajes que también pueden enviarle mensajes a su correo electrónico, de manera que funcionan como tableros y como listas de correo al mismo tiempo.

Estupendos sitios de discusión basados en la web

Estos son algunos de nuestros favoritos:

About.com, en www.about.com

About.com contrató expertos en una amplia variedad de áreas para ser anfitriones de sitios para cada una. Por ejemplo, el sitio de tejido en knitting.about.com es administrado por una tejedora de clase mundial que publica artículos y patrones de uno o varios tableros de mensajes sobre tejidos. La Figura 16-4 muestra una discusión sobre técnicas de tejido.

MSN Groups, en latino.msn.com

MSN Groups incluye tableros de mensajes, salones de charla en vivo y otra información. Puede explorar listas de grupos por tema o buscar grupos con una determinada palabra o frase en su nombre. Para ingresar en un grupo, necesita registrarse para obtener un .NET Passport (que se describe en la sección "Mensajero de Windows, alias Mensajero MSN" más atrás en este capítulo).

Yahoo Grupos, en español.groups.yahoo.com

Yahoo Grupos incluye tableros de mensajes y bibliotecas de archivos y puede leer los mensajes ya sea en el sitio web o por correo electrónico; usted hace su elección cuando ingresa a un grupo. Yahoo Grupos también cuenta con calendarios para eventos de grupos y charlas en tiempo real en el mismo sitio. Para unirse, primero debe registrarse para obtener una identificación gratuita de Yahoo, que también le proporciona un buzón de correo y espacio web sin costo, ¡buen trato! También puede crear su propio grupo de Yahoo al hacer clic en los vínculos, ya sea un grupo público para que todos participen o en un grupo privado para su club o su familia.

Subscribirse y participar

Para suscribirse a una comunidad de uno de estos sitios web siga las instrucciones en el sitio. Algunos sitios le permiten leer los mensajes colocados en sus listas sin tener que suscribirse; puede hacer clic en los vínculos para mostrar los mensajes en su explorador.

También puede configurar sus propias listas de correo o tableros de mensajes. Es gratuito porque los sitios muestran anuncios en sus páginas e incluso pueden ponerle anuncios a los mensajes de la lista. Si tiene un pasatiempo inusual, un trabajo, un interés o una enfermedad, quizá quiera crear una lista para hablar al respecto. También puede configurar una lista de discusiones en línea para un comité o un grupo familiar.

Mire quién está chateando

El chat en línea es parecido a conversar por una línea antigua (o radio CB). Durante los primeros tiempos del sistema telefónico, la gente por lo general compartía las líneas telefónicas con otras familias debido a su alto costo. Todas las personas en la línea compartida se podían unir en cualquier conversación, lo cual le ofrecía horas de diversión a la gente que no tenía nada mejor que hacer.

Se empieza a chatear al ingresar en un área de Internet llamada un *cuarto de chat* electrónico o *canal*. Después de unirse a un cuarto, puede leer en pantalla lo que las personas están diciendo y luego agregar sus propios comentarios con sólo digitarlos y hacer clic en Enviar (Send). A pesar de que muchas personas que están participando en el chat pueden digitar mensajes al mismo tiempo, la contribución de cada una se presenta en pantalla según el orden en que se recibe. Cualquier cosa que digite la gente aparece en la ventana general de la conversación y se identifica por sus nombres de pantalla. En algunos sistemas de chat, como AOL, cada participante puede seleccionar un tipo y un color de fuente personales para sus comentarios.

Si una persona en un cuarto de chat resulta ser alguien a quien le gustaría conocer mejor, puede pedirle establecer un *salón privado* o una *conexión privada*, que es una conversación privada entre usted y la otra persona; este sistema no difiere mucho de la mensajería instantánea. Claro, usted también puede recibir ese tipo de invitación de alguna persona. Es común que alguien esté en un cuarto de chat y que al mismo tiempo tenga varias conversaciones directas, aunque es algo que se considera de mal gusto, además de que genera confusión.

También puede recibir una invitación para unirse a un cuarto de chat privado con otras personas. No sabemos con certeza lo que sucede en esos cuartos porque nunca nos han invitado.

¿Quiénes son esos tipos con los que estoy hablando?

Los grupos de personas con los que puede chatear dependen del sistema de chat al que se conecta. Si usa America Online, puede chatear con otros usuarios de AOL. MSN Grupos (en `latino.msn.com`) y Yahoo Grupos (en `espanol.yahoo.com`) incluyen un cuarto de chat para cada uno. Muchos sitios de chat basados en la web proporcionan cuartos de chat a los que cualquier persona con acceso a la web puede usar. Chatear es muy parecido de sistema a sistema, aunque los participantes varían. Esta sección le proporciona una idea de la esencia del chat sin importar cuál visite. Como AOL es el chat más parlanchín, es el que utilizamos para nuestros ejemplos.

Cada cuarto de chat tiene un nombre; con suerte, el nombre es un indicador del tema que están compartiendo quienes están ahí o de lo que tienen en común. Algunos canales tienen nombres como *lobby,* y quizá las personas que están ahí sólo están socializando.

¿Quién soy yo?

No importa cuál chat utilice, cada participante tiene un *nombre de pantalla* o *apodo.* A menudo se selecciona para que sea único, colorido o llamativo y se usa como una máscara. Los participantes a veces cambian sus nombres de pantalla. Este anonimato hace que el cuarto de chat sea un lugar donde debe proceder con cautela. Por otro lado, una de las atracciones de chatear es conocer gente nueva e interesante. Muchas amistades cálidas y maravillosas han iniciado con un encuentro casual en un cuarto de chat.

Cuando se une a un grupo y comienza a chatear, observa los nombres de pantalla de las personas que ya están ahí y una ventana donde se da la conversación actual. Si el grupo es amistoso, quizás alguien le envíe un mensaje de bienvenida.

Como en la vida real, en un cuarto lleno de extraños es probable que se encuentre personas que no sean de su agrado. Como es posible ser anónimo en Internet, algunas personas actúan de modo grosero o vulgar. Si es nuevo en el chat, tarde o temprano visitará algunos lugares molestos, aunque averiguará la forma de evitarlos y de encontrar cuartos con conversaciones útiles, amistosas y de apoyo. Por esto, tenga cuidado de no dejar a los niños chatear sin supervisión (vea el

Capítulo 3). Incluso en cuartos de chat que están diseñados para gente joven y que ofrecen alguna supervisión, puede darse alguna situación inesperada.

Formas de chatear

Los cuartos de chat originales estaban constituidos por personas que digitaban mensajes entre sí. Los sistemas de chat más nuevos incluyen *chat de voz* (para lo cual debe tener un micrófono y altoparlantes en su PC) e incluso video (para lo cual necesita una cámara web si quiere que otras personas lo vean).

Su primer cuarto de chat

Su primera vez en un cuarto de chat puede parecer estúpida o atemorizante, o incluso ambas. Estas son algunas recomendaciones para salir adelante en sus primeros encuentros:

- ✔ Recuerde que cuando ingresa en un cuarto de chat, quizás una conversación se encuentre en curso. Usted no sabe lo que sucedió antes de su llegada.

- ✔ Espere durante uno o dos minutos hasta ver una página completa de intercambios de manera que pueda comprender el contexto antes de comenzar a escribir.

- ✔ Para comenzar siga los comentarios de un solo nombre de pantalla. Luego siga a quien la persona menciona o le contesta. Después de seguir una conversación, conocida en el ciberespacio como un *hilo,* trate de seguir otra. Acostumbrarse toma algo de práctica.

- ✔ AOL (y muchos otros programas basados en la web) pueden resaltar mensajes de la gente seleccionada. De esta forma puede ser más fácil darle seguimiento.

- ✔ También puede indicar a quién desea ignorar. Los mensajes de estas personas no vuelven a aparecer en su pantalla, aunque las respuestas de otros miembros para esas personas sí aparecen. Por lo general, ésta es la mejor forma de tratar con chateadores insoportables. Quizá hasta pueda lograr que su programa de chat no muestre los diversos mensajes del sistema, los cuales anuncian cuándo llega la gente, cuándo se va o cuándo se les obliga a salir del chat.

- ✔ Desplácese hacia arriba para ver los mensajes más antiguos si tiene que hacerlo, pero recuerde que en la mayoría de los sistemas, después de desplazarse hacia arriba, no aparecen los mensajes nuevos hasta que se vuelva a desplazar hacia abajo.

Etiqueta en línea

La etiqueta del chat no difiere mucho de la etiqueta del correo electrónico, y el sentido común es su mejor guía. Estos son algunos consejos adicionales a la hora de chatear:

- ✔ La primera regla para chatear es no herir a nadie. Una persona real con sentimientos reales se encuentra al otro extremo de la PC.

- ✔ La segunda regla es ser cauteloso. Usted no sabe con certeza quiénes son las otras personas. También recuerde que puede haber personas en el chat recabando información y puede ser que no los note porque nunca dicen nada. (Vea la siguiente sección, "La seguridad es primero".)

- ✔ Lea mensajes por un rato para averiguar lo que está sucediendo antes de enviarle un mensaje a un grupo de chat. (Leer sin decir nada se conoce como *acechar*. Cuando por fin se decide a decir algo, deja de *acechar*.) Acechar no necesariamente es algo malo, pero tenga en cuenta que quizá no siempre tenga la privacidad que cree tener.

- ✔ Envíe mensajes cortos y directos.

- ✔ No insulte a las personas, no use lenguaje sucio y no le responda a quienes lo hacen.

- ✔ Cree un perfil con información seleccionada sobre usted. La mayoría de los sistemas de chat le permiten crear perfiles (información personal) a la que otros miembros pueden tener acceso.

  No proporcione su apellido, número de teléfono o dirección. Es necesario tener precaución adicional en el caso de los niños. Nunca deben mencionar su edad, el lugar de residencia, la escuela, el apellido, el número de teléfono o la dirección. Esta es una regla de AOL. Los padres deben insistir en este tema todo el tiempo. Aunque no debe dar toda su información en su perfil, lo que dice debe ser verdadero. La única excepción es cuando, por consenso, todas las personas están representando un personaje.

- ✔ Si quiere charlar con alguien en privado, envíe un mensaje que diga hola, quién es usted y qué desea.

- ✔ Si el tono de una conversación en un cuarto de chat lo ofende o lo aburre, pruebe con otro. Como en la vida real, se topará con muchas personas en un cuarto de chat que no quiere conocer y no tiene que quedarse ahí.

La seguridad es primero

Al igual que en el resto de la sociedad, el chat en línea supone algún contacto con extraños. La mayoría de los encuentros son con personas más o menos razonables. Para el resto, el sentido común indica que debe preocuparse por que su información privada se mantenga privada.

Estas son algunas pautas para chatear de forma segura y saludable:

✔ Muchas personas en grupos de chat mienten sobre su ocupación, edad, ubicación e incluso su género. Algunas creen que son tiernas, algunas están explorando sus propias fantasías y algunas realmente están enfermas.

✔ Tenga cuidado con revelar información que le permita a otra persona encontrarlo personalmente, como el lugar donde vive o trabaja, la escuela a la que asiste, el nombre de su profesor o de su equipo o su número de teléfono. Esta información incluye su apellido, la dirección de correo y su lugar de culto.

✔ Nunca le proporcione su contraseña a nadie. *Nunca nadie se la debería pedir.* Si alguien lo hace, no responda, pero dígale a su proveedor del servicio acerca de ese pedido.

✔ Si su servicio de chat ofrece perfiles y una persona sin un perfil quiere chatear con usted, tenga mucho cuidado.

✔ Niños: nunca, *nunca* se reúnan en persona con alguien sin sus padres. No proporcionen su información personal o la de su familia, incluso si se les ofrece algún tipo de premio por completar un formulario.

✔ Padres, tengan en cuenta que si sus hijos usan el chat, otras personas intentarán conocerlos. Revisen las guías en esta lista con sus hijos antes de que ellos se inscriban. Hagan que sus hijos les muestren cómo se conectan y prueben los cuartos de chat que usan.

Si usted es una persona adulta y elige conocer en persona a un amigo en línea, al menos tenga las mismas precauciones que tendría al conocer a alguien que contactó por medio de un anuncio en el periódico:

✔ No planee una reunión hasta que haya hablado con la persona varias veces; esto incluye conversaciones por teléfono durante días o semanas.

✔ Reúnase en un lugar bien iluminado donde haya más personas, como en un restaurante.

✔ Si es posible vaya con un amigo. Si no, al menos coméntele a alguien lo que va a hacer y póngase de acuerdo para llamar a esa persona a cierta hora (por ejemplo, en media hora) después de la hora planeada para la reunión.

✔ Planee quedarse en un hotel si viaja una larga distancia para conocer a alguien. No se comprometa a quedarse en la casa de esa persona. Tampoco invite a la persona a quedarse con usted.

Abreviaturas de chat y caritas sonrientes

Muchas de las abreviaturas del chat son las mismas que se usan en el correo electrónico. Como el chat está vivo, sin embargo, algunas son únicas. También hemos incluido en la lista algunos emoticonos comunes (a veces llamados _caritas sonrientes_), combinaciones divertidas de puntuación que se usan para mostrar el estado de ánimo del emisor. Si al principio no ve lo que son, pruebe inclinando un poco su cabeza hacia la izquierda. El Cuadro 16-1 le muestra una lista pequeña de abreviaturas para el chat y emoticonos. La mayoría han sido adoptados del inglés.

Cuadro 16-1		Taquigrafía del chat	
Abreviación	_Lo que significa_	_Abreviación_	_Lo que significa_
AFK	Lejos del teclado	RL	Vida real (lo opuesto de RP)
A/S/L	Edad/sexo/ubicación (una respuesta puede ser 35/f/Los Ángeles)	ROTFL	Revolcarse de la risa
BAK	De vuelta al teclado	RP	Interpretar un papel (interpretar un personaje)
BBIAF	Vuelvo en un momento	TOS	Términos del servicio (el contrato de un miembro de AOL)
BBL	Vuelvo más tarde	TTFN	Adiós por ahora
BRB	Vuelvo en seguida	WB	Bienvenido de vuelta
CYBER	Una conversación de naturaleza lasciva (diminutivo para cibersexo)	WTG	¡Qué bien!
GMTA	Las mentes brillantes piensan igual	:) o :-)	Una sonrisa
FTF or F2F	Cara a cara	;)	Un guiño de ojo
IC	En personaje (interpretando un papel)	{{{{bob}}}}	Un abrazo para Bob
IGGIE	Utilizar la función Ignorar	:(o :-(	Cara seria
IM	Mensaje instantáneo	:'(	Llorando
J/K	Estoy bromeando	O:)	Ángel
LTNS	Hace tiempo no te veo	}:>	Diablo
LOL	Riendo a carcajadas	:P	Sacando la lengua
NP	No hay problema	*** or xox	Besos

Continúa

Cuadro 16-1 (continuación)

OOC	Fuera de personaje (un diálogo aparte, en la vida real durante una interpretación de un papel).	<----	Marcador de acción (<---- comiendo pizza, por ejemplo)
PM	Mensaje privado (lo mismo que IM)		

Además de las abreviaturas en el cuadro, quienes participan en los chats a veces usan abreviaturas estilo taquigráfico, como en "k bueno k t veo."

A chatear

El servicio de chat es una de las mayores atracciones de AOL. Dios sabe que nadie llega ahí por los anuncios. En esta sección, cubrimos chatear con AOL, el chat basado en la web y chatear con IRC.

Chatear con AOL

Cuando usted chatea con AOL, mantiene una conversación con otros usuarios de AOL. Sólo los miembros de AOL pueden participar en los cuartos de chat. Debido a que AOL puede expulsar a los chateadores revoltosos y lo hace, sus salones de charla suelen ser un poco más civilizados que los de otros servicios. La popularidad del chat de AOL puede ser la razón por la que es el proveedor con valor agregado más grande.

Puede comenzar a chatear en America Online al hacer clic en el icono Chat en la barra de herramientas (o use la palabra clave **chat**) para ver la ventana AOL People Connection. Luego haga clic en el icono Chat Room Listings para mostrar la ventana Find a Chat.

Haga clic en una categoría de las listas, haga clic en el botón View Chats en el centro de la ventana y vea la lista que aparece a la derecha. Luego haga clic en un tema que le llame la atención y haga clic en el botón Go Chat. Observará una ventana como la de la Figura 16-5.

En una ventana de chat, el cuadro grande de la izquierda muestra la conversación en proceso. (Nos gusta la forma en que AOL muestra los mensajes de las distintas personas en colores y tipografías diferentes para ayudar a seguir el rastro de quién está diciendo qué.) El cuadro People Here muestra los nombres de pantalla de AOL de las personas en el cuarto de chat.

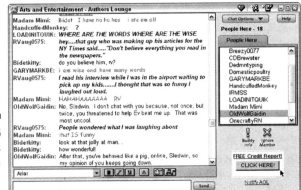

Figura 16-5
¡Los autores están chateando!

Para enviar un mensaje haga clic en el cuadro blanco en la parte inferior de la ventana, digite su mensaje y presione Enter o haga clic en Enviar (Send). Su mensaje aparece en el cuadro de la conversación. Cuando termina de chatear, tan sólo cierre la ventana del chat.

Identificar a los otros

Si quiere saber algo con respecto a los otros ocupantes del cuarto, haga doble clic en uno de sus nombres en la ventana People Here. Una ventana aparece con el perfil de la persona (si existe), el cual puede incluir el nombre, la ubicación, el estado civil y otra información, pero esto pocas veces sucede. Esta ventana también le permite enviarle un correo electrónico a la persona o un mensaje IM, bloquear correo electrónico o mensajes IM de esa persona así como agregarla a su libreta de direcciones de AOL o Lista de amigos (Buddy List) AIM. Si no quiere ver mensajes de cuartos de chat de esa persona, haga clic en el nombre de la pantalla y en el botón Ignorar (Ignore). Esta técnica es una buena forma para dejar de recibir mensajes de gente molesta.

Identificarse

Usted está identificado con su nombre de pantalla. Si no hace nada, ese nombre es el *nombre maestro de pantalla*, el que usó cuando se suscribió a AOL por primera vez. Muchas personas usan, por razones de privacidad, un nombre de pantalla diferente cuando chatean. AOL le permite a cada cuenta usar hasta siete nombres de pantalla diferentes, mientras que otro usuario de AOL no los esté usando. Uno de los nombres es el nombre de pantalla maestro, el cual no se puede cambiar nunca. Si quiere agregar o cambiar otros nombres de pantalla debe registrarse en AOL con el nombre de pantalla maestro. Cuando ha establecido otros nombres y otras contraseñas, puede registrarse en AOL con el nombre alterno. Cada nombre de pantalla tiene un buzón separado. Se usan los nombres de pantalla para diferentes miembros de la familia o para personalidades diferentes (por ejemplo, su vida de negocios y su vida privada).

¡Deje de molestarme!

Mientras chatea en AOL, puede encontrar que un mensaje instantáneo aparece cada 30 segundos de alguien con un nombre de pantalla como `chicasexy12546787`, con quien usted no tiene interés en chatear. (Al menos ese es el caso de Margy.) Para terminar con esta molestia, siga estos pasos:

1. **En el menú de la barra de herramientas Configuración (Settings), haga clic en Preferencias (Preferences).**

2. **En la ventana Preferencias, haga clic en Privacidad (Privacy).**

3. **Elija Permitir solamente a las personas en mi lista de amigos y bloquear a los otros (Allow Only People On My Buddy List, Block All Others).**

4. **Haga clic en Salvar (Save) y cierre la ventana Preferencias (Preferences).**

Cuartos creados por miembros

En la ventana Buscar el chat (Find a Chat), la cual aparece al hacer clic en Chat en la barra de herramientas y luego en Listas de salones de chat (Chat Room Listings), puede crear su propio cuarto de chat. Haga clic en el botón Crear un chat (Create Chat) y luego elija crear un Miembro del chat (Member Chat) (abierto para todos) o un Chat privado) (sólo para personas que usted invita). Luego elija en cuál categoría quiere que se ubique, digite un nombre para ese cuarto y haga clic en Go Chat. Ahora todo lo que tiene que hacer es esperar que las personas se le unan o puede enviarle un IM e invitarlos a venir.

Chats privados

Los nombres de los cuartos privados, a diferencia de los cuartos públicos o de miembros, no se revelan. Para unirse tiene que conocer su nombre, es decir, alguien tiene que invitarlo a unirse. Cuando hace clic en el botón Entrar a chat privado (Enter a Private Chat) en la ventana Encontrar un chat (Find a Chat), se le pide el nombre del cuarto al que se quiere unir. Si no existe, se crea uno y usted es el único ocupante (por lo menos al principio).

Los cuartos privados le permiten a las personas hablar de manera más íntima, hay poco peligro de que algún extraño ingrese. Dos (o más) personas pueden convenir en crear un cuarto privado y encontrarse allí.

Los cuartos privados tienen mala reputación. Si lo invitan a uno, debería tener cuidado de salvaguardar su privacidad. Recuerde que las personas pueden decir cosas de sí mismos que no son ciertas. Si entra en un cuarto de chat privado con alguien que no conoce, no se sorprenda si la conversación se vuelve muy grosera con mucha rapidez.

Llamar a los policías de AOL

Un vínculo en la esquina inferior derecha de la ventana del chat tiene el nombre Notificar a AOL (Notify AOL). Si considera que alguien está violando los términos del servicio de AOL al preguntarle su contraseña o el número de su tarjeta de crédito, al usar lenguaje abusivo o algún otro comportamiento inadecuado, usted puede *y debe* reportarlo. Cuando hace clic en el vínculo Notificar a AOL, una ventana aparece para ayudarle a recopilar toda la información que quiere reportar, por ejemplo, la categoría del chat y el cuarto en el que estaba, el diálogo ofensivo pegado en una ventana y el nombre de pantalla del ofensor. Luego puede enviar el reporte a AOL con un clic en Enviar (Send).

Debido a estas políticas y al poder de AOL para terminar (de manera permanente) las cuentas de personas que juegan sin seguir las reglas, los cuartos de chat de AOL tienen una merecida reputación de ser seguros y un buen lugar para jugar. El hecho de que AOL tenga tantos suscriptores a quienes les gusta el chat quiere decir que existe la posibilidad de encontrar un cuarto que llene sus expectativas.

Chatear en la web

Aunque AOL limita la posibilidad de chatear a sus miembros pagados, muchos sitios web le permiten chatear sin más que su explorador. Estos sitios tienen programas basados en Java que su explorador puede descargar y ejecutar de forma automática. Algunos otros sitios de chat en la web requieren que descargue un plug-in o un control ActiveX para agregarle la capacidad de chatear a su explorador (vea el Capítulo 7 para obtener información para usar los plug-ins).

La mayoría de los programas de chat basados en la web se parecen mucho a la pantalla de chat de AOL. Una ventana amplia muestra la conversación en curso, una ventana más pequeña muestra los nombres de pantalla de los participantes y un área de texto le proporciona un lugar para digitar sus mensajes y encontrar un botón Enviar (Send).

Entre algunos de los sitios de chat en la web se incluyen

- ✔ Yahoo! Chat en `chat.yahoo.com`
- ✔ MSN Groups en `groups.msn.com`
- ✔ LatinChat en `www.latinchat.com`
- ✔ El Chat en `www.elchat.com`

Muchos otros sitios web tienen chats del tema específico del sitio. Busque *Chat* en `www.dmoz.org` para obtener una amplia variedad de temas.

El despliegue de Skype

Skype es un paquete para VoIP gratuito de Luxemburgo, un pequeño país en Europa cuya principal atracción es que no se ubica en ninguna otra parte. Usted descarga e instala Skype en su PC desde www.skype.com/intl/es, configura una cuenta gratuita y comienza a usarla para hablar con otros usuarios de Skype. Necesita un micrófono y audífonos o un equipo de mano (el cual es como un auricular de teléfono) conectado a su PC. La calidad de la voz de Skype por la mayoría de las bandas anchas es muy buena, mucho mejor que la de un teléfono normal.

Skype no se limita a hablar con otros usuarios de Skype. Usted puede configurar una cuenta de SkypeOut a la cual le agrega dinero de una tarjeta de crédito o bono con algunos audífonos de PC, y entonces puede llamar a cualquier teléfono normal en el mundo y pagar por minuto. Las tarifas son bastante bajas, como de 2 cen-

tavos por minuto en Estados Unidos, Canadá o Europa, y no depende del lugar donde está usando Skype, sólo hacia dónde está llamando. Una vez John llamó a casa con su equipo portátil en una conexión WiFi en la sala de un hotel en Argentina por 2 centavos en lugar del dólar por minuto que le hubiera costado en un teléfono pagado. También ofrecen el SkypeIn, un teléfono real para su teléfono Skype para que la gente lo pueda llamar por una tarifa mensual.

Skype le permite hacer llamadas en conferencia con hasta cinco personas, con cualquier combinación de usuarios Skype y llamadas SkypeOut hasta teléfonos regulares. Además, cuenta con su propia versión de chat con Skype Me. Usted configura un perfil, configura su estado en línea en SkypeMe e invita a las personas para que lo llamen. Los usuarios de Skype viven en todo el mundo, así que con suerte, puede hacer algunos amigos lejos.

Chatear por medio de IRC

El IRC (Internet Relay Chat), la forma clásica del chat puede obtenerse con la mayoría de proveedores de Internet, así como con AOL. Para usar el IRC, tiene que instalar un programa de *cliente IRC* en su PC. Un cliente IRC (o solo programa IRC) es otro programa de Internet, como su explorador web o su programa de correo electrónico. Además, puede descargar programas freeware y shareware que están disponibles en la red. Entre los programas IRC shareware más conocidos se encuentran:

- ✔ **mIRC** para Windows
- ✔ **ircii** para Linux y Unix (freeware)
- ✔ **Ircle** para Macintosh

Puede encontrar estos programas IRC, junto con otros más, en sitios web de tipo shareware como TUCOWS (www.tucows.com) o en la página de ayuda de IRC (www.irchelp.org).

Chatear en IRC no es diferente a chatear en AOL, pero puede usarlo para chatear con personas que no son miembros de AOL. IRC usa redes de servidores por todo el mundo, con decenas de miles de personas que por lo general están chateando al mismo tiempo.

Para obtener la historia completa del IRC vea nuestra página web/net. gururs.com/irc.

Comunidades en línea

Diversos sitios web se han instalado como pueblos virtuales en la villa global de Internet. Usted se registra en cualquiera de ellos, luego ubica otras personas que conozca, quienes podrían conectarlo con amigos de amigos y así sucesivamente a todas las personas en el planeta. Cada sitio le dice cuántas personas están en su red; si es menor a un millón, no es tan popular. A pesar de que los sitios en general hacen lo mismo, definitivamente se siente diferente. Estos son algunos de los que hemos usado:

www.redplaneta.com tiene canales por grupos de edad, ideal para estar en contacto y conocer gente para socializar.

www.orkut.com es parte del imperio de Google, tiene que ser invitado por un miembro existente para unirse. Originalmente era para muy buenos amigos de amigos de gente muy agradable que conocían a alguien en Google, donde *todo el mundo* es muy agradable (igual a ellos). Pero ahora tiene una enorme cantidad de adolescentes brasileños, está tan lleno que nadie va más ahí.

www.geomundos.com/negocios/comunidades.html está dirigido a gente de negocios para que hagan contactos útiles.

www.laneros.com está diseñado para buscar y como herramienta para prospectos de ventas.

Los teléfonos de Internet y el chat de voz

Durante casi una década, los teléfonos de Internet estuvieron a la vuelta de la esquina. Si tiene una conexión a red de banda ancha, están ahí. Ningún fenómeno de Internet estaría completo sin una abreviatura extraña, en este caso es *VoIP* para *Voice over Internet Protocol (Voz por el Protocolo de Internet)*.

Algunos tipos de VoIP usan un micrófono y audífonos conectados a su PC, pero la mayoría de la gente prefiere la variedad que usa teléfonos regulares conectados a un *adaptador de terminal* o TA. (Vea el recuadro "El despliegue de Skype" para conocer la principal excepción.)

Registrarse

Puede obtener el servicio VoIP en grandes compañías conocidas como AT&T y Verizon, o de otras menos conocidas como Lingo, que es parte de Primus, una gran compañía de larga distancia canadiense o de algunas que empiezan a ofrecer VoIP como Vonage y Broadvoice. Compare los precios, vea si puede obtener un número telefónico local en el lugar que lo desea (puede ser donde vive o donde quiere que las personas lo puedan llamar con una llamada local) y revise el tamaño del área de llamadas locales que le proporcionan. Además, revise si ofrecen el servicio 911, esto es importante si su teléfono VoIP es su teléfono principal.

Las diferentes compañías de VoIP varían mucho, con áreas de llamadas locales que van desde un solo estado en Estados Unidos hasta toda América del Norte y Europa. Las llamadas a otros clientes de la misma compañía de VoIP siempre son gratuitas, por lo que quizá quiera la misma que tienen sus amigos. Vea nuestro sitio web en `net.gurus.com/phone` donde encontrará nuestras últimas sugerencias.

Si tiene cable módem, su compañía de cable a lo mejor también ofrece VoIP, lo cual debería considerar ya que la calidad del servicio es mejor del que recibe de proveedores de VoIP de tercera parte.

Cuando se registra, la compañía VoIP le enviará un TA. Si no tiene un bifurcador en su conexión de banda ancha, el TA se conecta entre su cable o módem DSL y su PC. Si lo tiene, se puede conectar entre el módem y el bifurcador; algunos se conectan dentro del bifurcador. Una vez que está listo, conéctelo al enchufe, conecte un teléfono dentro del TA y en cuanto su TA se inicia, su teléfono es como cualquier otro teléfono, sólo que más barato.

Usar su teléfono VoIP

Es un teléfono. Cuando suena, contéstelo. Si quiere llamar a alguien, levante el auricular y marque el número. La mayoría de las compañías de VoIP ofrecen un paquete completo de opciones para el teléfono como correo de voz, reenvío e identificador de llamadas. Este último por lo general se controla por medio de una página web en lugar de hacerse por medio del teléfono.

Parte V
Actividades avanzadas en Internet

La 5ta Ola   Por Rich Tennant

"¡Esperen! Eso es perfecto para la página de inicio de la clínica. Sólo estírenlo un poco más... otro poco más..."

En esta parte . . .

Algunos temas no calzan en ningún otro lugar pero son muy importantes como para dejarlos de lado, de manera que se incluyen aquí. Describimos los aspectos básicos para configurar su sitio web, su casa en la villa global y el uso de los weblogs (blogs, de forma corta) para administrar o contribuir con la sobrecarga de información de la web.

Capítulo 17

Configurar un sitio web

. . . .

En este capítulo

▶ Elementos de un sitio web

▶ Usar Mozilla Composer o Microsoft Word para crear páginas web

▶ Colocar sus fotografías en su sitio web

▶ Blogs y wikis, para una edición de páginas web más fácil

▶ Ser encontrado por Google y otros sistemas de búsqueda

. . . .

Después de haber utilizado Internet y explorado por un tiempo, quizá haya pensado en colocar su propio material en la web. Bueno, parece que tiene muchas cosas interesantes que decir, ¡tal vez más interesantes que muchos de los sitios que están por ahí! Puede crear un sitio para sí mismo, el cual consiste en una o varias páginas con su propio nombre de dominio.

Aunque crear páginas web no es difícil, puede parecer complicado para un usuario nuevo. Pero si puede usar un procesador de palabras como Microsoft Word para digitar una carta, al menos puede crear una página web sencilla. (De hecho, puede usar Word o casi cualquier otro procesador de palabras para hacerlo.) Para páginas web que luzcan mejor con más características, tendrá que usar un programa diseñado específicamente para crearlas: un *editor de páginas* o un *editor web*.

Crear un sitio web: un vistazo general

Si quiere compartir información, noticias o una opinión con el mundo, puede crear un sitio web, lo cual incluye elegir un lugar para almacenar sus páginas, diseñar y crear las páginas y hacer un poco de publicidad para que la gente las encuentre.

¿Necesita una página principal o más?

A pesar de que un sitio web puede estar compuesto por muchas páginas, la página principal de un sitio, la puerta principal o la página con la tabla de contenido, por lo general se conoce como su *página principal* (*home page* en inglés). Las personas tienen páginas principales, las compañías tienen páginas principales y los grupos de autores y oradores muy talentosos también las tienen. (Puede ver la de Carol en www.carolbaroudi.com, la de John en www.johnlevine.com, la de Margy en gurus.com/margy y la de Internet Gurus Central en net.gurus.com.)

Si sólo tiene una página de información para poner en la web, puede hacer una página principal. Si tiene algo más que decir o información sobre diferentes temas, debería hacer más que una página principal. Su página principal puede ser la página del frente desde la cual las personas pueden encontrar a otras. Por ejemplo, si ha escrito un ensayo acerca de la situación política actual (¿y quién no lo ha hecho?), tiene una colección de fotografías de sus gatos y tiene una asombrosa receta para hacer pastel de limón, debería hacer cuatro páginas:

✔ Su página principal, con vínculos hacia las otras tres páginas

✔ Una página con su ensayo político

✔ Una página con sus gatos

✔ Una página con su receta del pastel de limón

Cuando tiene una buena idea de las páginas que quiere colocar en la web, necesita saber cómo funcionan las páginas y los servidores web.

No asuma que todo visitante comenzará en su página principal. Puede ser que las personas lleguen a su sitio web al seguir un vínculo de Google u otro buscador y puede ir directamente hacia una página con la palabra o frase que estaban buscando. De manera que considere cualquier página como una puerta potencial, incluya el título y otra información acerca del sitio en cada una.

Las páginas web en servidores web

Los pasos básicos para crear un sitio son muy sencillos:

1. **Escriba algunas páginas web.**

   Una página es suficiente para comenzar. Puede usar cualquier editor de texto o procesador de palabras, pero también están disponibles programas sensacionales de páginas web, y muchos de ellos son gratuitos, así que puede usar uno. Guarde las páginas en archivos en el disco duro de su PC.

2. **Pruebe sus páginas web con su propio explorador.**

Antes de hacer visibles sus páginas para todas las personas, ¡asegúrese de que se vean bien!, abra las páginas (presione Ctrl+O y especifique el nombre del archivo que contiene su página) con su explorador. Idealmente, revise cómo se ven en versiones recientes de Internet Explorer y Firefox.

3. Publique sus páginas web en el sistema de su proveedor de Internet (PSI).

El resto del mundo no puede ver las páginas que están almacenadas en los archivos de su disco duro. Usted tiene que copiarlas al equipo de su PSI para que su *servidor web* (la máquina grande donde habitan las páginas web) se las pueda ofrecer al mundo. No tiene que usar el servidor de su PSI, pero la mayoría de cuentas de Internet vienen con espacio web gratuito, de modo que ¿por qué no?

Muchos programas de edición web tienen un comando Publicar, Subir o Salvar remotamente en el menú Archivo que le envía su creación al sistema de su proveedor. Si su programa no cuenta con este comando, puede usar el File Transfer Protocol (FTP), un tipo de programa que mencionamos con mayor detalle en nuestra página web en `net.gurus.com/ftp`. En cualquier caso, necesita saber estos detalles:

- ✔ **El nombre de la máquina hacia la que sube sus archivos:** este no siempre es el mismo que el nombre del servidor web. En uno de nuestros PSI locales, por ejemplo, el servidor es `www.lightlink.com`, mientras que el servidor para subir documentos FTP es `ftp.lightlink.com`.

- ✔ **El nombre del usuario y la contraseña para usar con FTP:** por lo general es el mismo que el nombre y la contraseña que usted usa para conectarse en primera instancia y para elegir su correo electrónico.

- ✔ **El nombre de la carpeta en el servidor hacia la cual usted sube las páginas:** por ejemplo, podría ser `/www/nombreusuario.`

- ✔ **El nombre de archivo que usará para su página principal:** este, por lo general, es `index.html` o `index.htm`. (Puede llamar sus páginas web de cualquier forma, pero ésta es la página que la gente ve de primero.)

- ✔ **La URL donde aparecerán sus páginas:** por lo general es `http://www.su_isp.com/~nombreusuario` o `http://www.su_isp.com/ nombreusuario`.

Puede encontrar esta información en el sitio web de su PSI o (en el peor de los casos) puede llamar o enviar un correo y preguntar.

Si no quiere usar el servidor web de su PSI, muchas compañías anfitrionas estarán felices de dejarlo usar sus servidores. Algunos, incluso, son gratuitos, si no le importan los anuncios que aparecen en sus páginas web. Dos de los sitios anfitriones gratuitos más conocidos son Geocities de Yahoo en `espanol.geocities.yahoo.com/`, Tripod en `www.tripod.com.mx` y Angelfire en `www.angelfire.lycos.com`. Algunas compañías con buena reputación, libres de anuncios son Pair Networks (`www.pair.com`) y Go Daddy (`www.godaddy.com`).

¿Por qué no preocuparse mucho del HTML?

Para que sepa lo que es *HTML*, por si alguien le pregunta, quiere decir lenguaje de marcación de hipertexto, y es el lenguaje nativo de la World Wide Web. Las páginas web están hechas de texto e imágenes que se unen y se les da formato con etiquetas HTML (códigos cortos, como "<b>" para el tipo negrita). Por suerte, usted ha esperado hasta ahora para comenzar a crear una página web, cuando hay excelentes programas disponibles que le permiten crearlas y escribir etiquetas HTML automáticamente, de manera que no tiene que encargarse de escribir los códigos.

Si quiere escribir muchas páginas, en algún momento tendrá que dominar algo de HTML. Aunque las páginas interactivas de mucha complejidad requieren una gran cantidad de programación, los fundamentos no son tan complicados. Por ejemplo, el HTML para **"complicado"** es `<b>complicado</b>` (eso es `<b>` para la negrita) y la etiqueta para insertar una imagen es `"<img source="jovenesjugando.jpg">` ("img" quiere decir imagen y la fuente es el nombre del campo que contiene el dibujo). En caso de que decida ingresar en el negocio de la creación de páginas web, existen muchos libros que explican cómo hacerlo. Use los títulos recientes porque las extensiones de HTML se están desarrollando a un ritmo muy acelerado y los libros se desactualizan en menos de un año. Recomendamos *HTML 4 Para Dummies,* quinta edición, *por* Ed Tittel y Mary Burmeister (Wiley Publishing, Inc.) para los aspectos básicos y *Diseño web en pocas palabras* (por Jennifer Niederst y publicado por O'Reilly & Associates) para información más avanzada.

Elegir su editor web

Dos posibilidades generales para crear páginas web son el enfoque sabelotodo (escribir todo el código HTML usted mismo) y el enfoque WYSIWYG (usted obtiene un programa que escribe el código por usted). Si conociera algo de HTML, suponemos que no estaría leyendo este capítulo, por lo tanto, no vamos a hablar al respecto. El enfoque más normal es usar uno de los editores web WYSIWYG.

WYSIWYG, pronunciado *whis-i-wig,* quiere decir *what you see is what you get (lo que ve es lo que obtiene).* En el caso de los editores web, significa que mientras crea su página, en lugar de obtener códigos HTML feos, usted ve algo como lo que se vería en un explorador. Los puristas del HTML aseguran que los editores WYSIWYG generan un código HTML menos que elegante, pero las páginas que crean por lo general se ven bien. Si planea crear un sitio web complejo, los editores WYSIWYG no serán suficientes, pero para una o tres páginas, son excelentes.

Una cantidad de editores web gratuitos y baratos se encuentra disponible. Usted puede elegir uno en `www.zonagratuita.com`, hacer clic en Categorías, revise Programación y luego Editores. Muchos de estos programas tienen demostraciones gratuitas, pero si quiere seguir usando el programa tiene que pagar por él. Por lo general tiene un costo que va desde $20 hasta $70 dólares.

Los desarrolladores web serios usan programas más caros, principalmente Dreamweaver (de Macromedia, en `www.macromedia.com/software/`

dreamweaver). Otro excelente programa, más avanzado, se llama GoLive (de Adobe, en www.adobe.com/products/golive). **Pero antes de gastar varios cientos de dólares, pruebe primero un programa barato.**

En este capítulo usamos Mozilla Composer, que viene de manera gratuita con el explorador Mozilla. Éste es el antecesor del explorador Firefox que le hemos dicho que use cuando quiera explorar la web. Mozilla es un paquete que incluye un explorador muy parecido a Firefox (descrito en el Capítulo 6), un programa de correo electrónico muy parecido a Thunderbird (descrito en el Capítulo 13), un programa de chat y un editor web, entre otras cosas.

Quizá ya cuenta con un editor web, su propio procesador de palabras. Tanto Microsoft Word (versiones 97 y siguientes) como WordPerfect (versiones 8 y siguientes) tienen características de edición incorporadas. Las herramientas para la creación de la página web por lo general son más cómodas, tienen opciones más avanzadas y producen páginas más eficientes. Microsoft Word crea páginas que contienen grandes cantidades de códigos adicionales. Esto hace que las páginas tomen más tiempo para descargarse y verse. Si usa Microsoft Excel (un programa de hoja electrónica) o Access (un programa de base de datos), también puede exportar reportes como páginas web.

Obtener Mozilla Composer

Puede usar un editor web gratuito como Mozilla Composer para crear páginas y subirlas a un servidor. Si tiene Netscape 7.0 o posterior, que es otro explorador web similar, éste también incluye Composer y puede usar la mayoría de los mismos comandos que aparecen en este capítulo.

Instalar y configurar Mozilla Composer

Para descargar Mozilla vaya a http://www.mozilla-europe.org/es/ y busque Mozilla o Mozilla Suite, el cual incluye Mozilla Composer. Si no lo ve en la página principal, haga clic en la pestaña Productos o en el vínculo Soporte y búsquelo ahí. Haga clic en el vínculo Descargar o Descargar ahora y haga una nota del lugar donde almacena el archivo. (Vea el Capítulo 12 para obtener más información acerca de descargar e instalar programas.)

Después ejecute el archivo que acaba de descargar. Responda las preguntas de la configuración. Si ya tiene configurado su correo electrónico en otro programa, quizá quiere eliminar la marca de la opción para incluir Correo y Grupos de Noticias, ya que no la usará. También puede quitar la marca de las opciones de Chatzilla (un programa de chat).

Cuando Mozilla está instalado, el programa de instalación ofrece ejecutarlo por usted, ¿por qué no? Si le pide crear un perfil, digite su nombre como el nombre del perfil.

Cuando Mozilla está listo y funcionando se ve muy parecido al explorador Firefox; de hecho, no necesita su explorador si ya tiene Firefox. Si no lo tiene, empiece a usar Mozilla como su explorador. Realmente le gana a Internet Explorer cuando se trata de evitar los mensajes dinámicos y los programas espía.

Abrir Composer para darle una mirada

La idea de todo este ejercicio no es otra más que ejecutar un editor web. No hay problema, elija Ventana (Wndow)⇨Composer del menú. Observará una pantalla como la de la Figura 17-1.

Si quiere que Mozilla inicie con el Composer ejecutándose (en lugar del explorador), elija Editar (Edit)⇨Preferencias (Preferences) para mostrar el cuadro de diálogo Preferencias, el cual contiene muchas opciones de configuración. En la lista Categoría (Category) a la izquierda, haga clic en Apariencia (Appereance). En las configuraciones que aparecen se encuentra una opción llamada Cuando se inicia Mozilla, abrir (When Mozilla Starts Up, Open). Puede eliminar la selección del Navigator (el explorador) y elegir Composer (el editor web) al hacer clic en cada uno de ellos. Luego haga clic en Aceptar (OK).

Hacer su primera página web

Una página web es un archivo, como el documento de un procesador de palabras o de una hoja electrónica. Usted la crea y la guarda. Luego la abre y la edita un poco más, de la misma forma que lo haría con cualquier otro documento.

Crea una página web
Sube su página al servidor

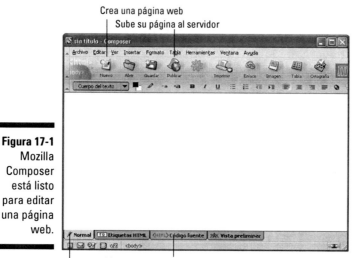

Figura 17-1
Mozilla Composer está listo para editar una página web.

Muestra la página con las pestañas HTML
Muestra la versión MYSIWYG de la página

Creates a new Web page
    Uploads your page to a Web server

Displays page with HTML tags visible
Displays WYSIWYG version of the page

Ponerle nombre a su página

El nombre del archivo se convierte en parte de la dirección de la página web una vez que la sube al servidor. Por lo tanto, es importante que elija un nombre de archivo que tenga sentido. Los nombres de archivo para las páginas web terminan con la extensión .html o .htm. Por ejemplo, si está haciendo una página acerca de sus gatos, póngale un nombre como misgatos. html o gatos.html. No use espacios, puntuación o letras mayúsculas en sus nombres de archivos. Si tiene que hacerlo, puede usar guiones bajos (_) o guiones (-) para que se puedan leer.

Usar Word para crear archivos de páginas web más pequeños

Si usa Microsoft Word para crear páginas web, las páginas son enormes y abotagadas. Word no sólo guarda las etiquetas HTML de la página, sino también millones de códigos invisibles que permiten que la página se lea de nuevo en Word más adelante. Por suerte, puede descargar un programa pequeño de Microsoft que le enseña a Word (y los otros programas que componen Microsoft Office) a guardar sólo las etiquetas HTML, los códigos que un explorador web puede comprender.

El filtro de Office 2000 HTML está disponible para descargarse de manera gratuita. Mientras escribi-

mos este libro hay una versión disponible para Office 2000, pero no para Office XP o 2003. Para encontrar la que funciona con su versión de office, comience en www.google.com y busque

```
microsoft office html filtro
```

Haga clic en un vínculo que inicia con office.microsoft.com, no lo descargue de ninguna otra fuente, para asegurarse de que está adquiriendo el producto verdadero de Microsoft. Vea el Capítulo 12 para obtener mayor información.

Por lo general, debería llamar a su página principal (la que quiere que la gente vea primero) index.html. Si alguien va hacia su dirección web sin especificar un nombre de archivo (como www.iecc.com/~elvis/), lo que aparece en pantalla (por una convención universal) es la página llamada index.html o index.htm. Si no cuenta con una página con ese nombre, el servidor puede que sepa qué hacer o puede que no. Algunos servidores construyen la página de un directorio con una lista de los archivos en su sitio, otros muestran una página de error. Si hace una página index.html y no aparece de manera automática cuando digita la URL sin un nombre de archivo, consulte a su PSI; pregúntele si usa un nombre predeterminado diferente.

Comenzar a escribir

Usted comienza por crear sus páginas web directamente en su disco duro. Puede ver cómo lucen indicándole a su explorador verlas desde su disco duro. (A los exploradores les gusta aceptar los nombres de archivos para mostrarlos en lugar de las URL.) Edite y vea las páginas hasta que tenga algo que le agrade. Luego, súbalas a su PSI para impresionar al mundo.

Hacer su página

Este es nuestro sistema paso a paso para usar Microsoft Word (versiones 97 o posterior) o Mozilla componer (o Netscape 7 o posterior). Si prefiere usar otro programa, siéntase libre de hacerlo, aunque los comandos son un poco diferentes.

1. **Inicie Mozilla (o Netscape). Si prefiere usar su propio procesador de palabras, omita este paso.**

   Vea "Obtener Mozilla Composer" más atrás en este capítulo para averiguar cómo descargar e instalar Mozilla si todavía no lo tiene instalado.

2. **Ejecute Mozilla Composer o su procesador de palabras.**

   Para trabajar con Netscape o Mozilla Composer (como se muestra en la Figura 17-1), ejecute Mozilla y luego elija Ventana (Window)⇨Composer del menú, o presione Ctrl+4.

3. **Abra una página web nueva o una existente.**

   Si quiere editar una página web existente que almacenó en su disco duro, haga clic en Abrir (Open), elija Archivo (File)⇨Abrir (Open) o presione Ctrl+O para abrirlo y luego elija el archivo.

   Si quiere editar una página que se encuentra en su sitio web, puede mostrarla en Mozilla Navigator (el explorador). Elija Ventana (Window)⇨Navigator, explore la página y elija Archivo (File)⇨Editar página (Edit Page), o presione Ctrl+E.

Si inició Word, usted observa su ventana normal del procesador de palabras. Si quiere editar una página existente, ábrala de la misma forma que lo haría con un archivo común de Word.

4. **Cree una página web nueva o edite la que abrió.**

   En Mozilla Composer: se encuentra de frente con una página grande vacía. Siga adelante; haga la página de la misma forma que lo haría en un procesador de palabras, al colocar encabezados y párrafos de texto. ¿Le faltan ideas y no sabe dónde comenzar? Entonces, ¡haga una página de su pasatiempo, autor o músico favorito!

   En Word: elija Archivo (File)➪Nuevo (New) de la barra del menú, haga clic en la pestaña o el vínculo Página web (Web Page) en el cuadro de diálogo o en el panel de tareas que aparece. En algunas versiones de Word puede elegir una plantilla. (Pruebe el Asistente de páginas web, una plantilla que lo guía para hacer una página.)

   Cuando se le pide un nombre de archivo, llámele al documento `index.html` si va a ser su página principal. Este nombre es el que usan la mayoría de servidores web.

5. **Guarde su trabajo.**

   Cuando haya hecho tanto trabajo como para no querer comenzar de nuevo desde cero si su PC falla de pronto, elija Archivo (File)➪Salvar (Save) de la barra del menú o presione Ctrl+S. En principio, cuando la página está lista, usted la guarda, pero la experiencia nos ha enseñado que es mejor guardar antes y con frecuencia.

   La primera vez que guarda una página en Mozilla Composer, éste le pide un título para la página, como se muestra en la Figura 17-2. Digite un título (nos gusta ponerle mayúscula a la primera letra de cada palabra) y haga clic en Aceptar. Cuando observa el cuadro de diálogo Salvar página como (Save Page As), Composer sugiere este mismo título como el nombre del archivo.

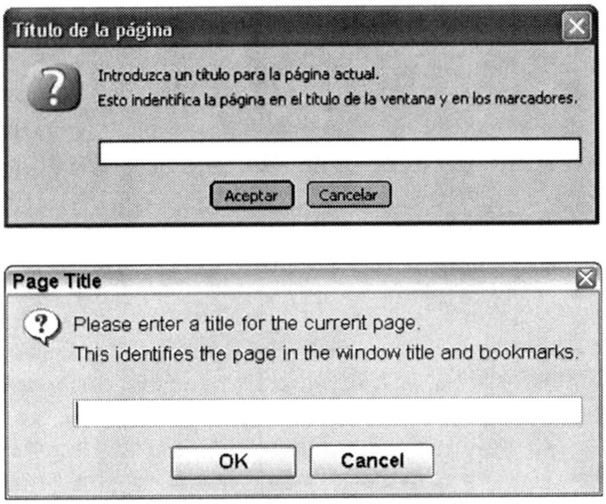

Figura 17-2
Déle un título a su página; éste aparece en la página del título de su explorador.

¡No siga esa sugerencia! Más bien, digite el nombre del archivo que quiere usar (como **index.html** o **gatos.html**) sin espacios o letras mayúsculas. En Word, elija Archivo (File)⇨Salvar como (Save As), configure Salvar como página web (en lugar de No como una simple página web), digite un nombre y haga clic en Guardar (Save).

Crear su primera página web es muy sencillo. Elegir lo que va a colocar en su página, sin embargo, es más difícil. ¿Para qué es la página? ¿Qué tipo de personas quiere que la vean? ¿Es para usted, su familia y amigos, y hasta los amigos potenciales alrededor del mundo, o está anunciando su negocio en línea? Si su página es de carácter personal, no incluya la dirección de su casa ni el número telefónico a menos que quiera que cualquier persona que vea la página lo llame por teléfono. Si es una página de negocios, incluya su dirección y su número de teléfono. El contenido de su primera página no es tan importante, sólo queremos que experimente el sentimiento de publicarla. Puede agregarle información en cualquier momento y embellecerla y no tiene que decirle a nadie acerca de su sitio hasta que se sienta a gusto con él.

Tenga mucho cuidado a la hora de colocar información que identifique a sus hijos en su página web. Todos nosotros tenemos hijos que adoramos, pero no leerán mucho de ellos en nuestras páginas principales. Tan sólo conocer sus pasatiempos y los nombres de sus niños y a cuál escuela asisten podría ser suficiente para que alguien indeseable se presente como un amigo de la familia y los recoja después de clases.

Fotografías para llevar: agregarle imágenes a su página

Las páginas web contienen gráficos de algún tipo. Cada dibujo que aparece en una página se almacena en un archivo por separado. Para agregarle una imagen usted coloca una *etiqueta* HTML (comando) que incluye el nombre del archivo que contiene la imagen, el tamaño de la imagen como debería aparecer en la pantalla, una leyenda para las personas con problemas visuales y la información de ubicación (si quiere las imágenes a la izquierda, en el centro, a la derecha o si el texto debe andar flotando).

Formatos de imágenes

Las imágenes vienen en docenas de formatos. Por suerte, sólo tres son de uso común en la web: GIF, PNG y JPEG. Se han generado muchas discusiones… *gratuitas* y *francas* en Internet con respecto a los méritos relativos de estos formatos. John, quien es experto en formatos gráficos oficiales (tras convencer a dos editores de reputación para que publicaran sus libros acerca del tema), sugiere que las fotografías funcionan mejor como JPEG, mientras que los clipart, iconos y caricaturas son mejores como PNG o GIF. Los archivos JPEG son más pequeños y se descargan más rápido. PNG es un nuevo reemplazo superior de GIF, con la única desventaja que la gente con exploradores muy viejos (Netscape 3.0 y más antiguo, por ejemplo) no pueden ver archivos PNG con facilidad.

Si tiene una imagen en cualquier otro formato, como BMP o PCX, debe convertirla a GIF, PNG o JPEG antes de poder usarla en una página web. Windows viene con un programa llamado Paint, el cual puede ejecutar al elegir Inicio (Start)⇨Todos los programas (All Programs)⇨Accesorios (Accesories)⇨Paint. También puede revisar Tucows (en `tucows.com/downloads/Windows`) o Download.com para programas gráficos que puedan hacer conversiones. Para Mac, piense en GraphicConverter en `www.lemkesoft.de/en/graphcon.htm`.

¿De dónde vienen las imágenes?

Esa es una buena pregunta. Puede dibujarlas con un programa, escanear fotografías o usar la lujosa cámara digital que le regalaron en Navidad. Luego use Paint o un editor gráfico superior para mejorar sus imágenes, arreglar los ojos rojos y hacerle cambios generales.

Si necesita imágenes que no puede producir por sí mismo, puede encontrar muchas fuentes de material gráfico:

- ✔ Gran cantidad de freeware, shareware y clipart comerciales están disponibles en la web. Pruebe en el sitio Hormiga, en `www.hormiga.org/clipart.htm`.

- ✔ Si observa una imagen que quiere usar en una página, escríbale al dueño de la página y pídale permiso para usarla. Con mucha frecuencia, el dueño le permitirá hacerlo.

- ✔ Muchos programas de software antiguo regular sin relación alguna con Internet, como programas de dibujo y pintura, programas de presentaciones y hasta procesadores de palabras, vienen con las colecciones de clipart.

- ✔ Puede adquirir CD-ROM con una enorme cantidad de clipart, que tienden a ser de mayor calidad que el material gratuito. No son tan caros, si además se considera la cantidad de imágenes que caben en un CD-ROM.

- ✔ Si necesita muchos clipart, puede suscribirse a una biblioteca en línea que tiene el material organizado y ya cuenta con permisos para su uso. A nosotros nos gusta `www.clipart.com`.

Los clipart, al igual que cualquier otra expresión de arte, están protegidos por las leyes de derechos de autor. El hecho de que ya se haya usado en una página web o de que una nota de derechos de autor aparezca sobre la imagen o cerca de ella no importa, todo está regulado con esas leyes. Si usted usa el arte con derechos de autor de otra persona, debe contar con el permiso para hacerlo. Que el uso sea educativo, personal o sin fines comerciales es irrelevante. Si no se asegura de tener el permiso respectivo, corre el riesgo de recibir una llamada del abogado del dueño para indicarle los detalles de una demanda.

La mayoría de la gente es muy accesible cuando solicita permiso para usar algo. Si una imagen que quiere usar no viene con el permiso para usarla, hable con el propietario antes de decidir agregarla a su página web.

Agregarle una imagen a su página

Luego de obtener el archivo gráfico que quiere usar, puede incluirlo en su página web. En Mozilla Composer, siga estos pasos:

1. **Con el cursor en el lugar de la página donde quiere que aparezca la imagen, haga clic en el botón Imagen (Image) en la barra de herramientas.**

2. **En el cuadro de diálogo Propiedades de la imagen (Image Properties), en la pestaña Ubicación (que se muestra en la Figura 17-3), digite el nombre**

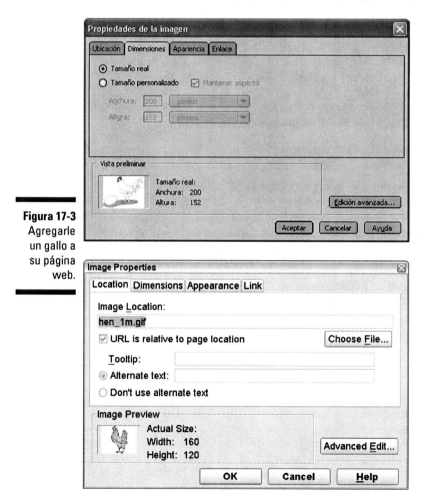

Figura 17-3
Agregarle un gallo a su página web.

del archivo en el cuadro URL de la imagen o haga clic en Elegir archivo (Choose File) para encontrar el archivo en su disco duro.

3. **Digite una leyenda en el cuadro Texto alternativo (Alternate Text).**

   El Texto alternativo no aparece debajo de la imagen, como una leyenda normal. Más bien aparece cuando el ⍫ del usuario apunta hacia la imagen. Los programas de lectura de pantalla que usan las personas ciegas y con problemas visuales leen el Texto alternativo en voz alta, para darle una idea de lo que se trata la imagen.

4. **Haga cualquier otro cambio de formato que quiera.**

   Si quiere que la imagen aparezca más grande o más pequeña de su tamaño real, haga clic en la pestaña Dimensiones (Dimensions) y defina el tamaño. Haga clic en la pestaña Apariencia si quiere agregarle espacio alrededor a su imagen o cambiar la forma en que se alinea con el texto adyacente.

Hacer un álbum de fotografías en línea

Si quiere colocar fotografías en la web para que su familia y sus amigos las vean, no necesita crear su propio sitio. Más bien puede crear una cuenta gratuita en uno de los diversos sitios para compartir fotografías. (No, ¡no son para compartir ese tipo de fotos!) Pruebe con Kodak en www.kodakgallery.com (antes conocido como Ofoto en www.ofoto.com) o Snapfish en www.snapfish.com.

Cuando haya creado una cuenta en Kodak Gallery o Snapfish, puede cargar fotografías hacia álbumes de fotos en línea al completar los formularios del sitio (vea la figura debajo para Kodak's EasyShare Gallery). Luego puede compartir sus álbumes con sus amigos. Las fotografías en estos sitios no están visibles para el público en general, sólo para las personas con las que comparte el álbum.

Usted (y sus amigos) también pueden pedir impresiones de esas fotografías, esa es la forma en que estos sitios ganan dinero. Pero los precios para las impresiones son razonables y nos parece que estos sistemas son muy cómodos.

5. **Luego haga clic en Aceptar (Accept) para terminar de hacer especificaciones de su imagen.**

También puede arrastrar el archivo desde la ventana Mi PC hacia Composer y luego hacer clic derecho y seleccionar Propiedades de la imagen (Image Properties) si quiere cambiar su tamaño o apariencia.

En Word, elija Insertar (Insert)➪Imagen (Picture)➪de Archivo (From File), realice las especificaciones de la imagen y haga clic en Insertar (Insert).

Después de insertar la imagen puede ser que se vea terrible, puede ser que tenga un tamaño equivocado o que empuje el texto hacia afuera en una forma desagradable. Elimine la imagen (hágale clic y presione Suprimir), edítela con editor gráfico y vuélvala a insertar. Si el tamaño es inapropiado, use Paint, Paint Shop Pro (el preferido nuestro) o algún otro programa para cambiarle el tamaño. En Paint, abra el archivo de la imagen al elegir Archivo (File)➪Abrir (Open), y luego elija Imagen (Image)➪Expandir y contraer (Strech and Skew) (que nos parece demasiada violencia innecesaria). Ingrese un porcentaje para disminuir o expandir la imagen, use la misma cantidad para los porcentajes Horizontal y Vertical si no quiere arrugarla.

Puede controlar la forma en que el texto fluye alrededor de la imagen. En Mozilla, haga clic derecho en la imagen y elija Propiedades de la imagen (Image Properties) del menú que aparece. Haga clic en la pestaña Apariencia (Appereance) y cambie la configuración Alinear el texto con la imagen (Align Text To Image). Pruebe con configuraciones distintas hasta que encuentre una que le guste. En Word, haga clic derecho en la imagen y elija Formato (Format)➪Imagen (Picture). Luego seleccione la pestaña Diseño, donde tiene unas cuantas opciones para definir cómo quiere que se acomode el texto.

Crear vínculos hacia otras páginas

El *hiper* en el hipertexto es lo que hace que la web sea tan maravillosa. Un *hipervínculo* (o tan sólo *vínculo*) es eso que está en la página y le permite "navegar" por la web, es decir, ir de página en página con sólo hacer clic en el vínculo. Una página web no es en realidad una página si no tiene vínculos hacia otros lugares.

La inmensa variedad de la web viene de los vínculos que los autores colocan en sus páginas. Para contribuir con esto, incluya vínculos hacia lugares que sepa pueden ser de interés para las personas que visitan su página. Trate de evitar incluir vínculos hacia lugares que ya todo el mundo conoce y hasta los tienen marcados. Por ejemplo, cualquier persona sabe dónde encontrar Google y Yahoo, así que déjelos por fuera. Si su página principal menciona su interés por alguno de sus pasatiempos, como navegar en canoa, observar pájaros o su universidad, incluya algunos vínculos hacia sitios relacionados que sabe son interesantes.

Para hacer un vínculo en su página web siga estas instrucciones:

✔ **Mozilla Composer:** resalte el texto que quiere convertir en un vínculo y haga clic en el botón Enlace (Link) en la barra de herramientas. En el cuadro de diálogo Propiedades del enlace Link Properties), digite la URL exacta dentro del cuadro Ubicación del enlace (Link Location) o haga clic en el botón Archivo (File) para elegir otra página web que haya creado. (En lugar de digitar una URL, piense en cortarla y pegarla desde el cuadro Dirección o Localización (Address or Location) de su explorador; esto evita errores tipográficos.) Luego haga clic en Aceptar (OK).

✔ **Word:** primero seleccione el texto que quiere que sea un vínculo. Luego emita el comando para crearlo. Elija Insertar (Insert)⇨Hipervínculo (Hyperlink) (o presione Ctrl+K) y digite la URL exacta dentro del cuadro Dirección (Address). (En versiones anteriores de Word este cuadro se llamaba Tipo de Archivo o Nombre de la página web.)

Si crea páginas múltiples, puede poner vínculos entre sus páginas; asegúrese de subirlas todas.

Un buen diseño de página

Luego de organizar una página web básica, use los consejos en esta sección para evitar algunos errores que los navegantes novatos a menudo cometen.

Fuentes y estilos

No le coloque un exceso de formatos a su texto con muchas fuentes, muchos colores o demasiado énfasis con **negrita**, *cursiva*, subrayado o alguna *combinación*. Los diseñadores experimentados lo menosprecian. El texto muy parpadeante siempre molesta a los lectores.

Imágenes de fondo

Las imágenes de fondo en forma de mosaico pueden ser atractivas si son sutiles, pero si se usan mucho hacen el texto ilegible. El texto negro en un fondo blanco sólido (como las páginas de este libro) ha soportado la prueba del tiempo durante siglos.

Para configurar el color de fondo de la página web siga estas instrucciones:

✔ **Mozilla Composer:** elija Formato (Format)⇨Color de página (Page Color) y fondo del menú. Haga clic en Usar colores personalizados (Use Custom Colors) para cancelar los colores normales que el explorador del usuario asigna y luego haga clic en los botones de colores para definir los colores del texto normal, el texto de los vínculos y otros textos. Si tiene una imagen que le gustaría que apareciera como fondo de página (en forma de mosaico, repitiéndose para rellenarla), ingrese su nombre dentro del cuadro Imagen de fondo (Background Image) o use Elegir archivo (Choose File) para elegirlo desde un menú.

✔ **Word:** elija Formato (Format)⇨Fondo (Background) y elija un color. Para colocar una imagen en forma de mosaico, elija Formato (Format)⇨Fondo (Background)⇨Efectos de relleno (Fill Effects).

Imágenes grandes

Muchas páginas web están cargadas con imágenes que, a pesar de ser hermosas, toman mucho tiempo para cargarse. Por esta razón, muchos usuarios se pueden rendir y salirse de las páginas antes de que se carguen por completo. Recuerde que no todas las personas tienen una PC o una conexión a Internet tan veloz como su equipo.

Siga unos cuantos pasos para que sus páginas se carguen con mayor rapidez. El principal, por supuesto, es limitar el tamaño de las imágenes que usa al comprimirlas con un editor gráfico como Paint. Una imagen de 20K (20.000 bytes) toma el doble de tiempo para cargarse que una de 10K, la cual toma el doble de tiempo para cargarse que una de 5K. Puede hacer un cálculo de que las imágenes se cargan a 1K por segundo en una conexión telefónica de 56Kbps, por lo tanto una imagen de 5K se carga en cinco segundos, que es bastante rápido; una imagen de 120K tarda dos minutos para cargarse, así que debe valer la pena esperar por ella.

Piense en colocar una imagen pequeña en una página y darle a los visitantes la opción (por medio de un vínculo) de cargarla del tamaño completo. Sabemos que se siente orgulloso de su perro y que se merece un lugar de honor en su página principal, pero no todas las personas que visiten su sitio esperarán ansiosas hasta que se descargue su cachorrito.

En archivos GIF, las imágenes con menos colores se cargan más rápido que las imágenes con más colores. Si usa un editor gráfico para reducir un GIF de 256 colores a 32 o incluso 16, la apariencia no cambia mucho, pero el archivo se contrae demasiado. Configure su programa gráfico para almacenar el archivo GIF en el formato *entrelazado*. Este programa le permite a los exploradores mostrar una aproximación borrosa de la imagen mientras se descarga, así le da una pista de lo que viene.

En archivos JPEG usted puede ajustar el nivel de "calidad" en una calidad inferior para hacer archivo más pequeño. Puede configurar la calidad de las imágenes web a un nivel sorpresivamente bajo con poco efecto en lo que aparece en las pantallas de los usuarios. Experimente un poco, le puede ahorrar muchos líos a sus visitantes.

También puede sacarle ventaja a la memoria *caché* que usan los exploradores. Ésta mantiene copias de páginas e imágenes que se vieron previamente. Si cualquier imagen de una página que se está descargando ya se encuentra en la memoria caché del explorador, esa imagen no se vuelve a cargar. Cuando usa el mismo icono en varios lugares de una página (o en varias páginas visitadas es sucesión), el explorador descarga el archivo del icono sólo una vez y vuelve a usar la misma imagen en todas las páginas. Cuando cree sus páginas web, trate de usar los mismos iconos de una página en la siguiente para darles un estilo consistente y para aumentar la velocidad de la descarga.

Viva y aprenda

Si ve las páginas web de otras personas y encuentra una muy ordenada, puede revisar el HTML fuente de esa página para ver cómo se construyó. En Mozilla, elija Ver (View)⇨Código fuente de la página (Page Source) o presione Ctrl+U; en Internet Explorer, elija Ver (View)⇨Código fuente (Source).

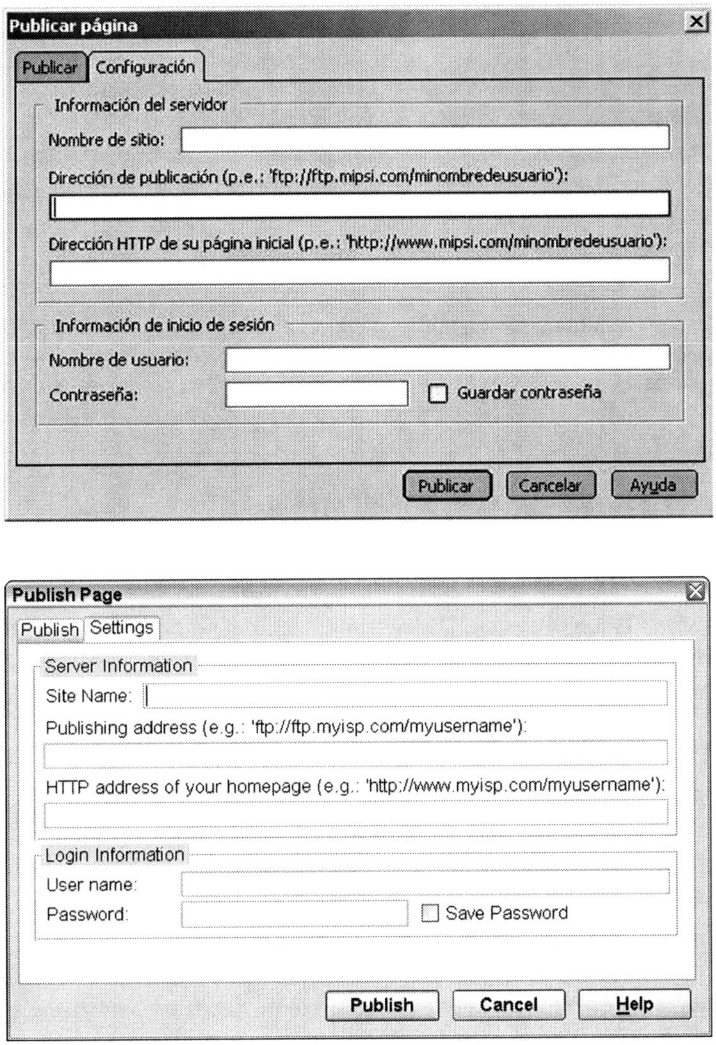

Figura 17-4
Cuando hace clic en Publicar, Mozilla le pide información acerca de cómo cargar sus páginas web a un servidor.

Otros editores de páginas web

Si no le gusta Mozilla Composer o Word para edición web, tiene muchas otras opciones. Estas son algunas posibilidades:

- Dreamweaver (www.macromedia.com/software/dreamweaver): Si en realidad se va a tomar en serio la creación de un sitio web, Dreamweaver es el programa serio de los creadores. No es barato, pero tiene muchísimas opciones, incluso un FTP incorporado, revisión de errores, referencia HTML y visualizador de códigos.

- Editor CoffeeCup (www.coffeecup.com/software): Este editor de Windows le permite elegir elementos de página desde una lista, de manera que nunca tiene que ver códigos HTML. Sus opciones de formato están limitadas, pero es una excelente opción para comenzar. Un programa FTP está incluido para cargar sus páginas terminadas. Este programa ya no es gratuito, pero sigue siendo una buena opción.

- Microsoft FrontPage (office.microsoft.com): FrontPage viene con Microsoft Office. Sin embargo, tenga cuidado: FrontPage y FrontPage Express tienen el desagradable hábito de insertar códigos propiedad de Microsoft que sólo funcionan si su PSI usa un servidor de Microsoft.

Colocar su página en la web

Luego de que haya hecho algunas páginas con las que se siente a gusto y está listo para que otras personas las vean, tiene que darlas a conocer al mundo. Aunque casi cualquier PSI tiene un servidor web para las cuentas de los usuarios, no hay dos PSI que manejen el proceso de subir la página de la misma forma.

Cargar desde su editor web

Para cargar sus archivos, necesita un programa FTP. Por suerte, los programas de edición bien diseñados, cómodos y geniales, como Mozilla Composer tienen un programa FTP incorporado. Pueden almacenar el nombre del anfitrión, el nombre del usuario y la contraseña de su servidor web la primera vez que carga una página, para que no tenga que ingresar esta información una y otra vez. Esta es la forma de usarlos en Mozilla Composer para cargar sus páginas web y los archivos gráficos que contienen las imágenes que aparecen en ellas:

1. **Haga clic en el botón Publicar (Publish) en la barra de herramientas para que aparezca el cuadro de diálogo Publicar página (Publish Page) que aparece en la Figura 17-4.**

   Primero necesita completar los campos en la pestaña Configuración (Settings).

2. **Elija el nombre del sitio que usará cuando edite estas páginas en el futuro, ingrese la Dirección de publicación, la dirección del FTP que le dio su PSI para cargar sus páginas, y su nombre de usuario y contraseña.**

(La dirección del HTTP es opcional.) Usted recopiló la mayoría de esta información en la sección "Páginas web en servidores web" más atrás en este capítulo. Quizá no quiera seleccionar el cuadro Guardar contraseña (Save Password) para mantener la seguridad de su sitio.

3. **Luego, haga clic en la pestaña Publicar (Publish) y complete el Título de la página (Page Title) y el Nombre de archivo (File Name).**

   El Título de la página es el nombre que quiere que aparezca en la barra de título del explorador cuando aparece su página. El Nombre de archivo es el nombre del archivo que se usará cuando se realice la descarga; por lo general es el mismo que el archivo que usa en su propia PC para evitar confusiones.

4. **Haga clic en el botón Publicar (Publish) para comenzar la descarga.**

   Mozilla abre una ventana con el estado del archivo de la página y con cualquier imagen que aparezca en ella.

5. **Haga clic en Cerrar (Close) cuando termine.**

Algunas versiones de Word incluyen FTP mientras que otras no lo hacen. (Word 2003 no lo incluye, así que vea la siguiente sección para aprender cómo se carga en este caso.) Si tiene versiones anteriores de Word, intente lo siguiente:

1. **Elija Archivo (File)⇨Salvar como (Save As).**

2. **Haga clic en el cuadro Salvar en (Save In), en la esquina superior izquierda del cuadro de diálogo Salvar como y elija Ubicaciones FTP (FTP Locations).**

3. **Para indicarle a Word el servidor web hacia el que quiere cargar sus páginas, haga clic en Agregar/Modificar ubicaciones FTP (Add/Modify FTP Locations).** Luego digite el nombre del anfitrión del servidor web, su nombre de usuario (haga clic en Usuario) y su contraseña. Haga clic en el botón Agregar (Add).

   Cuando hace clic en Aceptar (OK), usted vuelve al cuadro de diálogo Salvar como y ahora la dirección de su servidor web aparece.

4. **Haga clic en el servidor y haga clic en Abrir (Open) para conectarse al servidor.**

   Observa el archivo y las carpetas que tiene en el servidor.

5. **Haga clic en Salvar (Save) para cargar su página.**

Cargar con un programa FTP

Algunos malos programas de edición no incluyen programas FTP, de manera que estará solo cuando se trata de cargar sus páginas web. Asumiendo que tenga los detalles del servidor que mencionamos al principio de este capítulo, esto es lo que debe hacer:

1. **Ejecute su programa FTP.**

   Nosotros usamos WS_FTP (nuestra página web en `net.gurus.com/ftp` cuenta con información relacionada), aunque en realidad cualquier FTP funciona. Si tiene Windows XP, puede usar su opción Carpetas web.

2. **Ingrese al servidor de carga de su proveedor, usando su propio usuario y contraseña.**

   Tendrá que ingresar el nombre del servidor FTP, el nombre de su usuario (por lo general el mismo que su nombre de cuenta) y su contraseña (por lo general el mismo que usa cuando se conecta a su proveedor).

3. **Cámbiese al directorio (carpeta) al que pertenece su página.**

   El nombre por lo general es algo como `/pub/elvis`, `/www/elvis`, o `/pub/elvis/www` (si asumimos que su nombre de usuario es *elvis*).

4. **Cargue su página o páginas web.**

   Use el modo ASCII, no el modo binario, para las páginas web porque están almacenadas como archivos de texto. Use el modo binario cuando carga archivos gráficos.

Entonces, ¿dónde está mi página?

Cuando termina de cargar, si el nombre de su cuenta es `elvis` y su página en el servidor se llama `mypage.html`, su URL es algo parecido a

```
http://www.su-nombre-isp-.net/~elvis/mipage.html
```

De nuevo, las URL varían según el proveedor. Algunos no siguen la convención de colocar una tilde (~) frente al nombre de usuario.

Probar su página

Asegúrese de revisar cómo luce su página después de colocarla en la web. Inspecciónela desde la PC de otra persona. De esta forma se asegura de que no tenga, por accidente, referencias hacia archivos gráficos almacenados en su PC que olvidó cargar. Si quiere ser compulsivo, revise cómo luce desde varios exploradores, Firefox, Mozilla, Internet Explorer, Opera, AOL, MSN TV y Lynx, para mencionar unos cuantos. Si no es compulsivo, sólo revise sus páginas en Internet Explorer y Firefox.

Un poco después de cargar sus páginas, es probable que note un error que salta a la vista. (Eso siempre nos pasa.) Para actualizar una página edite la copia en su propia PC y luego cárguela en su servidor web para reemplazar la versión anterior. Si cambia algunas páginas, pero no todas, no tiene que cargar las que no haya cambiado.

Sea el maestro de su dominio

Elegir un nombre es importante y ese principio no cambia cuando se trata de su página web. Una dirección de página principal como

```
www.gente.famosa-en-internet.com/~shakespeare/
          PrincipedeDinamarca/index.html
```

no atraerá tantos visitantes como

```
www.hamlet.org
```

Obtener su propio nombre de dominio es mucho más sencillo y barato de lo que se imagina. Hay tres pasos para hacerlo:

1. **Elija un nombre.**

   Preferirá uno que sea fácil de recordar y de deletrear. Elija un par de nombres alternativos por si el que quiere ya lo tomaron. No use una variante de una marca registrada popular como Nike o Sony (o Dummies) a menos que le guste tratar con abogados. También asegúrese de que no haya sido tomado; puede revisar en la base de datos WHOIS `.com`, `.net` y `.org` en `www.whois.net` o `registrar.verisign-grs.com/whois`.

2. **Pídale a su PSI que tome su nombre como "anfitrión".**

   Eso quiere decir que su PSI deja escapar algunos conjuros que le dicen a Internet que cuando alguien digita el nombre de su dominio dentro del explorador, ellos deberían ver los archivos almacenados en el servidor de su PSI. Muchos PSI cobran una cuota por este servicio, pero unos pocos lo hacen de manera gratuita. Su PSI debería ser capaz de encargarse del siguiente paso: la inscripción.

3. **Inscriba su nombre si su PSI no lo hace.**

   Decenas de encargados de llevar los registros compiten por el negocio en las populares categorías `.com`, `.net` y `.org`. La tarifa está entre $10 y $30 por año.

Si su PSI le quiere cobrar demasiado (digamos, más de $10 por mes) para inscribir su nombre y para ser el anfitrión de sus páginas, piense en usar un servicio anfitrión web. Pair Networks en `pair.com` y MyHosting en `myhosting.com` son de buena reputación, confiables y baratos.

La ciudad de los blogs

Después de haber creado unas cuantas páginas web de su propia autoría, es probable que llegue a la misma conclusión nuestra: mantener un sitio web, una página a la vez, es un dolor de cabeza. Si tiene mejores cosas que hacer, además de lidiar con el formato de una página, puede usar los sistemas de weblogs automatizados que proporcionan formato estándar mientras usted brinda el contenido brillante, ingenioso e inteligente. El Capítulo 18 se lo dice todo.

Los maravillos y extravagantes Wikis

Mientras que un blog es básicamente un ejercicio de vanidad personal por hacer publicaciones, un *wiki* le permite a un grupo de personas colaborar en un sitio web. Un wiki (cuyo nombre viene de la palabra hawaiana *wiki-wiki*, que significa "de carrera"; esto no lo estamos inventando) puede tener un número ilimitado de autores que pueden agregar y cambiar páginas dentro del sitio del wiki. Si suena como un caos, lo es, pero la mayoría de wikis tienen directrices que mantienen al grupo moviéndose hacia más o menos la misma dirección. Uno de los mejores wikis es www.wikipedia.org, una enciclopedia colaborativa que, con más de 120.000 entradas, está a punto de incluir todo el conocimiento humano.

Es más difícil encontrar lugares donde iniciar su propio wiki que su propio blog, pero es más divertido encontrar un wiki de su interés, ingresar y comenzar a editar su pequeña esquina en él. Si quiere crear un wiki para el uso de su organización, comité o grupo de amigos, hay una lista de *wiki farms* (servidores wiki) en el sitio Wiki Science en

en.wikibooks.org/wiki/Wiki_Science

Figura 17-5
Algunos sitios para comprar.

Abrir una tienda en línea

Para vender algo en Internet antes se necesitaban grandes sumas de dinero para el software y el talento de programación. Ahora, una gran cantidad de sitios le permiten crear una tienda web con un costo modesto. Nos gusta el sitio de ventas de Amazon en `ww.amazon.com` (`www.100x35.com/especiales/amazonespanol.htm`; ofrece información en español). Mientras escribimos este libro, usted hace clic en el vínculo Make Money cerca de la parte inferior de la página para averiguar cómo configurar una cuenta de vendedor, pero como los diseños de las páginas pueden cambiar, quizá necesite revisar un poco la página principal de Amazon. Ellos, incluso, procesan ventas con tarjetas de crédito por usted, de esta forma se elimina algo que en su momento fue un terrible dolor de cabeza. Yahoo le proporciona diversas formas de vender por medio de su sitio (subastas, una fachada y anuncios clasificados), vaya a `sell.yahoo.com` para obtener más información.

Si no está listo para crear páginas web y configurar una tienda completa, aún puede vender objetos individuales por consignación en sitios como `www.mercadolibre.com.mx` o en sitios de subastas como `www.ebay.com`. En realidad, ahora Mercado Libre trabaja en colaboración con eBay.

Para vender un objeto en Mercado Libre (o en cualquier otro sitio por consignación), primero debe crear una cuenta gratuita. Para vender o comprar, haga clic en Vender. Localice la categoría del objeto que quiere vender (como aparece en la Figura 17-5). Luego complete el formulario con datos sobre el objeto. En Mercado Libre encuentra desde accesorios para vehículos hasta instrumentos musicales. Cuando hace clic en el vínculo Aceptar y publicar artículo, su lista va a la base de datos y aparece en el sitio dentro de una hora. Cuando vende su objeto, lo cual puede darse dentro de unos minutos, horas o meses, el sitio se deja una comisión.

Vender un objeto en eBay es un poco más complicado. Necesita escribir una descripción del objeto y tomarle una foto digital o escanearla. Vaya a `www.ebay.com`, haga clic en la pestaña o el vínculo Vender y siga las direcciones. Las subastas pueden durar hasta siete días. eBay le cobra una cuota por colocarlo en la lista, aunque si su objeto no se vende, por lo general lo puede volver a colocar en la lista de forma gratuita (intente de nuevo, quizá con un precio de inicio más bajo.)

Dígalo fuerte: encontrar su sitio web

Luego de colocar sus páginas en línea, quizá quiera lograr que las personas la visiten. Antes de hacer cualquier publicidad en línea, asegúrese de que sus páginas tengan dos tipos de información que buscan los motores de búsqueda y los directorios web.

✔ **Descripción de la página:** puede almacenar una oración que describa el contenido de su página dentro de los códigos ocultos (*metatags*) al principio de cada página web. Yahoo, Google y otros sitios muestran este texto cuando su página aparece en sus listas y usan el texto para determinar cómo categorizar la página. En Mozilla Composer puede agregar la descripción de una página al elegir Formato (Format)➪Título y propiedades de la página (Page Title and Properties).

✔ **Palabras clave:** puede proporcionar una lista de palabras clave y frases que la gente podría buscar si quiere encontrar su página. Mozilla Composer no facilita el proceso de agregarle palabras clave a los códigos ocultos de su página, pero ésta es la forma de hacerlo: elija Ver (View)➪Código fuente HTML (HTML Source) para mostrar los códigos HTML que componen su página. Haga una revisión hasta encontrar `</head>`. Justo sobre eso, agregue una etiqueta como ésta:

```
<meta content="gatos, mininos, felinos, animales domésticos "
      name="keywords">
```

Reemplace la lista de términos relacionados con gatos con la suya. Luego elija Ver (View)➪Modo normal de edición (Normal Edit Mode) para mostrar su página de la forma que normalmente luce.

Luego de que la descripción de su página y las palabras clave están en su lugar, éstas son algunas formas de publicar su sitio:

✔ Visite sus directorios web favoritos así como los motores de búsqueda, como Google (`google.com`), Yahoo (`yahoo.com`) y el Open Directory Project (`dmoz.org`) y proporcione su URL (el nombre de su página) para que la agreguen a su base de datos. Todos estos sitios tienen en sus páginas principales una opción para agregar una página nueva, por lo general se le llama Sugerir URL o Sugerir un sitio o Agregar su sitio. (A veces en un pequeño vínculo cerca de la parte inferior de la página.) Los índices automatizados como Google y AltaVista agregan las páginas con alguna rapidez, pero los directorios que se mantienen de forma manual como Yahoo quizá no las acepten del todo.

No pague para que se incluya su sitio. Cualquier motor de búsqueda y directorio respetable cuenta con una opción para agregar su sitio no comercial de manera gratuita, aunque puede pasar un tiempo para que aparezca.

✔ Visite `www.submit-it.com`. Puede pagar a Submit It (un servicio de Microsoft) una cuota anual para colocar su URL en un conjunto de directorios, índices y motores de búsqueda.

✔ Busque y visite otros sitios similares o relacionados y ofrezca intercambiar vínculos entre su sitio y el de ellos.

Lograr que su sitio sea muy visitado toma tiempo. Si su sitio ofrece algo diferente que es de interés real para otras personas, puede lograr un seguimiento por sí solo. Incluso nosotros, los autores de *Para Dummies,* hemos entrado en acción. Algunos de nuestros sitios locales que siguen aumentando su popularidad son la página Matemáticas en el Cine de Arnold Reinhold, en `www.mathinthemovies.com`; el sitio de Margy Grandes cintas para niños, en `www.greattapes.com`; el sitio de Margy Línea del tiempo de Harry Potter en `gurus.com/hptimeline` y el sitio de John Información sobre Aerolíneas en Internet, en `airinfo.aero`. ¡Sólo imagínese lo que usted puede crear!

Capítulo 18

Todo el mundo es un blog

*E*n los inicios de la web (hace 15 años), el plan era que las personas alrededor del mundo la usaran para comunicarse entre sí, como una rústica villa global virtual. Esa no fue la forma exacta en que sucedieron las cosas, cuando los enormes centros llenos de información como Yahoo la convirtieron en una experiencia nada rústica. Pero ahora, los *weblogs* o *blogs*, para decirlo de una forma más corta, se están encargando de cumplir con esa primera promesa al ofrecer algunas oportunidades realmente espectaculares para perder el tiempo.

¿Qué hay en un blog?

Un blog es un sitio web, ejecutado por un software, que facilita la opción de agregar contenido. La mayoría de los blogs tienen un autor que los actualiza con frecuencia. Además, los blogs contienen listas de entradas o fechas bastante cortas, como un diario en línea; las más nuevas aparecen en la parte superior. Algunos blogs son más complejos, con diversos temas o imágenes así como con palabras, pero mantienen entradas actualizadas a menudo. La Figura 18-1 muestra el muy popular blog Boing Boing (www.boingboing.net), que ofrece una colección ecléctica de revisiones y vínculos hacia sitios web que van desde la política hasta reseñas de arte pasando por cerraduras de seguridad para contenedores de helados.

Los mejores blogs ofrecen lecturas y comentarios de vanguardia, así como una escritura brillante, ingeniosa y llamativa, mientras que los peores prueban el antiguo cliché de que un millón de monos en un millón de máquinas de escribir podrían producir los trabajos de Shakespeare. Si busca en Google la palabra *blog* o *weblog* y algunas palabras de un tema de su interés, siempre encontrará alguno relacionado. Pero siga leyendo para que encuentre mejores formas de descubrir y organizar los blogs que lee.

Bastantes detalles acerca de RSS y Atom

La clave para lidiar con muchos blogs se encuentra en la alimentación de RSS. Entonces, ¿qué es RSS? Es una versión muy estructurada de una página web que no está dirigida a que la gente la lea, sino otras PC. La idea es que una PC que trabaja a su nombre puede ver la versión RSS de un blog para determinar qué ha cambiado y también puede volver a formatear el material para realizar una nueva combinada con un grupo de otros blogs. La versión RSS de un blog se llama un *feed* o alimentador porque es como un sistema que lo "alimenta" a usted con historias nuevas conforme se encuentran disponibles. RSS es interesante porque si usted encuentra un blog que le gusta, puede suscribirse a su alimentador RSS y recibirá notificaciones cada vez que una entrada nueva aparece en él.

Como un alimentador RSS es un tipo de página web, éste tiene su propia URL. El alimentador RSS que se muestra más abajo es `www.cauce.org/newsblog/index.rss`. Un alimentador RSS por lo general se ubica en el mismo servidor web que el material que describe, pero existe una gran cantidad de alimentadores RSS ubicados en servidores completamente separados de la ubicación del material que describen.

RSS no es totalmente ilegible, pero es un formato que sólo un sabelotodo amaría. Este es el principio de la versión RSS de un blog que uno de nosotros ejecuta:

```
<rss version="0.91">
<channel>
<title>CAUCE Hoja Informativa</title>
<link>http://www.cauce.org/newsblog</link>
<description>Coalición Contra los Correos Comerciales no Solicitados
(CAUCE) Hoja Informativa
```

```
</description>
<language>es</language>
<ktem>
<title> Industria de Canadá reporta su fuerza contra el spam </title>
<link>http://www.cauce.org/newsblog/2005/05/30#canada</link>
<description>
<p>La Industria de Canadá,la parte del gobierno aproximadamente equivalente al Departamento de Comercio de EE.UU., ha tenido que esforzarse así en el trabajo contra el spam el año pasado.</p>
```

Usted puede ver los códigos que marcan el título, el vínculo hacia el blog, la descripción, un objeto, el vínculo hacia el objeto y así sucesivamente. El archivo RSS completo contiene un grupo de objetos, uno por historia.

Sería mucho más sencillo si sólo una versión de RSS estuviera disponible, pero en lugar de eso, hay alrededor de una docena. La versión original 0.90 se convirtió en 0.91 (de ese tipo es el ejemplo de arriba), 0.92 y 0.93. Luego un grupo inventó RSS 1.0 (que a veces se llama RDF), y el grupo 0.9x lo llevó a RSS 2.0. El IETF, el grupo que mantiene los estándares de Internet, ha estado trabajando en el Proyecto Atom, que pretende ser un sucesor neutral de todas las versiones RSS; parece que tendrá éxito. Por suerte, las distintas versiones de RSS son bastante similares, de manera que cualquier programa puede usarlas todas. Por otro lado, si un blog ofrece diversas versiones, casi no importa cuál elegir. (En nuestro caso, hemos elegido la versión 1.0, que incluye un poco más de información.)

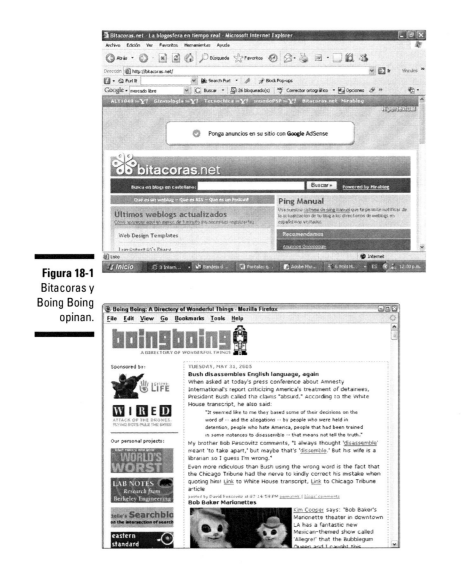

Figura 18-1
Bitacoras y
Boing Boing
opinan.

Conforme los blogs se hacen más populares, muchos sitios web que originalmente no se habían concebido como blogs se han convertido en ellos. Casi
todos los periódicos y revistas con un sitio web han logrado que sus sitios
funcionen como blogs, o como un grupo de blogs, uno para cada sección del
periódico. Mi Yahoo (`http://es.my.yahoo.com`), la página web personali-
zable que usted puede configurar en Yahoo, ha agregado cada vez más características de tipo blog. De manera que ahora puede incluir el de cualquier
otra persona como parte de su página Mi Yahoo y puede usar muchas de las
propias partes como blogs en recopilaciones que hizo en otro lugar.

Al usar *Really Simple Syndication* (*RSS*), la lengua materna de los blogs, se
puede hacer un blog a partir de cualquier recopilación de material relacio-

nado en Internet. El sitio web de la Oficina de Patentes y Marcas de Estados Unidos tiene un motor de búsqueda para patentes que no parecen un blog, pero alguien que conocemos usó páginas de ese sitio para hacer un blog de patentes para Microsoft, un blog de patentes para Google, entre otros. Esto es útil para las personas en el negocio de la tecnología.

¿Cómo leer un blog?

Leer un blog es algo sencillo; son como páginas web. Indique en su explorador la página principal de uno en el que tenga interés y léalo. (Apuesto a que pensó que era algo más complicado.) Si quiere conocer una historia en particular, haga clic en el vínculo en la historia. (Esta sección ofrece algunas sugerencias de dónde encontrar blogs que valen la pena.)

En vista de que los blogs cambian con frecuencia (al menos se supone que eso suceda), usted quizá quiera marcar sus preferidos para que los pueda encontrar de nuevo. Conforme encuentra más blogs, pronto sus carpetas y su cerebro estarán a punto de estallar; trate de darles seguimiento. Por suerte, usted no es la primera persona en tener este problema, de manera que se encuentran a su disposición algunas excelentes herramientas de organización.

¿Cómo lidiar con todos los blogs?

Leer un blog es como comerse una sola papa tostada, algo que nunca sucede. Cuando encuentra uno, por lo general tiene vínculos hacia otros. Si busca uno, se encuentra con una docena y antes de que lo note, estará sumergido en las arenas blogueanas con muchos blogs interesantes para darles seguimiento.

El salvavidas para mantenerlo a flote se conoce como un *agregador*, una palabra muy lujosa para algo que mantiene a todos sus blogs ordenados en un lugar donde usted puede dar una mirada para ver qué hay de nuevo. Los agregadores usan RSS para darle seguimiento a los artículos nuevos colocados en los blogs. En su agregador favorito, usted se *suscribe* a los blogs de su interés y éste le muestra todas las cosas interesantes en un lugar accesible. Los agregadores vienen en dos variedades principales. Uno está basado en la web, un sitio que le da seguimiento y que le muestra todos sus blogs preferidos. El otro está basado en el escritorio, es un programa que le permite a su PC darle seguimiento y mostrarle sus blogs favoritos.

Una ventaja de los agregadores web es que no requieren la instalación de ningún software y usted puede revisar sus blogs en cualquier lugar donde pueda encontrar un explorador. La desventaja de los agregadores de escritorio es que quizá sea necesario descargar e instalar un software (aunque dos de ellos son programas que usted debería tener instalados). Su ventaja es que la respuesta es más ágil y son más fáciles de usar que los basados en la web. Aunque este último punto es debatible.

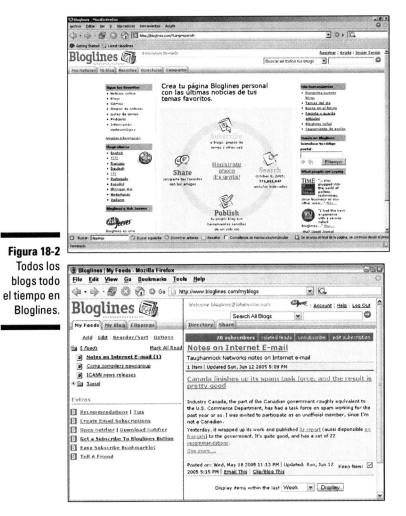

Figura 18-2
Todos los
blogs todo
el tiempo en
Bloglines.

Blogs en la web

A continuación mencionamos tres de nuestros sitios web de agregadores preferidos. Todos están disponibles de manera gratuita.

Bloglines

www.bloglines.com/?Lang=spanish

Bloglines es el sitio premier para las personas que quieren seguir un grupo grande de blogs. Para comenzar a usar Bloglines, usted configura una cuenta gratuita y luego le dice que agregue la versión RSS de los blogs en los que está interesado. (Ese es el vínculo Añadir cerca de la esquina superior izquierda de la Figura 18-2.) Si conoce la URL del alimentador RSS, puede ingresarlo directamente, pero por lo general es más fácil usar un motor de búsqueda incorporado. Digite unas cuantas palabras que describan los blogs que le gustarían y elija los que se vean parecidos. Muchos blogs también tienen un botón Bloglines en el que puede hacer clic para que lo lleve al sitio Bloglines y para que lo agregue a su cuenta.

Para cada blog, Bloglines le da seguimiento a los objetos y recuerda cuáles ha visto; también reporta con un paréntesis después del nombre los que no se han leído. Eso le facilita revisar el material nuevo cuando pasa por ahí. Puede marcar las historias de interés que quiere agregar en su carpeta privada de clippings y también puede publicar un clip blog y de manera opcional puede agregarle notas a cada uno. (Su clip blog es un blog verdadero con su propio alimentador RSS, de manera que sus amigos pueden leerlo y guardar entradas, y los amigos de sus amigos pueden leer el de ellos. Esto ofrece blogs dentro de blogs dentro de blogs.)

Newsgator

www.newsgator.com

Newsgator ofrece aproximadamente las mismas opciones que Bloglines, pero está más enfocado en los negocios. Newsgator facilita la suscripción a muchos blogs fuente de noticias, periódicos, servicios de noticias como Reuters y muchos alimentadores de noticias de la industria o de temas específicos. También ofrece alimentadores muy llamativos de palabras clave y URL, en los cuales coloca unas cuantas palabras para buscar o una URL y sintetiza una alimentación de todos los objetos en los blogs a los que le da seguimiento con esa palabra clave o URL. El servicio gratuito ofrece una palabra clave y un alimentador URL. Además, usted puede pasar a los servicios pagados que ofrecen otras opciones más atractivas.

Newsgator también tiene una carpeta clipping y le permite publicar un clip blog.

Vaya, es una retrospectiva

Quienes crean blogs, con frecuencia hacen comentarios de los otros. Algunas veces los comentarios son agradables, algunas veces no tanto, pero, ciertamente, se relacionan. La mayoría de los blogs permiten a los visitantes dejar comentarios, pero las discusiones serias a menudo se llevan a cabo entre dos o más blogs. En este caso, cada uno contiene comentarios del otro. Cualquier persona que lea el blog con comentarios puede ver la referencia hacia el blog original, pero no existe la posibilidad de que alguien que lea el original sepa dónde buscar comentarios. Ahí es donde entran las *retrospectivas*.

Digamos que alguien de un blog, llamémosle John (no es su nombre real), coloca una entrada provocadora en su blog. Luego otra persona, Margy (tampoco es su nombre real) coloca "Para un ejemplo completamente inestimable de disincronia, revise esta entrada en el blog de John" con un vínculo hacia el blog. Si el software del blog de John está configurado para manejar las retrospectivas, el sistema del blog de Margy puede informarle al de John acerca del vínculo nuevo, de manera que el de John agrega una nota de retrospectiva con un vínculo hacia el comentario, lo cual establece una conexión de dos vías.

La visión original de hipertexto, de la cual la web es una versión rápida, hizo todos los vínculos de dos vías. Las retrospectivas llevan a la web más cerca del concepto original.

Mi Yahoo

es.my.yahoo.com/

Si su meta no es más que leer, Mi Yahoo no es el mejor lugar para hacerlo. Pero si usted ya usa Mi Yahoo por todo lo que ofrece, agregar unos cuantos alimentadores RSS (o muchos de ellos) es sencillo. Cuando hace clic en el botón Agregar contenido, la nueva página de contenido le permite ingresar la URL de un alimentador RSS (hay un pequeño vínculo junto al botón Buscar) si no ofrece un catálogo de todos los alimentadores RSS que Yahoo conoce. Cuando agrega un alimentador RSS, Mi Yahoo hace que se vea como contenido incorporado de Yahoo.

De manera inversa, si usa un agregador distinto y quiere incluir algunas de las secciones de Mi Yahoo, visite news.yahoo.com/rss para encontrar alimentadores RSS para la mayoría de áreas que puede adjuntarle a cualquier agregador que quiera. Incluso puede pedirle a Yahoo que haga un alimentador personalizado de objetos que contenga las palabras clave que usted elige, nada distinto a lo que hace Newsgator, pero, debido a que es un alimentador RSS, puede usarlo en cualquier lugar.

Blogs en su escritorio

Si quiere estar muy cerca de sus blogs, probablemente debería configurarlos en un programa en su escritorio. Tenemos tres sugerencias para hacerlo. Un programa agradable, pero sencillo, llamado BlogExpress; nuestro programa de correo electrónico favorito, Mozilla Thunderbird, el cual hace que sus blogs luzcan como carpetas de correo; y nuestro explorador web preferido, Mozilla Firefox, que los hace verse como carpetas de marcadores.

Leer blogs en BlogExpress

BlogExpress, que aparece en la Figura 18-3, es un excelente pequeño programa que usted puede descargar desde la web. Es completamente gratuito,

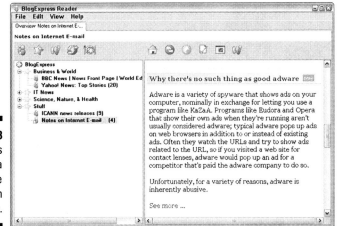

Figura 18-3
BlogExpress le facilita mantenerse al día con sus blogs.

aunque los autores no se opondrían si usted regresara y les diera una donación si usa el programa y le gusta. Visite www.usablelabs.com, haga clic en el vínculo BlogExpress, haga clic en la flecha verde para descargarlo y luego ejecute el programa que descargó para instalarlo.

Cuando inicia BlogExpress, le ofrece ayuda para seleccionar blogs por los que tiene interés; como siempre, si conoce la URL del alimentador RSS, puede ingresarla directamente. Luego, aparece cada blog como una página con vínculos a los que puede hacer clic. BlogExpress tiene un explorador web incorporado (en realidad Internet Explorer), de manera que cuando hace clic en un vínculo, éste abre el vínculo como una etiqueta dentro de la ventana de BlogExpress, que además tiene un botón Cerrar en la parte superior para hacerle clic cuando haya finalizado.

Si minimiza la ventana BlogExpress, ésta aparece como un icono pequeño de dos gotas en la bandeja del sistema de Windows y muestra una ventana pequeña de vez en cuando, cada vez que encuentra historias nuevas, que por lo general dice algo como "224 objetos nuevos". Tiene unas cuantas opciones más para abrir y cerrar ventanas de páginas web y para organizar su lista de alimentadores, pero es una herramienta deliberadamente fácil de usar y no un programa desconcertante con muchos cantos y bailes. Para la mayoría de las personas es todo lo que necesita de un lector de blogs.

Leer blogs en Thunderbird

En el Capítulo 13 lo animamos para que instale Mozilla Thunderbird y lo use como su programa regular de correo electrónico. Si lo hace, es fácil indicarle a Thunderbird que siga unos cuantos blogs y se los muestre como si fueran carpetas de correo. Si le da seguimiento a una gran cantidad de blogs, quizá T'bird no es el mejor programa para usar. Sin embargo, para ver unos pocos mientras revisa su correo es muy útil.

Primero, tiene que decirle a Thunderbird que configure una carpeta de blogs:

1. **En la pantalla principal de Thunderbird haga clic en Crear nueva cuenta (Create a New Account).**

2. **En la primera página del asistente que aparece seleccione RSS News & Blogs y luego haga clic en Siguiente (Next) unas cuantas veces hasta que llegue a Terminar (Finish).**

   Ahora tiene una carpeta News & Blogs y puede agregarle alimentadores RSS.

3. **Haga clic derecho en la carpeta News & Blogs y seleccione Subscribirse para abrir la ventana de suscripciones.**

4. **Para agregar un blog haga clic en Agregar (Add), digite o pegue la URL del alimentador RSS del blog dentro del cuadro Feed URL y luego haga clic en Aceptar (OK).**

Thunderbird no ofrece una forma automatizada de encontrar URL de alimentadores RSS, lo cual es un problema. Una posibilidad es abrir el blog en su explorador, buscar el vínculo XML o RSS en la página del blog, hacerle clic derecho a ese vínculo y seleccionar Copiar la ruta del enlace (Copy Link Location) (en Firefox) o Copiar acceso directo (Copy Shortcut) (en Internet Explorer) para colocar el vínculo en el portapapeles de Windows. Luego puede pedirle a Thunderbird que agregue un alimentador nuevo, hacer clic en el cuadro Feed URL y seleccionar Pegar (Paste) para unir la URL que acaba de copiar. Sí, este proceso es muy engorroso. Esa es una de las razones por las que no recomendamos esto para usuarios de grandes cantidades de blogs.

Cuando sus blogs están configurados, cada uno aparece como una carpeta de correo debajo de News & Blogs. Puede ver la lista de encabezados y leer las entradas del blog de la misma forma en que lee los mensajes del correo electrónico. El sistema recuerda los que ya vio y puede borrar los que ha leído. (No se borran del blog en sí, sólo de la carpeta de Thunderbird.) Puede guardar los que le gustan en carpetas locales, al igual que los mensajes de correo, y hacer todo lo que pueda con los mensajes de correo, excepto responderlos; las entradas de blogs no tienen dirección para responder.

Leer blogs en Firefox

Si configura Mozilla Firefox como su explorador web, tal como lo sugerimos en el Capítulo 13, estará a unos clics de distancia de tener todos sus blogs preferidos como *marcadores en vivo,* los cuales parecen carpetas en el menú de marcadores, con todos los objetos del blog como marcadores individuales. El ingrediente *vital* es que los contenidos de la carpeta se actualizan de forma automática conforme cambia el blog. Ese tipo de marcadores en Firefox es mucho más sencillo de configurar que las carpetas de blogs de Thunderbird, pero después de estar configurados no son tan útiles.

Cada vez que visita una página web, y Firefox averigua que hay un alimentador RSS relacionado con la página, éste le muestra un pequeño icono de alimentación de color naranja en la barra de estado en la parte inferior de la pantalla. Para hacer un marcador en vivo para esa página, sólo haga clic en el icono. Si Firefox encuentra más de un RSS para la página, le pregunta cuál quiere. (Si hay diferentes opciones de RSS, como 0.91 y 1.0, elija el número mayor. Si tienen contenido distinto, Firefox debería mostrarle nombres de alimentadores que le den una idea acerca de cuál es cuál.) Luego, le pregunta en qué lugar de sus carpetas de marcadores almacenarlo, y su alimentador queda listo.

Para ver un alimentador, sólo busque su marcador en el menú Marcador (Bookmark) y hága clic en él para ver una lista de todos los objetos actuales. Hága clic en cualquiera de ellos para abrirlo; para pasar un buen rato haga clic en Abrir (Open) en pestaña en la parte inferior de la carpeta de marcadores y Firefox abre todas las entradas del blog de una sola vez, con cada una en una pestaña separada en el explorador.

Firefox no proporciona ninguna forma de recordar cuáles objetos ha visto, lo cual limita la utilidad de esta opción para tener archivos serios de blogs. Nos ha parecido útil para marcar un blog que parece prometedor, pero que no estamos seguros si vale la pena agregarlo a nuestra cuenta Bloglines para poder verlo unas cuantas veces antes de agregarlo.

¿Puedo ganar mucho dinero con mi blog?

Quizá no. El camino para obtener dinero con un blog es comenzarlo, llenarlo de contenido brillante, interesante y llamativo, colocarle algunos anuncios al lado y, entonces, millones de personas lo visitarán, harán clic en los anuncios, y usted usará su ganancia de la publicidad para comprar una isla tropical cuando se pensione.

Existen unos cuantos blogs famosos para los que este plan ha surtido algún efecto, como es el caso de Boing Boing (www.boingboing.net, para un poco de chismes tecnológicos eclécticos) y Wonkette (www.wonkette.com, chismes políticos de Washington DC), pero es muy probable que los pueda contar con sus dedos y administrar cada uno de ellos es un trabajo de tiempo completo. Hemos experimentado con publicidad en algunos de nuestros sitios web tipo blog, como en el airinfo: aero de John y nunca hemos visto más que unos pocos dólares. Esto quiere decir que nuestra isla tropical se reducirá a unos pocos centímetros.

Puede colocar un blog con anuncios de manera gratuita en Blogger (www.blogger.com), así que no tendrá nada que perder más que su tiempo y quizá su autoestima. Pero no renuncie a su trabajo tan pronto.

Escribir su propio blog

Ahora que ha visto todas las formas de leer los blogs de otras personas, ¿qué le parece comenzar con el suyo?

Usar un blog o no usarlo

Si quiere iniciar su propio blog, tenga en cuenta nuestro comentario al principio del capítulo acerca del contenido brillante, ingenioso y llamativo. Lo de ser brillante es difícil, y serlo con regularidad es agotador. De manera que si comienza con su propio blog, haga pruebas antes de contarle a sus amigos. De lo contrario, al principio puede parecer bueno, pero luego ya no será atractivo.

¿Dónde colocar su blog?

Ejecutar software de blogs es tan simple que quizás existen 10.000 lugares distintos donde puede colocarlo. Pero hay tres grandes sitios de blogs que le permiten colocarlo sin tener que instalar nada. A menos que conozca una persona que muera por instalar algún software para blogs en su sitio, use uno de estos. Estos tres sitios ofrecen un blog básico de fácil uso de manera gratuita. Algunos también tienen opciones adicionales con un costo extra que ellos creen que usted usará. Por razones que pronto saldrán a flote, sugerimos que la mayoría de nuestros usuarios de blogs prueben Blogger.

Las cinco razones principales para no iniciar su propio blog

Las entradas de los blogs, por lo general, son cortas, por lo que le ofrecemos una lista corta.

5. Usted trabaja en su blog cuando debería trabajar en sus labores diarias, algo que molesta a sus compañeros de trabajo y a su jefe. Además, pasa horas leyendo otros blogs para buscar temas que comentar o tomar prestados.

4. Cualquier conversación o experiencia se convierte en una entrada potencial para el blog, en lugar de ser parte de su vida. (Esto también se conoce como el Síndrome del Novelista.)

3. Intenta tener conversaciones extrañas y experiencias para tener material para el blog. (Síndrome del Mal Novelista.)

2. Cualquier cosa, sin importar lo trivial que sea, toma un fuerte significado para el blog. ("¿Alguna vez notó las diferentes formas en que la lluvia lava la suciedad del costado de un autobús de la ciudad...?")

1. Se da cuenta que no tiene nada que decir.

Aquí practicamos lo que predicamos. Ninguno de nosotros tiene un blog personal, sólo algunos relacionados con el trabajo.

Blogger

www.blogger.com/start

Antes conocido como Blogspot y otro par de nombres, ahora Blogger es parte del imperio de Google, aunque Google no le ha puesto su nombre, al menos no por ahora. Después de crear una cuenta, puede agregar y editar entradas de blogs por medio del sitio web, personalizarlo de millones de formas y publicarlo. También soporta blogs móviles (moblogs) que le permiten colocar texto e imágenes desde su teléfono móvil.

Blogger no está nada interesado en pedirle dinero. Hasta donde nos podemos imaginar, su razón de existir es principalmente ser un lugar donde las personas vean anuncios de Google. Pero eso está bien, es un sitio agradable y los anuncios son opcionales.

LiveJournal

www.livejournal.com

El cliché del usuario de LiveJournal es un estudiante universitario que necesita proporcionarle muchísima información a sus 100.000 amigos más cercanos acerca de temas que van desde el gusto por la música, pasando por planes de fiestas cercanas, hasta la filosofía política personal. Si este se parece a usted, LiveJournal es el lugar adecuado. El blog básico es gratuito y una cuenta pagada puede incluir opciones adicionales, como encuestas y sondeos.

Xanga

`www.xanga.com`

Xanga es muy parecido a LiveJournal, excepto que el usuario promedio parece tener cinco años menos. A diferencia de los otros dos sitios, Xanga muestra sus anuncios en su blog a menos que usted adquiera una cuenta Premium.

¡Luces, cámaras, Weblog!

El texto es muy característico del siglo 20. (En realidad, es más como del siglo 15, ¿pero quién está contando?) Si el texto no es de su agrado, casi todos los sitios de blogs, incluso los tres que describimos en la sección anterior, le permiten incluir imágenes, a menudo como un *moblog* (blog móvil) que le permite cargar directamente desde su teléfono móvil.

Si quiere hacer un blog de sólo imágenes, quizá con algunos comentarios, visite Flickr (`www.flickr.com`), el sitio más popular de fotoblogs.

Por último, si quiere viajar por la ruta multimedia completa, y tiene una cámara o un teléfono que graba videos, `www.vidblogs.com` es anfitrión de blogs de video. Como los archivos de video son grandes, sólo los usuarios con conexiones de banda ancha rápida pueden incluirse. Pero si considera que puede hacer películas brillantes y llamativas de un minuto, ésta es su opción. ¡Buena suerte!

Parte VI
La parte de los diez más

"No pretendo obstaculizar su búsqueda de conocimientos; sin embargo, en general no es una buena idea tratar de descargar toda la información de Internet".

En esta parte . . .

Tenemos muchos cabos sueltos que queremos compartir con usted, por lo tanto (para generar la ilusión de estar organizados) los hemos agrupado en listas. Por una extraña coincidencia, cada lista consiste en exactamente *diez* hechos. (*Nota para las mentes literales:* quizás tenga que cortarse o pegarse algunos dedos para que su versión de diez coincida con la nuestra. Quizás sea más fácil creer en nuestra palabra.)

Capítulo 19

Diez problemas y diez soluciones

En este capítulo

▶ Mi PC se estropeó con algo que adquirió en Internet

▶ Tengo un programa que no funciona sin mostrar anuncios

▶ ¿Hay alguna forma de protegerme del robo de mi identificación?

▶ ¿Cómo puedo recordar todas esas contraseñas?

▶ ¿Cómo puedo mantener mi privacidad en línea?

▶ ¿Qué hago con los mensajes "404 Página no encontrada"?

*U*sar Internet es algo realmente emocionante. Pero, en algunas ocasiones, las cosas se complican tanto que lo único que quiere es arrojar su PC por la ventana y volver a los métodos de comunicación que usaron nuestros ancestros, como los periódicos, los teléfonos y las señales de humo.

No se rinda todavía. Este capítulo explica algunos problemas comunes que enfrentan muchos de los usuarios de Internet, así como algunas soluciones.

Mi PC tarda demasiado para cargar, los anuncios han tomado toda mi pantalla y todo está muy lento

Esos síntomas sugieren que su PC está infestada con *malware,* programas malévolos que le hacen cosas desagradables. Entre ellos se incluyen los programas espías o spyware (que ingresan por medio de su explorador web) y los virus (que ingresan por medio del correo electrónico.) En el ciberespacio se da una guerra a gran escala para controlar todas las PC del mundo y la suya no es la excepción. El Capítulo 2 describe ambos tipos de malware y el Capítulo 4 le sugiere que instale programas antivirus y antiespías. Asegúrese de haber descargado las últimas mejoras para su sistema operativo de Windows y revise que su antivirus y su eliminador de programas espía también estén actualizados. Además, si todavía usa Internet Explorer para navegar por la web, piense en probar otro explorador, como Firefox.

A nosotros nos gustan estos programas antiespías y usamos ambos:

- ✔ Spybot Search&Destroy, en `www.safer-networking.org`.
- ✔ Ad-Aware, de Lavasoft en `www.lavasoftusa.com`.

En el caso de ambos programas, descárguelos, instálelos y ejecútelos. Asegúrese de descargar las actualizaciones con regularidad.

La opción nuclear

Si ya ha instalado y ejecutado programas antivirus y antiespías y todavía tiene problemas, quizá sea muy tarde para las soluciones superficiales. Es posible que su PC esté tan infestada que no tenga otra opción que borrar todo y comenzar de nuevo.

Antes de volver a instalar Windows, *debe* tener una barrera de protección para proteger su PC. Las versiones distribuidas de Windows son tan inseguras que no ha terminado de instalar el programa y todas sus actualizaciones de seguridad cuando se vuelve a infectar con virus y gusanos. (Instalar y actualizar Windows y sus programas de aplicaciones toma un par de horas. Infectarse quizá toma 10 segundos.) Los enrutadores mencionados en el Capítulo 5, que le permiten conectar varias PC a su conexión de Internet, incluyen barreras de protección adecuadas bastante económicas. Incluso si sólo tiene una PC, los $30 que gastará en un enrutador bien valen la pena.

Antes de que pueda reinstalar Windows, asegúrese de hacer una copia de todos sus archivos. Si no ha respaldado con regularidad, haga dos copias para estar a salvo. Haga por lo menos un respaldo en un CD-R o DVD-R para tener algo más confiable, en lugar de usar un medio regrabable. Asegúrese de tener los CD de instalación y todos los códigos de registro, los códigos de la licencia y los códigos clave de todas las aplicaciones que usa.

Antes de volver a instalar Windows, quizá quiera conseguir una copia de *Windows Para Dummies,* de Andy Rathbone (Wiley Publishing, Inc.) o *Windows XP Home Edition: La Referencia Completa* de nuestra autoría (Osborne/McGraw-Hill.) Estos libros tienen más detalles acerca de cómo volver a instalar Windows del espacio. Necesitará los CD originales que venían con su PC o una copia nueva de Windows XP o superior. Coloque el CD de Windows XP en su unidad para CD o DVD y reinicie. Siga las instrucciones donde le preguntan si quiere volver a escribir o destruir toda la información en su disco duro. Quizá necesite seleccionar algo como "Opciones avanzadas" para encontrarlo. Respire profundo y diga "sí" y otra vez "sí" para todas las advertencias que dicen que todos sus archivos se borrarán. Claro que se borrarán; por eso le pedimos hacer respaldos, pero esto también borrará los gusanos.

Cuando la reinstalación de Windows está completa, siga la instrucción en pantalla para volver a ingresar sus configuraciones de Internet. Luego vaya de inmediato a http://windowsupdate.microsoft.com (que sólo trabaja con Internet Explorer, puede sentirse aliviado) y descargue todas las actualizaciones sugeridas para Windows. Esto tomará un rato. Cargue su antivirus y el software antiespía y obtendrá las últimas actualizaciones. Luego vuelva a instalar todas sus aplicaciones. Sí, es un proceso muy engorroso.

Luego, coloque el CD con los respaldos en la unidad y escanéelo con el antivirus. Le recomendamos que no reinstale todos sus archivos de datos de una vez, sino sólo aquellos que necesite usar. Si hizo dos copias, tal como le dijimos, manténgalas en dos lugares distintos, preferiblemente incluso en dos edificios diferentes.

Por último, cree cuentas separadas protegidas con contraseñas para todas las personas que vayan a usar la PC y póngalas como cuentas "Limitadas" y no como "Administrador", a menos que exista una buena razón para que ellos instalen sus propios programas. Converse con todas esas personas de los riesgos de descargar material gratuito y de los sitios de juegos en línea. Sugiérales que si tiene que repetir este proceso, no podrán volver a usar la PC. Este no es un problema que quiera seguir enfrentando luego de haber tenido que reconstruir su sistema.

Hacer un cambio

El plan B es pensar en adquirir equipo Apple Macintosh, aunque sólo sea para su correo electrónico y para navegar en la web. En el momento de escribir este libro no existen amenazas serias en línea para Mac OS X de Apple. Esto podría cambiar, pero al menos Apple tiene más seguridad contra los piratas informáticos, contrariamente a lo que sucede con Microsoft. También debería mantener el sistema operativo de Mac actualizado y tendrá que reconstruir su PC si todavía quiere usarla. Si necesita ciertos programas para trabajar, busque los equivalentes de Mac o revise el Virtual PC, el cual le permite usar su sistema y programas de Windows en su Mac.

Este maravilloso programa gratuito no funcionará si desactivo los anuncios

Muchos de los programas gratuitos reciben el apoyo financiero de la publicidad. Ese es el trato. Puede encontrar los programas equivalentes que no muestran anuncios o puede pagar para registrar el programa y hacer que los anuncios desaparezcan. Aunque esté dispuesto a ver los anuncios con tal de tener el software gratuito, no le recomendamos que use ningún programa que muestre anuncios basados en la web (adware) mientras que otros programas se estén ejecutando. (Los anuncios que aparecen en el programa en sí en lugar de hacerlo en su explorador, como Eudora y Opera, no tienen problemas.) Las compañías de adware aseguran que no son programas espías y que no recopilan información personal de todos los sitios web que usted visita para decidir cuáles anuncios enviarle a su PC. Sin embargo, nosotros no les creemos.

No puedo enviar documentos adjuntos muy grandes en el correo electrónico

Algunos proveedores de servicios de Internet, así como algunos administradores del sistema, limitan el tamaño de los archivos que puede enviar por correo electrónico con sus servidores de correo. En el caso de los problemas en el trabajo, puede ser tan sencillo como hablar con la persona a cargo de su acceso a Internet y pedirle que cambie el límite. Puede ser que su PSI no sea tan flexible. Tenemos otra forma de mover archivos gigantes de un punto A hacia un punto B.

Para la transferencia de archivos locales, *sneakernet* (transferir archivos al pasarlos de una PC hacia otra) se ha convertido en la respuesta en forma de unidades USB. Estas unidades funcionan con versiones recientes de todos los sistemas operativos principales. Funcionan como un disco removible pero son como del tamaño de su dedo gordo (o más pequeños, en especial si tiene dedos grandes) y tienen un conector brillante rectangular en un extremo. Algunos sabelotodos cargan uno en un cordón alrededor del cuello o en sus llaveros. Para usar uno sólo conéctelo en un puerto USB en su PC. Para archivos muy grandes (de más de un gigabyte), puede usar un iPod como disco duro USB portátil. Después de copiar cualquier archivo que quiera, necesita decirle a su sistema operativo que ha terminado de trabajar con la unidad antes de desconectarla. Windows usa un pequeño controlador en la bandeja del sistema que lo hace. En Mac arrastre el icono del disco hacia la papelera.

Si su PC tiene una grabadora de CD o DVD, también puede grabar sus archivos en un CD o DVD para dárselo a su amigo. No es tan agradable y compacto como una unidad USB, pero es más duradero.

Me preocupa el robo de identificación

La Comisión Federal de Comercio de Estados Unidos (`www.ftc.gov/idtheft`) le brinda consejos para evitar el robo de su identificación. Primero, busque los mensajes *phishing (anzuelo),* el correo electrónico que dice ser de un banco o de una cuenta en línea, como eBay, y que asegura que hay un problema con su cuenta que puede eliminar con un clic en un vínculo dentro del mensaje. Estos mensajes nunca son reales, pero son muy peligrosos. Si su banco considera que hay un problema de seguridad, no se lo dirá por correo electrónico. Si no está seguro, contacte a la compañía por teléfono o digite la dirección de su página principal (por ejemplo, `www.subanco.com`) dentro de su explorador de forma manual y busque la sección de servicio al cliente. Vea el Capítulo 2 para obtener más información al respecto.

Internet no es la única fuente de información sobre usted. Mantenga sus recibos y otros documentos con los números de sus cuentas y del seguro social en un lugar seguro y rompa o triture los estados de cuenta viejos y los cobros de la tarjeta de crédito. Adquiera una trituradora que rompa el papel en pequeñas tiras en lugar de las baratas que lo cortan en tiras grandes del tamaño de la página; los ladrones con paciencia pueden pegarlos. Esas ofertas para tarjetas de crédito antes de aprobarse también son peligrosas si caen en las manos equivocadas. Tritúrelas o detenga su envío llamando al 1-888-5OPTOUT o visite `www.optoutprescreen.com` (en Estados Unidos.) Si en su licencia de conducir todavía aparece su número de seguro social, obtenga una nueva.

Adquiera el hábito de escanear los estados de cuenta de su banco y de su tarjeta de crédito cuando llegan (o incluso antes, en línea.) No se preocupe por la aritmética del banco, sino por buscar cargos en los que no recuerda haber incurrido. Si encuentra alguno, contacte a su banco o a la compañía de su tarjeta de crédito de inmediato. Cuando haya verificado cargos fraudulentos, dígale al banco que quiere cuentas nuevas con números de tarjetas de crédito nuevos. Quizá tenga que informarle a la policía, aunque según nuestra experiencia, si tiene cargos fraudulentos, el banco le emitirá las tarjetas nuevas sin demora.

No puedo recordar todas las contraseñas de mis sitios web

El consejo estándar es crear contraseñas con una combinación de letras, números y símbolos especiales, tener una contraseña diferente para cada cuenta, nunca escribirlas y cambiarlas cada cierto tiempo. La mayoría de los usuarios de Internet que tienen docenas de cuentas ignoran este consejo porque uno tendría que ser una persona poco usual para recordar todas las contraseñas y la cuenta a la que pertenecen.

Le sugerimos algo. Invente una buena contraseña para usarla con las cuentas de bajo riesgo, cuentas en las que si alguien más ingresa no provocará mayores consecuencias, como en el caso de las suscripciones a periódicos en línea. Use contraseñas diferentes para las cuentas de verdadera importancia, como el banco en línea. Si le parece que es necesario, escribir sus contraseñas y guardarlas en un lugar seguro, es mejor que elegir una contraseña fácil de adivinar para otra persona. No coloque su lista de contraseñas en el archivador de su escritorio o en una nota adhesiva en el monitor de su PC.

Existen algunos programas decentes para almacenar contraseñas de forma segura en asistentes digitales personales. Nos gusta el sistema gratuito de fuente abierta *Keyring* para las PDA de PalmOS y los teléfonos celulares, disponible en `http://gnukeyring.sourceforge.net`. Asegúrese de elegir una contraseña maestra fuerte y tenga un plan de respaldo para cuando su PDA caiga en la tina y muera. (La tinta sobre el papel ha soportado la prueba del tiempo.)

Recibo mensajes que dicen que no se pudieron entregar correos que nunca envié

No hay mucho que pueda hacer al respecto después de que esto sucede. Muchos virus informáticos se difunden al tomar la PC de otra persona y enviar copias de sí mismos a todas las direcciones de la libreta de ese PC. El virus las usa como direcciones de retorno falsas para no llamar la atención de la PC infectada. La mayoría de quienes envían spam utilizan PC que anteriormente se han tomado de esta forma para enviarlo; usan de nuevo las entradas en la libreta de direcciones u otras entradas de la lista de quienes lo reciben. Asegúrese de que su PC no sea la fuente de esos mensajes indeseables al mantener actualizado su sistema operativo y su software antivirus, al usar un enrutador como barrera de protección (vea el Capítulo 5) y al apagar el equipo (o al menos su conexión a Internet) cuando no está en uso.

Parece que la gente sabe mucho de mí

La velocidad con la que estamos perdiendo nuestra privacidad también nos asusta. Estos son algunos consejos:

Deshágase de los programas espía que pueden estar merodeando su máquina

Los programas espía hacen justo lo que su nombre indica, lo espían a usted y a sus actividades. Usted cree que sus actividades en Internet son privadas, pero a menos que mantenga su PC libre de estos programas, no lo son. Explore un sitio de hipotecas y pronto escuchará de un universo de prestamistas con hipotecas. Haga una compra en una farmacia y pronto recibirá información acerca de medicinas que ni siquiera sabía que existían. Su buzón de entrada está lleno de nombres que se parecen a los de personas que en realidad conoce, pero que no lo son. Si todo esto le suena conocido, es muy probable que su software esté grabando cada combinación de teclas. ¡Termine con eso! (Con el software, no con el teclado.) Cuando usamos

Internet Explorer (algunos amigos todavía tienen sitios web que sólo funcionan con IE), a menudo tenemos que limpiar nuestras máquinas, ya que los gusanos y los virus se cuelan por los hoyos de seguridad en IE. Como IE es tan utilizado, es el objetivo de muchos piratas informáticos alrededor del mundo. Esa es la razón por la que usamos Firefox (vea el Capítulo 6).

No sea ingenuo

No coloque información que no quiere que todas las personas del mundo conozcan en su página web. En especial, no incluya la dirección de su casa y el número de teléfono a menos que quiera recibir llamadas y visitas. Conocemos al menos una persona que recibió una llamada inesperada de alguien que conoció en la web y no estaba muy contenta con el asunto. ¿Por qué los usuarios de la web necesitarían esta información? ¡Le pueden enviar un correo electrónico!

No compre cosas desde una PC pública

Normalmente, comprar algo en la web o por correo electrónico es muy seguro, ¡al menos tan seguro como darle su tarjeta de crédito a un mesero que nunca antes ha visto! Sin embargo, algunos sitios de compras almacenan información suya (incluso un vínculo hacia su dirección de correo electrónico y la información de pago) en un archivo en su PC. Esto funciona muy bien cuando compra desde su propia PC, no tiene que digitar toda la información cuando visite el sitio la próxima vez. Pero cuando compra algo desde la biblioteca o el cibercafé, esta información personal se podría almacenar en esa PC. Esto significa que la siguiente persona que lo use y vaya a ese sitio tendrá todos sus datos personales a su disposición y podrá hacer un pedido con sus datos. Mejor no se arriesgue.

No puedo alejar a mis hijos, mi esposo o mi pareja de la PC

Los juegos y los mensajes instantáneos son muy adictivos y esto pareciera aumentar cada día. Steve Balmer, de Microsoft, alardea de la naturaleza adictiva de los juegos que vende su compañía y sonríe cuando dice que no dejaría a *su* hijo jugar con ellos. Esto puede darle una idea.

Establezca límites claros con respecto al uso de su PC y apéguese a ellos. Algunos enrutadores de red tienen opciones incorporadas que le permiten definir límites que los enrutadores hacen cumplir. Tendrá que leer el manual. También sugerimos que hable con su pareja acerca de los chat en línea que son adecuados y los que no lo son. También piense en el tiempo que pasa frente a la pantalla. Use parte de su tiempo en Internet para hacer una lista de actividades que disfruta fuera de casa y péguela junto a la pantalla. Prométase a sí mismo hacer al menos una actividad divertida fuera de la PC todos los días. La adicción a Internet es seria, quizá requiera ayuda profesional para dejar ese hábito.

Por otro lado, si la PC es de su pareja, a veces tiene más sentido invertir $500 en una segunda PC (vea el Capítulo 5 para ver algunas pautas para conectar ambos equipos en la web) que arruinar su matrimonio.

Cuando hace clic en un vínculo, su explorador dice "404, Página no encontrada"

Las páginas web cambian de lugar o desaparecen de Internet. Si digita una URL de una fuente impresa, asegúrese de digitarla exactamente como está impresa, incluya las mayúsculas y el divertido carácter de la tilde (~), pero tenga cuidado con el guión al final de la línea impresa. Ese guión puede que sea parte de la URL o no.

Si hizo clic en un vínculo de hipertexto o está seguro de que digitó la URL correcta y sigue recibiendo este mensaje de error, puede ser que los datos del sitio se estén reorganizando. Pruebe "devolverse" por la URL al borrar la parte que está a la derecha de la última barra inclinada e intente de nuevo; luego borre la parte junto a la última barra inclinada, y así sucesivamente. Si le aparece un mensaje como Archivo no encontrado cuando trata de ingresar aquí, por ejemplo:

```
www.fliberty.com/~smith/recetas/galletas/chocolatechip.htm
```

pruebe con este orden:

```
www.fliberty.com/~smith/recetas/galletas
www.fliberty.com/~smith/recetas
www.fliberty.com/~smith
www.fliberty.com/
```

En uno de estos niveles, quizás encuentre una pista de dónde puede encontrar el archivo que anda buscando. Como alternativa, vaya a su motor de búsqueda favorito y búsquelo.

Una página que hace mucho desapareció puede ser que todavía se encuentre en `www.archive.org`, un sitio gratuito que ha intentado llevar a cabo la enorme tarea de guardar periódicamente fotografías de la web.

Quiero incluir mi dirección de correo electrónico en mi página web

Incluir su dirección de correo electrónico en su página web es una forma segura de atraer spam. Quienes envían spam tienen programas que andan por la web buscando direcciones de correo electrónico para enviárselos. Puede frustrarles su búsqueda al *describir* su dirección de correo electrónico en lugar de digitarla, por ejemplo, "Es al en blahblah.com". También puede usar un código HTML oscuro. Le sugerimos que configure una dirección de correo aparte para su sitio web en un sitio gratuito como hotmail.com o yahoo.com. Si el flujo de correo no deseado se hace muy grande, puede abandonar esa cuenta y definir una nueva.

Un truco útil es pedir a los visitantes del sitio que incluyan alguna palabra especial en la línea del asunto de sus mensajes. Por ejemplo, si su página web es sobre una colección de hebillas de cinturones, puede pedirle a los corresponsales que incluyan la palabra "hebillas" en la línea del asunto. Puede usar un filtro de correo electrónico para colocar sólo los mensajes con esa palabra en una carpeta especial y enviar el resto a la papelera de reciclaje.

Capítulo 20

Diez tipos de archivos y qué hacer con ellos

....

En este capítulo

▶ Tratar con archivos de documentos

▶ Comprimir y descomprimir archivos

▶ Llegar a conocer los archivos más comunes de gráficos, audio y video

▶ Descifrar o encontrarle sentido a los archivos

....

*S*i ha navegado por la web durante algún tiempo, quizá ya haya reunido millones de archivos (o al menos tres o cuatro.) Si no es así, déle un vistazo al Capítulo 12 para averiguar lo sencillo que es descargarlos. Cuando trata de abrir un archivo descargado con su procesador o editor de textos puede ser incomprensible. Los diferentes tipos de archivos se tienen que abrir con programas diferentes. En este capítulo describimos algunos tipos de archivos en Internet y cómo saber lo que son y lo que se puede hacer con ellos.

¿Cuántos tipos de archivos existen?

Existe una gran cantidad de tipos de archivos, quizá miles de ellos. Felizmente, se dividen en estas categorías generales:

✔ **Texto plano:** archivos que contienen texto, aunque usted no lo crea, del todo sin códigos de formato.

✔ **Ejecutables:** archivos que puede ejecutar, o poner a funcionar; en otras palabras, programas.

✔ **Comprimidos:** archivos ZIP, archivos SIT y otros tipos de archivos comprimidos.

✔ **Gráficos, audio y video:** archivos que contienen imágenes y sonidos codificados en un formato que puede leer la PC. Los archivos gráficos en las páginas web, por lo general, están en formato GIF o JPEG. Los archivos de audio pueden estar en formatos WAV (Windows audio), RAM (RealAudio), MP3 (música), WMA (Windows Media Player) u otros. Los archivos de video tienen películas digitales en el formato AVI, WMV o MPEG.

✔ **Datos:** cualquier otro tipo de archivo. Los archivos de documentos de Microsoft Word (archivos DOC) y los archivos Formato de Documentos Portables (PDF) son muy conocidos.

Este capítulo describe estas categorías con más detalle.

El nombre de un archivo, en especial su *extensión* (el final del nombre después del último punto) por lo general le da una pista acerca del tipo de archivo. A pesar de que las personas tratan de ser consistentes y seguir las convenciones de las extensiones, los nombres de los archivos no son algo seguro. En los viejos tiempos de DOS, los nombres tenían, por lo general, una extensión de tres letras al final, y el punto sólo se podía usar para separar la extensión del nombre del archivo principal. Como UNIX, Linux y las versiones actuales de Windows permiten que el carácter del punto se ubique en cualquier lugar del nombre del archivo, las reglas inquebrantables con respecto a las extensiones dejaron de existir. No obstante, nos aferramos a los hábitos antiguos y todavía usamos extensiones convencionales para ayudar a proporcionar nombres de archivos que concuerden con algo acerca de su contenido. Windows usa la extensión para indicarle cuál programa utilizar para abrir un archivo, de manera que algunas veces, quizá, tenga que cambiar el nombre con una extensión que convenza a Windows de usar el programa adecuado. Por ejemplo, si hace doble clic en un archivo con la extensión DOC, Windows ejecuta Microsoft Word o WordPad (los cuales están asociados con la extensión de archivo DOC) para abrirlo. Si le cambia el nombre a un documento de Word para que termine con la extensión GIF, Windows ya no sabrá que el archivo contiene un documento.

Los archivos de Mac

Los archivos de Macintosh, sin importar lo que contengan, por lo general vienen en dos o tres partes. Una de ellas es el archivo de datos. Aunque usted no ve las partes en su propia Macintosh, sí los ve si trata de cargarlos en un servidor de la web que no sea Mac. En el mundo Macintosh, los tres archivos son todos pedazos de un archivo y se les llama *forks o ramas,* (rama de datos, rama de recursos y rama de información). Cuando carga desde una Macintosh lo que cree que es un archivo, por lo general aparece como tres archivos separados con las extensiones DATA, RESC e INFO anexadas al nombre. Existen varios esquemas (los describimos en la sección "Enviar paquetes", más adelante en este capítulo) para unir de nuevo las ramas para transportarlos por la web.

El sistema operativo de Macintosh usa un tipo de archivo oculto de cuatro letras para saber qué programa debería ejecutar para leer un determinado archivo, pero usted puede indicarle las extensiones de Windows con el panel de control File Exchange.

Los archivos adjuntos a mensajes de correo electrónico no necesariamente usan las extensiones adecuadas. Por lo tanto, un archivo adjunto a un correo entrante podría tener una extensión GIF o JPG que parece una imagen, pero contener algo diferente, como un virus. Si recibe un archivo adjunto que no está esperando, muéstrese escéptico, no lo abra ni lo ejecute hasta que hable con la persona que lo envió. (Si no usa Windows, puede hacer caso omiso a esta advertencia, ya que la mayoría de los virus se ejecutan en máquinas con Windows.)

Sólo texto sencillo

Los archivos de texto contienen texto que se puede leer sin ningún código de formato con estilo de procesador de palabras. (¿Qué esperaba?) En algunas ocasiones es texto que pueden leer los humanos, como el manuscrito para la primera edición de este libro, que digitamos en archivos de texto. En otras ocasiones, el texto es código fuente para programas informáticos en lenguajes como PHP o Visual Basic para Aplicaciones (VBA.) En pocas ocasiones el texto consiste en datos para programas. En el caso de las PC, los archivos de texto por lo general tienen la extensión `.txt` (o del todo no tienen extensión.) Puede ver estos archivos con Notepad, WordPad o cualquier procesador de palabras. Los archivos de texto de Mac con frecuencia tienen el tipo de archivo TXT. Lea archivos de texto en una Macintosh con SimpleText, BBEdit Lite o cualquier procesador de palabras.

Muchos programas usan *Unicode,* una forma de almacenar texto en una PC con caracteres de idiomas diferentes. Aunque los códigos de caracteres estándar (ASCII) permiten sólo 94 caracteres diferentes (lo cual es bastante, si consideramos que el abecedario tiene únicamente 26 letras); Unicode puede representar hasta 65.000 caracteres diferentes y trata de cubrir todos los sistemas de escritura en uso en el mundo actual, como el chino, el japonés y el coreano.

Los documentos de texto formateados por lo general se almacenan en Microsoft Word (DOC) o en Formato de Texto Enriquecido (RTF); vea la sección "Ninguno de los archivos anteriores", más adelante en este capítulo.

¿Tiene algún último deseo antes de que lo ejecutemos?

Los *archivos ejecutables* son verdaderos programas que puede ejecutar en su PC. Muchos de estos programas están disponibles para su descarga en PC y Mac. Los archivos ejecutables no son compatibles con todos los sistemas operativos. Un archivo ejecutable de Mac es inútil en una máquina de Windows y viceversa. (A menos que haya adquirido e instalado Virtual PC en su Mac, lo cual le permite a la Mac usar archivos ejecutables de Windows; vea `www.microsoft.com/mac` para obtener información.)

Los programas ejecutables más comunes son para Windows. Estos archivos tienen la extensión .exe. Se ejecutan de la misma forma que cualquier otro programa de Windows: haga doble clic en el nombre del archivo en Mi PC o Windows Explorer.

Siempre existe la posibilidad de que cualquier programa nuevo para PC o Mac se infecte con un virus informático. (Debido a las múltiples formas en que funcionan los sistemas, los programas UNIX o Linux tienen menos probabilidades de contener virus.) Los programas de archivos de software ejecutables tienen pocas posibilidades de estar infectados; pero si ejecuta un programa desconocido de una fuente poco confiable, se merece cualquier cosa que reciba.

Si le envían un archivo ejecutable por correo electrónico que no estaba esperando, aunque parezca ser de alguien que conoce, *no lo ejecute.* Primero, asegúrese de que esa persona en realidad lo envió. Probablemente el programa sea un virus que la PC de su amigo envió a todas las personas en su libreta de direcciones.

Vea el Capítulo 12 para obtener toda la información con respecto a descargar y ejecutar programas provenientes de Internet.

Enviar paquetes

Muchos paquetes de software requieren un grupo de archivos relacionados. Para facilitar el envío de dicho paquete, puede agrupar los archivos dentro de uno solo conocido como *archivo.* Luego de recuperar un archivo, se usa un programa desarchivador para extraer los archivos originales.

Algunos archivos también están *comprimidos,* lo cual quiere decir que están codificados de una forma especial que ocupa menos espacio pero que se puede decodificar sólo con el *descompresor* correspondiente. Muchos archivos de los que recibe o descarga desde Internet están comprimidos para transferirlos en menos tiempo (menor cantidad de bytes es igual a menor cantidad de segundos de espera). En el mundo de las PC, archivar y comprimir son actividades que por lo general se dan juntas por medio de utilidades como WinZip o las carpetas comprimidas de Windows XP para crear *archivos ZIP.* En el mundo Mac, el programa StuffIt es muy conocido. No obstante, en el mundo de Linux y UNIX, ambos procedimientos, comprimir y archivar, por lo general ocurren por separado: los programas *pax, tar* y *cpio* se encargan de archivar, y los programas *bzip2* y *gzip* se encargan de comprimir.

Usar ZIP

El programa de mayor uso para comprimir y archivar en Windows es el programa shareware WinZip. Los archivos zipeados (o archivos ZIP) terminan con la extensión .zip. Estos son algunos de los programas que puede usar para crear archivos ZIP que contengan uno o más archivos o para sacar otros que se encuentran dentro de archivos ZIP:

✔ Windows Me y XP vienen con zipeador y deszipeador incorporados. Ellos le llaman a los archivos ZIP *carpetas comprimidas*. Sólo haga clic en el nombre del archivo ZIP en Mi PC o en Windows Explorer.

✔ Los usuarios de Windows con versiones diferentes a Me o XP pueden usar el excelente programa shareware WinZip, el cual mencionamos en el Capítulo 12. No sólo trabaja con archivos ZIP sino que también sabe cómo extraer los contenidos de la mayoría de los otros tipos de archivos comprimidos que usted ejecuta en la web. Puede descargarlo desde www.winzip.com.

✔ Los usuarios de Mac pueden descargar un programa shareware llamado ZipIt desde www.maczipit.com.

✔ Los programas para comprimir y descomprimir compatibles de UNIX/Linux llamados *zip* y *unzip* (los autores son programadores creativos, pero no son tan creativos con los nombres) se incluyen en la mayoría de los paquetes Linux y BSD. La Fundación Free Software, que está a cargo del proyecto de software gratuito GNU, ofrece *gzip*. Los archivos comprimidos con gzip usan la extensión .gz y también se pueden descomprimir con WinZip.

Muchos archivos ZIP que se encuentran en la web son de *autoextracción,* lo cual quiere decir que el archivo está empacado con un programa para descomprimir. Incluso si usted no cuenta con un programa descompresor, puede ejecutar el archivo y éste extrae sus propios contenidos. (WinZip se distribuye de esta forma.) Debido a que los archivos de autoextracción son programas, tienen la extensión .exe en lugar de .zip. Las personas prudentes notarán que sólo porque un programa pretenda ser un archivo de autoextracción no quiere decir que lo sea. Incluso si confiamos en la fuente del archivo, preferimos abrirlo con WinZip y dejar que él nos diga lo que en realidad hay dentro.

Usar StuffIt

El programa favorito de Macintosh para comprimir y archivar es un programa shareware escrito por Raymond Lau y conocido como StuffIt. StuffIt viene en muchas versiones, entre las que se incluye una versión comercial llamada StuffIt Deluxe. Los archivos StuffIt de todas las variedades generalmente usan la extensión del nombre de archivo .sit.

Para descomprimir puede usar los programas shareware StuffIt o DropStuff, ampliamente disponibles para Mac. A algunas personas también les gusta MindExpander, otro programa para desarchivar. Puede descargar estos programas shareware desde www.tucows.com.

Otros archivadores

Docenas de otros archivadores para comprimir han venido y se han ido con el tiempo, como Compress, tar, LHARC, ZOO y ARC. Los usuarios de Windows y Mac pueden encontrar desarchivadores para todos ellos en depósitos de shareware como www.download.com y www.shareware.com. El otro archivador de amplio uso es el japonés LHA, porque comprime bien y es gratuito.

Para aquellos con inclinaciones artísticas

Una amplia fracción de todos los bits que andan por Internet está compuesta de imágenes digitalizadas de alta calidad. Cerca de 99.44 por ciento de todas las imágenes son meramente para diversión, juegos y otras cosas. Estamos seguros de que usted se encuentra dentro del 0.56 por ciento de usuarios que necesitan las imágenes para trabajar, de manera que aquí incluimos una síntesis de formatos de imágenes.

Los formatos gráficos de mayor uso en la web son GIF, JPEG y PNG. Una opción atractiva de estos formatos de archivos es que hacen un buen trabajo de compresión a nivel interno, como si estuvieran precomprimidos.

Usar GIF

El formato de mayor uso en Internet es CompuServe *GIF* (Graphics Interchange Format, en inglés.) Existen dos versiones: *GIF87* y *GIF89.* Las diferencias son pequeñas, de manera que cualquier programa que puede leer GIF lee cualquiera de las versiones. Debido a que GIF es bastante estandarizado, nunca enfrentará problemas con archivos escritos en un programa que no se pueda leer en el otro. Los archivos GIF tienen la extensión .gif. GIF realiza un buen trabajo al almacenar imágenes con cantidades limitadas de colores y bloque de color sólido, como iconos de pantalla e imágenes con estilo de caricatura.

Gran cantidad de programas comerciales y shareware en PC y Mac pueden leer y escribir archivos GIF. Firefox e Internet Explorer pueden mostrarlos también; sólo elija Archivo (File)⇨Abrir (Open) del menú. Los botones e imágenes pequeñas en las páginas web por lo general también se almacenan como archivos GIF.

PNG

Los archivos GIF usan un método de compresión patentado y, antes de que la patente expirara, Unisys recolectaba regalías de CompuServe y de cualquier otra persona que encontrara vendiendo software con su técnica patentizada. Como resultado, un grupo de usuarios gráficos de la web inventaron un reemplazo sin patente para GIF llamado PNG (con la extensión .png, pronunciada *ping.*) Esperábamos que GIF desapareciera en algún momento y que PNG lo reemplazara, pero eso no sucedió; mientras tanto, la patente de GIF expiró. PNG puede manipular los mismos tipos de imágenes que GIF y la mayoría de los programas que pueden manipular GIF también pueden leer PNG.

JPEG es genial para fotografías

Hace unos pocos años, un grupo de expertos en fotografía digital se unió y decidió que: a) Era hora de tener un formato oficial estándar para las fotografías digitales; b) Ninguno de los formatos existentes era lo suficientemente bueno. Ellos conformaron el *Grupo Unido de Expertos en Fotografía (JPEG,* por sus siglas en inglés*)* y luego de amplias negociaciones nació el formato JPEG. Este formato está diseñado específicamente para almacenar fotografías digitales, de colores o blanco y negro, caricaturas generadas en computadora o cualquier otra cosa. Como resultado, JPEG hace un trabajo fantástico al almacenar fotografías y un pésimo trabajo al almacenar otros tipos de gráficos.

Una versión JPEG de una fotografía tiene la cuarta parte del tamaño de su archivo correspondiente en GIF. (Los archivos JPEG pueden tener *cualquier* tamaño porque el formato permite un equilibrio entre precio y calidad cuando se crea el archivo.) La principal desventaja de JPEG es que su decodificación es mucho más lenta que la de GIF; los archivos son mucho más pequeños; sin embargo, JPEG vale la pena. La mayoría de los programas que pueden mostrar archivos GIF, incluso Firefox e Internet Explorer, ahora también usan JPEG. Los archivos JPEG por lo general tienen nombres de archivos con la extensión `.jpeg` o `.jpg`.

En algunas ocasiones, se reciben quejas de que las imágenes JPEG no se ven tan bien como las GIF. Lo que sí es cierto es que si hace un archivo GIF de 256 colores a partir de una fotografía a color y luego lo traslada a un archivo JPEG, no se verá bien. Por lo tanto, es importante que no lo haga. Para obtener una máxima calidad fotográfica pida JPEG con todos los colores.

Deje que florezcan decenas de formatos

Muchos otros formatos de archivos gráficos están en uso, aunque GIF y JPEG son los de mayor popularidad en Internet. Otros formatos con los que se podría topar son:

- ✔ **PCX:** muchos programas de imágenes usan este formato (con la extensión `.pcx`). También funciona con fotografías de baja resolución.

- ✔ **TIFF:** este formato (con extensión `.tiff` o `.tif`) lo usan los fotógrafos profesionales y las impresoras comerciales. Cuenta con muchísimas opciones, tantas que un archivo TIFF escrito con un programa en ocasiones no se puede leer con otro.

- ✔ **PICT:** este formato (con la extensión `.pict`) es común en Macintosh porque Mac tiene un soporte incorporado para él.

- ✔ **BMP:** este formato de mapa de bits de Windows (con la extensión `.bmp`) no se usa mucho en la web, debido a que los archivos BMP tienden a ser más grandes que el equivalente GIF o TIFF.

Unas cuantas palabras de la brigada antivicio

Apostamos a que se pregunta si existen sitios web gratuitos que tengan fotografías exóticas, pero le da mucha vergüenza preguntar. Bueno, la respuesta es "sí".

Durante los primeros días de la web, las compañías y las universidades que fundaron la mayoría de los sitios públicos gratuitos en Internet no estaban interesadas en ser acusadas de pornográficas ni en llenar sus costosos discos duros con imágenes que no tuvieran que ver con algún trabajo real. (En el archivo de una universidad, cuando las fotografías de *Playboy* desaparecieron, se reemplazaron con una nota que decía que si usted podía explicar por qué las necesitaba para su investigación académica, se volverían a colocar.) Pero, a finales de 1990, muchos empresarios con un bajo presupuesto comprendieron que lo único que necesitaban para convertir las fotografías aburridas en fotografías exóticas era menos ropa. Una cantidad importante de personas parecía estar dispuesta a pagar para ver ese tipo de material y fue cuando nació la pornografía en línea.

Ahora, una gran cantidad de sitios en la web le muestran pornografía si usted les da un número de tarjeta de crédito para probar que es mayor de edad y para pagar por el servicio. Una cantidad sorprendente muestran pornografía con sólo hacer clic. No tenemos dinero; por lo tanto, nunca hemos visto lo que ofrecen los sitios pagados. Por lo general tienen unas cuantas pantallas de imágenes previas gratuitas que pueden ser muy provocativas.

El sonido

Los archivos de audio (archivos que contienen sonido digital) se pueden encontrar por toda la web. Si le gustan las noticias de Radio Pública Nacional, por ejemplo, pero no puede estar por ahí, puede escuchar historias de noticias importantes en su página web (en www.npr.org) en cualquier momento, lo cual es excelente. Muchas estaciones de radio ahora también le permiten escuchar su programación por medio de sus sitios web. Además, puede descargar canciones desde la web (a un precio modesto) y escucharlas en su PC o, luego de descargarlas, en un reproductor portátil.

Para todo lo que se relaciona con la música en la web, vea el Capítulo 9. La sección "¿Con qué está escuchando?" proporciona una lista con los tipos de archivos de audio más comunes y los programas que reproduce cada uno.

Un viaje por las películas

Conforme las redes se hacen más veloces y los discos duros más grandes, la gente está comenzando a almacenar películas digitales completas (por lo general, algo cortas hasta ahora). Con conexiones a Internet más veloces, usted puede descargar clips de video o ver flujos de video (archivos que comienzan a verse en su PC mientras el resto del archivo apenas se está descargando). Si está dispuesto a planear algunas horas con antelación, puede descargar películas completas y verlas en su PC.

Vea el Capítulo 9 para averiguar cómo encontrar, descargar, y ver videos en la web. La sección "Películas en la web" proporciona una lista de formatos de video comunes y de los programas para reproducirlos.

Animación en un Flash

Shockwave Flash de Macromedia comenzó como una forma de almacenar pequeñas caricaturas animadas, pero se ha convertido en una forma extremadamente poderosa de construir todo tipo de aplicaciones para la pantalla. Por ejemplo, el banco de John ofrece un pequeño programa que crea y administra números de tarjetas de crédito para un único uso, escrito completamente en Flash.

La forma normal de ejecutar una animación en Flash es dentro de un explorador web. Todos los exploradores actuales de Windows y Mac vienen con un reproductor de Flash configurado. (Si usted usa UNIX o Linux, tiene que configurarlo.) Cuando visita una página web y ésta le muestra una pequeña película, quizás esté escrita en Flash. Vea, por ejemplo, los aviones en `www.voegol.com.br`.

También puede descargar películas en Flash y guardarlas para verlas después. Los archivos terminan con `.swf`.

Ninguno de los archivos anteriores

Algunos archivos no calzan con ninguna de las descripciones en este capítulo. A continuación se describen otras categorías de archivos que podría descargar:

- **Archivos de documentos:** en ocasiones encuentra archivos de procesadores de palabras formateados que se usan con programas como WordPerfect (extensión `.wpd`), Microsoft Word (extensión `.doc`) u OpenOffice Writer (extensión `.sxw`), así como con el más antiguo Formato de Texto Enriquecido (extensión `.rtf`.) Si se encuentra con uno de estos archivos y no cuenta con el programa procesador de palabras con el que coincide, por lo general puede colocarlo dentro de un editor de texto, en el cual observa el texto dentro del archivo entremezclado con basura que no se puede imprimir que corresponde a información del formato. Si fuera necesario, puede editar la basura para recuperar el texto. Pero antes de recurrir a ese método, pruebe descargar el archivo con cualquier procesador de palabras que tenga. La mayoría del software procesador de palabras puede reconocer el formato de la competencia y hacer un esfuerzo valiente para convertir el formato en algo que se pueda usar para que usted no se vea tentado a comprar otro producto.

- En el caso particular de Microsoft Word, Windows viene con un programa llamado WordPad que puede abrir muchos documentos de Word, y Microsoft ofrece un Word Viewer gratuito que puede desplegar e imprimir archivos de Word. Vaya a `office.microsoft.com/downloads` y busque viewer.

🗸 **Archivos de Formato de Documento Portable (PDF):** otra forma común de enviar documentos formateados por medio de Internet es el PDF de Adobe, con la extensión `.pdf`. Es un formato propietario y necesita un programa si quiere *crear* archivos en él. El programa para ver e imprimir archivos en PDF es gratuito y se incluye en la mayoría de las Mac y las PC nuevas. Se llama Acrobat Reader, y puede descargar la última versión para PC, Linux o Mac desde `www.adobe.com/products/acrobat`. Diversos creadores de PDF gratuitos o baratos ahora se encuentran disponibles; le recomendamos Pdf995, en `www.pdf995.com`.

🗸 **Archivos de hoja electrónica:** Microsoft Excel guarda hojas electrónicas con la extensión `.xls`. Las hojas electrónicas OpenOffice Calc tienen la extensión `.sxc`. Puede abrir una hoja electrónica de Excel con OpenOffice, pero no al contrario.

🗸 **Archivos de base de datos:** Microsoft Access es el programa de base de datos que viene con Microsoft Office y almacena sus bases de datos en archivos con la extensión `.mdb`. Estos archivos pueden ser grandes y pueden contener virus, ya que las bases de datos de Access pueden contener programas VBA. Ningún otro programa es capaz de abrirlos (que nosotros sepamos).

🗸 **Archivos de presentaciones:** PowerPoint es el programa de presentaciones que viene con Microsoft office; sus archivos tienen la extensión `.ppt`. Los archivos de presentaciones OpenOffice Impress tienen la extensión `.sxi`. OpenOffice puede abrir archivos PowerPoint, pero no al contrario.

🗸 **Páginas web:** las páginas web tienen la extensión `.html` o `.htm`. Si contienen programación, pueden tener extensiones como `.php`, `.asp` o `.aspx`. Puede abrir archivos HTML y HTM en su explorador web. Los archivos PHP, ASP y ASPX necesitan vivir en un servidor web que pueda ejecutar el texto que contienen estas páginas.

Si se topa con otra extensión de archivo, puede buscarla en FILExt, en `www.filext.com`.

Capítulo 21

Diez cosas divertidas que puede hacer en línea

En este capítulo

▶ Tomarle fotografías a la familia y los amigos sin tener que revelar

▶ Revisar películas cortas y anuncios de TV

▶ Jugar y visitar el sistema solar

▶ Darle un vistazo a las cámaras web, blogs y museos de arte alrededor del mundo

▶ Explorar el espacio, curar el cáncer y encontrar un niño

Usted puede usar Internet de muchas formas, entre ellas para trabajar y generar ganancias. En este capítulo nos enfocamos en la diversión. Cuando se encuentre algo nuevo y divertido que se puede hacer en la web, háganoslo saber. Envíenos un correo electrónico a `internet10@gurus.com`.

Compartir imágenes con sus amigos y familia

Los documentos adjuntos del correo electrónico (vea el Capítulo 15) son una excelente forma de enviar fotografías a cualquier lugar del mundo de manera gratuita. Ni siquiera necesita una cámara digital. Muchos servicios de revelado de películas le digitalizarán sus fotografías y se las enviarán en línea o en un CD-ROM (de manera gratuita, por supuesto.) Otros servicios, como la Galería EasyShare de Kodak (`www.kodakgallery.com`) le pueden revelar sus fotografías y le permiten organizarlas en álbumes dentro de su sitio web. Sus amigos pueden visitar su álbum si usted les da la URL; pueden, además, ver las fotografías en línea y pedir impresiones de las que más les gustan.

La fotografía en línea es todavía más sencilla si adquiere una cámara digital. Ahora son más accesibles, especialmente si toma en cuenta cuánto dinero ahorra en películas y en costos de revelado, y puede elegir imprimir sólo las fotografías que le gustan. Puede encontrar más información acerca de las cámaras digitales y de la fotografía digital en los sitios que se presentan a continuación; todos proporcionan una revisión de las cámaras digitales y el equipo.

- ✔ **Buenos Enlaces, sección de fotografía:** www.buenosenlaces.com/fotodigital.htm
- ✔ **Fotomundo:** www.fotomundo.com/tecnic/digital/index.shtml
- ✔ **DZoom:** www.dzoom.org.es

Editar una enciclopedia

Wikipedia (wikipedia.org) no es sólo una enciclopedia gratuita sino que también le permite editar los artículos. Si existe un tema del que cree tener suficientes conocimientos, búsquelo en Wikipedia. Si encuentra errores o tiene algo más que agregar, sólo haga clic en la pestaña para editar. Si no encuentra un artículo, Wikipedia le ofrecerá uno. Visite Wikipedia Café (en es.wikipedia.org/wiki/Wikipedia:Café), para más información sobre cómo empezar a trabajar en la cultura wiki. Vea el capítulo 17 para más información sobre cómo los grupos pueden editar un sitio web en conjunto.

Ver películas cortas y anuncios de televisión

Internet ha creado una forma nueva para que los productores de películas cortas y experimentales encuentren una audiencia. Muchos sitios muestran pequeñas películas que usted puede ver de manera gratuita. IFILM (ifilm.com) tiene una buena selección. Puede encontrar algunos sitios de películas en dmoz.org/Arts/Movies/Filmmaking/Online_Venues; haga clic en la lista de subtemas. La calidad de estos filmes varía de espantosa a espeluznante, pero puede encontrar algunas verdaderas joyas.

Si por alguna razón no ve tantos anuncios de televisión como quisiera, visite www.spotstv.com, donde puede ponerse al día con todos los anuncios que se ha perdido. El excelente AdCritic (www.adcritic.com) también cuenta con los mejores anuncios actuales y clásicos, pero ahora requiere una suscripción pagada. De cualquier forma, ahora puede ver excelentes anuncios sin tener que ver el programa completo.

Estos sitios de filmes usan una variedad de formatos de video (QuickTime, RealMedia y Reproductor de Windows Media) de manera que quizá tenga que descargar algunos plug-ins. Una conexión rápida a Internet ayuda mucho. Si tiene que marcar, en especial a una velocidad muy baja, sáltese los videos hasta que pueda obtener un acceso más veloz. Revise el Capítulo 9 para obtener más información acerca de los formatos de video y cómo reproducirlos.

Escuchar programas de radio actuales y clásicos

¿Alguna vez ha encendido su radio, encontrado una historia fascinante a la mitad y deseado haber escuchado el principio? Puede buscar programas disponibles en línea. Puede buscar emisoras por países en: `www.agendalia.com/radio/indexradios.htm`.

En Estados Unidos, muchos afiliados a la radio pública y otras estaciones tienen audioflujos (streaming) en vivo de sus programas, de manera que puede escuchar en vivo estaciones de todo el país. Vaya a Google y busque las letras de la estación o el nombre del programa. (John recomienda su estación local en `wrvo.fm`, especialmente los programas antiguos desde 1930 hasta 1950, los cuales reproducen en la noche.) Ahora muchas otras estaciones de radio le permiten escuchar sus programas en vivo por medio de Internet, lo cual es muy útil en edificios de oficinas grandes con una recepción de radio pobre. Puede escuchar estaciones de cualquier país y probar un poco de música del mundo o escuchar las noticias desde perspectivas distintas.

Jugar damas...

...o ajedrez, póquer, corazones, bridge, backgammon, juego de naipes o cualquier otro juego de mesa o de cartas. Los juegos clásicos se mantienen bien en relación con los juegos electrónicos, cada vez más sangrientos. Ahora no necesita reunirse con amigos en persona para jugar sino que puede encontrar compañeros deseosos de jugar en cualquier momento, de día o de noche, en sitios como `es.games.yahoo.com` o `www.msn.es/Juegos` (sólo usuarios de Windows.)

A los verdaderos aficionados les gusta pensar que el bridge no es un juego de cartas sino una forma de vida. Puede reunirse en un juego para dos parejas en `www.bridgeclublive.com` y `www.okbridge.com`. Cada uno le cobra $99 por año después de un periodo de prueba. Existen muchos sitios gratuitos que se mencionan en `www.greatbridgelinks.com`. MSN también ofrece bridge; en este momento es gratuito.

Observar qué pasa en el mundo

Las cámaras para la web son cámaras de video vivas a las que puede ingresar por medio de Internet. Le permiten ver lo que está sucediendo en este momento, hacia cualquier lugar que esté dirigida la cámara. Puede ver la vida salvaje, los acontecimientos del día, la calle de una ciudad, un centro comercial, la intersección de una autopista, Eslovaquia o incluso el dormitorio de alguna persona. Las vistas por lo general se actualizan cada cierta cantidad de segundos. Vaya a Cámara en línea en `www.onlinecamera.com`, a WebCam.com en `www.webcam.com` o a `dmoz.org/Computers/Internet/On_the_Web/Webcams` o busque "cámaras web" en `www.google.com` o `www.yahoo.com`.

Saque a los niños del cuarto antes de conectarse a un sitio con cámaras web, porque nunca sabe lo que podrían ver.

Hacer periodismo en línea con los blogs

Colocar su diario en Internet puede sonar tan estrafalario como tener una cámara web en su dormitorio, pero muchas personas lo hacen y disfrutan al recibir retroalimentación de otros cronistas. Algunas personas colocan una serie de artículos acerca de temas que no son de su vida personal, por ejemplo, política, espiritualidad o gatos. Estos diarios en línea se llaman *weblogs* (o *blogs*) y se describen en el Capítulo 18. Estos son algunos sitios de blog interesantes:

- **Blogger (**`www.blogger.com`**)** antes llamado BlogSpot y que ahora le pertenece a Google.
- **LiveJournal (**`www.livejournal.com`**)** es uno de los sitios de blog más populares.
- **DiaryLand (**`www.diaryland.com`**)** le proporciona una mirada a la mente de los jóvenes.

Algunos sitios de blog le piden que se registre (de manera gratuita) antes de poder leer los artículos.

Visitar museos de arte alrededor del mundo

Los museos de arte son lugares espectaculares para pasar una tarde lluviosa. Ahora puede visitar museos y galerías por todo el mundo por medio de su explorador. No todos los sitios web de museos tienen obras de arte en línea, pero muchos sí las tienen. Nuestros preferidos incluyen el Louvre en París (`www.louvre.fr`), el Museo de Bellas Artes de Boston (`www.mfa.org`), el Museo Metropolitano de Arte en Nueva York (`www.metmuseum.org`) y el Museo de Hermitage en Rusia (`www.hermitagemuseum.org`). También se puede buscar en el sitio Artes e Historia de México (`http://www.arts-history.mx`) o el Museo Nacional de Ciencias Naturales en España (`http://www.mncn.csic.es.`) Revise las espectaculares fotografías a color de la Rusia zarista por Sergei Prokudin-Gorskii, reconstruidas digitalmente por la Biblioteca del Congreso, en `www.loc.gov/exhibits/empire`. Puede encontrar una amplia selección de otros museos en: `espanol.dir.yahoo.com/Arte_y_cultura/Museos_y_centros_culturales`.

Construir su propio mundo

Los mundos virtuales son lugares electrónicos que usted puede visitar en la web, como cuartos de chat en 3-D. En lugar de un nombre de pantalla, usted crea una figura de acción personal, llamada *avatar,* que camina, habla y exterioriza los sentimientos (pero no le ensucia el piso.) Cuando usted se encuentra en uno de esos mundos, su avatar interactúa con los avatares de otras personas que están conectadas en situaciones que van desde muy realistas hasta totalmente fantásticas. En algunos mundos virtuales, incluso puede construir sus propios lugares: un dormitorio, una casa, un parque, una ciudad o cualquier cosa que se pueda imaginar. Otros mundos le permiten ganar dinero, obtener estatus y batallar con completos extraños. A las personas que les gustan los juegos en los que se debe actuar, pueden jugar en línea durante horas, días o meses en cada ocasión.

En la mayoría de los mundos virtuales, es requisito descargar un plug-in o un software especial. Algunos son gratuitos, la mayoría requiere una suscripción mensual o anual.

Estos son algunos lugares donde puede introducir o crear mundos virtuales:

- **Active Worlds** (`www.activeworlds.com`) le permite crear su propio mundo en línea o visitar los mundos de otras personas.
- **Everquest** (`eqlive.station.sony.com`) es un mundo de monstruos, ciudades, lugares naturales, criaturas y deidades.
- **RuneScape** (`www.runescape.com`) es un mundo al estilo medieval.

Los mundos en línea basados en la web son un producto de los *MUD* (que significan dimensiones de usuarios múltiples, calabozos de usuarios múltiples, u otros diversos nombres, según la persona a quien le pregunte), que fueron mundos en línea virtuales basados en texto mucho antes de que existiera una web.

Visitar el sistema solar

La segunda mitad del siglo 20 pasará a la historia como el momento en que los seres humanos comenzaron a explorar el espacio exterior. Las sondas espaciales visitaron varios cometas y asteroides, y todos los planetas con excepción de Plutón (para escuchar una canción acerca de la exploración planetaria, vaya a `www.christinelavin.com/planetx.html`). Las sondas enviaron imágenes sorprendentes: tormentas en Júpiter, océanos en Europa, deslizamientos de barro en Marte y la Tierra en la noche.

La generación que en realidad hará el papel de turista en el sistema solar está por verse, pero he aquí algunos sitios espectaculares del espacio:

- Puede seguir las aventuras del Mars Rovers en `marsrovers.jpl.nasa.gov`. Ya se encuentran disponibles visitas virtuales en sitios como `www.seds.org` y `sse.jpl.nasa.gov`.

✔ Asegúrese de marcar la imagen de astronomía del día en `antwrp.gsfc.nasa.gov/apod/astropix.html`.

✔ Sobre todas las cosas, no se pierda el increíble montaje de la NASA de la civilización humana en a `antwrp.gsfc.nasa.gov/apod/image/0011/earthlights_dmsp_big.jpg`.

Buscar vida extraterrestre o la cura contra el cáncer

SETI@home (`setiweb.ssl.berkeley.edu`) es un experimento científico que usa PC de oficinas y de casas conectadas a Internet para buscar inteligencia extraterrestre. La idea es hacer que miles de PC y Mac que de otra forma no funcionarían, realicen los cálculos masivos necesarios para extraer las señales de radio de otras civilizaciones del ruido intergaláctico. Usted puede participar al ejecutar un programa gratuito que descarga y analiza datos recopilados en el telescopio de radio Arecibo en Puerto Rico.

Si escuchar a escondidas a los extraterrestres del espacio le parece un poco extraño, quizá disfrute prestar el tiempo de ocio de su PC para resolver problemas de criptografía y matemáticas. Distributed.net (`www.distributed.net`) administra diversos proyectos, algunos de los cuales ofrecen premios en efectivo a la persona que encuentre la solución. (Siéntase libre de integrarse al equipo Internet Gurus que está ahí.) Cuando se registra para ayudarle a un programa en Distributed.net, puede ejecutar el programa de ellos en su PC cuando la PC no se encuentre ocupada, y su donación de tiempo ayuda a alcanzar el objetivo del proyecto.

Si las matemáticas y la criptografía no despiertan su interés, piense en unirse al proyecto Folding at Home en `folding.stanford.edu/spanish`. Este proyecto estudia cómo las proteínas consiguen sus formas tridimensionales, una pregunta importante en la investigación médica. Al inscribirse para ejecutar su programa, usted ayuda con la investigación básica que puede servir para encontrar una cura para "las enfermedades de Alzheimer, Vacas Locas (BSE), Creutzfeldt-Jakob, Esclerosis Lateral Amiotrófica, Huntington, Parkinson y muchas formas de cáncer y síndromes relacionados con el cáncer", según el sitio web.

Adoptar un niño

¿Navega por la web durante muchas horas al día? Quizá su vida necesite de más sentido. Adoptar un niño representa un mayor compromiso que instalar el último sistema operativo de Microsoft, pero al menos los niños eventualmente crecen y por lo general se contagian de menos virus. Estos son dos sitios excelentes que proporcionan listas de niños especiales con necesidad de hogares: `www.rainbowkids.com` y `www.capbook.org`. Dar un vistazo no hace ningún daño.

Glosario

404 Página no encontrada: mensaje de error que su explorador web frecuentemente muestra cuando no puede encontrar la página solicitada. Se debe a la escritura incorrecta de una URL (por su culpa) o al hacer clic en un vínculo no existente (por culpa de otro).

AIM (Mensajero Instantáneo de AOL): programa gratuito de mensajería instantánea que los usuarios que no pertenecen a AOL pueden usar para chatear entre sí y con usuarios de AOL.

America Online (AOL): servicio en línea de valor agregado que proporciona muchos servicios además del acceso a Internet, entre los que se incluye el acceso a grupos de chat populares. Vaya a www.aol.com para obtener mayor información.

Antivirus: programa que intercepta y destruye virus en cuanto llegan a su PC.

Applet: programa pequeño de computación escrito en el lenguaje de programación Java. Puede descargar applets con un explorador web. Los applets funcionan de una manera especial que impide que dañen su PC.

Archivo: un solo archivo que contiene un grupo de archivos comprimidos y agrupados para lograr un almacenamiento eficiente. Tiene que usar un programa tal como WinZip, PKZIP, tar o StuffIt para sacar los archivos originales.

Archivo binario: archivo que contiene información que no sea texto. Un archivo binario podría contener un archivo, una imagen, sonidos, una hoja electrónica o un documento de un procesador de palabras que incluye códigos de formato además de caracteres de texto.

Archivo de texto: archivo que contiene sólo caracteres de texto, sin un formato especial, información gráfica, clips de sonido, video o algo de ese tipo.

Barrera de protección o firewall: software de seguridad que a menudo funciona en un enrutador o en la PC de un usuario que coloca una red local a Internet y, por razones de seguridad, sólo permite el ingreso y la salida de ciertos tipos de mensajes.

BCC (copia ciega al carbón): los receptores de una BCC reciben una copia de su correo electrónico sin que los otros receptores se den cuenta. *Vea también* CC.

Bit: la unidad más pequeña de medida para los datos informáticos. Los bits pueden estar *encendidos* o *apagados* (simbolizado por 1 o 0, respectivamente) y se usan en varias combinaciones para representar tipos diferentes de información.

Bitmap (mapa de bits): puntos diminutos que se juntan en una cuadrícula para hacer una imagen.

BitTorrent: método para transmitir archivos grandes por Internet que esparce la carga entre muchas PC cooperadoras.

Biz: cuando estas letras aparecen como la última parte de una dirección (como `ejemplo.biz`), indican que la PC anfitriona pertenece a una organización comercial que no pudo obtener la dirección `.com` que en realidad quería.

Blog: término corto para weblog, un diario personal en Internet. Cualquier tonto puede publicar un blog y muchos tontos lo hacen.

Bombardeo de correo remoto: suscribir personas en listas de correo contra su voluntad para que sus buzones de correo se llenen de información no deseada.

Bps (bits por segundo): medida de la rapidez con que se transmiten los datos. A menudo se usa para describir la velocidad del módem.

Banda ancha: conexión rápida permanente a Internet, como una proporcionada por medio de DSL o cable módem. *Vea también* DSL.

Bombardeo de correo: enviarle a una persona grandes cantidades de correo electrónico no deseado. *Vea también* bombardeo de correo remoto.

Buzón de correo: archivo en su servidor de correo entrante (POP o IMAP) donde se almacenan sus mensajes hasta que usted los descarga a su programa de correo electrónico. Algunos programas también les llaman *buzones de correo*.

Byte: grupo de ocho bits, suficiente para representar un carácter. La memoria de una PC y el espacio de un disco a menudo se miden en bytes.

Cable módem: caja que conecta su PC al cableado de su compañía de televisión por cable. Se necesita para una cuenta de Internet por cable.

Cargar: copiar sus cosas en la PC de otra persona.

Caritas: combinación de caracteres especiales que muestran emociones, como :-) o :-(. Aunque se han inventado muchas más, sólo unas pocas se usan mucho y todas son divertidas. Las caritas sonrientes son un tipo de emoticono.

Carpeta web: opción de Windows XP que le permite usar Windows Explorer para ver, descargar desde y cargar hacia un servidor FTP o web.

CC (copia al carbón): los receptores de CC reciben una de su correo electrónico y los otros receptores quedan informados al respecto si se preocupan por leer el encabezado del mensaje. *Vea también* BCC.

Chat: para hablar (o digitar) en vivo con otros usuarios de la web de cualquier parte del mundo. Para chatear en Internet, usted usa un programa de mensajería instantánea (como los de AOL, Yahoo o Windows) o un programa de Internet Relay Chat (IRC) como mIRC.

Cliente: PC que usa los servicios de otra PC o de un servidor (como el correo electrónico, FTP o la web.) Si disca el número de otro sistema, su PC se convierte en cliente del sistema al que ingresó (a menos que use X Windows, no haga preguntas). *Vea también* servidor.

Contraseña: código secreto usado para mantener los asuntos en privado. Asegúrese de elegir una que sea difícil de adivinar, preferiblemente dos palabras elegidas al azar separadas con un número o carácter especial.

com: cuando estas letras aparecen como la última parte de una dirección (en net.gurus.com, por ejemplo), le indican que la PC anfitriona le pertenece a una organización comercial.

Conexión de marcado telefónico o sistema de redes de marcado telefónico: programa de comunicación de Internet incorporado a Windows que se conecta por medio de una línea telefónica ordinaria.

Correo electrónico: mensajes electrónicos que se envían por medio de Internet.

Cookie: archivo de texto pequeño almacenado en su PC por un sitio web que ha visitado; se usa para recordarle a ese sitio su información la próxima vez que lo visite.

Código de país: última parte de una dirección geográfica, la cual indica el país donde se ubica la PC anfitriona, como ES en el caso de España o MX para México. Los códigos de países siempre son de dos letras.

Correo HTML: mensajes de correo electrónico formateados con códigos HTML. No todos los programas de correo electrónico pueden mostrarlos de forma apropiada.

DES (Data Encryption Standard): estándar de Estados Unidos para encriptar datos sin clasificar. Frágil en alguna medida, aunque una versión más nueva, triple DES, quizá sea segura. Es preferible AES.

Descargar: copiar un archivo desde una PC remota hacia su PC.

DHCP (Dynamic Host Configuration Protocol): sistema que asigna direcciones IP para una red de área local (LAN) o un sistema de banda ancha que no requiere logias (usuarios) individuales. *Vea también* PPPoE.

Dirección: los usuarios de Internet encuentran dos tipos importantes de direcciones: direcciones de correo electrónico (para enviarle correos electrónicos a alguna persona; las direcciones de correo electrónico casi siempre contienen un símbolo @) y las direcciones de páginas web (mejor conocidas como *URL*).

Dirección IP: número de cuatro partes, como 208.31.42.252, que identifica un anfitrión en Internet.

Documento adjunto: archivo de cómputo que se adhiere electrónicamente a un mensaje de correo electrónico y se envía junto con ese mensaje.

Dominio: parte del nombre oficial de una PC en Internet, por ejemplo, `gurus.com`. Microsoft también le llama *dominio* a los grupos de PC en una LAN controladas por un servidor de Windows.

DRM (Digital Rights Management): tecnología que intenta restringir lo que usted puede hacer con el material que encuentra en Internet.

DSL (Digital Subscriber Line): tecnología que le permite trasmitir datos por líneas telefónicas a alta velocidad, como de 7 millones bps. Es genial si lo puede conseguir; pregúntele a su compañía telefónica.

DSL módem: caja que conecta su PC a una línea DSL.

Dummies: gente que no lo sabe todo pero que son bastante inteligentes como para buscar ayuda. Se usa en forma irónica.

eBay: el sitio de subastas más original y de mayor éxito basado en la web, en `www.ebay.com`.

edu: cuando aparecen estas letras como la última parte de una dirección (en `www.middlebury.edu`, por ejemplo), indican que la PC anfitriona le pertenece a una institución educativa, por lo general a una universidad de Estados Unidos.

Emoticono: combinación de signos de puntuación o de signos de puntuación y letras que se usa para comunicar emociones por parte del escritor, especialmente en el correo electrónico, el chat o los mensajes instantáneos. Los emoticonos incluyen caritas sonrientes (vea más adelante en este glosario) y combinaciones como <r> para "risa".

Encabezado: el principio de un mensaje de correo electrónico que contiene las direcciones Para y De, el asunto, la fecha y otra habladuría importante para los programas que se encargan de su correo.

Enrutador: dispositivo que conecta dos o más redes. Puede ser una pieza de un equipo por separado o software que trabaja en una PC.

Espejo: servidor FTP o web que proporciona copias de los mismos archivos como otro servidor. Los espejos pasan la información a sitios FTP o web más populares.

Ethernet: forma más popular de LAN. Viene en diferentes variedades, la más común corre por los cables a 10 o 100 millones de bps.

Eudora: programa de correo electrónico popular que funciona con Windows y Mac. Lo puede encontrar en la web en `www.eudora.com`.

Explorador: programa que le permite leer información en la web. Algunos exploradores que cantan y bailan también pueden tener correo electrónico y otras opciones.

FAQ (Preguntas frecuentes): artículo que responde las preguntas que aparecen a menudo. Muchas listas de correo y grupos de noticias de Usenet tienen FAQ que se colocan con regularidad. Para leer las de todos los grupos de noticias, vaya a `www.faqs.org`.

Favoritos: lista de archivos o de páginas web que planea usar con frecuencia. Internet Explorer le permite mantener una lista de sus objetos favoritos para que le sea más fácil volver a verlos. Es la misma idea de los *marcadores*.

Firefox: explorador popular gratuito de la fundación Mozilla que compite con Internet Explorer y tiene menos problemas de seguridad.

Flamear: colocar mensajes de enojo, provocadores o insultos. ¡No lo haga! Mucha de esta actividad entre dos o más personas se conoce como una guerra de *llamas*.

Flash: *vea* Shockwave Flash.

FTP (File Transfer Protocol): método para transferir archivos desde una PC hacia otra por la web.

GIF (Graphics Interchange Format): tipo patentado de archivos gráficos originalmente definido por CompuServe y que ahora se encuentra por toda la web. Los archivos en este formato terminan en `.gif` y se llaman *archivos GIF* o sólo *GIF*. Se pronuncia *yif* a menos que prefiera decir *gif*.

giga-: prefijo que significa mil millones (1,000,000,000).

Google: motor de búsqueda que se usa para encontrar cosas en la web, con características adicionales para buscar las páginas más útiles. En `www.google.com`.

gov: cuando estas letras aparecen como la última parte de una dirección (en `cu.nih.gov`, por ejemplo), indican que la PC anfitriona le pertenece a un cuerpo gubernamental de Estados Unidos, probablemente al gobierno federal.

Grupo de noticias: área de temas en el sistema de noticias de Usenet. (Vea la página `net.gurus.com/usenet` para obtener una descripción de los grupos de noticias de Usenet.)

Gusano: programa malicioso que se propaga directamente de una PC hacia otra.

Hilo: mensaje colocado en una lista de correo o en un grupo de noticias junto con todos los mensajes posteriores, las respuestas a esos mensajes y así sucesivamente.

Hostname: nombre de una PC (o "anfitrión") en Internet (net.gurus.com, por ejemplo).

HTML (HyperText Markup Language): lenguaje usado para escribir páginas para la web. Este lenguaje le permite al texto incluir códigos que definen las fuentes, los esquemas, los gráficos anidados y los vínculos de hipertexto. Las páginas web se almacenan en archivos que por lo general tienen la extensión .htm o .html. No se preocupe, no necesita saber nada acerca de HTML para usar la web.

HTTP (HyperText Transfer Protocol): forma en que las páginas web se transfieren por la web. Las URL de las páginas web comienzan con http://, aunque casi nunca tiene que digitarlo.

HTTPS: variable de HTTP que encripta datos por seguridad.

Hipertexto: sistema para escribir y mostrar texto que le permite contener *vínculos* hacia documentos relacionados. Hipermedia amplía este concepto hacia imágenes y audio. La web usa tanto hipertexto como hipermedia.

IM (mensajes instantáneos): mensaje que le envía una persona a otra, aparece de inmediato en la PC del receptor, lo cual permite una conversación de texto.

IMAP (Internet Message Access Protocol): método que se usa para almacenar y enviar correo electrónico de Internet.

Internet: todos las PC están conectadas en una sorprendente y enorme red global para que puedan comunicarse entre sí. Cuando conecta su pequeña PC a su proveedor de servicios de Internet, su PC se convierte en parte de esa red.

Internet Connection Sharing (ICS): característica de Windows que le permite a una PC compartir su conexión a Internet con otras PC en una LAN.

Internet Explorer: explorador web que Microsoft promueve con esmero y que viene en Windows y (un punto discutible) en variedades para UNIX. La versión para Mac no se ha vuelto a actualizar. *Vea también* Firefox, Opera y Safari.

Internet Relay Chat (IRC): sistema que le permite a los amigos de Internet hablar entre sí en tiempo real (en lugar de hacerlo después de un rato, como con los mensajes de correo electrónico).

Intranet: versión privada de Internet que le permite a las personas dentro de una organización intercambiar datos con herramientas de Internet populares, como los exploradores.

IP (Protocolo de Internet): esquema que se usa para enrutar paquetes de datos a través de la web, a menudo usado con TCP como TCP/IP. Una versión más nueva, IPv6, permite muchas más direcciones. *Vea también* TCP.

iPod: línea de Apple de reproductores de música personales.

iTunes: software de música de Apple y la tienda de música en línea.

Java: lenguaje informático que inventó Sun Microsystems. Debido a que los programas de Java pueden ejecutarse en muchos tipos diferentes de PC, y a que la mayoría de los exploradores web pueden ejecutar partes de código Java llamados *applets*, Java facilita el envío de los programas de aplicaciones por medio de Internet. JavaScript es un lenguaje diferente que también se usa mucho en páginas web.

JPEG: tipo de archivo de imagen quieta que se encuentra por toda la web. Los archivos en este formato terminan en `.jpg` o `.jpeg` y se llaman archivos *JPEG* (pronunciado *jota-pe-je*). Quiere decir Joint Photographic Experts Group.

K, KB o Kbyte: 1,024 bytes, kilobyte. Por lo general se usa como una medida de la memoria de una PC o del almacenaje de un disco duro, o como una medida del tamaño de un archivo.

Kazaa: servicio para compartir archivos basado en Internet que a menudo se usa para tomar archivos MP3.

Kilo-: prefijo que significa mil (1.000) o a menudo, con las PC, 1.024.

LAN (Red de área local): las PC en un edificio o en un campus conectados por medio de cables para que puedan compartir archivos, impresoras o una conexión a Internet.

Linux: versión de UNIX, un sistema operativo que funciona en una amplia variedad de máquinas, como las PC. Muchos servidores de Internet usan UNIX o Linux.

Lista de correo: tipo especial de dirección de correo electrónico que reenvía todo el correo que llega a una lista de suscriptores a una lista de correo. Cada lista de correo tiene un tema específico, de manera que usted se suscribe a los que le interesan. A menudo se administra con LISTSERV, Mayordomo, Mailman u otro programa de servidor de listas.

Lurk (Esconderse): leer una lista de correo o un grupo de chat sin colocar ningún mensaje. Alguien que lo hace recibe el nombre de *lurker*. Esto está bien y es mucho mejor que flamear.

MacBinary: sistema de codificación de archivos popular entre los usuarios de Macintosh.

Marca de agua: mensaje oculto en un archivo de música o video diseñado para detectar violaciones a los derechos de autor. *Vea también* DRM.

Marcador: dirección de una página web a la que quisiera regresar, almacenada en su explorador. Firefox le permite mantener una lista de marcadores para facilitarle volver a sus páginas preferidas. También se le llama *favoritos*.

Mailbot: programa que envía o responde correos electrónicos de forma automática.

Mega-: prefijo que significa un millón (1.000.000).

mil: cuando estas letras aparecen como la última parte de una dirección de Internet o de un nombre de dominio, indican que la PC anfitriona le pertenece a alguna parte de la milicia de Estados Unidos.

MIME (Multipurpose Internet Mail Extension): esquema usado para enviar imágenes, archivos de procesador de texto y otra información que no sea de texto por medio del correo electrónico.

Módem: artefacto que le permite a su PC hablar por teléfono o por el cable de televisión. Es la forma corta para *mo*dulalor/*desm*odulador.

Moderador: persona que analiza los mensajes colocados en una lista de correo, un grupo de noticias o un foro de chat. El moderador puede eliminar mensajes que son estúpidos, redundantes, fuera del tema u ofensivos.

Motor de búsqueda: programa que se usa para buscar cosas en la web. Google es el más conocido.

Mozilla: fundación que soporta y mejora el software del explorador Netscape que ahora es una fuente abierta. Ellos distribuyen el conjunto del explorador Mozilla, el explorador Firefox y el programa de correo electrónico Thunderbird.

MP3: formato de archivo de música disponible en la web.

MPAA (Motion Picture Association of America): grupo que está tratando de limitar la opción de compartir archivos de Internet.

MPEG: tipo de archivo de video que se encuentra en la web. Los archivos en este formato terminan en `.mpg` o `.mpeg`. Quiere decir Moving Picture Experts Group.

MSN: Microsoft Network, el proveedor de Internet de Microsoft. También ofrece Explorador MSN, el cual puede usar para explorar la web con su cuenta MSN, y MSN Messenger, el programa de mensajería instantánea de Microsoft.

MSN TV: antes conocido como webTV; un servicio de Internet en línea que incluye hardware (una terminal de Internet y control remoto) que usted conecta a su televisor. No es necesario una PC.

Napster: fuente de música en línea que cobra una tarifa mensual permanente para todo lo que pueda escuchar.

Navegar: avanzar por la World Wide Web y buscar cosas interesantes.

net: red, o (cuando aparece en mayúscula) la misma Internet. Cuando estas letras aparecen como la última parte de una dirección (en `www.abuse.net`, por ejemplo), indican que la PC anfitriona le pertenece a una organización de redes.

.NET: plataforma de Microsoft para los servicios web, la cual permite aplicaciones para comunicarse y compartir datos por Internet. No tiene ninguna relación con las direcciones `.net`.

Netscape: explorador web popular que viene en Windows, Mac y UNIX (vea `home.netscape.com`). *Vea también* Mozilla.

Newbie: persona nueva en Internet. Si leyó este libro, por supuesto, ¡ya no lo es!

Newsreader (Lector de Noticias): programa que le permite leer y responder los mensajes en los grupos de noticias de Usenet.

Número de puerto: número identificador que se le asigna a cada programa que chatea en la web. Casi nunca tiene que conocer estos números, los programas de Internet usan esta información entre sí.

Opera: explorador web pequeño y rápido de Opera Software en Noruega, disponible en `www.opera.com`.

org: cuando estas letras aparecen como la última parte de una dirección de correo electrónico o URL (en `www.uua.org`, por ejemplo), indican que la PC anfitriona quizá le pertenece a una organización no comercial.

Outlook: programa de correo electrónico (entre otras cosas) que forma parte de Microsoft Office. Poderoso, flexible y muy susceptible a gusanos y virus.

Outlook Express: programa de correo electrónico que viene con Microsoft Windows. Nada relacionado con Outlook, no tan susceptible a gusanos y virus.

Página: *vea* Página web.

Página principal: página de entrada o página principal de un sitio web. Si usted cuenta con una página principal, es la que trata sobre usted. Estas páginas por lo general contienen vínculos hacia otras páginas.

Página web: documento disponible en la World Wide Web.

Paquete: pedazo de información que se envía por una red. Cada paquete contiene la dirección a la que se dirige y la dirección de la que vino.

PayPal: servicio basado en la web por medio del cual usted puede hacer y recibir pagos por correo electrónico o de vínculos en sitios web. Le pertenece a eBay.

PDF, archivo: método para distribuir documentos formateados por medio de la red. Los usuarios de Windows y Linux necesitan un programa especial llamado Acrobat. Obténgalo en `www.adobe.com/products/acrobat`.

PGP (Phil's Pretty Good Privacy): programa que le permite encriptar y firmar su correo electrónico, escrito por Phil Zimmerman. Coloque su explorador web en `net.gurus.com/pgp`.

Phishing: usar el correo electrónico o IM para engañar a las personas para que revelen información personal como los números de las tarjetas de crédito.

Ping: enviar un mensaje corto al que otra PC responde de forma automática. Si no puede hacerlo con otra PC es probable que tampoco pueda hablarle de ninguna otra forma.

Plug-in: programa informático que usted le agrega a su explorador para ayudarle a manipular un tipo especial de archivo.

Podcast: distribuir archivos de audio con contenido oportuno diseñados para escucharse en reproductores de música personales, como el iPod de Apple.

POP (Post Office Protocol): sistema por el cual un servidor de correo en la web le permite recoger su correo y descargarlo en su PC o Mac. Un servidor POP es la PC desde la cual usted recoge su correo. La versión más reciente se llama *POP3*.

Pop up: ventana nueva que aparece como respuesta a alguna acción que usted llevó a cabo. Por lo general se usan para publicidad.

Portal: sitio web diseñado para ser un punto de partida para las personas que usan la web.

PPP (Point-to-Point Protocol): forma más común en que una PC se comunica con Internet por medio de una línea telefónica.

PPPoE (PPP por medio de Ethernet): forma en que usted ingresa en una cuenta de banda ancha que requiere una cuenta y una contraseña. *Vea también* DHCP.

Predeterminado: información que usa un programa a menos que usted especifique algo diferente.

Protocolo: reglas acordadas en las que se basan las PC para hablar entre ellas. Un protocolo se compone de señales que quieren decir "siga adelante", "lo tengo", "no lo comprendí, favor reenviar", "todo listo" y así sucesivamente.

PSI (Proveedor de Servicios de Internet): los amigos que le proporcionan el ingreso a Internet por medio de una conexión telefónica, DSL o cable módem, e incluye a compañeros como AOL, Comcast y MSN.

Puerto serial: lugar en la parte trasera de su PC donde usted conecta su módem. También se le llama un *puerto de comunicaciones* o *puerto comm.*

QuickTime: formato de archivo de video y multimedia inventado por Apple Computer y de amplio uso en la web. Puede descargarlo desde `www.apple.com/quicktime`.

RealAudio: popular formato de archivo de pistas de audio que le permite escuchar programas por medio de la web.

RealPlayer: programa que reproduce pistas de RealAudio, disponible en `www.real.com`.

Recopilación: compilación de mensajes que se han colocado en una lista de correo recientemente.

Rebotado: devuelto cuando algo no se puede entregar, se usa para describir el correo electrónico. Si envía por correo electrónico un mensaje a una dirección incorrecta, éste se devuelve a su buzón.

Red: máquinas que están conectadas entre sí. Las que se encuentran en el mismo edificio o en alguno cercano se llaman *redes de área locales;* las que están un poco más lejos se llaman *redes de área anchas;* y cuando usted interconecta redes de todo el mundo, ¡está en Internet!

Red inalámbrica: red que usa radio en lugar de cables.

RIAA (Recording Industry Association of America): grupo de marca registrada que está tratando de limitar la posibilidad de compartir música en Internet.

RSS: tecnología de distribución que le permite darle seguimiento a diversas fuentes de información, con la notificación automática de contenidos nuevos.

RTFM (Lea el manual): sugerencia que hacen las personas cuando sienten que les ha hecho perder su tiempo al hacer una pregunta cuya respuesta pudo haber encontrado buscando en un lugar obvio.

Safari: explorador web que viene con Mac OS X.

Servidor POP: servidor que almacena sus mensajes de correo entrante hasta que usted los descarga en su programa de correo electrónico.

Servidor proxy: programa que traduce entre una LAN e Internet.

Servidor seguro: servidor web que usa la encriptación para evitar que otras personas lean los mensajes para o de su explorador. Los sitios de compras basados en la web por lo general usan servidores seguros para que otras personas no puedan interceptar la información de su pedido.

Servidor: PC que le proporciona un servicio, como el correo electrónico, los datos web, Usenet, o el FTP, a otras PC (conocidas como *clientes*) en una red.

Servidor de lista: programa de administración de listas de correo. Un programa que mantiene una lista de suscriptores y les distribuye la lista de publicaciones a esos suscriptores. Los servidores de listas comunes incluyen ListProc, LISTSERV y Mayordomo. Los nombres de las listas de correo que mantiene LISTSERV a menudo terminan en `-L`.

Shareware: programas informáticos que están disponibles para que usted los pruebe en el entendido de que, si decide dejarse el programa, usted enviará el pago solicitado al proveedor del shareware que se especifica en el programa. Este es un sistema de honor. Hay excelentes cosas disponibles y la conformidad voluntaria de las personas lo hace posible.

Shockwave Flash: programa interactivo para ver multimedia en la web. Para obtener más información acerca de Flash y conseguir una copia del plug-in del programa para su explorador, vaya a `www.shockwave.com`.

Skype: producto de software para hacer llamadas telefónicas, internacionales y de larga distancia, gratuitas o a bajo costo.

SMS (Short Messaging System): formato que se usa para enviar correos electrónicos concisos y mensajes instantáneos desde y hacia teléfonos celulares.

SMTP (Simple Mail Transfer Protocol): método con nombre optimista por medio del cual el correo de Internet se envía desde una PC hacia otra.

Servidor SMTP: servidor que acepta mensajes de correo electrónico para enviarlos a usuarios locales o al resto de Internet.

Servidor de nombre de dominio (DNS): una PC en Internet que traduce entre nombres de dominios de Internet, como `xuxa.iecc.com` y direcciones IP numéricas, como `208.31.42.42`. Algunas veces sólo se le llama un *servidor de nombre.*

Sitio web: grupo de páginas almacenado en un servidor web. Las páginas web le pertenecen a una determinada persona u organización.

Spam: correo electrónico enviado a miles de receptores que no tienen interés o mensajes de Usenet colocados para muchos grupos de noticias desinteresados o listas de correo. Es antisocial, inefectivo y, a menudo, ilegal. Para combatir el spam vea `www.cauce.org`.

Spyware: software que le envía información suya y de cómo usa su PC a otras personas sin su permiso.

SSL (Secure Socket Layer): tecnología basada en la web que permite que una PC verifique la identidad de otra y permita conexiones seguras. Lo usan los servidores web seguros. Una versión más nueva se conoce como TLS.

Streaming audio o video: sistema para enviar archivos de sonido y video por la web que comienza a reproducir el archivo antes de que se termine de descargar, esto le permite escuchar o ver con un retraso mínimo. RealAudio (www.real.com) es el formato streaming más popular.

StuffIt: programa de compresión de archivos que funciona en Mac. StuffIt crea un archivo SIT que contiene versiones comprimidas de uno o más archivos. Para restablecer estos archivos a su tamaño y forma anteriores se usa UnStuffIt.

TCP (Transmission Control Protocol): sistema que usa dos PC para sincronizar datos. Por lo general se usa con IP como TCP/IP para administrar conexiones por medio de la web. *Vea también* IP.

Telnet: programa que le permite conectarse con otras PC en la web. Muchos prefieren el programa más seguro ssh. Vea net.gurus.com/telnet.

Temas: organización de los botones, menús y otros objetos que muestra un programa. Algunos programas (como Opera y Firefox) le permiten elegir entre varios temas.

Tera-: prefijo que significa un billón (1.000.000.000.000).

Terminal: en tiempos antiguos, la terminal de una PC consistía sólo en una pantalla y un teclado. Si usted tiene una PC personal y quiere conectarse a una PC grande en algún lugar, puede ejecutar un programa que lo hace *parecer* una terminal sin cerebro; el programa se llama un *emulador de terminal, programa de terminal* o *programa de comunicaciones.*

Thunderbird: popular cliente de correo electrónico de la Fundación Mozilla. Vea el Capítulo 13.

Top-Level Domain (TLD): la última parte de un dominio de Internet o nombre del anfitrión. Si el TLD es de dos letras, es el código del país en el cual la organización dueña del dominio está ubicada (usualmente). Si el TLD es de tres letras o más largo, es un código que indica el tipo de organización que administra el dominio.

Unicode: método para guardar y mostrar texto en casi cualquier idioma conocido.

UNIX: interesante sistema operativo que se desarrolló en Bell Labs. Se usa en muchos servidores de la web. Ahora *Linux* es la versión más popular.

URL (Uniform Resource Locator): forma estandarizada de ponerle nombre a los recursos de red, usado para unir páginas en la World Wide Web.

Usenet: sistema de miles de grupos de noticias. Usted lee los mensajes con un lector de noticias. (Vea la página web net.gurus.com/usenet para obtener una descripción de los grupos de noticias Usenet.) *Vea también* lector de noticias.

Vínculo: conexión de hipertexto que lo puede llevar hacia otro documento u otra parte del mismo documento. En la web los vínculos aparecen como texto o imágenes resaltados. Para seguir un vínculo usted hace clic en el material resaltado.

Visualizador: programa para mostrarle archivos que contienen cosas que no sean texto.

Virus: programa autogenerativo que ingresa en mensajes de correo electrónico u otros programas, frecuentemente con efectos secundarios destructivos. *Vea también* gusano.

VoIP (Voice over Internet Protocol): método para enviar llamadas telefónicas por medio de la web. Vaya a `net.gurus.com/phone` para obtener más información.

WAV: popular formato de Windows para archivos de sonido (archivos `.wav`) que se encuentran en la web.

Webcam: cámara de video digital que se le agrega a su PC y transmite video por medio de Internet. El video podría aparecer en una página web o como parte de un chat o conferencia.

WiFi: tipo más popular de red inalámbrica. También conocida como 802.11, por el número del estándar que la define.

Wiki: forma corta para decir "wikiwiki", que es el término hawaiano para decir "rápido". Una tecnología que le permite crear y editar páginas web con rapidez por medio de su explorador web.

WiMax: tecnología de acceso de banda ancha inalámbrica que espera proporcionar una alternativa para cable y DSL.

Winsocket: forma estándar para que los programas de Windows trabajen con TCP/IP. Lo usa si conecta directamente su PC de Windows a Internet, con una conexión permanente o un módem por medio de PPP.

World Wide Web: sistema de hipermedia que le permite explorar mucha información interesante. La web se ha convertido en el depósito central de la información de la gente del siglo 21.

Yahoo: sitio web (en `www.yahoo.com`) que proporciona una guía orientada por temas para la World Wide Web y otros tipos de información.

ZIP, archivo: archivo con la extensión `.zip` que se ha comprimido con ZipMagic, WinZip o un programa compatible. Para sacar los archivos en un archivo ZIP, por lo general necesita ZipMagic, WinZip o un programa compatible.

Índice

Lo último en Dummies...

¡Soluciones prácticas para todos!

Internet, PCs, Access 2003,
Dreamweaver MX 2004,
Windows XP Referencia Rápida
y más...

Autoras: Janine Warner
Susannah Gardner
ISBN: 9968-37-074-6

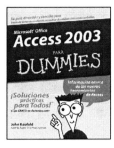

Autor: John Kaufeld
ISBN: 9968-37-078-9

Autores: John Levine
Margaret Levine Young
Carol Baroudi
ISBN: 9968-37-086-X

Autor: Dan Gookin
ISBN: 9968-37-085-1

Autor: Greg Harvey
ISBN: 9968-37-082-7

PARA DUMMIES

Más títulos...

Autor: John Kaufeld
ISBN: 9968-37-001-0

Autores: Bud E. Smith
Arthur Bebak
ISBN: 9968-37-072-X

Autor: Greg Harvey
ISBN: 9968-37-050-9

Autora: Julie Adair King
ISBN: 9968-37-062-2

Autores: John Levine
Carol Baroudi
ISBN: 9968-37-061-4

Autor: Wallace Wang
ISBN: 9968-37-060-6

Autor: Wallace Wang
ISBN: 9968-37-065-7

Autor: Dan Gookin
ISBN: 9968-37-059-2

Autores: Deke McClelland
Phyllis Davis
ISBN: 9968-37-066-5

Autora: Janet Valade
ISBN: 9968-37-069-X

Autora: Janet Valade
ISBN: 9968-37-070-3

Autor: Andy Rathbone
ISBN: 9968-37-064-9